中国社会科学院老学者文库

张政烺先生年谱

陈绍棣◎编著

中国社会科学出版社

图书在版编目（CIP）数据

张政烺先生年谱/陈绍棣编著.—北京：中国社会科学出版社，2019.5
（中国社会科学院老学者文库）
ISBN 978 – 7 – 5203 – 4258 – 2

Ⅰ.①张… Ⅱ.①陈… Ⅲ.①张政烺（1912 – 2005）—年谱 Ⅳ.①K825.81

中国版本图书馆 CIP 数据核字（2019）第 062920 号

出 版 人	赵剑英
责任编辑	宋燕鹏
责任校对	王　龙
责任印制	戴　宽

出　　版	中国社会科学出版社
社　　址	北京鼓楼西大街甲 158 号
邮　　编	100720
网　　址	http://www.csspw.cn
发 行 部	010 – 84083685
门 市 部	010 – 84029450
经　　销	新华书店及其他书店
印　　刷	北京明恒达印务有限公司
装　　订	廊坊市广阳区广增装订厂
版　　次	2019 年 5 月第 1 版
印　　次	2019 年 5 月第 1 次印刷
开　　本	710×1000　1/16
印　　张	26.5
字　　数	334 千字
定　　价	99.00 元

凡购买中国社会科学出版社图书，如有质量问题请与本社营销中心联系调换
电话：010 – 84083683
版权所有　侵权必究

研究相机

与夫人傅学苓切磋

写作

讲课

1947年秋北京大学史学系教授欢迎陈受颐主任返校合影
（前排左起：邓广铭、陈受颐、毛子水、郑天挺、张政烺；
后排左起：杨翼骧、胡钟达、杨人楩、万斯年、韩寿萱）

1964年8月张先生（右三）与夏鼐（右四）等在呼和浩特昭君墓前

1978年7月18日下午,张先生率领"图谱祖"部分成员参观河北省正定宋代建筑隆兴寺(俗称大佛寺),并合影留念。
(前排右起:李学勤、卢善焕、张政烺、陈绍棣、×××、师勤;后排右起:王世民、朱国炤、×××)

1979年6月9日,中国社会科学院历史研究所学术委员会成员合影
(前排左起:王毓铨、白寿彝、邓广铭、侯外庐、尹达、翁独健、胡厚宣、张政烺;后排左起:郦家驹、梁寒冰、孙毓棠、李学勤、田昌五、林英、熊德基、杨向奎、牟安世、黄烈、林甘泉)

1980年5月在纽约大都会博物馆参观馆藏中国青铜器
（左起张政烺、夏鼐、马承源）

1982年9月和夏鼐（左四）、胡厚宣（左二）等在美国夏威夷

1993年和周一良

1997年和启功

和裘锡圭

北京大学副校长王博先生在"张政烺先生诞辰105周年纪念座谈会"上讲话

张先生哲嗣、中信集团的张极井先生在"张政烺先生诞辰105周年纪念座谈会"上

中国社会科学院历史研究所所长卜宪群先生在"张政烺先生诞辰105周年纪念座谈会"上讲话

北京大学人文社会科学研究院院长邓小南教授主持"张政烺先生诞辰105周年纪念座谈会"

张政烺先生为李零先生书幅

目　　录

前言 …………………………………………………………（1）

凡例 …………………………………………………………（1）

正谱 …………………………………………………………（1）

谱后 …………………………………………………………（252）

附录 …………………………………………………………（274）
　（一）谱主著作目录 ………………………………………（274）
　（二）谱主佚文 ……………………………………………（282）
　（三）百年印象——谱主在学者心目中 …………………（300）

主要参考文献 ………………………………………………（355）

台北"中央研究院"史语所张政烺先生档案资料 …………（362）

人名索引 ……………………………………………………（382）

后记 …………………………………………………………（414）

前　言

张政烺（1912—2005）先生，字苑峰，是中国著名历史学家、考古学家、古文字学家和版本目录学家。他学问极其渊博，年轻时就得到学术大家郭沫若、胡适、傅斯年的赏识和夸奖，誉之为"小王国维"。他读书极多，记忆力极好，有"活字典"和"精密的计算机"之称。他治史不分断代，能对源远流长的中国古代史做贯通研究，尤长于先秦史，是名副其实的"先秦史泰斗"。中华人民共和国成立以来，他努力研读马克思主义理论经典著作，指导历史研究。他从不写不符合中国历史实际的文章，不说违心的假话，"真诚求实是为文为人之本"是他的座右铭。几十年来，在育人和学术苑地，他辛勤耕耘，硕果累累，培养了大批高质量的优秀人才。他对商周史、考古和古文字，尤其有精深的研究。他以弘扬中华学术为己任，甘当人梯和铺路石，对求教者有问必答，有求必应，因而影响了自己的研究工作。淡泊名利，堪称楷模。他学风严谨扎实，待人谦和宽厚，诲人不倦。其道德文章，有口皆碑。他曾语重心长地指出："读史书使我们了解世世代代祖先的经历，从中辨识我国传统文化的精华与糟粕，认识我们的长处与短处，认识过去的得失及其因果，认识到应如何团结奋进、自强不息、建设社会主义精神文明、发展科学技术，以面对世界。"[1]

---

[1] 张政烺：《关于古籍今注今译》，《传统文化与现代化》1995年第4期。

为国为民的一腔热情溢于言表。

本书以较为丰富翔实的史料为依据,结合认真的调查访问和反复的考证研究,准确地记述了张政烺先生的生平、思想和业绩,再现了他的学术道路和治学风格,反映了他乐于助人、提携后学的无私奉献精神,展现了一代国学大师的学问和为人师表的风范。

凡　　例

一、本书谱文分正谱、谱后两部分。正谱记谱主的生平事迹，谱后载人们对谱主的缅怀与纪念。写作上采取客观陈述的方法，一般不作评论。

二、本书年谱各年以公元纪年。冠首，附注干支纪年，民国后附记民国年份（至1949年）。书中记事用阳历，按年、月、日顺序编排纪事。部分条目根据叙事的需要采用纪事本末的写法。具体时间考订不清的写旬，旬考订不清的写月。用旬、月表述的条目，一般放在该旬、月的末尾，只能判定时间为某年的条目，一律放在年末。同一时间有多条内容的，在第一条开头写明时间，从第二条起用"△"号表示。

三、记述谱主的活动，一般省略主语。

四、张政烺先生一生给人作嫁衣裳，又厚积薄发，仍著述不少。限于篇幅，或择要介绍，或仅列题目。

五、张政烺先生著述多反复推敲、修改，或写成后多年始发表，均以初稿完成时间收入本书；以后修订、发表情况多附初稿完成之时。若不知写作时间则以发表时间为准。

六、本年谱遵照张政烺先生生前遗愿。凡由于一些原因，有违先生心意的事，虽已成事实亦概不提及；对于有争议的提法，均以先生自己的提法为准。

七、某些重大历史事件，或与谱主有关的大事，列专条按时间顺序入年谱内。

八、对于正文中涉及的部分人物，根据需要作了简略的注释。

正　　谱

1912 年（中华民国元年　壬子）　　　1 岁

4 月 15 日，张政烺（字苑峰）先生生于山东省荣成县崖头镇①，汉族。父亲张树模，在其一岁左右去世。母亲姓陈，1882 年生。他"在襁褓中被过继给大户人家。他聪颖早慧，还在扶着炕桌学步咿呀自语的时候，就能说出长辈们哄他入睡时讲的神仙故事的片段，表现出超常的记忆力"②。荣成位于胶东半岛最东端，有"天尽头"之称，面临辽阔的东海，海天空阔，天风扑面，波涛汹涌。环境的熏陶，使他从小就视野开阔，心胸豁达，所谓"海纳百川，有容乃大；壁立千仞，无欲则刚"[（清）林则徐语]，也正是他一生的写照。

1917 年（中华民国六年　丁巳）　　　6 岁

入家塾，学习篆书，以《说文解字》为启蒙课本。③

---

① 他曾对其学生陈智超等说："他和朝鲜的金日成主席是同年同月同日生。"
② 师母傅学苓：《马王堆帛书〈周易〉经传校读·序》。
③ 傅学苓在《马王堆帛书〈周易〉经传校读·序》中说："他（政烺师）的继母以部分家资创办家塾，全村贫寒的张姓子弟，凡是愿意读书的，可以提供一切文具。他的堂伯父主持家塾，能写一手漂亮的篆字。张政烺从小就迷篆字，在伯父的熏陶下，从六岁就开始学习篆书，和别人不同，他是以《说文解字》为启蒙课本。"

1918 年（中华民国七年　戊午）　　　7 岁

2 月，入山东荣成崖头镇小学读书。

1923 年（中华民国十二年　癸亥）　　　12 岁

8 月，小学毕业。

9 月，入山东荣成崖头镇私塾，师从族伯张俊采（字瑞三，号艺芸），受文字训诂之学，兼学篆书，凡读过的书都能背诵。从而在幼小的心田萌发了对古典文献的浓厚兴趣，养成了酷爱读书的习惯。

1926 年（中华民国十五年　丙寅）　　　15 岁

8 月，私塾读毕。

9 月，离开家乡，入青岛礼贤中学。

1928 年（中华民国十七年　戊辰）　　　16 岁

6 月，中央研究院成立，蔡元培为首任院长。该机构的任务是从事科学研究，并指导、奖励、联络学术研究。

约是年，与家乡一女子成婚，属于封建包办婚姻。没有爱情，他们都是受害者。然而张先生对她一向不错。抗日战争期间，张先生经济拮据，生活极其艰苦，还不时给她寄钱。

1929 年（中华民国十八年　己巳）　　　18 岁

是年，女儿张极舜出生。她最后的工作单位应在北京（大概是中国医学科学院的下属研究所）；已去世。

1930 年（中华民国十九年　庚午）　　　19 岁

7 月，四年制初中毕业。

8月，从山东来到北京，入弘达中学（在西四大木仓郑王府的西院，今国家教委就在郑王府的原址）插班读高中。"在当时教会学校的课堂里，他只对算术感兴趣。常向亲友借阅古籍，并寻访文物古籍，调查方言民俗。"①

1932年（中华民国二十一年　壬申）　　　　21岁

4月，弘达高中毕业。

7月，张政烺先生以优异的成绩先后考取辅仁大学、北京大学（以下简称"北大"），择校入北大文学院史学系。先生的本来志愿是清华大学数学系。"他报考清华大学，是想借西方的数学方法，解读我国古代的天文历算之术。"② 他也参加了考试，③ 因其时他的同乡许维遹（字骏斋）对他说，你适宜学历史，不适宜学数学，故没有把清华大学的考试考完。那时全北大有800多学生，其中新生约240人。一年级时先生住在北大三院，在北河沿（现在似是民政部）。5个人住一间大屋，铺位之间同学自己用布幔隔开，可以不相往来，四年级时宿舍搬到红楼北面的新楼。上课在红楼。校长是蒋梦麟先生④，文学院院

---

① 傅学苓：《马王堆帛书〈周易〉经传校读·序》。
② 同上。
③ 张先生参加的清华考试考场在旧国会，即今天的新华社。第一场8点到10点，考国民党党义。第二场10点到12点，考国文。作文题目是《梦游清华园记》，对子题是"孙行者"。标准答案是"祖冲之"。祖、孙相对，平仄皆合。
④ 蒋梦麟（1886—1964），大教育家。浙江余姚人。1917年获美国哥伦比亚大学博士学位。1919年受聘为北京大学教授，曾任北京大学总务长、代理校长。1928年10月任国民政府教育部部长。1930年12月至1945年9月任北京大学校长。有专著《西潮》《孟邻文存》《谈学问》《文化的交流与思想的演进》《新潮》和论文《中国教育原则之研究》《高等学术为教育之基础》《过渡朝代之思想与教育》等多篇。

长是胡适先生①,史学系系主任是陈受颐先生(实际上,主持全系工作的是时任中央研究院史语所所长的傅斯年先生②,他在这里兼任教授)。教先秦、秦汉史的是钱穆先生③,教魏晋南北朝史和宋史的是蒙文通先生④,教辽金元史的是姚从吾先生⑤,教明清史的是孟森先生⑥。除上述大师外,先生还师从马叔平(衡

---

① 胡适(1891—1962),大学者。安徽绩溪人。1910年就读于美国康奈尔大学和哥伦比亚大学,师从实用主义哲学家杜威。1917年在《新青年》上发表《文学改良刍议》,提倡白话文、主张文学革命。同年7月,从美国回国,任北京大学教授。参加编辑《新青年》,发表新诗集《尝试集》,成为新文化运动的著名人物。提出"多研究些问题,少谈些主义",倡导"大胆假设、小心求证"的研究方法,影响颇大。1946年任北京大学校长。1958年后去台湾任"中央研究院"院长。著有《中国哲学大纲》(上卷)《白话文学史》(上卷)《胡适文存》等。

② 傅斯年(1896—1950),历史学大家、教育家。山东聊城人。1916年入北京大学国文门。1919年参加五四运动,任学生游行队伍总指挥。年底赴英国、德国留学。1926年回国,次年任中山大学教授,代理文学院院长。1928年参与筹建中央研究院历史语言研究所,任所长23年。1945年代理北大校长。1948年当选为中央研究院院士。1949年任台湾大学校长。论著有《夷夏东西说》《东北史纲》(第一卷)《性名古训辨证》。有《傅孟真先生集》六册行世。

③ 钱穆(1895—1990),历史学大家。字宾四,江苏无锡人。"冥索"苦学成才。历任燕京大学、北京大学、清华大学等校教授。著作等身,有专著八十种以上。主要著作是《刘向歆父子年谱》《先秦诸子系年》《中国近三百年学术史》《国史大纲》等。

④ 蒙文通(1894—1968),著名历史学家。四川盐亭人。四川国学院毕业。后在南京支那内学院学佛学。曾执教于北京大学、四川大学。致力于经学、史学、理学、民族史、佛学研究。著有《孔氏古文说》《中国禅学考》《赵史丛考》《古史甄微》《经学抉原》《周秦少数民族研究》等。

⑤ 姚从吾(1894—1970),著名历史学家。原名士鳌,字占卿,河南襄城人。1920年毕业于北京大学。早年留学德国。归国后任北京大学、西南联大等校教授。译《蒙古秘史》(第一部),有《姚从吾先生全集》行世。

⑥ 孟森(1869—1937),著名历史学家。字莼孙,号心史。江苏武进人。早年留学日本。归国后先后受聘于中央大学、北京大学。著有《明史讲义》《清史讲义》《清朝前纪》等。

先生①学习金石学，师从唐立庵（兰）先生②习甲骨文、金文。其中后两门课是他最努力学习的。他是个不显山、不露水、勤奋、踏实的好学生。

1933年（中华民国二十二年　癸酉）　　　22岁

秋末，张政烺先生与北大同学杨向奎③、胡厚宣④、孙以悌、高去寻⑤等先生，在椅子胡同北大四斋杨向奎先生的宿舍开了第一次会。商定每周（大约星期五晚上）聚会一次，切磋学问。这个学术团体取名"潜社"。并聘请胡适、马衡、孟森、钱穆、顾颉刚⑥、唐兰、蒙文通、陈受颐、傅斯年、徐

---

① 马衡（1881—1955），现代著名金石学家、考古学家、书法篆刻家。浙江鄞县（今宁波）人。肄业于南洋公学。曾任故宫博物院院长。在从金石学过渡到考古发掘中起了推动作用。著有《汉石经集存》《中国金石学概要》《凡将斋金石丛稿》等。

② 唐兰（1901—1979），现代著名古文字学家、考古学家。浙江嘉兴人。1923年毕业于无锡国学专修馆。曾执教北大、清华等多所大学。后任故宫博物院研究员、副院长。在多个学术领域均有建树。著有《古文学学导论》《天壤阁甲骨文存》《西周青铜器铭文分代史征》等。

③ 杨向奎（1910—2000），著名历史学家。字拱辰。河北丰润（今唐山市丰润区）人。1935年北京大学史学系毕业，旋赴日本留学。归国后任职于西北大学、东北大学、山东大学等高校和中国科学院历史所（1977年改属中国社会科学院），任教授或研究员。著有《中国古代社会与古代思想研究》《宗周社会与礼乐文明》等多部著作。

④ 胡厚宣（1911—1995），著名甲骨学与殷商史学家。又名福林。河北望都人。1934年北京大学史学系毕业。先后任职于中央研究院史语所、齐鲁大学、复旦大学、中国科学院历史所（1977年改属中国社会科学院），任教授或研究员，编著有《甲骨学商史论丛》四集，主编《甲骨文合集》。

⑤ 高去寻（1909—1991），著名考古学家。河北安新人。1935年北京大学毕业后，任职于中央研究院史语所考古组。参加安阳殷墟第12—15次发掘。曾任台湾"中央研究院"院士、"历史语言研究所"所长、台湾大学教授。除校订辑补完成了梁思永未完稿《侯家庄》（第2—9册），还有《殷墟铜器之探讨》《李峪出土铜器及相关之问题》等。

⑥ 顾颉刚（1893—1980），历史学大家、历史地理学家。字铭坚，江苏苏州人。1920年北京大学文科中国哲学门毕业，历任中山大学、燕京大学、北京大学等大学教授。中央研究院院士。中华人民共和国成立后任中国科学院历史所一级研究员和学术委员，主持标点《资治通鉴》、"二十四史"，并深入研究《尚书》。著述宏富，有《顾颉刚日记》《秦汉的方士与儒生》《三皇考》《史林杂识初编》《中国历史地图集》（古代部分）《吴歌甲集》等。

中舒[1]、董作宾[2]等著名学者担任导师。他们集资出版过两期《史学论丛》，张先生的两篇学术论文就发表在该刊物上。[3] 可见在北大"思想自由，兼容并包"传统的熏陶下，张政烺先生早在学生时代就养成了朴实厚重、精勤严谨、执着创新的学风。

春，一天，张先生得到北大三院孙以悌同宿舍的同学通知："不知为了什么，孙以悌卖光了所有衣物。"张先生立即找到杨向奎先生，约定当晚去三院宿舍，探询究竟是为了什么？一直等到晚上11点多，孙以悌始终没有回来。他们不能再等，因为宿舍要锁大门，只好回自己的宿舍。当时杨对张说，去追他。杨即时买火车票去天津。到天津得知，孙以悌由于有忧郁症，已蹈海而去。这件事表现了张、杨二先生在学生时代就有爱心。[4]

1934年（中华民国二十三年　甲戌）　　　　23岁

张政烺先生的第一篇学术论文《猎碣考释初稿》（以下简称《猎碣》）在北京大学潜社《史学论丛》第一期发表。众所周知，石鼓文是传世的中国最古老的碑碣，原文700字以上，现仅存272字。从唐代发现迄今，一千多年以来，众说纷纭，莫衷一是。张先生采用传统的乾嘉考据学与《说文》学的方法，逐字考释、通读《石鼓文》，不仅引用了大量文献例证，还广泛征引甲骨文、金

---

[1] 徐中舒（1889—1991），著名历史学家、古文字学家。安徽怀宁（今安庆市）人。1925年入清华大学国学研究院。1928年起历任复旦大学、中研院史语所、北京大学、四川大学、中央大学等单位教授或研究员。专著有《属氏编钟图释附考释》《史学论著辑存》《论巴蜀文化》等。论文有《耒耜考》《陈侯四器考释》等。

[2] 董作宾（1895—1963），现代考古学大家。字彦堂。河南省南阳县（今南阳市）人。1923—1924年入北京大学研究所国学门为研究生。历任中山大学、中央研究院史语所、台湾大学、美国芝加哥大学、香港大学教授或研究员。中央研究院院士。主编《殷墟文字甲编》《殷墟文字乙编》，著有《殷历谱》及学术论文约200篇。

[3] 那时印刷费收得相当便宜。《论丛》厚厚一本，几十元。

[4] 详见杨向奎《东望渤澥，云海茫茫——纪念孙以悌先生》，《文史哲》1997年第5期。

文乃至汉碑文、敦煌写本,对《说文》中的错误和前人考释中的缺失多有匡正,提出了许多独到的见解。① 这引起了郭沫若先生的注意,遂摘抄于《石鼓文研究》的书眉,可见郭对张的重视。学者认为"这是一篇地道的古文字学作品,而且已经达到了当时古文字学的第一流水平"②。即使"在当今的石鼓文研究中仍然是出乎其类拔乎其萃者,对学术界的影响仍然是很大的。凡是治石鼓文者和治古文字者都应该认真地学习和参考"③。

本年,顾颉刚先生与其弟子谭其骧先生创办《禹贡》半月刊。

是年,长子张极壮出生。

1935 年（中华民国二十四年　乙亥）　　　24 岁

1月,张政烺先生《四百六十凤皇斋读书记——读〈林居漫录〉》发表在北大史学系一九三六级级友会史学社编《史学》第一期。

此文是评介嘉靖万历时人伍袁萃杂记朝野故实《林居漫录》的。文章不但全面评论了《林居漫录》的价值和不足,而且讲述明史更联系时事,抒发对国民党政府消极抗日态度的愤懑。文中引《林居漫录》所"记明代御倭情形",数千明军尾倭53人不敢击,"将懦兵弱","与今日情形正同"。又记明山东巡抚宋应昌身负"总督征倭事务",却延方士为内幕宾,挟"披发持剑"请天神天兵"术数""御倭"。先生长叹云:"更与今日之时轮金刚法会相似,然后知中朝大官之师承有自矣。'噫！朝廷纵乏人,奈何令口辩怪迂者当一面,褻中国之威灵而取外夷之轻侮哉'（袁萃语）,笔录至此,不禁感慨同之也。"我们虽然不知道以举办时轮

---

① 赵超:《厚积薄发,开风气之先——读张政烺先生的石刻论著》,《书品》2005年第一辑。

② 裘锡圭:《张政烺先生与古文字学》,载《裘锡圭学术文集·杂著卷》,复旦大学出版社2012年版。

③ 徐宝贵:《〈猎碣考释初稿〉读后》,张永山编《张政烺先生学行录》,中华书局2010年版。

金刚法会"抗日"的"中朝大官"为何人,但先生不忘史家对国家、民族的担当,已鲜明地表现出来。①

1月17日,到神武门,与顾颉刚先生及燕京大学、北京大学同学杨向奎、高去寻、张公量、许道龄、侯仁之、福州邱女士、王育伊、容(媛)女士等约30人,同游南三所及内阁大库,观故宫文献馆工作。五时出,到景山书社。又到卢季忱处。

5月11日,张政烺先生与北大同学张公量、邓广铭(恭三)②、傅乐焕到顾颉刚先生处,校《禹贡》三卷六期稿。抄郭豫才(覃怀)文。

5月24日,到校务长住宅,开禹贡学会成立会,选举职员,修改章程。至七时毕。今日同会者:顾颉刚、润章、于思泊③、容希白、唐立庵、钱宾四、雨亭、田洪都、其玉、印堂、雷洁琼、八爱、士升、侃嬑、侯仁之、张玮英、贯一、童丕绳④、顾

---

① 何令修:《读〈张政烺文史论集〉明清史论著》,张永山编《张政烺先生学行录》,中华书局2010年版。

② 邓广铭(1907—1998),著名历史学家。字恭三。生于山东临邑。1936年北京大学史学系毕业。论文《陈龙川传》,深受指导教授胡适的赞赏。毕业后留校任北京大学文科研究所和史学系的助理员及助教。1950年任教授,1954年起,长期担任北大历史系中国古代史教研室主任。1978—1981年,任历史系主任;1981年后曾任中国中古史研究中心主任。1980年当选为中国史学会主席团成员、中国宋史研究会会长、全国高等院校古籍整理研究工作委员会副主任等职。1981年受聘为《中国大百科全书·中国历史》编辑委员会副主任。著有《辛稼轩年谱》《稼轩词编年笺注》《辛弃疾(稼轩)传》《宋史·职官志考证》《岳飞传》《王安石》等书。合著《中国史纲要》(获奖)。发表论文《陈龙川传》《唐代租庸调法研究》《唐宋庄园制度质疑》等数十篇。

③ 于省吾(1896—1984)著名古文字学家、训诂学家。字思泊,号双剑誃主人、泽螺居士、凤兴叟。辽宁海城人。1919年沈阳高等师范学校毕业。曾先后在萃升书院、辅仁大学、北京大学、燕京大学任教。新中国成立后任东北人民大学(今吉林大学)教授、中国语言学会顾问兼学术委员会委员、国务院古籍整理规划小组顾问等职。致力于古文字学、古器物及古籍研究。著有《双剑誃殷契骈枝》及《续编》《三编》《商周金文录遗》《甲骨文字释林》《泽螺居诗经新证》等,有"新证派"代表之称。

④ 童书业(1908—1968),著名史学家、美术史论家。字丕绳,号庸安,浙江鄞县(今宁波市鄞州区)人,生于安徽芜湖。自学成才,为顾颉刚赏识,乃师事之。历任《禹贡》编辑,光华大学、山东大学教授等职。精研上古史,为"古史辨派"代表学者之一,兼治美术史,亦多有创见。著有《春秋史》《唐宋绘画谈丛》《中国瓷器史论丛》等。

起潜、冯伯平、王育伊、谷霁光、张公量、傅成镛、吴汪华、吴子臧、玉年、王振铎①、伊同、王锺翰、李梇、信宸、静波、钦墀、观胜、超英、郭绍虞、费孝通②、栾植新、书春、徐文珊、杨向奎等四十余人。张先生从此为北京禹贡学会会员，直到1937年。

10月，在北大听顾颉刚先生授"春秋史"课。

11月，张政烺先生的《"平陵墬彛立事岁"陶考证》发表于《史学论丛》第二册，北京大学潜社。该文与以往对单个陶文的考证不同，试图以陶文考证史实。由于陶文中的"陈得"之名，也出现于子禾子釜与陈骍壶两篇铜器铭文中，张先生于是从铜器入手，考定子禾子釜为田和遗物，陈得即田成子幼弟田惠子得。鉴于当时田和还不是诸侯，所以张先生认为"立事岁"不是陈介祺所认为的"为相当国"之年，而是齐大夫嗣为大夫之年。陈得记立事岁不书天王之元，正是春秋后期"禄去公室，政在私门，大夫擅权，陪臣专纵"的反映。该文接着又征引《史记》，否定了

---

① 王振铎（1911—1992），著名博物馆学家、科技史学家。河北保定人。燕京大学肄业。1936年任北平研究院史学研究会编辑，1938年受聘于中央研究院史语所。新中国成立后，历任文化部博物馆处处长、中国历史博物馆研究员。曾任中国考古学会理事会理事。主要研究领域为中国古代科技史。研究复原了指南车、记里鼓车、地动仪、水运仪象台等百余种古代科技模型。主要著作有《指南车、记里鼓车之考证及模制》《张衡候风地动仪的复原研究》《科技考古论丛》等。

② 费孝通（1910—2005），当代社会学大家、人类学家和民族学家。江苏省吴江县（今苏州市吴江区）人。早年学医，因受当时革命思想的影响，转学到燕京大学攻读社会学，于1933年毕业。后又考入清华大学，在社会学及人类学系当研究生。毕业后，去广西大瑶山调查。1936年留学英国。据农村调查的资料写了题为《江村经济》的论文。回国后先后在云南大学、清华大学任教。新中国成立后，历任中央民族学院副院长、社会学研究所所长、中国社会学会会长、中国社会科学院社会学研究所所长。著有《生育制度》《乡土中国》《乡土重建》《民族与社会》《从事社会学五十年》《社会学的探索》《小城镇大问题》等。并主持编写了《社会学概论》一书。

郭沫若先生①将《陈骍壶》铭文中的"隹王五年"定为齐襄王五年之说。该文还考证"郔公"即陈得之公量,主釜等器为陈得的家量,他以家量贷而以公量收。《史记》载陈氏篡齐前为收买民心,"其收赋税於民,以小斗受之;其粟予民以大斗"。小斗和大斗,即公量和家量。出土陈得之器公量、家量兼备,实乃田氏篡齐前一段历史的实证。该文发表前,张先生曾将清样送郭沫若先生审阅,郭在回信中即肯定了张先生的见解,又予以褒扬。信中说:"大作已过细拜读,子禾子釜、墜骍壶年代之推考确较余说为胜。墜导之为惠子得尤属创获,可贺之至。……快慰之至。"张先生的这篇佳作,开拓了用陶文结合铜器铭文来考证历史的新途径。其考证精细,发掘材料内涵深透,能以小搏大。

11月,张政烺先生的《评〈中国文字之原始及其构造〉》发表于《天津益世报·读书周刊》1935年11月28日。

1936年(中华民国二十五年 丙子)   25岁

张政烺先生的《读〈古陶文舂录〉》发表于《天津益世报·读书周刊》1937年3月11日。该书评认为,《古陶文舂录》一书"搜罗最备,考释最精","是过去研究陶文成绩的总汇,也是第一部成功的陶文字典"。

---

① 郭沫若(1892—1978),著名作家、诗人、历史学大家、考古学家、古文字学大家、社会活动家。原名郭开贞,笔名郭鼎堂等。四川乐山人。1914年初抵日本留学。原学医,后从事文艺运动。1921年参与组织创造社,并出版诗集《女神》。1928年起旅居日本,从事中国古代史和古文字研究,著有《中国古代社会研究》《甲骨文字研究》《卜辞通纂》《两周金文辞大系考释》等。抗日战争爆发后回国。此时期著有《屈原》《虎符》《棠棣之花》《甲申三百年祭》。所著《青铜时代》《十批判书》《奴隶制时代》等书对考证先秦社会历史和评价各派思想,颇多创见。北平(今北京)解放后,被选为全国文联主席。新中国成立后,任中国科学院院长兼哲学社会科学学部主任等职。有《郭沫若全集》行世。

裘锡圭先生[①]认为,张先生此文"就已指出《说文古籀补补》的考释也有不少精到的地方,识见远远超出当时一般学者"[②]。

按:《古陶文𪉷录》,顾廷尤先生编,民国二十五年,北平研究院出版。

7月3日,在北平车站与顾颉刚、傅孟真、陆侃如[③]谈话,且同餐。

到车站送行者:储皖峰、杨拱辰、筱苏、文珊及其子侄公量、傅成镛、王育伊、张维华、吴玉年、道龄、吴子臧、姚从吾。

7月4日,在火车上,与顾颉刚、傅孟真、大纲、陆侃如等谈话,且同膳。

八时三刻到浦口,乘轮船渡江,宿傅孟真处,见其一家人。

7月5日,与顾颉刚先生同出散步。

7月12日,张政烺先生《〈封神演义〉的作者》与胡适先生的覆信一起发表于《独立评论》第209号。[④]

按:胡适先生在讲中国文学史课时,对于《封神演义》的作者,希望同学告诉他。张先生当时没有选修胡适先生的课,他从同学李光璧先生那里得知此事后,很快给胡适先生写了一封信。信中说:《封神传》"系元时道士陆长庚所作","元"是"明"

---

① 裘锡圭(1935—),现代著名古文字学家。祖籍浙江宁波,生于上海。1956年毕业于复旦大学历史系,师从胡厚宣先生,1960年研究生毕业。历任北京大学、复旦大学教授。对甲骨学、金文、战国文字、简牍帛书有颇高造诣。在历史学、考古学和语言学等领域也有精深研究。著有《文字学概要》《古文字论集》《古代文史研究新探》《裘锡圭学术文集》等。

② 裘锡圭:《张政烺先生与古文字学》。

③ 陆侃如(1903—1978),著名古典文学研究家。字衍庐。江苏海门人。毕业于清华国学研究院。留学法国,获文学博士学位。曾先后执教于暨南大学、中国公学、复旦大学、燕京大学、中山大学、东北大学。新中国成立后任山东大学教授、副校长。著有《中国诗史》《中国文学史简编》(以上与冯沅君合著)、《中古文学系年》《刘勰与〈文心雕龙〉》等。

④《独立评论》是没有稿费的,通信发表后,送了张先生几张书券,可以领几期《独立评论》。书券的背面还印有"秀才人情"4个大字。

之误；又引嘉庆重修《扬州府志》卷五十三《人物·隐逸》和《兴化县志》咸丰《兴化志》卷八《文苑》，证明陆长庚就是万历年间兴化的陆西星。胡适先生接信后很高兴，迅速给张先生回了信，信中说："谢谢你八日的信。这封信使我很高兴。因为前几天孙子书先生把《传奇汇考》的一段抄给我看，我不信'元时道士'之说，故颇不信此段记载，现在得你的考证，此书的作者是陆长庚，大概很可信了。"胡适、郭沫若是20世纪中国文史学界的两位代表人物，一个大学生能解决他们的疑难，在当时轰动一时，传为学术佳话。

7月，张政烺先生在北大史学系毕业。在北大四年，先生畅游书海，初露峥嵘，以其文献知识渊博，文章功力深厚，考证严谨缜密，与邓广铭、傅乐焕、王崇武等被称为北大史学系1936年毕业的那一届的"四大金刚"（"金刚"，喻其实力雄厚）。而且是最年轻的一位。① 因此得到老师们的交口称赞。

7月，邓广铭先生留校（文科研究所），但还住在学生宿舍，同屋有傅乐焕、张政烺。金克木②先生去拜访邓，见到傅、张。金称赞张"熟悉古董古书"，傅外文好。并说自己的"学识远不如"这三人，还说他们都是"不通人情事故不懂追名逐利的青年"，而以后"都成为学者"③。

7月13日，偕顾颉刚先生到胡福林家，又到中央大学散步。

---

① 那一个班级人才辈出，还出了王毓铨、全汉昇、孙以悌等专家。见赵俪生《明史专家王崇武逝世四十周年祭》，《齐鲁学刊》1997年第2期；杨向奎《东望渤澥 云海茫茫——纪念孙以悌先生》，《文史哲》1997年第5期。

② 金克木（1912—2000），著名佛学家。祖籍安徽，生于江西。小学毕业后，为求学去了北平。先后在市立图书馆和北平图书馆刻苦自修，曾在北京大学图书馆短暂工作过。虽然只有小学毕业，但他博览群书，以能者为师，勤奋钻研，掌握了英语、法语、德语、俄语、世界语、拉丁语、印地语、梵语等多门外语；还亲赴印度佛教圣地鹿野苑，"住香客房，与僧徒伍，食寺庙斋，批阅碛砂全藏"，饱读佛教典籍。回国后金克木历任武汉大学和北京大学教授。著有《印度文化论集》《比较文化论集》。

③《仰止集——纪念邓广铭先生》，河北教育出版社1999年版。

7月15日,与胡福林、全汉昇①到顾颉刚先生处拜访。

8月,张政烺先生被铁面无私、要求严格的傅斯年先生相中,延揽进了中央研究院历史语言研究所(以下简称史语所),当时史语所设于南京钦天山北极阁史语所大厦。那可是个人才济济、藏书丰富、做学问的好地方。"史语所的办公室,一间约有三十多平米,几人合用,每人一书桌、一书架。平均占有的空间相当之大,各不相扰。"②"所里有早晨签到的制度……所中不定期由各组举办报告会"③,研究环境很好。历史组同事有劳榦④、陈槃(槃庵)、全汉昇、陈述(玉书)⑤、周一良⑥、傅乐焕等先生。语言组有丁声树(梧梓)⑦、周祖

---

① 全汉昇(1913—2001),著名历史学家。广东顺德人。毕业于北京大学史学系。历任中央研究院史语所、台湾大学经济系、香港中文大学等单位研究员或教授、新亚书院校长、新亚研究所所长、台湾"中央研究院"院士。曾应美国芝加哥大学、哥伦比亚大学、哈佛大学及日本东洋文库之邀,担任访问学者和研究员。著有《中国经济史论丛》《中国经济史研究》《汉冶萍公司史略》等,还有若干与外国汉学家合写的著作。

② 周一良:《天地一书生》,北京大学出版社2010年版,第167—168页。

③ 同上。

④ 劳榦(1907—2003),历史学大家、简牍学家。字贞一。湖南长沙人,生于陕西商县(今商洛)。1930年北京大学历史系毕业。先后任中央研究院史语所研究员、台湾大学教授。又曾到美国哈佛大学执教。著有《居延汉简考释》《汉晋西陲木简新考》《敦煌艺术》《秦汉史》《魏晋南北朝史》《秦汉九卿考》等。

⑤ 陈述(1911—1992)著名历史学家。字玉书。河北乐亭人。1935年北平师范大学毕业后,相继任中央研究院史语所、东北大学、复旦大学、燕京大学、北京师范大学、中国科学院民族所等单位的教授或研究员。著有《契丹史论证稿》《契丹社会经济史稿》《契丹政治史稿》《金史拾补五种》等。

⑥ 周一良(1913—2001),著名历史学家。安徽东至人。1932年入燕京大学历史系。1939年留学美国。归国后历任燕京大学、清华大学、北京大学教授或副教授。参与主编《世界通史》,著有《魏晋南北朝史论集》《魏晋南北朝史札记》《魏晋南北朝史论集续编》《亚洲各国古代史》等。

⑦ 丁声树(1909—1989)语言学大家。号梧梓。河南邓县(今邓州)人。1932年毕业于北京大学。曾任中央研究院史语所研究员。1944—1948年在美国考察,兼任哈佛大学远东语言部、耶鲁大学研究院语言学部委员。1950年后任中科院语言所一级研究员、中国科学院哲学社会科学部委员。主编《现代汉语词典》《昌黎方言志》,编录《古今字音对照手册》,与他人合著有《湖北方言调查报告》《现代汉语语法讲话》《汉语言韵讲义》等。

谟（燕孙）①等先生。同事交谈切磋，获益良多。陈寅恪先生在北京清华园遥领史语所研究员兼历史组主任，参与决策，负责研究工作中的问题。该组实由傅斯年先生兼管。

傅斯年先生确定史语所的学术宗旨和发展方向，那就是进行历史、语言方面的研究，是为了振兴国家学术，与西方诸国争胜。他求贤若渴，广泛罗致人才。又创造宽松的学术环境，关心所内工作人员的生活。呕心沥血，为史语所的发展作出了不可磨灭的贡献。②

傅先生赏识张先生，称他为"小王国维"。有次讨论中甚至傅先生也要向他征询意见，说"你是最 critical 的，你对这问题怎么看？"③

张政烺先生初入史语所，以编制暂时没有名额，任中文图书馆管理员。④ 月薪 80 元。当时史语所已从北平迁至南京。中央研究院在鸡鸣寺盖房子。张先生等就住在竺可桢先生居家原址（竺去杭州就任浙江大学校长，把房子卖给了中央研究院）。这是一座两层楼，上、下各三间。蔡元培院长家在上海，他来南京时就住楼上，张先生、陈槃和周一良先生等住楼下。

那时张先生与比较随和的蔡院长有所接触，经常和傅乐焕先生一起，共同按蔡院长写的条子，为他查找有关汪辉祖的资料，供他撰写《汪龙庆先生致汤文端七札之记录与说明》之用。这篇文章刊载在《张菊生先生七十生日纪念论文集》中。

刚到史语所时，所里的同人都尊敬地称呼张政烺先生为助理

---

① 周祖谟（1914—1995），著名语言学家。字燕孙。北京人。1936 年北京大学毕业。历任中央研究院助理研究员、辅仁大学副教授。新中国成立后任北京大学教授。著有《问学集》《汉魏晋南北朝韵部演变研究》（第一分册，与罗常培合作）、《语言文史论集》以及《广韵校本》《方言校笺》《尔雅校笺》《洛阳伽蓝记校释》和《唐五代韵书集存》等。
② 详见焦润明《傅斯年传》，人民出版社 2002 年版，第 147—158 页。
③ 周一良：《天地一书生》，北京大学出版社 2010 年版，第 167—168 页。
④ 周一良先生管日文书，傅乐焕先生管西文书。

员。张先生这时总是一本正经认真地纠正说:"你说错了,我不是助理员,我是取书手。"对于管理图书的工作,张先生乐此不疲,真是干一行爱一行。那时傅斯年所长对工作要求极严,规定买书不能重名重内容,也不能遗漏,且一定要买到有用的书。这就需要对所内的所有藏书胸有成竹,了如指掌。于是,张先生对所内所有藏书无所不读。有耕耘就有收获。仅仅一年,他对所里的图书已能如数家珍,"重点图书的内容几乎能背诵出来"。有学者认为,"正是在傅斯年所长的严格要求下,在张政烺的尽心努力下,史语所图书室(今傅斯年图书馆)当之无愧地成为那时中国最好的学术研究型图书馆"[1]。

8月3日,在南京中央研究院与傅乐焕[2]、高去寻等会晤来访的顾颉刚先生。

夏,托傅乐焕先生在来薰阁用陆圆捌角买下郭沫若先生1935年在日本东京文求堂出版的《两周金文辞大系考释》三册。

公余之暇,常与丁声树先生在图书馆外的草地上聊天。初冬,在南京鸡鸣山中央研究院史语所院中与丁声树先生合影留念。

是年,次子张极震出生。

1937年(中华民国二十六年　丁丑)　　　　26岁

2月,受所长傅斯年先生委托,张政烺先生和那廉君赴南浔嘉业堂(主人刘承干是大藏书家,所藏图书有不少明清精品)购买《明实录》。沿途参观了其他藏书所和刻书局。张先生此行看到

---

[1] 刁勇:《张政烺:从图书馆管理员到中国古代史学大家》,《中国社会科学报》2016年12月19日。

[2] 傅乐焕(1913—1966),著名历史学家。山东省聊城人。1936年,毕业于北京大学历史系,随即进入中央研究院历史语言研究所,任西文图书管理员。后出国留学。1951年自英国归国,在中国科学院考古研究所任研究员。1952年调中央民族学院。后兼任中国科学院历史研究所研究员及学术委员。主编《满городского史》《金史》,参与编绘了《中国历史图集》,标点《二十四史》。参与编纂《辞海》,编辑《中国历史小丛书》等。著有论文集《辽史丛考》。

许多善本书，得以大开眼界，提高了鉴别古书的辨析力。

7月，卢沟桥事变爆发。7月29日，北平陷落，形势更加危机。张政烺先生随史语所迁往长沙，暂住圣经学院（现在是省财政厅）。一部分书放在衡山。

自11月24日起，长沙屡次遭日机轰炸。12月13日，首都南京沦陷。史语所又迁离长沙。张政烺先生负责史语所图书（中文书12万册，西文书1万册）的保管，并押运至重庆。还要帮傅斯年所长抄写他的《性命古训辨证》一书的手稿。张先生和潘实君先生租了怡和公司一条船，沿湘江而下，穿过洞庭湖，经过汉口，到达宜昌。就在那里中转换船，为此待了两个多月，抄完《性命古训辨证》。

是年，中国艺术史学会在长沙成立。张先生与胡厚宣、徐中舒、马衡、商承祚[①]、梁思永[②]、常任侠[③]、滕固等十七人在长沙合影。

1938年（中华民国二十七年　戊寅）　　27岁

3月，张政烺先生等押运的史语所图书到达重庆。在沙坪坝

---

① 商承祚（1902—1991），著名古文字学家、金石篆刻家、书法家。字锡永，号驽刚等。广东番禺（今广州市番禺区）人。幼承家学，早年从罗振玉研治甲骨文，1923年入北京大学国学门为研究生。曾任中山大学教授。毕生致力于甲骨文、金文、碑刻文的搜集、整理和考释。著有《殷墟文字类编》《殷契佚存》《说文中之古文考》《石刻篆文编》《十二家吉金图录》等。

② 梁思永（1904—1954），考古学大家。广东新会人，生于日本横滨。梁启超次子。1923年毕业于清华学校留美预备班。早年留学美国。归国后在中央研究院史语所任职，中央研究院院士。新中国成立后任中国科学院考古所副所长。著有《侯家庄王陵发掘报告》（未完稿），主持编写《城子崖》，有《梁思永考古论文集》行世。

③ 常任侠（1904—1996），著名艺术史论家、艺术史考古学家。名家选。笔名季表、牧原、常征。安徽颍上人。毕业于中央大学文学院。早年留学日本。归国后先后执教于北京大学、北京师范大学、中国佛学院、中央美术学院等高校。长期从事东方艺术史研究。著有《中国古典艺术》《汉画艺术研究》《西域乐舞百戏东渐史》《民俗艺术考古论集》《印度与东南亚美术发展史》《阿旃陀石窟艺术》《常任侠艺术考古论文集》等。

盖了三间房子做书库。在重庆知道史语所大部分人到了昆明。所址设于昆明拓东路663号又昆明青云街靛花巷3号。两处距离相当的远。由重庆到昆明是山路，不能像长沙到重庆用船载运，又没有铁路直达，只能用汽车装运。当时的交通很困难，运输公司也很少，无法起运。遂与邮局商量用邮包寄出，用牛皮纸把图书包好，由重庆投邮，在昆明收件。这个方法，乃为当时唯一可行的方法。同时拟把同仁们的研究室集中一个地区，遂在昆明城内云南大学旁与靛花巷仅隔一条马路的竹安巷，租了一处相当宽敞、非常幽雅的四合院，作为研究室和图书馆。重庆来的邮包，都收存在这里。潘先生另有任务，暂留重庆，张先生成为投邮和收邮的同一人。其辛苦可想而知。邮包尚未收全，敌机忽炸昆明，不得已，全所再迁住昆明北郊龙泉镇，这个竹安巷只能算是一个没有开张的图书馆。

7月初，张政烺先生离开重庆到达昆明。史语所在昆明，分在靛花巷和竹安巷。罗常培[1]、岑仲勉[2]在靛花巷。陈寅恪[3]先生

---

[1] 罗常培（1899—1958），语言学大家。字莘田。满族。曾任西北大学、厦门大学、中山大学教授，历史语言研究所研究员，北京大学教授、文科研究所所长。新中国成立后任中科院语言研究所所长、中国文字改革委员会委员、中科院哲学社会科学部委员。一生从事语言教学和研究。对汉语音韵学和方言研究卓有成就，对中国少数民族语言的调查研究做了开创工作。著有《厦门音系》《临川音系》《唐五代西北方音》《汉语音韵学导论》等。其重要论文收入《罗常培语言学论文选集》。

[2] 岑仲勉（1886—1961），著名历史学家。学名铭恕，字仲勉，别名汝懋。广东顺德县人。青年时先后入两广大学堂、两广游学预备科就读。1912年北京高等专门学校毕业。先后在中央研究院史语所、中山大学任研究员或教授。著有《隋唐史》《汉书西域传地理校释》《黄河变迁史》《突厥集史》等专著十八种，发表论文一百八十多篇。

[3] 陈寅恪（1890—1969），历史学大家。江西义宁（今修水）人。陈三立之子。早年赴日本、德国、瑞士、法国和美国学习。归国后，相继任清华大学、西南联合大学、岭南大学、中山大学等校教授。著有《隋唐制度渊源略论稿》《唐代政治史述论稿》《元白诗笺证稿》《柳如是别传》等专著。并有《金明馆丛稿》初稿、二编，《寒柳堂集》等。今人辑有《陈寅恪集》。

也在靛花巷，同时在西南联大授课。张先生在竹安巷，住了两年半，送走了赵元任①先生。

7月7日上午，史语所在孔庙召开纪念抗战周年大会，当时的贵州省主席吴鼎昌在会上讲话，张先生也去听了。

9月，在昆明写毕《邵王之諻鼎及簋铭考证》。同年12月修改一过，发表于《中央研究院历史语言研究所集刊》第八本第三分，商务印书馆，1939年10月。他依据《方言》六和《广雅·释亲》，得知楚地称母为"媓"，读諻为媓，而"諻"也可训为"母"，"邵王为昭王"，所以"'邵王之諻'盖即楚昭王之母也"。绝非史有贤名的昭王之兄子西、子期的祭器或自作器。否定了读諻为兄的说法。又从典籍中考述昭王母伯嬴之事迹。此文是用古代方言考证古文字的典范，其结论得到学界的共同认可。

10月，史语所自昆明城内迁郊外，所址设于昆明龙泉镇棕皮营响应寺及宝台山弥陀殿。从1938年秋起，到1940年秋止，在这里住了2年，生活相当安定，设置了3座书库，分3人管理，先生管理设置于观音殿的善本书库，由他负责的《明实录》、明清档案也在其中校对。

1939年（中华民国二十八年　己卯）　　　　28岁

1月，张政烺先生升任史语所助理研究员。

---

① 赵元任（1892—1982），语言学大家。原籍江苏武进（今常州市武进区），生于天津。早年留学美国，并游学法、德、英等国。后任清华学校国学研究院教授、中央研究院史语所研究员，并致力于国语运动和汉字改革，是国语罗马字的主要制定者之一。1938年后定居美国，先后任耶鲁大学、哈佛大学等大学教授，美国语言学会会长。语言学造诣深厚，在学术界享有盛誉。同时对音乐、哲学、数学、物理学等也颇有研究。著有《中国语入门》《现代吴语的研究》《语言问题》《中国话的文法》《赵元任语言学论文集》《新诗歌集》等。

11月27日，郑天挺请傅孟真、陈寅恪、锡予、莘田、姚从吾、向觉明、张政烺往家庭食社食包子。

12月10日，是星期天，天气阴冷，张政烺先生偕王崇武先生到西南联大郑天挺教授家拜望。

1940年（中华民国二十九年　庚辰）　　29岁

1月2日，郑天挺"早餐后至响应寺查阅西文书籍。九时，登山，至弥陀殿，更至观音殿，张政烺、王崇武导阅善本书籍。有关明代者不少，惜不暇详读"①。

3月，蔡元培②院长在香港逝世。傅斯年先生于3月8日在云南省龙头村的山上的弥陀殿大殿外举行追悼会。参加追悼会的包括史语所内同人、中央博物院、营造学社等单位的职工。傅斯年所长详细介绍了蔡院长的生平。大家对和蔼可亲的蔡院长很关心，听到他与世长辞，心情都很悲痛。张先生亦不例外。在此后一段时间里，他常到傅斯年先生家。③

约4月，张先生写信给拱辰，向英庚款会请求事不成。

4月，在昆明宝台山蝶梦园完成《汉孟孝琚碑跋》一文，载

---

① 郑天挺：《郑天挺西南联大日记》，中华书局2018年版，第228页。
② 蔡元培（1968—1940），著名民主革命家、大教育家。字鹤卿，号孑民。浙江绍兴人。清光绪进士，翰林院编修。1902年与蒋观云等发起组织中国教育会，创办爱国学社和爱国女学，宣传民主革命思想。1907年赴德留学。1912年1月任南京临时政府教育总长。1915年在法国与李石曾、吴玉章等办留法勤工俭学会。1917年任北京大学校长，提倡"思想自由""兼容并包"的办学方针，多方罗致学有所长者，实行教授治校，使北大成为新文化运动的发祥地。同时倡导"以美育代宗教"。1927年任民国政府大学院院长，后改任中央研究院院长。著作编为《蔡元培全集》。
③ 《石璋如先生口述历史》，九州出版社2013年版，第188、191页。

于宋文薰[①]、李亦园、张光直[②]主编《石璋如院士百岁祝寿论文集——考古、历史、文化》，台北南天书局2002年4月，原件藏国家博物馆。

该文对被前人忽视的汉碑图像做了考证，侧重于对四灵的比较。指出："盖一时风气如此"，"汉人刻龙、虎形修短丰杀恒相称，式样皆同，其别惟在首部"。他的这一研究具有开创性，现在学术界对汉代石刻纹饰与宗教思想的研究当受到他的影响。他还考证有关历日"暇尝集汉永元六年、后唐同光四年、宋雍熙三年、嘉定十一年、宝祐四年诸具注历，与今日流俗所用通书校之。其吉凶宜忌之道，自汉已然，法式全合"。他在此文中提出的"汉人以卯金刀之故，颇重卯日"，"古今人风俗性情不同，术家常有用有不用，不能以定法绳之"。这些见解具有前瞻性，至今仍对有关研究具有指导意义。[③]

5月，写成《玉皇姓张考》，刊于《责善半月刊》第一卷第八期，1940年6月。该文认为玉皇姓张之传说在唐代已非常普遍，绝非一朝一夕之故。玉皇为最尊之神，其姓氏当有意为之，而张氏从未有为天子者，则此事当与汉末之天师道五斗米道有关，"疑其源出于张角耳"。

---

① 宋文薰（1924— ），著名考古学家。台湾省人。毕业于台湾大学人类学系，执教台湾大学人类学系，台湾大学名誉教授，台湾"中央研究院"院士。主要从事台湾地区史前考古发掘与研究以及东南亚考古研究。著有《台中县番仔园贝塚之墓葬》，合著《圆山文化的年代》《卑南考古》《台湾地区史前考古文献目录》《都兰考古学研究报告》等。

② 张光直（1931—2001），美籍华裔考古学大家。台湾省人，生于北京。1954年获台湾大学人类学学士学位，1960年获美国哈佛大学人类学博士学位。先后在耶鲁大学、哈佛大学执教。曾任耶鲁大学人类学系主任与东亚评议会主任、哈佛大学人类学系主任与东亚评议会主任。当选为美国科学院院士、美国文理科学院院士、台湾"中央研究院"院士，兼北京大学客座教授。主要研究中国考古学、台湾与东南亚史前考古、考古学理论与方法。著有《中国古代考古学》《聚落考古学》《商代文明》《中国青铜时代》《美国、神话与祭祀》《考古学专题六讲》《中国考古学论文集》等。

③ 赵超：《厚积薄发，开风气之先——读张政烺先生的石刻论著》，张永山编《张政烺先生学行录》，中华书局2010年版。

7月，写成《关于〈玉皇姓张考〉的通信》，刊于《责善半月刊》第一卷第十二期，1940年8月。

8月24日，郑天挺先生"作书致孟真，致从吾，为苑峰事"①。

秋，不幸滇缅公路中断，云南危急。

9月12日，郑天挺先生"日前以所作《附国之地望与对音》一文就商于张苑峰，今日得复，有'敬读三过，获益实多。辞义周密，不能更赞一词。附国吐蕃，隋唐异称，容有部族消长、种姓更代之事。要之附国之当为发羌，当在康藏，今后自可无疑义矣'之语。赞许逾实，甚以为愧，其所谓'部族消长、种姓更代'，甚有见"②。

9月27日，张政烺先生致书郑天挺先生，"谓鲜于枢《困学杂录》有记附国者，录以见示，其文略同《隋书》"。郑，"因检《历代名画记》《图画见闻志》《宣和画谱》《图绘宝鉴》诸书，补作注文"。并"检《画录》及两《唐书》"③。

年底，由于越南被日本占领，史语所原先考虑的通过越南同海外联系的通道被阻塞了，加之昆明的房子太小，张政烺先生随史语所离开昆明，经由宣威、威宁、毕节、叙永到了四川省南溪县李庄镇板栗坳。南溪是一个富庶的地方。县城在长江北，李庄在江南，这里古色古香，民风淳朴，房子高大，以楠木间隔。即使在战火连天的抗战岁月，也很有些世外"僻地"的味道。张先生是喜爱善本的，所以他的研究室与宿舍就在别存书库（即善本书库）近旁的茶花院内。茶花院是一处独立的结构，后面是一座大庭，左、右前面是相连的一圈房子，中间为一大院。在这院子中有两棵本处稀有的高大茶花树，它的花朵的硕大鲜艳不

---

① 郑天挺：《郑天挺日记》，第303页。
② 同上书，第312页。
③ 同上书，第317页。

减于著名的昆明茶花。每值开花季节大家都来观赏，也是一处有名的景观。迁入李庄的，除中央研究院史语所外，还有中央研究院社会科学研究所、人类学研究所、中央博物院、营造学社以及同济大学工学院和校总部等。还有山东图书馆，"山东省政府与中央研究院合租的山东古迹研究会"委员兼秘书的王献堂先生也是住在这里。当时史语所约有六七十人，傅斯年所长常在重庆，所务主要由董作宾先生主持。当时虽是抗日战争时期，生活十分艰苦，但研究所环境安定，学术气氛浓烈，据傅斯年先生的及门弟子王利器先生回忆，"其时，（北大）文科研究所的同学王明、任继愈[①]、马学良[②]、刘念和、逯钦立、胡庆钧、王叔岷、李孝定[③]诸人已在那里。史语所则有：向达[④]、丁声树、岑仲勉、

[①] 任继愈（1916—2009），著名哲学史家、宗教学家。1938年毕业于北京大学。1941年获西南联大、北大文科研究所硕士学位。曾任北大教授、中科院哲学研究所研究员，世界宗教研究所所长、国家图书馆馆长。中国哲学史学会会长、中国无神论学会理事长、国际欧亚科学院院士。致力于用唯物史观研究中国哲学史和中国宗教史，提出"儒教是教"说。著有《汉唐佛教思想论集》《中国哲学史论》等。主编《中国哲学发展史》《中国佛教史》《中国道教史》《宗教大辞典》等。

[②] 马学良（1913—1999），著名语言学家。生于山东省荣成县。早年就读于北京大学中国文学系和文科研究所。1949年以后，先后任北京大学东方语文系副教授、中央民族学院少数民族语文系教授和主任，该院少数民族语言研究所所长、中国社会科学院少数民族文学研究所副所长。长期从事汉语及少数民族语言教学和研究，对中国彝族语言文字的调查研究做了不少开创工作。著有《彝文作祭献药供牲经译注》《撒尼彝语研究》《彝文经典和彝族的原始宗教》，主编《语言学概论》等。

[③] 李孝定（1918—1997），著名古文字学家。字陆琦。湖南常德人。1939年南京大学毕业，1944年获北京大学文科研究所硕士学位。曾任台湾"中央研究院"史语所、台湾大学、新加坡南洋大学、台湾东海大学教授、研究员。在甲骨学、金文及文字起源研究领域建树多多。著有《甲骨文字集释》《金文诂林附录》（合编）等。

[④] 向达（1900—1966），历史学大家。字觉明，湖南溆浦人。土家族。1924年毕业于东南大学，1935年至1938年到英国牛津大学图书馆、不列颠博物馆图书馆、巴黎国家图书馆从事研究工作。回国后任北京大学等校教授。新中国成立后任北京大学图书馆馆长、历史系教授、中科院哲学社会科学部委员、中科院历史所二所副所长、《历史研究》《考古学报》编委。长于中西交通史和敦煌学。著译的论文和专著达100种。重要著作有《唐代长安与西域文明》《蛮书校注》等。

张政烺、王崇武以及董作宾、李方桂①、陈槃、劳榦、石璋如②、董同和、高去寻、凌纯声③、芮逸夫、全汉昇、杨时逢,以及寄寓的王献唐④、屈万里诸先生在那里,朝夕相处,左右采获,获益良多"⑤。还有严耕望⑥。这些人多是年富力强的中年学者,有些是精力旺盛的研究生,几乎都是学有专长的人。在偏远的山区,在

---

① 李方桂(1902—1987),语言学大家。原籍山西昔阳,生于广州。早年留学美国,获芝加哥大学语言学博士学位。先后任中央研究院研究员、院士、燕京大学客座教授。1946年后定居美国。历任哈佛大学、耶鲁大学、华盛顿大学、夏威夷大学教授、美国语言学会副会长。一生从事语言研究。精通汉、英、德、法、梵、拉丁、希腊等多种语言,并进行过许多语言和方言的调查,治学博大精深,于汉语音韵学、汉语方言学、汉藏语系语言、中国少数民族语言以及印第安语的研究成绩尤其显著。著有《龙州土语》《武鸣土语》《比较台语手册》《上古音研究》等。有《李方桂全集(13卷)》行世。

② 石璋如(1902—2004),著名考古学家。河南偃师人。1932年河南大学文学院毕业,进入中央研究院史语所,在考古组任职,多次参加安阳殷墟发掘,主攻殷墟考古研究。1945年去台湾,曾任台湾"中央研究院"院士。主要著作有《小屯·第一本乙编》《小屯·第一本丙编》《小屯·第一本丁编(一)》《侯家庄·第十本》《莫高窟形》,论文有《殷墟最近之重要发现附论小屯地层》《圆山贝冢之发掘与发现》《殷代的建筑》《殷代的车》等百余篇。

③ 凌纯声(1902—1981),当代民族学大家。字民复。江苏武进人。早年就学于中央大学,后留学法国。归国后,积极从事民族学研究和开拓工作,先后任中央研究院史语所研究员,民族组主任,中山大学教授、系主任。新中国成立前去台湾省,先后任台湾大学教授、台湾"中央研究院"民族学研究所所长、台湾"中央研究院"评议员、院士等。他的著述甚丰,有专著12本,论文74篇。主要著作有:《松花江下游的赫哲族》《中国边政制度》《边疆文化论集》《中泰文化论集》《中国边疆民族与环太平洋文化》等。

④ 王献唐(1896—1960),著名金石学家、考古学家。原名琯,号凤笙。山东日照人。毕业于青岛礼贤书院。曾任山东省立图书馆馆长。山东古迹研究会委员会兼秘书。新中国成立后任山东省文物管理委员会副主任等职。长于金石文字、版本目录之学,对考古学研究亦有重要贡献。著有《两汉印录》《邹滕古陶文字》《临淄封泥文字》《中国古代货币通考》《国史金石志稿》等。

⑤ 焦润明:《傅斯年》,人民出版社2002年版,第154页。

⑥ 严耕望(1916—),著名历史学家。号归田。安徽桐城人。以研究中国中古史、地方行政制度及历史地理而知名。毕业于武汉大学,后到齐鲁大学国学研究所、中央研究院史语所任职。1963年应聘到香港中文大学历史系任教,其间赴美国哈佛大学、耶鲁大学作学术交流。1970年当选为台湾"中央研究院"院士。退休后继续任该校中国文化研究所高级研究员及香港新亚研究所教授。著有《两汉太守刺史表》《唐仆尚丞郎表》《秦汉地方行政制度》《魏晋南北朝地方行政制度》《唐代交通图考》等书。

环境幽雅的学术环境，人们或专心攻读或相聚谈论，交流切磋学术见解，无拘无束。张先生在学术上的进步，除了他本人的发奋攻读，潜心学问的主观努力外，与傅斯年创造的宽松的学术环境是分不开的。

1941 年（中华民国三十年　辛巳）　　　　30 岁

5月，写成《关于伪皇族案及〈长沙古物闻见记〉》，刊于《责善半月刊》第二卷第八期，1941年7月。该文指出长沙古墓"既非科学发掘，事后又未测量照像，书中又不附图版，仅凭闻见笔之于纸，则其学术价值自必估而后定，考而后信"。表现了张先生的严谨学风。

6月9日，史语所在四川板栗坳山上，以开展览会、演讲会的方式，纪念中央研究院成立十三周年。纪念会由代所长董作宾先生主持。欢迎当地人光临，同时还请客，以拉近与地方的关系，做些解释。张先生出席了纪念会。他负责的图书馆也开放，任当地居民参观。①

7月，写成《宋四川安抚制置副使知重庆府彭大雅事辑》，后刊于《国学季刊》第六卷第四号，北京大学，1946年。该文分家世、使北、帅蜀、艺文、论定五部分。作者广泛搜罗从南宋后期到元、明、清的多种典籍，钩沉索隐，详密考订，充分肯定了彭大雅修建重庆城，在宋末的抗蒙战争中建立了不朽功勋。是抗日战争时期的力作，实寓先生之爱国热情。

1942 年（中华民国三十一年　壬午）　　　　31 岁

春日，作《"奭"字说》，载于《六同别录》②上，《中央研

---

① 参看《石璋如先生口述史》，九州出版社2013年版，第200—201页。
② 史语所从民国三十年迁来李庄，到民国三十五年回南京。《六同别录》是史语所在李庄时期办的刊物，由所内同人写稿发表。张先生写得一手好毛笔字，石印效果也是最好的。

究院历史语言研究所集刊外编》第三种，1945年1月；又刊于《中央研究院历史语言研究所集刊》第十三本，商务印书馆，1948年。该篇列举许多字形相近的甲骨文，以为是"盖取二物相俪为偶"之义，力排众说释为奭，"读曰'仇'而解为'匹'，即妃匹之谓"。这是此字在甲金文中最常见的用法。

此外，还有两类用法。一是见于卜辞"黄奭""伊奭"，盖谓国之重臣与王为匹耦，可读为《诗·周南》中"公侯好仇"之"仇"，义为"匹"也。二是见于周初期铜器矢彝、矢尊。"今我惟令汝二人亢眔矢奭"，亦可读为"仇"，是古者士大夫各与寮友为仇。写此一文，除为了疏解此甲金文难字，从而解决正确利用与此字有关资料说解史实外，也是为了实践作者对古文字考证的一种原则，即所考释之字的结果不仅要有形、音、义之根据，而且在古文字资料中能寻一贯通之说解，务求其通畅。

9月，作《讲史与咏史诗》，刊于《中央研究院历史语言研究所集刊》第十本，商务印书馆，1948年4月。此文"以探究讲史之起源为主旨，咏史诗为讲史之祖"，认为"讲史一艺盖出于晚唐之咏史诗，初由童蒙讽诵，既而宫廷进讲，以至于走上十字街头"，"平话即由咏史诗演变而来"。而"通俗演义始于罗贯中，乃仿平话而作之大众读物"。论述详密透彻，是他研究中国古典文学的代表作。

1943年（中华民国三十二年　癸未）　　　32岁

1月，在四川南溪李庄升任中央研究院历史语言所副研究员。

季冬，在南溪李庄板栗坳作《相台书塾刊正九经三传沿革例》。刊于《中国与日本文化研究》第一集，中国大百科全书出版社，1991年6月版。该文考定相台本九经三传不是明万历（1573年—1620年）以来公认的宋代岳珂家刻的，而是元代初年义兴岳浚根据廖莹中世綵堂本校正重刻的。并指出其所附《沿革例》与岳珂无关，乃廖氏世绥堂之《九经总例》原文，还准确考证了岳飞的后人。这不仅使一批宋版书恢复了元代重刻的真相，而且使亡佚三百多年的《九经总例》在人世重现。这一重要发现，冲击和震动了版本目录学界。文章还未正式发表，就不胫而走，被人传颂、引用。1960年赵万里编《中国版刻图录》就采纳了张先生的见解，且赞扬"张说甚确"。

8月29日，下午，在王则诚处，与夏鼐、张立（医师）闲谈，大部分是谈疾病及医药的事。

《〈王逸集〉牙签考证》，1943年作，1945年写毕，《中央研究院史语所集刊》第十四本，商务印书馆，1949年。该文认为黄浚《衡斋金石识小录》卷下著录"汉王公逸象牙书签"一枚，是悬系于《王逸集》书帙外的签牌，时代属魏晋或北朝。此牙签正、背两面皆有文字，记王逸著述情况，其中有"又作《汉诗》一百二十三篇"的话，张先生联系《王逸传》的记载，推定"诗"乃"书"之误，"《汉诗》百二十三篇"应为"《汉书》百二十三篇"。并据此推断王逸参与撰写了《东观汉纪》。此考证"足以纠正范晔《后汉书》之讹，祛解刘知几之疑，还历史以真面目"。他又根据《隋书·经籍志》"梁有《王逸集》二卷，录一卷，亡"的记载，认为范书本传与牙签铭文皆源自于荀勖校理晋内府藏书时所撰写的《（杂）[新]撰文章家集叙》（简称《文章叙录》）。从而使《后汉书·文苑传》资料来源以及郑默《中经簿》、荀勖《新簿》有无叙录等文献、目录研究上的重要问题，得到圆满的答案，这是张先生的贡献。

1944年（中华民国三十三年　甲申）　　　　33岁

1月31日，被张先生誉为"山东省近几百年来罕见的学者"的王献唐先生"至苑峰处闲谈"，见罗希咸等所藏川中近出汉画砖拓本六、七纸甚精；又晋墓门石刻及孟蜀石经拓本三种。

2月3日，晚，在傅斯年先生处，与向觉明先生一起听夏鼐先生传达李济[1]先生拟明晨上山之意。

6月14日，郑天挺先生"校《中央日报》所登文稿，欲以寄张苑峰"[2]。

张政烺先生的《汉故郎中赵菿残碑跋》刊于《史学集刊》第四期，1944年8月。

8月，作《关于殷代卜龟之来源》，刊于《学史丛刊》创刊号，1944年12月。

9月，作《关于〈"奭"字说〉》，刊于《学史丛刊》创刊号，1944年12月。

约是年，成立了战区文物保存委员会，宗旨是呼吁保护沦陷区的文物，免遭破坏，如呼吁盟军不要轰炸北平古城等。委员会主任是李济，副主任是梁思成。张先生是委员之一，负责图书，朱家济负责字画……因为抗战结束得比较突然，没有做多少工作。

1945年（中华民国三十四年　乙酉）　　34岁

2月4日，写毕《〈说文〉燕召公〈史篇〉名丑解》，刊于《六同别录》上，《中央研究院历史语言研究所集刊外编》第三种，1945年1月，四川南溪李庄。《中央研究院历史语言研究所集刊》，第十三本，商务印书馆，1948年9月。该文认为《史篇》原文谓召公寿，说解者误以为召公名丑也。故疑奭下"《史篇》名

---

[1] 李济（1986—1979），考古学大家。中国最早独立进行田野考古的学者。字济之。湖北钟祥人。1918年清华学校毕业，1923年获美国哈佛大学哲学博士学位。先后在南开大学、清华学校国学研究院任教。1926年主持在山西夏县西阴村进行的考古发掘，这在中国学者是第一次。1929年任中央研究院史语所考古组主任。1948年被选为中央研究院院士。1949年在台湾大学创建考古人类学系，1955—1972年任史语所所长等职。他亲自主持殷墟的早期发掘，对中国考古学的发展作出了重要贡献。著有《殷墟器物甲编：陶器》上辑《中国文明的起源》（英文）《古器物研究专刊》第1—5本（合著）《安阳》《李济考古学论文集》。

[2] 郑天挺：《郑天挺西南联大日记》，中华书局2018年版，第846页。

丑"四字乃后学所附益也。

某月，写成《六书古义》，刊于《中央研究院历史语言研究所集刊》第十本，商务印书馆，1948年4月。

这是一篇考证"六书"词义的文章。引用甲骨、汉简等大量文献，阐明《周官》之"六书"（六十干支表），乃汉代小学学习书法的篇章，且源远流长。每旬（十天）之干支首日为甲，每一甲为一篇，共为六篇。"汉人小学以书法为主，《六甲》遂有《六书》之名。"刘歆创立"六书"，即象形、象事、象意、象声、转注、假借，"是托《周官》'六书'一词而抽换'六甲'之实"，托古改制以提高小学启蒙课程的地位。"刘歆创立六书，使说字之术有统纪，化占验法戒之说，为纯文字学上之研究，实为一大进步。"许慎《说文解字》的造字六书之名，即指事、象形、形声、会意、转注、假借，"绝不见于新莽以前之书"，实乃源于刘歆一家之说，而有所改定。使"六书"之说进了一步。刘歆之学亦源于《易》，其"六书"条例之中象形、象事、象意、象声即本于《易》之四象。许慎撰《说文》，无论自叙其立意，即其书收字与分部之数目、部首之排列等，无不本于《易》。其中有种种迷信，起着束缚学者观念的作用。当然，他的造字理论就有了缺失。这一发现"是石破天惊之论，对文字学界产生了巨大影响"[1]，为使中国的古文字学建立在出土材料之上建立了基础。文末云"此稿多蒙丁梧梓（即丁声树——引者）先生教正，附此志感"。这既反映了先生不掠人之美的高尚学术道德，也表现了他与丁先生的深厚友谊。张先生对于"六书"古义的考证，受到甲骨学界的重视，著名甲骨学家胡厚宣先生在《五十年甲骨发现的总结》中就曾予以肯定。

8月15日日本投降之后，中国准备派一个代表团到日本，了

---

[1] 裘锡圭：《张政烺先生与古文字学》，《书品》2004年第6期。

解日军劫掠中国文物情况，张政烺先生是代表团成员之一，在重庆集中，因故未能成行。

9月，胡适被任命为北京大学校长。同月，傅斯年代理北京大学校长，至1946年7月。

11月26日写毕《〈说文解字序〉引〈尉律〉解》，刊于《中央研究院历史语言研究所集刊》第十七本，商务印书馆，1948年。该文认为汉承秦弊，学法令者以吏为师，"既以文乱法，是非无正，人用己私，巧说邪辞，使天下学者疑"刘歆于是乘机假借律文以附会其一家之言，托古改制。他举九章（指方田、粟米、差分、少广等算术而言）、六曹（田曹、兵曹、集曹、仓曹、金曹等）皆成写字之道。改九章为九千字，六曹为六体（古文、奇字、篆书、隶书、缪篆、虫书）。其荒诞甚。"而班许诸儒祖述刘说，信而不疑。学者安其所习，终以自蔽，虽有《尉律》，盖莫达其说久矣。"

12月初，张先生来到重庆。

12月27日，在重庆牛角沱，遇顾颉刚先生，到茶馆长谈。

年底，张先生在重庆说二祀、四祀切其卣的长铭是假的，很快风传开了。

1946年（中华民国三十五年 丙戌） 35岁

1月2日，在中央研究院遇来访的顾颉刚夫妇。顾托张先生将呈文送部，因适在开会商论赔偿事也。

1月4日，张先生在重庆遇顾颉刚夫妇。

1月22日，在王育伊处与顾颉刚、杨拱辰会晤。

1月23日，晚，顾颉刚先生请客，张先生赴宴，同席有高冲天、张震旦、杨拱辰、谭菊绷、李乐元、王育伊等先生。吃一万一千元。

1月26日，张先生偕杨拱辰到顾颉刚先生处拜访。

1月29日，就白寿彝①、张先生、杨拱辰、王育伊等先生评《西北考察日记》《文史杂志》六卷一、二、三各期稿。顾颉刚先生将之写入教部批文，略加增删。

1月30日，与杨向奎、卫聚贤（理事）、苏继顷、姚绍华、东方、叔谅（二人均理事）等去重庆百龄餐厅开中国史学会。因去的人少未开成。

2月3日，与杨拱辰来顾颉刚先生处长谈，至十时。

2月5日，张政烺先生应北大史学系主任姚从吾之聘，②从重庆飞到北平。成为北大史学系最年轻的教授。从此离开了史语所。先生那时住在东厂胡同一号北大宿舍。与胡适、傅斯年、梁思永、汤用彤、邓广铭这几家为邻。他住一个偏院里。东房，三间小屋，几乎没有什么陈设。但有书看。他曾对其子张极井说："当时每天晚上关灯最晚的是我。"可见先生的勤奋是出众的。

先生在史语所十年，博览群书，读的书有历史典籍、各家文集、笔记、天文历算、农业、气象、方志、古代戏曲、小说、俗文学、传统小说、甲骨、金文、碑刻、陶文、玺印、封泥、古文字、古器物图录、各家论著等。他在史语所的论著，内容涉及甲骨、金文、陶文、碑刻、通俗小说等许多领域，他析疑辩难，考证史料非常精确，因而与丁声树教授合称为史语所的"双杰"。

2月7日，与自重庆飞抵北平的顾颉刚先生多次商讨禹贡学会的会务。同会有张星烺（亮丞）、齐思和、翁独健、侯仁之、栾植新、邓广铭（恭三）、苏秉琦、王静如、吴丰培、刘厚滋、冯世

---

① 白寿彝（1909—2000），著名历史学家。河南开封人。回族。1929年考入燕京大学国学研究所。从1938年起历任云南大学、中央大学、北京师范大学教授。著有《中国交通史》《中国史学史》《中国通史纲要》等。主编《中国通史》（十二卷本）和《中国史学史》（六卷本）。

② 与张先生同时应聘为北大文科教授的只有早于他两年大学毕业并取得国外博士学位的季羡林先生。

五、许道龄等诸位在北平的会员，旨在查寻劫后所余的藏书，并谋求会务的重新开展。

2月初，张先生在东华门北河沿遇见赵万里先生，赵问张："你说切其卣是伪的吗？"张为之骇然。

按：当时张先生只有33岁，工资仅可糊口，自认人微言轻，对此卣又未写文章，为什么几句话传得这么远？后来他常到琉璃厂通古斋，认识了古董商黄伯川。古董商都知道和学者交朋友有好处，一件文物经学者写文吹嘘，可以卖得快，赚钱多。

2月3日，张先生与杨拱辰到顾颉刚家，长谈，至十时。

2月6日，与来访的顾颉刚先生晤谈。

2月9日，顾颉刚先生访张先生，未遇。

2月13日，顾颉刚先生到张先生处。

2月19日，张先生与鲍育万送存教部特派员处存书来，同运入屋，顾颉刚先生留饭。

2月23日，郑天挺先生曾到张苑峰先生家，"小坐"。回家后，"翻阅自苑峰处借来日人所作中国史，一时乃寝"[1]。

2月24日，郑天挺先生"午约（张）苑峰、（余）让之、（周）燕孙来便饭，谈至四时乃散"[2]。

2月26日，顾颉刚先生交张先生买书费30万元。

2月27日，顾颉刚先生到张先生处。

约2月，顾颉刚先生交张先生约5万元。

3月10日，到太庙图书馆，开禹贡学会复员会议。听顾颉刚先生报告工作经过，提聘各编辑，及筹募基金事。杨敬之赠照相。十二时散会，到中山公园上林春赴宴。在上林春商讨周刊及会讯

---

[1] 郑天挺：《郑天挺西南联大日记》，第1145页。
[2] 同上。

办法。……今日上午同会：张亮丞、沈兼士①、刘佩韦、杨敬之、吴玉年、蔡望之、周殿福、谢刚主②、孙海波、赵丰田、侯仁之、栾植新、冯世五、顾颉刚、王光玮、傅吾康、魏兆祥、苏秉琦、王静如、李荣芳、萧正谊、许道龄、杨宗亿、杨俊民、王伯彦、赵卫邦、刘厚泽、魏重庆、李延增。……今日中午同席：吴玉年、栾植新、冯世五、顾颉刚、侯仁之、王灿如。下午，到来今雨轩，参加北平史学界同人欢迎会。自三时至六时。下午同会：王峄山、李飞生、裴文中、商鸿逵③、姚晋棨、张鸿翔、刘厚滋、吴丰培、周殿福、郑骞、赵丰田、余让之、赵万里④、孙楷第、王灿如、傅吾康、赵光贤、张奠亚、魏资重、魏重庆、许道龄、杨象乾、徐宗元。后即到市场买封套，到贤良寺吊于思泊父丧，在寺吃素斋。

3月13日，与顾颉刚、沈兼士等同到鹿明春吃饭。饭毕，到

---

① 沈兼士（1886—1947）著名语言文字学家，文献档案学家。浙江吴兴县人，与兄文学家、书法家沈尹默（1883—1971）都名重一时。早年留学日本，从章炳麟问学。归国以后，任北京大学和北京高等师范学校教授，讲授文字学、《说文解字》等课程，并在北京大学创办研究所国学门，任主任职，积极培养史学、语言文字学、考古学各方面的科学研究人才。提倡调查歌谣、调查方言，开展新的学风，对于后进奖掖不遗余力。受到他的教导和启发的人，成为知名学者的很多。

② 谢国桢（1909—1982），著名史学家、版本目录学家。河南安阳人。早年就读清华大学国学研究院。曾任北京图书馆编纂部代理主任、北京大学、云南大学教授。新中国成立后，历任南开大学教授，中国科学院、中国社会科学院历史研究所研究员。长期从事明清史的研究和古籍、史料的搜集整理工作。著有《明清之际党社运动考》《清开国史粹考》《南明史略》《晚明史籍考》《明清笔记谈丛》等。

③ 商鸿逵（1907—1983），著名史学家。号子上。河北清苑人。北京中法大学文科毕业，入北京大学研究所国学门，师从刘半农、孟森等。曾先后执教于中法大学、中国大学和北京大学。主要讲授《清代学术史》《明清政治制度史》《明清史专题指导》《清史》等十余门课程，在明清史的研究领域颇具建树。著有《赛金花传》。

④ 赵万里（1905—1980），著名目录版本学家。字斐云。浙江海宁人。早年就读于东南大学，1925年师从王国维，任清华学校国学研究院助教。1928年后历任北京图书馆编纂委员、善本部主任等职，并在北京大学、清华大学、辅仁大学等校任教。新中国成立后，任北京图书馆研究员、善本特藏部主任。撰有《汉魏南北朝墓志集释》等，主编《中国版刻图录》。

东安市场中原书店、五洲书局访书。

3月21日,由张先生、王光玮、侯仁之先生负责编辑的《禹贡周刊》开始在《国民新报》创刊,因该报不付稿费,终至5月24日第十期出版后停刊。此刊陆续发表了《复原会议纪要》、侯仁之先生《沧海桑田》、奉宽先生《北平掌故叙述》、杨向奎先生《周礼封地五等辨》、傅振伦①先生《中国边域史编完消息》等。不久萧一山先生办《经世日报》,邀张政烺先生办副刊,张先生欲续办《禹贡周刊》,当即致函顾先生,得其同意。是时张先生与胡适先生同住东厂胡同1号,便请胡先生为题刊名;并邀熟人投稿。此刊所标主编仍是顾先生,会址也仍是小红罗厂八号,但因撰稿人多不是禹贡学会会员,所撰文字亦与历史地理无关。此刊共出版16期,自当年8月16日始,至11月29日而止。

4月19日,顾先生给张先生写信。

5月24日,余季豫先生约晚饭,在座的除先生外,还有陈援庵、沈兼士、傅孟真、郑天挺、邓恭三、唐立庵、周燕孙。郑先生十时还家,可见散席之晚。

5月26日,郑天挺先生"晚饭后诣力舒东送书款。前以《东冶人文》《东冶明文》稿本十七册托售,讫未得主,前言之孟真,由历史语言研究所留之,出价二十万。昨日苑峰交来支票,往晤之"②。

6月7日,郑天挺先生得知张苑峰先生"为中央研究院历史语言研究所得关外汉文老档一册,散叶裱本十三开,抄本四册,

---

① 傅振伦(1906—1999),著名博物馆学家、历史学家、方志学家与档案学家。河北新河人。1929年毕业于北京大学史学系。先后执教于北京大学、北平大学女子文理学院、东北大学等。曾任中国历史博物馆研究员。当选为中国考古学会理事会理事。致力于中国文物考古、地方史志、博物馆学、文献学等研究。著有《明代陶瓷工艺》《博物馆学概论》《中国陶瓷文献学》《傅振伦文存》等。

② 郑天挺:《郑天挺西南联大日记》,第1178页。

皆关朝鲜事"。老档原签题"朝鲜国王来书簿","散叶裱本有孔有德等上书,借观之。十二时还家"①。

6月20日,张苑峰张生偕杨向奎先生到郑天挺先生家拜访。

7月,胡适就任北大校长职。文学院院长汤用彤②,理学院院长饶毓泰,法学院院长周炳琳,医学院院长马文昭,农学院院长俞大绂,教务长郑华炽,训导长陈雪屏,图书馆长毛子水,秘书长郑天挺③。

8月,张先生受聘回母校北大任史学系教授,④ 直到1960年7月。当时,沙滩校区是校本部的所在地。校园的主体建筑是5层的红楼,乃文、法学院的所在地。文学院院长为汤用彤。史学系是文学院下设的6个学系之一。张先生讲学就在红楼,给学生上辅导课则在红楼地下室。

同月,张先生与傅斯年、李济先生同去看张效彬的收藏。

按:张效彬的父亲张世恩(仁黼)是光绪二年进士,作京官

---

① 郑天挺:《郑天挺西南联大日记》,第1183页。
② 汤用彤(1893—1964),佛学史大家、哲学史家。字锡予。湖北黄海人。1917毕业于清华学堂,1918去美国留学。回国后,历任东南大学、南开大学、北京大学、西南联大教授,并被选为中央研究院院士、评议员。1947年曾赴美讲学。新中国成立后,历任北京大学校务委员会主席、副校长,中国科学院哲学社会科学部委员。著有《汉魏两晋南北朝佛教史》《隋唐佛教史稿》《汤用彤学术论文集》等。
③ 郑天挺(1899—1981),著名历史学家、教育家。字毅生,福建长乐人。1920年北京大学毕业。历任北京大学教授、秘书长、文科研究所副所长等职。"一二·九"运动中,以北大负责人身份,要求无条件保释被捕师生出狱。抗日战争中,任西南联合大学教授、总务长。抗战胜利后,仍执教于北京大学。新中国成立后,先后任南开大学教授、历史系主任、明清史教研室主任、副校长。平生致力于中国古代史研究,尤擅长明清史,著有《清史探微》《探微集》《清史简述》等。主编《明清史资料》《明末农民起义史料》《宋景诗起义史料》,主持校勘、标点《明史》等。
④ 当时清华大学正给张政烺先生发聘书,请他去当教授。胡适与傅斯年两先生商量,说中国只有一个张政烺,他是又一个王国维,无论如何也须叫他到母校工作。于是张政烺先生就聘于母校,同时,又在清华大学兼职,成为学林的一段佳话,此事是王曾瑜先生综合漆侠先生和邓广铭先生二女儿邓可蕴先生的转述,见王曾瑜《邓广铭师杂忆》,张世林主编《想念邓广铭》,新世界出版社2012年版。

三十多年，精通文物，收藏颇富，碑帖字画尤多佳品。张效彬是荣成孙葆田（佩南）的学生，留学英国，在清末和北洋政府外交部作官，曾任清华大学教授，讲《中国财政史》。他热爱文物而眼力不高，为了精益求精，常和琉璃厂古董商交换藏品，于是真品日少，伪物充斥。四祀邲其卣是沦陷期间，他亲手买来的，当时他恰好卖掉一所房子，房价全部用来买了这个卣，所以是他最得意的东西，参观时，张先生专心看这件卣，发现是假的。李济先生亦持相同见解。

8月29日，顾先生给张先生写信。

9月7日，张先生受顾颉刚先生延揽，整理古文书籍。同事有刘盼遂、陈槃、屈伯刚、赵贞信、蒋礼鸿、钟凤年、张廼芝、王汝弼、卢振华、康光鉴、诸祖耿、蒙季甫、丁山、郑文、劳榦、程金造、李镜池、顾廷龙、罗根泽。

秋冬之际的一个星期天，在北京甘石桥邮局旁一旧书店，张先生见到郑天挺先生，连忙鞠一大躬，并寒暄了几句。

10月10日，参加在四院大礼堂隆重举行的复员北平开学典礼。会后参与师生合影。

11月，兼任清华大学国文系讲师，讲授古文字，直到1947年7月。

当时先生在北大开的课有"中国上古史"（亦称"先秦史"）、"金石学"、"中国史学史"等。

据时为北大史学系学生的张守常先生回忆，张政烺先生讲"中国上古史"，"引据文献，结合考古所得材料，旁征博引，讲得既丰富，又有说服力"；讲"金石学"，"他在黑板上写过好多金石文字，并上溯到甲骨文，还要说明有关的文物制度，有时随讲随画出金石器物的形象，我都照摹到笔记本上，很有兴趣"；讲"中国史学史"，"我的印象是实在，讲每种史籍的成书，其时代背景、著者情况，材料根据，体例异同，都讲得有根有据，考论精详"①。

12月31日，张先生收到顾颉刚先生寄来买书费30万元，被托购买日文书籍。

是年，为北大文科研究所研究生宿白②先生出入学应试考题。

是年，"旧书大量流于市面，中央研究院史语所所长傅斯年将一笔款汇至北平图书资料处，让张先生帮助选购图书。这批书中有：一是史语所所缺的一般图书，二是好版本图书。但好版本图书张先生并未运往南京，都留了下来，成为中华人民共和国成立后中国科学院图书馆的基本藏书"③。

是年，北大刚复员回北平，打算广泛搜罗人才，有人提出聘请郭沫若当教授，据说张先生说了句玩笑话："如果郭沫若来，煽动天天闹罢课，学生就别想念书了。"新中国成立后被认定为抑制革命左派的立场而遭到批判。其实，如前所述，张先生对郭老是很尊敬的。在那个以阶级斗争为纲的时代，每逢运动一来，就要对各人的言行无限上纲，常常小事变大事，开玩笑竟然变成犯罪。

1947年（中华民国三十六年　丁亥）　　36岁

4月18日，参加学校教授会议，通过《国立北京大学组织大纲》。

5月，北大举行纪念五四运动28周年的盛大活动，并决定每年"五四"为校友返校节。

---

① 张守常：《记业师张苑峰先生》，《揖芬集——张政烺先生九十华诞纪念文集》，社会科学文献出版社2002年版。
② 宿白（1922—2018）考古学大家、北京大学考古专业创建者之一。辽宁沈阳人。1948年北京大学文科研究所研究生肄业，任教于北京大学历史系考古教研室。先后当选为中国考古学会理事会常务理事、副理事长、名誉理事长。长期从事魏晋南北朝隋唐宋元考古、佛教考古的教学与研究。曾主持白沙宋墓和洞沟齐家村龙山商周遗址的发掘。主要著作有《白沙宋墓》《中国石窟寺研究》《藏传佛教寺院考古》《唐宋时期的雕版印刷》等。获北京大学第三届蔡元培奖，晚年获首届中国考古学大会终身成就奖。
③ 周清澍：《张政烺先生教学和育人》，张永山编《张政烺先生学行录》，中华书局2010年版。

5月4日,"为纪念五四运动28周年,北大师生4000余人在民主广场举行庆祝大会,博物馆及五四运动史料展亦分别开放。中午全校师生以系为单位在民主广场围坐会餐,餐后师生们汇聚一堂,引吭高歌,'光芒万丈在前头'的歌声回响在广场上空"①。张先生参加了庆祝活动和会餐。

春,在郑天挺先生家,与北京大学、清华大学历史系教授郑天挺、谢国桢、孙毓棠②、雷海宗③、邓广铭、周一良、向达、余逊、邵循正④、杨人楩⑤、孔繁予、赵万里等聚首,并

---

① 北京大学档案馆校史馆:《北京大学图史1898—2008》,北京大学出版社2010年版,第178页。

② 孙毓棠(1911—1985),著名历史学家。江苏无锡人。清华大学历史系毕业。曾留学日本。回国后任西南联大师范学院副教授、清华大学副教授、教授,先后担任英国牛津大学女王学院、美国哈佛大学研究员。新中国成立后,历任清华大学教授,中国科学院经济研究所、历史研究所研究员,中外关系史学会理事长、《中国大百科全书》总编辑委员会委员。长期从事中国古代史以及经济史和中外关系史的研究。著有《中国古代社会经济论丛》《中日甲午战争前外国资本在中国经营的近代工业》《抗戈集》等,编有《中国近代工业史资料》。另有长篇史诗《宝马》等。

③ 雷海宗(1902—1962),著名史学家。字伯伦。河北永清人。清华大学毕业,后赴美国留学。归国后任南京中央大学史学系教授和系主任,兼金陵女子大学历史系教授和中国文化研究所研究员。1931年转任武汉大学史学系和哲学系教授。1932年后,任清华大学、西南联合大学教授、历史系主任、文学院代理院长。新中国成立后,历任清华大学教授、历史系主任,南开大学教授。曾编著《中国通史》《中国通史选读》《西洋通史》和《西洋通史选读》等。著有《中国文化和中国的兵》等。

④ 邵循正(1909—1973),著名历史学家。字心衡。福建侯官(今福州)人。1933年获清华大学研究院史学硕士学位。次年留学法国和德国,研究蒙古史。1936年回国,被聘为清华大学历史系讲师。抗日战争爆发后,任昆明西南联大教授。1946年后,历任清华大学教授、历史系主任,北京大学教授、中国科学院近代史所研究员、北京市历史学会副会长。通晓英、法、德、意、俄语,学过古波斯文、蒙古文,对蒙古史、中国近代对外关系史、中国资产阶级诸问题深有研究。著有《中法越南关系始末》《邵循正历史论文集》。合著有《中国历史概要》《中国史纲要》(获奖)。

⑤ 杨人楩(1903—1973),著名历史学家。字萝蔓。湖南省醴陵县人。1926年毕业于北京师范大学英语系。1934年留学英国。后回国,先后任四川大学、西北联大、武汉大学、北京大学教授。毕生致力于世界史教学、翻译和研究工作。著有《圣茹斯特》《非洲通史简编》等。翻译 II. A. 克鲁泡特金著的《法国大革命史》、J. S. 霍伦德著的《世界文化史要略》、L. R. 哥德沙尔克著的《法国革命时代史》等。

合影。

6月10日，顾颉刚给张先生写信。

是年，开始兼任北京故宫博物院委员，直到1949年。

是年，张先生与胡适、童书业、杨志玖①、郭豫才、王国维②、钱穆、屈万里、傅斯年、陈垣③、陈寅恪、方诗铭、徐中舒、丁山、冯汉骥、谭其骧④、于思泊、丁声树、郭沫若、胡厚宣、潘重规、吕

---

① 杨志玖（1915—2002），著名历史学家。字佩之。山东淄博人。回族。1938年北京大学史学系毕业，1941年北京大学文科研究所研究生毕业。后历任西南联大、暨南大学讲师、中央研究院史语所助理研究员、南开大学副教授、教授、博士生导师。兼任《中国历史大辞典》主编、《历史教学》编委会主任、中国史研究会名誉会长、中国蒙古史学会理事、中国唐史学会顾问、中国民族史学会顾问。专攻蒙元史、隋唐史、回族史、中西交通史。著有《隋唐五代史纲要》《元史三论》《马可波罗在中国》《元代回族史》《陋室文存》等。

② 王国维（1877—1927），大学者。字静安，号观堂。浙江海宁人。早年研究哲学、文学。1903年起，任通州、苏州等地师范学堂教习，讲授哲学、心理学、逻辑学，著有《静安文集》。1907年起，任学部图书局编辑，从事中国戏曲史和词曲的研究，著有《曲录》《宋元戏曲考》《人间词话》等。辛亥革命后去日本。后回上海，在哈同所办仓圣明智大学执教。1913年起从事中国古代史、古器物、古文字学、音韵学的考订，尤致力于甲骨文、金文和汉晋简牍的考释，提出著名的"二重证据法"。1925年任清华研究院教授，除研究古史外，兼作西北史地和蒙古史料的整理考订。生平著作62种，收入《王国维遗书》有42种。以《观堂集林》最为著名。

③ 陈垣（1880—1971），历史学大家、教育家。字援菴。广东新会人。自幼好学，无师承，靠自学闯出一条广深的治学途径。在宗教史、元史、考据学、校勘学等方面，成绩卓著，受到国内外学者的推重。他曾任国立北京大学、北平师范大学、辅仁大学的教授、导师。1928—1952年，任辅仁大学校长；1952—1971年，任北京师范大学校长。1949年以前，他还担任过京师图书馆馆长、故宫博物院图书馆馆长。1949年后，任中国科学院历史研究所第二所所长。著有《元也里可温考》《元典章校补释例》《元西域人华化考》《史讳举例》《二十史朔闰表》《通鉴胡注表微》等。另有《陈垣全集》（23卷）行世。

④ 谭其骧（1911—1992），著名历史学家、历史地理学家。字季龙。浙江嘉兴人，生于奉天（今辽宁沈阳）。1930年毕业于上海暨南大学，1932年毕业于燕京大学研究生院。历任辅仁大学、燕京大学、北京大学和清华大学兼任讲师，广州学海书院导师，浙江大学副教授、教授，复旦大学教授、历史系主任、中国历史地理研究所所长。1981年当选为中国科学院地学部委员。同年受聘为《中国大百科全书·中国历史》编辑委员会委员。他主持编绘《中国历史地图集》《中国国家地图集·历史地图集》，主编有《辞海》历史地理分册、《中国自然地理·历史自然》。著有《长水集》上、下集。

思勉[①]、刘朝阳、冯承钧、唐兰、周一良、劳榦27人，被顾颉刚先生选为当代考证文献拟目的作者。选取标准：①眼光犀利；②证据充分；③文辞畅达；④开风气者。考证学的目的：①发现新事实；②得到事实的真相，拨除其尘障；③从事实的真相及新事实上建立新系统。

1948年（中华民国三十七年　戊子）　　　　37岁

4月，《〈问答录〉与"说参请"》刊于《中央研究院历史语言研究所集刊》第十七本，商务印书馆出版。该文认为《东坡问答录》词语鄙陋猥亵，非苏东坡所撰，乃南宋中叶委巷小人之所为，用作南宋瓦舍说话人中"说参请"者之话本。"参请"禅林之语，即参堂请话之谓。说参请者乃讲此类故事以娱听众之耳。

春天，张先生与北大史学系学生一起春游。先后游五塔寺、慈宁寺塔、钓鱼台。他为学生讲解佛教知识和汉朝墓葬。

6月12日写，越3日改订《一枝花话》，刊于《中国科学院历史语言所集刊》第二十本下册，商务印书馆，1949年12月出版。该文研究的是说书的起源，源于通俗文学的范畴。认为《一枝花》是今日所知小说话本之最早者。《一枝花》即白行简所作之《汧国夫人李娃传》。李娃乃长安之娼女。其节行瑰奇，有足称者，故白行简为传述。"李娃故事哀艳动人，而'曲终奏雅'与国人之伦理观念相投，尤其流行之最大原因。唐人小说对于后世戏剧小说影响之大，元稹《莺莺传》外，当推此篇。"一直到20世纪80年代，日本研究中国通俗文学的学者还在征引利用他的这一考论成果。

---

① 吕思勉（1884—1957），历史学大家。字诚之。江苏省常州府阳湖县（今常州市）人。从小入塾。阳湖县学毕业。自学古史典籍成才。1905年起，先后在苏州东吴大学、沈阳高等师范学校（后改为东北大学）、江苏省立第一师范专修科等校任教。1926年起，任上海光华大学国文系教授，后任历史系教授兼系主任。1949年后，任华东师范大学历史系一级教授、上海历史学会理事。他著述宏富，主要有：《白话本国史》《吕著中国通史》《先秦史》《秦汉史》《两晋南北朝史》《隋唐五代史》。他的全部著作已汇集成《吕思勉史学论著》。另有《诚之诗稿》问世。

6月，参与北大历史系欢迎陈受颐主任回国活动，并在沙滩北楼前与陈受颐、邓广铭、毛子水、郑天挺、杨翼骧、胡仲达、杨人楩、万斯年、韩寿萱等先生合影。

夏，北大工学院（院长马大猷）开始招生。至此，北大成为当时北平包括文、理、法、农、工、医最完备之综合大学。

8月，北大秘书长郑天挺先生五十寿，张先生等北大二十六位教授为其祝贺。

8月29日，在北大邓恭三处，与余让之、赵斐云晤顾先生。

秋，北大史学系师生郊游。先生与邓广铭、张守常、王若水、袁良义、张蓉初（杨人楩先生的夫人）、邓可因、邓可蕴等在香山双清别墅合影。

10月，教育部派督学主任来北平，促劝北大南迁，遭张先生及其他教授反对。

11月，解放军包围北平。

12月11日后，"国民党当局数十次函电北大，催促学校行政负责人、中央研究院院士、学术上有贡献者等人南下"[1]，张先生也在其中，当局曾两次给他买好飞机票。除极少数人走外，先生及大部分教授均拒绝南下。先生决心迎接解放。

12月15日，在北平南苑机场送走了陈寅恪先生，以其曾是张在史语所时的领导。

同日，北大校长胡适离开北平南去。校务由郑天挺、汤用彤、周炳琳主持。

12月16日，国民党曾派5架飞机接人，却"无人到机场"。

12月17日，参加北大五十周年校庆。在这个建校五十周年纪念日，"全校展开了内容丰富的庆祝活动。举办多种展览、学术演讲、开放实验室，编印了《北京大学五十周年纪念特刊》及《国

---

[1] 北京大学档案馆校史馆：《北京大学图史1898—2008》，北京大学出版社2010年版，第195页。

立北京大学五十周年纪念论文集》"①。并合影留影。但因时有炮声，加以胡适离开，主持乏人，展览演讲受到影响。

是年，张先生领北大史学系的学生参观故宫的杨宁史青铜器展览，给学生讲解青铜器的类型以及从样式的变化中断定其年代，并要学生去看容庚先生的《商周彝器通考》。②

某月，张守常先生在北大毕业，张政烺先生给他写了一个扇面作纪念，内容为"观堂先生咏史诗"10首，写得极好，是第一流的学者字。张守常先生翻看张先生的《观堂集林》，发现上面有张先生的许多批注，蝇头小字，密密麻麻，从墨色字迹看，有不少是多次批注的。由此可见，张先生的学问，除已写成的文章之外，还大量存在于他的藏书的批注之中。

1949 年（中华民国三十八年　己丑）　　　　38 岁

1月，北平和平解放。

3月初，翦伯赞与郭沫若、侯外庐③、杜国庠④四人同时应北

---

① 北京大学档案馆校史馆：《北京大学图史 1898—2008》，北京大学出版社 2010 年版，第 195 页。

② 宁可：《回忆张政烺先生》，张世林主编《想念张政烺》，新世界出版社 2015 年版。

③ 侯外庐（1903—1987），历史学大家、思想家、教育家。山西平遥人。早年就读于北京政法大学、北京师范大学。1927 年赴法留学。1930 年回国，先后任哈尔滨法政大学、北平大学、北平师范大学教授。1936 年翻译出版中国最早的《资本论》第一卷全译本。1938 年后任《中苏文化》主编。新中国成立后，历任政务院文教委员会委员、北京师范大学历史系主任、北京大学教授、西北大学校长、中科院历史所所长、中科院哲学社会科学部委员。从 30 年代起应用马克思主义的理论和方法研究中国历史，在社会史、思想史领域做出了大量开拓性的工作。和他人合著的多卷本《中国思想通史》（获奖）是迄今中国最详备的一部思想史著作。著作另有《中国古代社会史论》《中国古代思想学说史》《中国近世思想学说史》等。并主编《中国近代哲学史》《中国思想史纲》《宋明理学史》（获奖）。

④ 杜国庠（1889—1961），著名哲学家、历史学家。曾用杜守素、杜柏修等笔名。广东澄海（今汕头市澄海区）人。1907 年赴日本留学。1919 年回国后，在北京大学等校任教。曾任《中国文化》主编。抗日战争后期撰文批判"新理学"唯心主义。新中国成立后继续研究中国哲学史。对公孙龙、荀子的思想、《墨经》的认识论和逻辑思想有独到的诠解和评价。对马克思主义哲学和社会科学的研究作出了有益贡献。是中国科学院哲学社会科学部委员。曾任中科院广州分院院长等职。著有《杜国庠文集》。

京大学历史系主任郑天挺教授的邀请,将与教师们座谈学习马克思主义的问题,地点在城里北京大学原址孑民纪念堂。张先生出席了这次会面。他作为主人方面的一员,交谈客气,积极而热情。① 由于张先生"对古文献和古文字的根底深厚,早就引起郭沫若的注意。在这次座谈会上,郭沫若紧握住张先生的手说:'早就知道先生的大名,今天才相见,幸会!'自此,郭、张成了知交。张先生对郭沫若的甲骨、金文曾做过一些注释和眉批,但从不留下张政烺的名字"②。

5月,北平文管会接收北大。先生继续任北大史学系教授。

9月3日下午,与顾颉刚、郑毅生、向觉明、杨人楩、邓恭三、余让之、胡钟达、杨翼骧、汪篯、漆侠③同会。

9月11日,顾先生到张先生、邓恭三处谈。

9月12日,顾先生到邓恭三处,并晤张先生、丁梧梓、汤锡予先生。

秋,徐森玉到北京开会,特来访张先生,一别十年,见面就称赞先生对卯其卣真伪的看法。李济、高去寻都相信先生的意见。先生的高见还传到英国学者叶慈的耳中,他也相信先生。

是年,为北大史学研究部考古研究生安志敏先生出入学应试考题。

是年,在北京参加中国新史学会,为会员。

是年,在北京参加中苏友好协会,任会员。

---

① 张传玺:《新史学家翦伯赞》,北京大学出版社2006年版,第150页。
② 邹衡:《我的老师张政烺先生》,《揖芬集》,社会科学文献出版社2002年版。
③ 漆侠(1923—2001),著名历史学家。山东巨野人。1948年毕业于北京大学历史系。旋入北京大学文科研究所史学部学习。1951年3月,在中国科学院近代史研究所任助理研究员。自1953年12月后,历任天津师范学院、天津师范大学、河北大学历史系、河北大学社会科学研究所讲师、副教授和教授。还担任北京大学、山东大学等院校的兼职教授。他是中国史学会理事、中国宋史研究会会长、中国农民战争史学会理事长、河北省历史学会会长等。漆侠长期从事中国古代史、中国农民战争史和宋史的教学和研究工作。对宋代政治、经济进行了深入探索,取得重要成果。著有《王安石变法》《秦汉农民战争史》《求实集》《宋代经济史》(上、下两册)等,并在国内外刊物上发表八十多篇论文。

1950年（庚寅）　　　39岁

年初，张政烺先生卖了两套心爱的书——郑振铎先生主编的《世界文库》和罗振玉先生的《三代吉金文存》，入股参与了由李光璧先生发起的《历史教学》月刊的创办，并邀人写稿，如找张守常先生写有关中学历史教学经验的文章。

4月，张政烺先生应时任中国科学院考古研究所副所长的梁思永先生之求，推荐长于古代文献的北大历史系应届毕业生王仲殊先生[①]到考古所工作。王历任考古所副所长、所长、学术委员会主任、《考古学报》和《考古学集刊》主编、中国考古学会常务理事兼秘书长等职。在中国汉唐考古学、古代史研究和日本考古学方面造诣精深，为中国考古学的发展献出了毕生心血。1996年荣获日本福冈亚洲文化奖大奖。2006年荣膺中国社会科学院荣誉学部委员称号。著有《汉代考古学概说》《三角缘神兽镜》（日文）、《从中国看古代日本》（日文）、《中日两国考古学·古代史论文集》《六顶山与渤海镇——唐代渤海国的贵族墓地与都城遗址》（主编）、《古代中国与日本及朝鲜半岛诸国的关系》等书籍，在国内外学术界都产生了极为重要的影响。

5月19日，中央人民政府政务院总理周恩来根据郭沫若院长的提名，任命郑振铎[②]为考古研究所所长，梁思永、夏

[①] 王巍：《着眼中外交流，潜心学术研究——王仲殊先生的考古人生》，《中国社会科学报》2015年10月15日。

[②] 郑振铎（1898—1958），著名作家、文学史家、考古学家，我国文物事业的主要奠基人和开拓者。福建长乐人。"五四"时期曾与瞿秋白等合编《新社会》。1921年与沈雁冰等组织文学研究会。同年到商务印书馆从事编辑工作。1923年后主编《小说月报》。1931年起历任燕京大学、暨南大学等校教授，致力学术研究，主编《文学季刊》《世界文库》。抗日战争期间，坚持进步文化工作。1940—1947年陆续编印了《中国版画史图录》（5辑20册）；后又编纂《中国历史参考图谱》（24辑）。1945年后参与主编《文艺复兴》等。新中国成立后，历任文化部副部长、文物局局长等职，兼任中国科学院考古研究所所长和文学研究所所长。著有短篇小说集《取火者的逮捕》以及《插图本中国文学史》《中国俗文学史》等；编有《中国版画史图录》等。

鼐①为副所长，筹建考古所。是年8月，在原南京中央研究院史语所的历史组和考古组以及原北平研究院史学研究所的基础上，经调整建立了考古所。

7月10日，晨间，夏鼐先生至东四十条张先生家小坐。

7月11日，夏鼐先生至东四十条，访向觉明先生未遇，至张先生处小坐。

7月15日，上午，考古所夏鼐先生至东四十条北大宿舍来访张政烺先生，询问北大本届历史系毕业生事。

7月18日，傍晚，与来访的夏鼐先生闲谈。

9月28日，在北京东四十条三十九号作《敦煌写本〈杂钞〉跋》，刊于《周叔弢先生六十生日纪念论文集》，1951年7月。该文引用了巴黎敦煌残卷、《唐文拾遗》《洛阳缙绅旧闻记》《老学庵笔记》《小畜集》《愧郯录》《宋会要辑稿》《文庄集》等记载，证明"唐宋人之所谓《何论》，或其略出本如今日之所谓'教学提纲'者也。""盖当时读书人自童年入学即学习《何论》一类书籍，及壮应试则以此为猎取功名利禄之具。""'何论'之试，旨在探其博学，故典籍名数细碎经义所包至广，固不限於史，惟其体裁疑即仿於此也。""何论"一词，读书不广或粗率者往往会疏略过去，而张政烺先生却广征博引，发前人之所未发，纠正了刘半农先生编《敦煌掇琐》未抄录《何论》的疏忽。

---

① 夏鼐（1910—1985），考古学大家。字作铭。浙江温州人。1934年毕业于清华大学历史系。遂赴英国伦敦大学留学，获埃及考古学博士学位。1941年回国任职中央研究院史语所研究员。新中国成立后任中国科学院考古研究所（1977年改属中国社会科学院）副所长、所长、中国社会科学院副院长兼考古研究所名誉所长、兼国家文物委员会主任委员。并当选中国考古学会理事长、中国科学院哲学社会科学部学部委员、英国学术院通讯院士、德意志考古研究所通讯院士、瑞典皇家文学历史考古科学院外籍院士、美国全国科学院外籍院士、第三世界科学院院士、意大利中东远东研究所通讯院士。是新中国考古事业的主要组织者和领导者。在中国新石器时代和商周考古学研究，以及中西交通史与中国科技史研究方面有重要贡献。著有《考古学论文集》《考古学和科技史》等。有《夏鼐文集》行世。是考古学界"实证派"的代表。

是年，张守常先生到张先生家请教历史歌谣问题。张先生给他一套线装书，说"你拿去看看"。此书名《古谣谚》，晚清杜文澜辑，搜罗经史子集六七百种，凡有谣谚均抄出，并将有关谣谚本事的原文一并抄出。守常先生得见此书大开眼界，认为它价值广泛，十多年后才还给张先生。《古谣谚》内容截止到明末。守常先生抄集清代和北洋军阀时代的，搜集得多了一些，便与周衍发合作，编了《中国近代反帝反封建历史歌谣选》，由中华书局于1962年出版，当时呈送张先生一本。又过了二三十年，积累了几十万字的稿子，于1984年送北京出版社出版。由张先生定书名为《历史谣谚》，并题写了书名，1997年，守常先生和张先生商议，并经张先生同意，将此书改名《中国近世谣谚》，仍由北京出版社出版，又请张先生改写书名。张守常对张先生的上述教诲、指点和启迪，很是感恩。

11月19日，致信胡厚宣先生，称极服《古代研究的史料问题》一书高论，并约胡先生为《历史教学》撰稿。

12月12日，夜，作《汉代的铁官徒》，刊于《历史教学》第一卷第一期，1951年1月。该论文引用大量文献材料和砖文材料，论述了汉代重要生产事业——冶铁业的奴隶制，即认为汉代的官私冶铁业由奴隶的劳动所完成的。肯定了铁官徒的奴隶身份，说明中国古代存在过罪犯奴隶制，又是和当时社会上普遍使用奴隶劳动并存的。指出汉代时的铁官徒起义是奴隶起义，并提出中国奴隶社会自秦孝公变法之年即前360年开始的观点，皆意在说明汉代社会的奴隶制性质。到魏晋时中国便步入封建社会。近几十年随着湖北云梦睡虎地、江陵张家山大量秦汉简册的出土，有关奴隶制内容的材料很多，证实了先生当时对秦汉奴隶制的估计是正确的，并具有远见性。这一观点很有影响。当时在国内不同意西周封建论者也不少，尤其在历史学界，如以高校而言，以人民大学为首，东北的东北师大，山东的山东大学，北京师大，武汉大学等，都是这方面的代表。持此说者多为权威人士，如人大的尚钺①、北师大的何兹全②，东北师大的日知，山东大学的王仲荦③，武汉大学的唐长孺④，再加上先生。

在北京参加中华全国总工会北京市教育工作者工会，为会员。

12月20日，史学大家傅斯年在台湾逝世，终年54岁。

是年，任北大史学系研究生吴应寿、谭惠中的导师。吴1927年10月生，贵州铜仁人。后来分配到复旦大学，在历史地理学上

---

① 尚钺（1902—1982），著名历史学家。原名仲吾、忠武，字健庵。河南罗山人。1926年毕业于北京大学英国文学系。在校曾追随鲁迅从事革命文学活动。1927年后相继在吉林毓文中学、云南大学、解放区山东大学和华北大学任教师、教授。1950年起，执教中国人民大学，曾任历史系主任。致力于中国古代史的研究。对于古史分期，主张魏晋封建说。主编有《中国历史纲要》《明清时代资本主义萌芽的初步研究》等。

② 何兹全（1911—2011），著名历史学家。山东菏泽人。1935年北平大学史学系毕业后，去日本留学。归国后先后在中央大学、中央研究院史语所从事教学或研究。1947年赴美国读书，协助哥伦比亚大学教授将范文澜著《中国通史简编》译成英文。1950年回国，在北京师范大学任教，先后任副教授、教授，兼任魏晋南北朝研究室主任。又当选秦汉史学会、魏晋南北朝史学会、唐史学会和北京史学会的理事、副会长和顾问。中国文化书院院务委员兼导师、北京师范大学东西方文化研究中心主任，《东西方文化研究》主编。著有《中国古代社会》，论文收入《读史集》和《五十年来汉唐佛教寺院经济研究》。主编《中国上古社会和政治研究丛书》。

③ 王仲荦（1913—1986），著名历史学家。浙江余姚人，生于上海。1935年毕业于上海正风文学院。曾师事章炳麟（即章太炎），从事文史研究。在上海参与创办太炎文学院，任院长室秘书主任兼教授，讲授中国通史。后先后应聘任中央大学、山东大学教授，历任山东大学历史系主任、校学术委员会副主任委员、中国史学会理事、中国唐史学会副会长、山东省史学会理事长等职务。著述颇多。有《北周六典》《北周地理志》《魏晋南北朝史》和《隋唐五代史》及《蜡华山馆丛稿》和《蜡华山馆丛稿续编》。

④ 唐长孺（1911—1994），著名历史学家。江苏吴江人。1932年毕业于上海大同大学文科。1940年任上海大学讲师。1942年任湖南师范学院副教授。1944年任武汉大学历史系副教授、教授，1949年后，历任中国古代史教研室主任、魏晋南北朝隋唐史研究室主任、历史系主任、中国三至九世纪研究所长。兼国家文物局古文献研究室主任。中国唐史学会会长、湖北省史学会会长。长期从事魏晋南北朝、隋唐史的研究。著有《魏晋南北朝史论丛》《三至九世纪江南土地所有制的发展》《魏晋南北朝史论拾遗》等学术专著及多篇学术论文。主编《吐鲁番出土文书》（10册），又主编《敦煌吐鲁番文书》一册。

有贡献。曾任上海市复旦大学中国历史地理研究所教授，兼任上海历史学会理事，《历史地理》集刊编委兼常委编辑、《中国历史大辞典·历史地理分卷》编委、副主编。九三学社上海市委员会文史资料工作委员会委员。整理并导读《徐霞客游记》（2011年、2016年再版）。著有论文《徐霞客及其游记》《赤壁考》（与人合写）。参与编绘、审绘《中国历史地图集》（八册），参与编稿、审稿和定稿《辞海·历史地理分册》。谭惠中先生先后任职于中国科学院历史研究所和陕西师范大学，曾为尚钺先生主编的《中国历史纲要》插图编写说明。

1951 年（辛卯）　　　　40 岁

1月，参与北大整理《地震资料年表》，起了主力和骨干作用。

2月21日，致胡厚宣先生信，称其介绍来之王佐才君译文流畅，内容亦好。约胡写上古史的文章。又言及辉县考古发掘的种种收获和同学傅乐焕的近况。

5月28日，致信胡厚宣先生，敬祈惠赐鸿文给《历史教学》，称赞胡《宁沪甲骨集》"搜罗之精，摹写之工，及传佈资料之大公无私"，并问候顾颉刚先生。

7月18日，傍晚，在住处与来访的夏鼐先生闲谈。

8月5日，上午，夏鼐先生赴东四十条北大宿舍，访张政烺先生未遇，将张一纯来稿留交，托其设法介绍出版。

10月，《上古时代的中朝友好关系》刊于《开明文史丛刊——五千年来的中朝友好关系》，开明书店出版。该文认为中国和朝鲜有五千年的文化交流。古代两地的交通海上比陆上更发达些。而日本的开化，要比朝鲜晚许多。"从考古学上看中朝古文化的关系，最显明的是'大石遗迹'。""辽东半岛的大石文化，是从朝鲜中部或北部传来的。"而"根据朝鲜的历史记载，中朝两国的关系始于纪元前十一世纪的箕子"。周武王灭商,商纣王的叔父箕子率殷遗民五千多人逃到朝鲜。周武王承认这一事实,"封箕子于朝鲜而不臣"。在平壤城南有"箕田",城西北有尊之为"圣地"的"箕林"。春秋战国时代,朝鲜和齐国有密切的海上交通及商业往来。而燕国与朝鲜,通过陆地路线,商业往来更为繁盛。燕国的货币"明刀"和铁制家具曾大量流传到朝鲜。秦统一中国后,一部分中国人浮海到了朝鲜东部、南部沿海一带,叫作辰韩。直到几百年后,还保存有许多中国话。

9—12月,《中国古代的十进制氏族组织》刊于《历史教学》第二卷第三、四、六期。该文从世界史的角度讲话,也从同期比较讲话,以大量甲骨、金文和古文献材料,论证商周奴隶不多,那时农村公社普遍存在,社会结构的特点是贵族和平民的对立,平民即众人和庶民,他们耕种国有土地,生产时还保存着集体协作的形式。是农民又是战士,其身份与生活方式与希腊、罗马的奴隶显然是不同的。居民组织或军队编制均以十进制为特点,即氏族组织与军事组织和农业生产组织是一体的。在欧洲的罗马人、日耳曼人中也都有过类似的情况。古代中国历史无"特殊性"或"早熟性"。又,商、周国家结构中依然看到部族联合的影子。王虽然可以向臣民发号施令,但贵族的权力仍很大,民主制还在起作用,君主的权限要受到贵族议会的制约。如商盘庚迁殷征求民众意见。又如西周,孝王死后,"诸侯立其子",厉王时,诸侯对其不满而放逐厉王,并实行共和行政。这表明即使在父死子继的传统下,诸侯仍有权干预王的废立。因而他以为王和后代的专制皇帝是有差别的。这一成果是那时马克思主义与中国历史实际结合的典范,对于认识商周社会结构有重要的推进,多有征引。该文原计划还有:六、庶人和奴隶,七、结论,两节。由于当时学术环境不够好,史学方面的"禁区"较多,先生在古史分期方面的观点是魏晋封建论，与此有关的见解均被视为"异端"，所以上述两节均被卡着无法刊出。另外，原拟发表的《古代中国的家族形态》一稿，也一直被压着而无缘和读者见面。又，在课堂上也不能讲此类内容，这无疑是史学界的损失。

11月4日，与阴法鲁①教授参加教育部组织的中南区土改，途经湖南省伍家岭考古工地，遂前往参观，又蒙夏鼐先生偕至留芳岭一观已出土之古物。

在中南区参加土改有一次斗争地主时，他特书"人民铁拳在手，恶霸敢不低头"12个大字，其书法功力获得大家一致赞扬。

是年，苏联科学院派人来北京，说苏联在编写10卷本世界通史，其中中国史部分建议由中国的史学家自己编写。来人并且带来了一个编写提纲，要求中国史学家按照他们的提纲撰写。中央指示，此事由中国史学会处理。范文澜②、翦伯赞③、向达、邵循

---

① 阴法鲁（1915—2002），著名古典文献专家。山东省肥城人。西南联大研究生毕业。先后任中国科学院历史研究所研究员、北京大学中文系教授、古典文献教研室主任。主编《古文观止译注》《中国古代文化史》。曾任《二十四史全译本》顾问。发表古代音乐研究论文多篇。

② 范文澜（1893—1969），历史学大家、教育家和社会活动家。初字芸台，后改仲沄。生于浙江省绍兴府山阴县城（今绍兴市）。毕业于北京大学本科国学门。曾一度任蔡元培校长的私人秘书。先后任教于沈阳高等师范学校、南开大学、北京大学、女子文理学院、中法大学、辅仁大学、河南大学。后赴延安，先后任马列学院及延安中央研究院副院长，兼历史研究室主任。著有《中国通史简编》（上、中、下），新中国成立后，任中国科学院近代史研究所所长、中国史学会副会长、中共中央历史问题研究委员会委员、中国科学院哲学社会科学部常务委员。重新改写了《中国通史简编》，先后出版了四册（远古至隋唐五代）。重要论文编为《范文澜历史论文选集》。

③ 翦伯赞（1898-1968），历史学大家。湖南桃源人。维吾尔族。1919年武昌专门学校毕业。后赴美国研究经济。1926年参加北伐。大革命失败后，潜心研究历史。曾任北京大学教授、历史系主任、副校长、《历史研究》《考古学报》编委。中国科学院哲学社会科学部委员。多次出国参加国际政治和学术活动。著有《历史哲学教程》《中国史纲》第一、二卷、《中国史论集》《历史问题论丛》等，并主编《中国史纲要》（获奖）。

正等人看过苏联所写的提纲后,进行了讨论。向来人提出,苏联编写的提纲有很多我们不能同意的提法,特别是把魏晋作为中国封建社会的开端,表明拒绝使用他们的提纲。

1952年（壬辰）　　　41岁

1月18日,著名古文字、古文献专家丁山在山东大学逝世,终年51岁。

5月18日,晨,从湖南土改回北京。晚间夏鼐与傅乐焕先生同往拜访张先生。适不在家。

6月,全国高等院校院系调整筹备会议召开,开始着手院系调整。清华大学、燕京大学的文理学院各系与北京大学合并,北京大学从沙滩迁至在和坤园子上建起的燕京大学原址,北京大学的工学院与清华大学合并,北京大学的史学系改称历史系。张先生仍留北大历史系任教授。与邓广铭先生同住海淀蓝旗营一公寓。他参加北大"三反、五反""思想改造""忠诚老实"运动。

7月3日,张先生来夏鼐先生处,要求提意见为自我检查做准备。

7月13日,晚间,夏鼐先生至北大宿舍访张先生,托之审阅杨遇夫先生的《耐林庼甲文说》稿子。张先生正忙于修改思想改造检查书面发言。传曾开过预备会一次,群众不满意,故改作。

7月,为配合国家有计划的基本建设,培养国家急需的文物考古人才,做好保护文物的考古调查发掘工作,由中央文化部、中国科学院考古所和北京大学从本年起,联合创办北大考古专业,并举办四届考古工作人员训练班。张先生任第一届考古工作人员训练班教师。训练班每届为期三个月,学员们来自全国各省、区的博物馆和文物管理委员会等单位,每届各数十至百人不等。

8月17日,下午,东南区开学委会,与来访夏鼐先生谈。

8月，第一届考古工作人员训练班开学典礼，张先生与陶孟和、沈雁冰、郭沫若、郑振铎、裴文中①、郑天挺、夏鼐、启功、韩寿萱②、尹达③、郭宝钧④等先生合影。

8月23日，与来访的夏鼐先生商讨考古训练班教学提纲事。

9月，高校院系调整完毕。张政烺先生仍在北大史学系教授先秦史。张先生与从清华大学调来的周一良先生是北大史学系最年轻的教授。据吴荣曾先生回忆，院系调整前，张先生在系里开三门课。除通史外即古文字和古器物学。古文字学主要讲甲骨文和金文。古器物学的内容很丰富，从商周到秦汉的青铜器，还有

---

① 裴文中（1901—1982），著名考古学家、古人类学家。字明华。河北丰润人。1927年毕业于北京大学地质系。曾留学法国，获巴黎大学博士学位。归国后，先后在中国地质调查所新生代研究室、北京大学、燕京大学、中法大学、文化部文物局、中国科学院古脊椎动物与古人类研究所任职或任教。1955年任中国科学院生物学地学部委员。曾当选中国考古学会副理事长。毕生致力于古人类学、旧石器考古学、第四纪哺乳动物学、第四纪地层学的研究，为这些学科的发展奠定了基础。多年主持周口店的发掘工作。著有《周口店洞穴层采掘记》《周口店山顶洞之文化》《中国史前时期之研究》《中国猿人石器研究》（合著）等。

② 韩寿萱（1899—1974），著名博物馆学家。陕西神木人。1930年毕业于北京大学。次年留学美国。后历任北京大学教授、北京大学博物馆主任、北平历史博物馆馆长、北京历史博物馆馆长、中国历史博物馆副馆长。毕生研究博物馆学与文物藏品保管。主要论文有《北京大学五十周年纪念博物馆展览概略》《略论实物史料与历史教学》等。

③ 尹达（1906—1983），著名考古学家、历史学家。原名刘燿，字照林，又名虚谷。河南滑县人。河南大学国学系毕业。抗日战争前在中央研究院史语所工作，多次参加安阳殷墟发掘，以及浚县辛村卫国墓地，山东日照两城镇遗址的发掘。并撰文指出安特生对仰韶文化论断中的错误。1938年赴延安，任马列学院历史研究室研究员，参与编写范文澜主编的《中国通史》。1948年任华北大学教务处处长，1953年任北京大学副教务长。1958年任中科院历史所副所长，后又任考古所长，《历史研究》主编、中科院哲学社会科学部委员。著有《中国原始社会》《新石器时代》，主编《中国史学发展史》等。并具体主持郭沫若主编的《中国史稿》的编写工作。

④ 郭宝钧（1883—1971），著名考古学家。字子衡。河南安阳人。毕业于北京高等师范学校国文系。先后任中央研究院史语所研究员、中国科学院考古所研究员。著有《山彪镇与琉璃阁》《浚县辛村》《中国青铜器时代》《商周铜器群综合研究》等，以及《戈戟余论》《古玉新铨》等多篇论文。

历代的度量衡和铜镜、符牌、钱币等。此外，还包括简牍、石刻等。从这两门课显示出先生学问的渊博和精深。特别是经常将自己的见解和发明介绍给大家。① 又，郑克晟、傅同钦先生反映，"说在院系调整前，张政烺先生不受教学大纲拘束，能自由发挥，故学生听得很有滋味，例如讲盘庚迁殷、广征博引、辩证众说、独树己见，至今仍给他们很深的印象，获益良多"②。

9月6日后，以夏鼐先生的托付，审阅柯昌泗遗稿《语石异同评》。

9月7日，张先生到夏鼐先生处谈，谓不久将结婚。与夏鼐、傅乐焕二先生偕至东安市场用西餐，每客7000元。

9月13日，与其弟子谭惠中女士结婚。夏鼐先生等于当晚参加了婚礼，至9时余始散。先生与谭女士先后生育二子：张极人、张极井。

是年上半年，推荐张守常先生到河北师范学院历史系开"中国史学史"的课，并陪系主任李光璧先生到张守常先生的宣南寓所去了一趟。

是年，经张先生提议，由李光璧先生经手，以历史教学月刊社的名义，出版了张守常先生在师大女附中教"中国近代史"的油印讲义，名《中国近代史纲要》。③

8月24日写、同年11月17日定稿的《宋江考》，载于《历史教学》1953年1月号。该文考证宋江起义只有三十六位英雄，开始在河南省的黄河以北，后来到了山东省西部和江苏省北部。宋江不曾征方腊。他"为人勇悍狂侠，才识过人"，英勇善战。《忠义水浒传》是从宋到明许多文人创造的一部小说，不是历史。

---

① 吴荣曾：《张政烺先生与古史研究》，《揖芬集》，社会科学文献出版社2002年版。

② 王曾瑜：《我所认识的张政烺师》，张永山编《张政烺先生学行录》，中华书局2010年版。

③ 张守常：《纪业师张苑峰先生》，《揖芬集》。

书名标榜"忠义",是强奸宋江及其伙伴的意志。其最大原因是作者"受了北宋亡后北方忠义军寨故事的影响"。这是一篇力作。五十年后,学人只找到一条补充材料。此文受到毛主席的赞扬。

12月9日,在文化部社管局会议室召开北大历史系考古专业教学计划讨论会。会上决议教学组织按课程分成五个教研小组,张政烺先生任第三教研组主任。还决议由张先生讲古文字学,兼讲中国考古学史,直到1953年底。[①] 为了讲好中国考古学史,张先生编写了《中国考古学史讲义》,从孔夫子写到近代。这是一项原创性的工作,时间跨度大,涉及面广,其难度可以想见,但张先生很快完成了。且"引入西方近代考古和铭刻学的新观念,将我国的金石学提高到新高度"[②]。为培养新中国的考古工作者队伍做出了贡献。

12月,《考古学报》新成立编辑委员会,郑振铎为主任,张先生与尹达、王振铎、向达、范文澜、梁思永、夏鼐、徐炳昶、郭宝钧、黄文弼、陈梦家、裴文中、翦伯赞、苏秉琦等先生任委员。

是年,袁良义先生给张先生当助教。袁先生后任北京大学历史学系教授。袁主要从事农民战争史、清代经济史方面的研究,是"清一条鞭法"名称的提出者,对清代赋税制度的改革作以系统介绍,理清了明清两代赋税制度的演变。其著有《明末农民战争》《清一条鞭法》等。

是年,任北大史学系考古专业副博士研究生邹衡先生的古文字学导师(殷周考古学导师是郭宝钧先生、苏秉琦先生),论文题目是《试论郑州新发现的殷商文化遗址》,学制三年。邹衡先

---

① 一说"张先生一人开五门课,除中国通史外,还有金石学、古器物学、考古学史等"。见张永山《化繁为简,攻克难点——读〈张政烺文史论集〉(简帛篇)》。

② 周清澍:《缅怀苑峰师》,张世林主编《想念张政烺》,新世界出版社2015年版。

生1927年1月30日生于湖南省澧县。1947年考入北京大学法律系，两年后转入史学系，1952年毕业，随即在史学系攻读副博士学位。毕业后到兰州大学任教，旋调回北京大学历史系，历任讲师、副教授、教授。先后应聘为武汉大学、郑州大学兼职教授。他还是中国殷商文化研究会副会长、中国考古学会常务理事。他最早提出并论证了河南二里头遗址一至四期皆为夏文化，首次对殷墟进行了文化分期，发现了西周燕国与晋国的都城遗址，指导并参与西周晋侯墓地等遗址的考古发掘。对夏商周考古学的发展做出了巨大贡献，在国内外学术界产生了重大影响。所著《商周考古》《夏商周考古学论文集》、主编的考古发掘报告《天马——曲村》及主持和参与的《商周考古课程教学改革与收获》均获国内或国外大奖。还著有《夏商周考古学论文集（续集）》。

约是年，将周清澍①先生撰写呈他审阅求教的《中国伟大的科学家——祖冲之》一文，推荐给《历史教学》主编李光璧先生，编入《中国科学技术发明和科学技术人物论集》，由生活·读书·新知三联书店出版。

是年，为赵俪生②先生题"实事求是"。

是年，先生撰成"先秦史讲义"约17.5万字。系北大历史

---

① 周清澍（1931— ），著名元蒙史专家。字润生。湖南省邵阳地区武冈县人。1954年毕业于北京大学历史系本科。1957年北大历史系研究生毕业。同年9月后，先后在内蒙古大学历史系、蒙古史研究所从事教学与研究。著有《〈元史〉点校》《元蒙史札》，合著《中国通史》第六、七册。曾任《中国大百科全书·中国历史卷》元史分册副主编、《中国历史大辞典·辽夏金元史卷》副主编。又主编《内蒙历史地理》。在《中国史研究》《内蒙古大学学报》等刊物发表论文《忽必烈早年的活动和手迹》《蒙古史学者沈曾植及其手迹》《敖伦苏木古城的若干问题》等论文数十篇。

② 赵俪生（1917—2007），著名学者。山东安丘人。16岁入清华大学外语系。先从事文艺创作和翻译，后转向史学研究。相继在河南大学、华北大学、中国科学院编译局、东北师大、山东大学、兰州大学任职。他一生游艺于文史哲三大领域，史学成就最高。著作有《寄陇居论文集》《中国土地制度史》《顾亭林与王山史》《学海暮骋》《〈日知录〉导读》《赵俪生史学论著自选集》等。

系中国古代史"教研室共同讨论授课提纲,体现了当时主流史学观点。因此,讲义中的一些学术观点和表述,带有一定的时代烙印"。但是,这份"珍贵的讲义,毕竟从多方面体现了张先生的治学成果和学术造诣,精义叠见"。田昌五先生曾对笔者说:当时人民教育出版社想出版这份讲义,但被张先生婉拒了。原因是讲义中的西周封建论与先生自己的学术主张魏晋封建论不一致。

1953 年（癸巳）　　　42 岁

9 月 21 日,胡厚宣先生到北京。张先生偕向达先生晤胡先生,均希望顾颉刚先生到北大,使顾得安心研究。

12 月 29 日,张先生与到中关园访他的顾颉刚先生晤谈。

约是年,先生给邹衡先生等讲古文字学时,顺便举出一个"王"字,他认为甲骨文中之王,乃持钺而立,象征权威。邹衡听了十分佩服,可惜以后他并未写出文章来。

是年,三子张极人出生。

1954 年（甲午）　　　43 岁

1 月上旬,收到顾颉刚先生为丁晓先写给他的信。

4 月 25 日,致信胡厚宣先生。寄上介绍学生王承祒所著论文集的推荐书,望胡先生鼎力相助。不同意殷代农业由奴隶生产的观点。称赞《京津甲骨集》纸墨工、编次好。祈胡赐所编上古史讲义一读。并言及科学院研究人员缺乏、《历史研究》稿源困难等。

5 月 13 日,在北京饭店与埃及费克里教授会谈,讨论学术问题。

6 月 17 日下午,赴北京和平宾馆参加中小学课本座谈会,由董纯才部长及叶圣陶先生主持。晚餐席间与夏鼐先生谈及陈垣老左右之金童玉女事。

9月13日，到中国科学院历史研究所开会，与尹达、向达、侯外庐、白寿彝、阴法鲁、贺昌群、张德钧、王修、吴宜俊等先生商讨学习及研究人员训练事。

9月19日，在尹达先生处巧遇夏鼐先生。

10月，中国科学院历史研究所建立。地址在东四头条一号。当时分一所、二所、三所。郭沫若兼任一所所长，尹达任一所副所长；陈垣任二所所长，侯外庐、向达、熊德基任二所副所长；范文澜任三所所长。一、二所成立后，张先生与顾颉刚、杨向奎、胡厚宣、贺昌群、王毓铨、谢国桢、孙毓棠等相继调入，并特邀蒙文通、唐长孺、谭其骧、白寿彝、翁独健、韩国磐、李埏、邱汉生等，参加研究工作。到1958年，一所、二所合并为历史所，所长由郭沫若兼任，尹达、侯外庐、熊德基任副所长。到1963年，增补白天、冬光为副所长。第三所恢复中国近代史研究所名称，所长仍为范文澜。张政烺先生参与了历史所的筹建，并兼任一所研究员。还参加所务会议。

10月19日，到中国科学院历史所与顾颉刚先生谈。今日同会：尹达、张德钧、吴宜俊、俞旦初。

11月，以毛泽东主席意，成立标点《资治通鉴》工作委员会。张政烺先生是《通鉴》整理委员会成员、参加标点者之一。参加标点者还有：聂崇岐、齐思和[①]、周一良、邓广铭、贺昌群、容肇祖、何兹全。王崇武为组召集人，顾颉刚任总校对。范文澜

---

① 齐思和（1907—1980），著名历史学家。山东宁津人。1931年燕京大学历史系毕业。早年留学美国。归国后先后在北平师范大学、燕京大学、中国大学、北京大学任教。著有《中国史探研》。主编四卷本《世界通史》第一卷上古部分。撰写有《世界中世纪史讲义》《英国封建土地所有制形成的过程》《从英国封建庄园看欧洲庄园制度的特征》等世界史论著。

为委员会召集人，蔡美彪①为笔录。标点工作选择版本较佳的清人胡克家翻印的元刊胡注本为底本，并参考前人校勘过的宋、元、明各本，集历代校勘之大成。

11月8日，三时，开标点《资治通鉴》组会，迄六时毕，即在历史三所吃饭。同会同饭：王崇武②、顾颉刚、贺昌群、聂崇岐、容肇祖、齐思和、邓广铭、何兹全（以上均组员）、范文澜、徐调孚（出版事业管理局派来参加）、蔡美彪等先生。

11月29日，开《资治通鉴》标点第二次讨论会，自三时至六时，进餐后归家。今日同会同席：范文澜、王崇武、聂崇岐、齐思和、周一良、邓广铭、何兹全、容肇祖、叶圣陶、徐调孚、蔡美彪、顾颉刚等先生。

是年，推荐北大历史系1950级学生王承祒的论文集——《中国古代社会史试论》给上海学习生活出版社，使该书于次年出版问世。

该论文集收录了四篇论文，主要讨论了中国古代史分期问题。《试论殷代的奴隶》认为殷代是奴隶社会；《西周的社会性质问题—兼论郭沫若先生的〈奴隶制时代〉》认为西周是封建社会；

---

① 蔡美彪（1928— ），著名历史学家。浙江杭州人。生于天津。毕业于南开大学历史系。师从邵循正先生，攻读北京大学史学研究部研究生。1952年到中国科学院语言研究所工作。次年，转到近代史研究所。现为中国社会科学院近代史研究所研究员、学术委员会委员。先后兼任北京大学、南开大学、中央民族学院历史系教授。他是中国社会科学院荣誉学部委员，曾任中国蒙古史学会理事长、中国元史学会会长。协助范文澜编著《中国通史》远古至隋唐四卷；在范去世后主持集体编写宋、元、明、清六卷。主编《中国历史大辞典·辽夏金元史卷》，与人共同主编《中国地震历史资料汇编》七册。还著有《元代白话碑集录》，合编《八思巴字与元代汉语》及专题论文多篇。

② 王崇武（1911—1957），著名明史专家。河北雄县人。北大历史系毕业。大学时，已有文章在《禹贡》《食货》等刊物发表。被傅斯年看中引进中央研究院史语所。其间他一连串写成了3本书：《皇明本纪校注》《奉天靖难录校注》《明靖难史事考证稿》。三本都编为研究所的专刊。三本都由商务印书馆出版。后到英国留学，与其妻译有《太平天国史料译丛》。归国后到中国科学院近代史研究所工作，既帮助范文澜先生修订《中国通史简编》，又帮助顾颉刚先生标点《资治通鉴》，还以私人负责的名义，点校明史要籍《小腆纪传》和《小腆纪年》。

《试论战国时代的土地制度》认为战国时代是地主封建社会，即后期封建社会；《试论战国时代的奴隶与奴隶主》论证战国时代虽然存在相当多数量的奴隶，但是奴隶在生产过程中所处的地位并不重要。作者称这些著作均得到张先生的"极大的帮助和鼓励"，包括推荐在《文史哲》等大刊物上发表。

是年，王承祒先生给张政烺先生当助教。

是年，高级党校从苏联请来一名历史专家尼基弗洛夫，他借助世界年代史特点，认为同一时间内，世界东西方都循着目标变化，因而中国和欧洲在同时期内都进入了封建制，他在中国期间写了一部中国通史，后由党校出版。他此举对中国的同行起了一定的支援作用。

1955 年（乙未）　　　　44 岁

1 月 11 日，到中国科学院开"考据在历史学及古典文学研究工作中的地位和作用"组会，批判胡适思想。今日同会：顾颉刚、尹达、向达、尚钺、白寿彝、周一良、邓广铭、王重民①、田余庆、王崇武等先生。

胡适思想批判讨论会，由中国科学院与作家协会合办，共分九组：1.《红楼梦》的人民性和艺术成就，张天翼主持。2. 胡适的哲学思想批判，艾思奇、胡绳主持。3.《红楼梦》的社会背景问题，侯外庐主持。4. 对历来《红楼梦》研究工作的批判，聂绀弩主持。5. 胡适的文学思想批判，吕荧主持。6. 古典文学研究工作中当前存

---

① 王重民（1903—1975），著名目录版本学家。字有三。河北高阳人。毕业于北京师范大学。长期在北平图书馆任职。1934 年赴法国国家图书馆，后受聘至美国国会图书馆工作。回国任北平图书馆研究部主任。新中国成立后一度代理北京图书馆馆长。1953 年起，专事教学工作，曾任北京大学图书馆学系主任、教授。编著有《英伦所藏敦煌经卷访问记》《敦煌古籍序录》《敦煌遗书总目索引》《美国国会图书馆藏中国善本书录》《中国善本书提要》等。

在的问题，何其芳①主持。7. 考据在历史学和古典文学研究工作中的地位和作用，尹达主持。8. 胡适的《中国哲学史》批判，冯友兰主持。9. 胡适的历史观点批判，范文澜、吴晗主持。

2月17日，到总院，开标点《资治通鉴》及改编杨守敬地图委员会及工作人员全体会议，自三时至六时，会毕吃饭。今日同会：顾颉刚、吴晗②、刘大年、尹达、王崇武、邓广铭、周一良、齐思和、聂崇岐、贺昌群、何兹全、谭其骧、金灿然、恽逸群、沈静芷、徐调孚、欧阳缨、容肇祖等先生。

3月5日，到科学院参加胡适思想批判历史组会，自二时至六时。尹达主持会议，同会有刘大年③、范文澜、尚钺、徐炳昶④、陈

---

① 何其芳（1912—1977），著名诗人、文艺理论家。四川万县（今重庆市万州区）人。1935年毕业于北京大学哲学系。1938年夏到延安鲁迅艺术学院任教，后任新华日报社副社长等职。新中国成立后，历任全国文联委员、中国作协理事和书记处书记、中国社会科学院文学研究所所长等职。早期作品风格精致，表现青年人的忧郁情思及对生活的憧憬，艺术上受唯美主义影响。20世纪40年代后文风渐趋明朗，诗作充满革命热情，其中《生活是多么广阔》和《我为少男少女歌唱》等，歌颂新的世界和新的生活，在青年中影响较大。著有诗集《预言》《夜歌和白天的歌》等，散文集《画梦录》等，文艺论文集《关于现实主义》《论〈红楼梦〉》《关于写诗和读诗》《文学艺术的春天》等。有《何其芳文集》行世。

② 吴晗（1909—1969），著名历史学家。原名春晗，字辰伯。浙江义乌人。清华大学毕业。先后任云南大学、西南联大、清华大学教授。新中国成立后，任清华大学文学院院长、中国科学院哲学社会科学部委员。平生从事中国古代史研究，对明史研究尤有成就。著有《朱元璋传》和《历史的镜子》《史事与人物》《读史札记》《灯下集》《春天集》《投枪集》《学习集》等。并编有京剧《海瑞罢官》。

③ 刘大年（1915—1999），著名历史学家。湖南华容人。先后肄业于湖南长沙国学专修学校、毕业于陕北中国人民抗日军政大学。曾任北方大学、华北大学历史研究室副主任。新中国成立后，历任中国科学院近代研究所研究员、编译局副局长、近代史研究所副所长、中科院哲学社会科学部委员、中国社会科学院近代史研究所所长、名誉所长，中国史学会主席团执行主席。著有《美国侵华史》《中国近代史问题》《赤门谈史录》，并主编《中国近代史稿》《中国史稿》（第四册）等。

④ 徐旭生（1888—1976），著名历史学家、考古学家。原名炳昶，笔名虚生、遯庵。河南唐县（今唐河）人。早年留学法国。曾任北京大学教务长、中国西北科学考察团团长、北平研究院代副院长等职。新中国成立后任中国科学院考古研究所研究员。曾赴豫西地区与陕西渭河流域进行考古调查。毕生致力于中国古史传说的研究以及夏文化的探索，有颇多真知灼见。著有《中国古史的传说时代》《徐旭生西游日记》《略谈研究夏文化的问题》等。

梦家①、陆志韦②、向达、叶蠖生、尚爱松、张德钧、白寿彝、杨人楩、侯外庐、张蓉初、陶松云、翦伯赞、贺昌群、夏鼐、郭宝钧、邓广铭、齐思和、冯家昇③、傅乐焕、陈述、王崇武、沙英、周一良、谭其骧、顾颉刚、王爱云、丁名楠、吕振羽、黄文弼④、张遵骝、朱士嘉、郑奠、胡俞之、张云飞、吴宜俊、金毓黻⑤、王

---

① 陈梦家（1911—1966），著名古文字学家、考古学家。原籍浙江上虞市，生于南京。1932 年中央大学法律系毕业。后去青岛工作。1932 年年底到燕京大学宗教学院学习。1934—1936 年在燕京大学攻读容庚先生的古文字研究生。1937—1944 年任昆明西南联合大学副教授。1944—1947 年前往美国芝加哥大学，讲授中国古文字学，兼收集流散欧美的商周青铜器。回国后任清华大学中文系教授。1952 年调至中国科学院考古所，曾兼任《考古通讯》副主编。他早期是新月派颇有影响的诗人。后转治古文字、古史和考古。在甲骨文、殷周铜器和汉简等的研究上贡献卓著。著有《殷墟卜辞综述》《西周铜器断代》《汉简缀述》《尚书通论》《六国纪年》等。编有《新月诗选》。

② 陆志韦（1894—1970），著名心理学家、音韵学家。浙江省吴兴县人。留学美国。回国后历任南京高等师范、东南大学、燕京大学教授、系主任和燕京大学校务委员会主席、校长。新中国成立后，在中国科学院语言研究所任研究员，并担任中国科学院哲学社会科学部委员。有专著《北京话单音词词汇》。合著《汉语的构词法》。另有多篇论文。

③ 冯家昇（1904—1970），当代著名民族史学家。字伯平。山西省孝义县人。燕京大学研究生毕业。后分别在燕京大学、北京大学、东北大学任教。曾与人合编《禹贡》。1937 年赴美国工作和学习，后任北平研究院史学研究所研究员。新中国成立后，历任中国科学院考古研究所研究员、中央民族学院教授，兼任中国科学院民族研究所研究员，后兼该所少数民族社会历史研究室副主任。著有《辽代源流与辽史初校》、用英文合著《辽代社会史》、另著《辽史证误三种》《关于中国火药之西传》《中国火药的发明和西传》。主编《维吾尔族史料简编》（上、下册）。他对中国东北、西北史地及民族史的研究有贡献。

④ 黄文弼（1893—1966），著名考古学家。字仲良。湖北汉川人。1918 年毕业于北京大学哲学系。先后执教于北京大学、四川大学、西北大学，任职于北平研究院史学研究所、中国科学院考古研究所。著有《高昌陶集》《高昌砖集》《罗布淖尔考古记》《吐鲁番考古记》《塔里木盆地考古记》《新疆考古发掘报告》《西北史地论丛》等。

⑤ 金毓黻（1887—1962），著名史学家。辽宁辽阳人。毕业于北京大学。1941 年任东北大学史学教授兼文科研究所主任。1943 年与李济、傅斯年发起组织中国史学会。1947 年任国史馆北平办事处主任，兼东北大学史学系教授。新中国成立后，任北京大学文科研究所教授、中国科学院历史研究所研究员。著有《渤海国志长编》《辽海丛书总目提要》《中国史》《东北通史》《中国史学史》《宋辽金史》等。

锺翰、刘桂五、黄烈、刘国钧、浦熙修、陈乐素、马元材、戴逸①、袁良义、谢琏造、蔡美彪、陈正飞、罗志甫等约三百人。

3月6日，禹贡学会解散。

3月26日，著名金石学家马衡逝世，终年74岁。

5月17日，到科学院，开会。讨论吕振羽《胡适派主观唯心主义批判》一文，自二时半至六时。今日同会：翦伯赞（主席）、吕振羽、胡绳、刘大年、侯外庐、白寿彝、周一良、陈垣、顾颉刚、荣孟源、陈述、尚爱松、齐思和、杨人楩、王崇武、贺昌群、傅乐焕、邓广铭、赵纪彬②、尚钺、阴法鲁、邵循正、谢兴尧、金灿然、黄烈等约50余人。

6月，中国科学院哲学社会科学部成立。哲学社会科学部是中国社会科学院的前身。中国科学院院长郭沫若兼任哲学社会科学部主任，潘梓年任副主任。此后相继增加刘导生、张友渔、姜君辰、关山复、杨述为副主任。从1958年11月起，哲学社会科学部的工作由中共中央宣传部直接领导。

9月19日下午，在尹达先生处，遇及夏鼐先生。

是年，王承祒先生因被错划为胡风分子，愤而跳楼自杀。

是年，北大历史系派吴荣曾先生给张先生作助教，主要是为学生做通史课的辅导，直到1958年。吴先生先后在北京大学、内蒙古

---

① 戴逸（1926— ），著名历史学家。原名戴秉衡。江苏常熟人。北京大学历史系肄业。先后在华北大学、中国人民大学工作。曾任人大历史系教授、清史研究所所长、校图书馆馆长、中国史学会会长、《中国大百科全书·中国历史》编辑委员会委员。著有《中国近代史稿》（第一卷）《一六八九年中俄尼布楚条约》《履霜集》，主编《简明明清史》第一、二册，还主编有多卷本的《清代人物传稿》（下卷）《中国历史大辞典·清史》。

② 赵纪彬（1905—1982），著名学者。原名济焱，字象离，笔名向林冰等。河南内黄人。自学成家。任复旦大学、东北大学、东吴大学、山东大学教授。新中国成立后，历任山东大学文学院院长、河南省第二师范学院院长、开封师范学院院长、中国科学院河南分院副院长、河南省历史研究所所长、中共中央党校哲学教研室顾问等。多年从事中国哲学史、思想史、伦理学的研究、教育。与侯外庐、杜国庠等合著五卷本《中国思想通史》，著作编为《赵纪彬文集》。

大学、《历史研究》编辑部工作。对先秦史、秦汉史、货币史有深湛研究，尤精于春秋战国史。曾任北京大学历史系教授、中国先秦史学会副会长、《中国大百科全书·中国历史》先秦史、秦汉史副主编，著作：《先秦两汉史研究》，中华书局1995年版。共收《对春秋战国家长制奴隶制残余的考察》《秦的官府手工业》等论文25篇，内容涉及先秦两汉的社会经济、政治制度和文化等方面的研究，具有较高学术价值；《读史丛考》，中华书局2014年版；合著《中国史纲要》，人民出版社1979年版，获奖；主编《尽心集——张政烺先生八十庆寿论文集》，中国社会科学出版社1996年版。与汪桂海主编《简牍与古代史研究》，北京大学出版社2012年版。发表论文40多篇，为《中国大百科全书》的《中国历史》《考古》卷撰写词条15条。

约是年，张政烺先生任北大历史系波兰留学生顾哲（中文名）的研究生导师。论文题目是周礼正义。学制三年。

约是年，尹达先生受郭沫若先生委托，让张政烺先生为其查几条史料的出处。张先生很快就查到了。郭对尹说："这个人学问真好，比我看过的书还多。"

从是年到1958年，协助尹达先生带他的北大商周考古研究生郑振香[①]先生。尹对郑说："你学习上有什么问题，你就去找张政烺先生，他什么都懂，考古嘛，他也懂，你就找他，我也没那么多的时间。"据郑回忆，张对她说："你读读《左传》、《国语》吧，也可以读读《诗经》，可以开拓思路。"又说先读《左传》，再读《尚书》就容易了，并说"左氏不传春秋"，它本身就是《春秋》，自成一个体系。

---

① 郑振香（1929— ），知名考古学家。河北东光人。1954年北京大学历史系考古专业毕业，次年攻读研究生，1959年毕业后分配中国科学院考古研究所（1977年改属中国社会科学院）工作。曾当选中国考古学会理事。长期致力于河南安阳殷墟的考古发掘与研究。主持发掘的河南安阳妇好墓，对殷商考古具有重大意义。著有《殷墟妇好墓》（合著）《殷墟青铜器》（合著）《殷墟的发现与研究》（合著）《安阳小屯》（合著）《小屯殷墟建筑遗存》。

约是年春节团拜，他带几本《历史教学》送人。这些杂志是他审稿所得报酬。

是年，四子张极井出生。

1956 年（丙申）　　　　45 岁

1月4日，到中国科学院历史所，与张德钧、万斯年、王毓铨①同顾颉刚先生谈。

2月20日，家迁至东城区干面胡同31号，顾颉刚先生住屋的西厢房，因兼任北大及科学院历史所两职，每星期仍须到北大住两三天。同偕夫人静秋来新寓所看望的顾颉刚先生谈。

2月23日，与来访的顾颉刚、谭季龙、胡厚宣先生晤谈。

2月25日，到一、二所，参加学术委员会，讨论十二年历史科学之研究、编纂、教学等事项。

2月27日，到三所，参加一、二、三所联合之学术会议，讨论《历史科学长远规划草案》。与顾颉刚先生同步归。今日同会同席：侯外庐、范文澜、刘大年、尹达（以上主席）、胡绳②、杨人

---

① 王毓铨（1910—2002），著名历史学家。山东莱芜人。北京大学毕业。旋即应邀赴美，参与中国历史编纂计划。同时攻读博士学位。任美洲古钱博物馆远东部主任。1950年回国，先后在北京历史博物馆、中国科学院历史所工作，任研究员、博士生导师、中国古代经济史学会会长。主编《中国历史大辞典》《中国经济史》《中国通史》各书中的明史部分。著有英文的《中国早期货币》（Early Chinese Coinage）《西汉中央官制》（The Organization of the Central Covernment of the Western Han Dynasty）《明代劳役制的若干显著特点》（Some Salient Feature of the Ming Labor Service System）等论文。中文的有《我国古代货币的起源和发展》《明代的军屯》《莱芜集》等。

② 胡绳（1918—2000），著名历史学家、哲学家。祖籍浙江杭州，生于江苏苏州。早年曾就读于北京大学哲学系。曾任《读书月报》主编、《新华日报》编辑。新中国建立后，历任政务院出版总署党组书记、中共中央宣传部秘书长、中共中央政治研究室副主任、《红旗》杂志副总编辑、中共中央文献研究室副主任、中共中央党史研究室主任、中国社会科学院院长等职。还担任全国中共党史研究会会长、孙中山研究学会会长。著有《帝国主义与中国政治》《从鸦片战争到五四运动》和文集《枣下论丛》《历史和现实》。

梗、陈翰笙①、季羡林②、周一良、唐兰、翁独健③、韩儒林④、谭其骧、何干之、顾颉刚、冯家昇、傅乐焕、向达、翦伯赞、白寿彝、阴法鲁、张若达、金灿然⑤先生。

---

① 陈翰笙（1897—2004），当代著名历史学家、经济学家。江苏省无锡县人。曾获芝加哥大学硕士学位、柏林大学博士学位。新中国成立前，曾任北京大学史学系教授、中央研究院社会科学研究所副所长、中国农村经济研究会理事长等。新中国成立后，历任中国科学院哲学社会科学部委员、国际关系研究所副所长、中国社会科学院顾问、国际问题研究所顾问、世界历史研究所名誉所长，并兼任《中国大百科全书》总编委会副主任和外国历史卷编委会主任。早年除在大学执教外，长期从事中国经济、特别是农村经济问题研究。新中国成立前后，转向外国历史和外国经济的研究。主要著述有《大国瓜分阿尔巴尼亚的阴谋》《国际新局面》《封建社会的农村生产关系》《中国当前的土地问题》《中国官僚资本与内战》《南亚农业区域》《美国垄断资本》等。此外还主编《华工出国史料》（1—10 辑）。

② 季羡林（1911—2009），语言学大家、翻译家、作家。字希逋、齐奘。山东清平（今并入临清）人。1934 年毕业于清华大学，1941 年获德国格丁根大学哲学博士学位。1946 年回国后，任北京大学东方语言学系教授、系主任、副校长、中国敦煌吐鲁番学会、中国东方学会会长、中国科学院哲学社会科学部委员。精通梵、巴利、吐火罗等多种古文字，在佛教文化、印度历史与文化、中印文化关系史等领域颇有建树。著有《中印文化关系史论丛》《印度古代语言论集》《佛教与中印文化交流》等。译著有《沙恭达罗》《优哩婆湿》《罗摩衍那》等。在散文创作上亦有成绩，著《牛棚杂忆》《留德十年》等。有《季羡林文集》（24 卷）行世。

③ 翁独健（1906—1986），当代著名历史学家。福建省福清县人。早年读书于燕京大学。先后赴美、法深造。归国后历任云南大学、燕京大学教授。新中国成立后，曾任中央民族学院研究部主任、历史系教授、民族历史研究工作指导委员会主任，中国社会科学院历史所、民族所研究员、副所长、顾问。国家民族事务委员会委员。被推选为中国蒙古史学会理事长、中国民族史学会理事长。长于元史、蒙古史和中国北方少数民族研究。主编《中国民族关系史纲要》（获奖）。著《斡脱杂考》《蒙元时代的法典编纂》，引起国内外学界注意。总校《元史》，主持《蒙古简史》的定稿等。

④ 韩儒林（1903—1983），著名历史学家、蒙古学家。字鸿庵。河南舞阳人。1930 年毕业于北京大学。先后任教于北京女子师范大学、北京师范大学。1933 年赴比、法、德留学，归国后先后在燕京大学、辅仁大学、华西大学、中央大学、南京大学、内蒙古大学任教。是中国元史研究会会长、中科院哲学社会科学部委员。毕生从事蒙元史、西藏史和西夏史等方面的研究。著有《成吉思汗传》《穹庐集》《韩儒林文集》等。主编《中国大百科全书·中国历史·元史》《元朝史》等。

⑤ 金灿然（1913—1972），著名出版家。原名心声。山东鱼台人。1944 年参加范文澜主编的《中国通史简编》工作。新中国成立后，相继在人民教育出版社、出版总署编审局、文化部出版局工作。1958 年起为古籍整理规划小组成员。并任中华书局总经理兼总编辑，主持出版了《二十四史》《资治通鉴》《册府元龟》《永乐大典》等古籍的校点整理本。

是日晚，到萃华楼赴"考古工作会议"闭幕欢宴。今晚同席：郭沫若、郑振铎（主）、王振铎、于思泊、商锡永、刘开渠、林惠祥①、曾昭燏、张圣奘、贺昌群、翦伯赞、陈梦家、周永珍②、唐兰、赵全嘏、高君箴、冯汉骥③、胡厚宣、徐森玉④、何乐夫、王献唐、王冶秋⑤夫妇、陈直⑥、傅维本、马元材、顾颉刚、夏鼐、

---

① 林惠祥（1901—1958），当代著名人类学家。福建晋江人。1926年毕业于厦门大学，后考进菲律宾大学研究院，1928年毕业，获人类学硕士学位。1929年任中央研究院特约编辑员，后参加该院民族学组研究工作。1931年任厦门大学历史社会学系主任、教授。新中国成立后，任厦门大学历史系主任、人类博物馆馆长、南洋研究所副所长。他毕生致力于人类学的研究和教学工作，著有《台湾番族之原始文化》《文化人类学》《中国民族史》《苏门答腊民族志》《民俗学》《世界人种志》等。

② 周永珍（1926— ），知名考古学者。江苏淮安人。毕业于燕京大学中文系，进入中国科学院考古研究所（1977年改属中国社会科学院）任职。相继在安阳、洛阳、西安、黄河水库等地从事考古调查和发掘工作。后调《考古》编辑组，任副组长。编辑《考古通讯》（1959年改为《考古》）。著有《夏商龙虎纹举例》等。合著《一九五三年安阳大司空村发掘报告》。

③ 冯汉骥（1899—1977），著名考古学家。字伯良。湖北宜昌人。毕业于武昌文华图书馆专科学院。后赴美留学，获人类学哲学博士学位。后曾在四川大学、四川省博物馆、华西大学、西南博物院任教或任职。他是运用现代民族学和社会学研究中国古代社会的先驱者之一，对中国西南地区的民族学与考古学有较深研究。著有《中国亲属制》《前蜀王建墓发掘报告》《冯汉骥考古学论文集》等。

④ 徐森玉（1881—1971），著名目录版本、文物鉴别学家。名鸿宝。浙江湖州人。清末山西大学堂毕业。历任北京大学图书馆馆长、故宫博物院古物馆馆长、北平图书馆采访部主任、合众图书馆常务董事等。新中国成立后，任上海市文物保管委员会主任、上海博物馆馆长、中央文史馆副馆长、全国第二中心图书馆委员会主任委员、《辞海》编辑委员会委员。

⑤ 王冶秋（1909—1987），中华人民共和国文物博物馆事业的主要开拓者和奠基人之一。安徽霍邱人。1932年参加"左联"。北平（今北京）解放后任北平军事管制委员会文物部副部长，接管北平文物、博物馆、各图书馆。新中国成立后历任文化部文物局副局长、局长。1979年被选为中国考古学会名誉理事。他在主持文物保护方针的研究与实践、博物馆建设、开发文物研究以及出版与宣传等方面有重要贡献。

⑥ 陈直（1901—1980），著名考古学家、历史学家。字进宦，号摹庐。江苏镇江人。以学徒自学成才，撰成《史汉问答》，出版《汉晋木简考略》等。1950年开始执教于西北大学历史系，任西北大学历史系考古研究室及秦汉史研究室主任。是中国考古学会理事会理事。主要从事秦汉考古与历史的研究。著有《关中秦汉陶录》《三辅黄图校正》《居延汉简研究》《文史考古丛书》《敦煌汉简释文评议》《摹庐丛书》等。

杨宽①、郭宝钧等先生。共十桌约百人。

3月2日，张先生偕夫人谭惠中到顾颉刚先生家拜访。

3月8日，张先生偕夫人到顾颉刚先生家拜访。

4月20日，开所务会议，自九时至十二时。与顾颉刚先生同归。今日同会：尹达、顾颉刚、张德钧、吴宜俊。讨论数事：①定副博士阅读书规格；②为实习员及研究生讲书；③编刊《古史学报》；④讨论中国史之分期问题。

5月8日，到中国科学院历史所，晤顾颉刚先生等。

5月12日，到顾颉刚先生家谈。

5月13日，下午，赴北京饭店，与费克理教授会谈讨论。

5月16日，在住处接到顾颉刚先生所批科学院交下之谢循通《〈山海经〉管见》及曾次亮《历代天文志、律历志整理计划》。

7月2日，与来访顾颉刚先生谈。

7月5日，张政烺先生携其夫人到顾颉刚先生处谈。

夏，到郑克晟先生办公室，特地问郑正读何书，郑说正读新版的《醒世恒言》。先生马上来了兴致，于是把每章内容如何，细说了一遍，如数家珍，也如谈其他业务书一样兴奋。

7月9日，到西苑大旅社，参加科学史讨论会，听竺可桢开幕词、王吉民"中医在世界的影响"、万国鼎"《齐民要术》中之农业技术"。参加高教部之历史系教学大纲会议，自三时至六时。饭后与顾颉刚、谭季龙先生同归。任高教部审订文史教学大纲会议先秦两汉史组成员，同人：汪篯、顾颉刚、尚钺、徐中

---

① 杨宽（1914—2005），著名历史学家。江苏青浦（今属上海）人。1936年光华大学中文系毕业。曾任光华大学教授、上海市博物馆馆长。新中国成立后，历任上海博物馆馆长、上海社会科学院历史所副所长、复旦大学教授、中国先秦史学会副理事长。专攻中国古代史，对先秦史与文物考古尤有研究。著有《战国史》《中国古代陵寝制度史研究》《中国古代冶铁技术发展史》《古史新探》等。其中《战国史》在学界受到普遍好评。

舒、杨向奎、刘节、苏金声、华绍英、胡厚宣、曹绍孔、田余庆①。

7月10日，高教部车来，与顾颉刚先生同接季龙，到西苑大旅社，续开教学大纲会议，至十二时。文史教学大纲所晤人：刘大杰、周谷城②、陈守实、胡厚宣、耿淡如、张世禄、田汝康、靳文翰、赵景深、李泗、蒋孟引、王栻、韩儒林、黄淬伯、陆侃如、冯沅君③、杨向奎、郑鹤声、殷孟伦、王仲荦、卢振华、韩振华、丁则良、曹绍濂、刘节、朱杰勤、梁方仲、杨明照、徐中舒、缪越④、蒙文通、纳忠、李埏、尹巨、刘持生、郑天挺、杨志玖、皮

---

① 田余庆（1924—2015），著名历史学家。湖南省湘阴县人。生于陕西省南郑县（今汉中市）。1950年毕业于北京大学史学系。历任北京大学文科研究所助教、历史系助教、讲师、教授，历史系主任，系学术委员会主席等职。曾在美国斯坦福大学讲学。田余庆的主要学术成就在秦汉和魏晋南北朝的政治史研究方面。著有《东晋门阀政治》《拓跋史探》等。合著《中国史纲要》（获奖）。另有《说张楚》等十几篇论文。

② 周谷城（1898—1996），著名历史学家、社会活动家。北京高等师范毕业。先后在湖南第一师范、上海暨南大学附中、中国公学、中山大学、暨南大学、复旦大学执教。曾任中国史学会常务理事兼主席团成员以及首任执行主席、中国太平洋历史学会会长、上海市哲学社会科学联合会副主席、上海市历史学会会长。著述数百万字，出版专著十余部，发表论文两百余篇。如：《中国社会史论》三卷、《中国通史》两卷、《中国政治史》《中国史学之进化》《世界通史》三卷、《古史零证》《史学与美学》等。史学方面的论文已汇编出版了《周谷城史学论文选集》。主编《中国文化史丛书》《世界文化丛书》。

③ 冯沅君（1900—1974），著名女作家、古典文学研究家。原名淑兰、德馥。河南唐河人。毕业于北京大学国学研究所。早年从事文学创作，出版过《卷葹》等小说集。后留学法国，获文学博士学位。归国后先后执教于燕京大学、中山大学、东北大学、山东大学。新中国成立后，任山东大学教授、副校长。著有《冯沅君创作译文集》《古剧说汇》《南戏拾遗》《古优解》。合著《中国诗史》《中国文学史简编》。

④ 缪钺（1904—1995），著名史家。字彦威。江苏溧阳人，生于直隶迁安（今属河北）。北京大学文科肄业。先后任河南大学、广州学海书院、浙江大学、华西协合大学、四川大学教授。在魏晋南北朝史学与文学、唐宋文学、诗学、词学、古籍整理、中国古代思想史等领域均有建树，著有《三国志选》《读史存稿》《元遗山年谱汇纂》《中国史上之民族词人》《诗词散论》。

名举等（以上京外）。罗常培、魏建功①、周一良、邵循正、杨人楩、邓广铭、顾颉刚、谭其骧、王力②、汪篯、田余庆、王崇武、傅乐焕、冯家昇、高名凯、张芝联、浦江清、丁梧梓、翦伯赞、陈述、吕叔湘③等（以上京内）。

7月15日，至顾颉刚先生处。到北京饭店，出席文史教学大纲总结会议，听黄嵩龄、潘梓年、周扬讲话。到文化俱乐部照相。

在北京饭店参加宴会。九时，与顾颉刚先生同归。

上午同席：蒙文通、缪钺、徐中舒、郑天挺（以上客）、顾颉刚、杨向奎、童书业、邓广铭、胡厚宣、傅乐焕（以上主）。下午同会及晚间同席：出席会议者一百九十人，工作人员约三十人。周建人、郑振铎、陈翰笙、潘梓年、周扬、黄嵩龄、翁独健（以上客）、郭沫若、杨秀峰（以上主）。

---

① 魏建功（1901—1980），著名语言学家。江苏海安人。毕业于北京大学中文系。曾任中法大学、北京大学、西南联大教授。抗日战争胜利后，任台湾省国语推行委员会主任委员、台湾大学教授。新中国成立后，历任北京大学教授、副校长，新华辞书社社长、中国文字改革委员会委员、中科院哲学社会科学部委员等职。毕生从事汉语文的教学和研究工作，于音韵学与音韵史的研究颇有成绩，对汉语规范、汉字改革和辞书编纂等也作出了贡献，并积极从事民俗学和民间文学的搜集、整理与研究。著有《古音系研究》，主持编纂《新华字典》等。

② 王力（1900—1986），语言学大家、诗人。字了一。广西壮族自治区博白县人。1924年入上海南方大学学习，次年转入上海国民大学。1926年考进清华大学国学研究院。1927年赴法国留学。回国后，历任清华大学、燕京大学、广西大学、昆明西南联合大学教授，岭南大学教授、文学院院长、中山大学教授、文学院院长，语言学系主任。1954年调北京大学任教授。曾兼任汉语教研室主任，中文系副主任，并任中国文字改革委员会委员、副主任。1958年被聘为中国科学院哲学社会科学部委员。王力在语言学方面的专著有《汉语史稿》等40多种，论文近200篇，共约1000万余字，内容几乎涉及语言学各个领域，有许多且具有开创性。这些论著汇编为《王力文集》20卷。

③ 吕叔湘（1904—1998），著名语言学家。江苏省丹阳县人。1926年毕业于国立东南大学外国语文系。后留学英国。回国后，先后在云南大学、华西协合大学、金陵大学、中央大学、清华大学等校从事教学和研究工作。1952年调中国科学院语言研究所，先后任研究员、副所长、所长。1954年起兼任中国文字改革委员会委员，1980年起又兼任副主任；同年被选为中国语言学会会长。吕叔湘长期从事汉语语法的研究。主要著作有《中国文法要略》《语法修辞讲话》（合著）、《汉语语法分析问题》等。

7月16日，到所。参加第一所第一次所务会议，自九时至下午一时。到萃华楼吃饭。今日上午同会同席：郭沫若、尹达、翦伯赞、邓拓①、徐中舒、顾颉刚、杨向奎、李俨、张云飞、张德峻、张若达、万斯年、谭其骧、白淑英、易谋远、萧良琼、邓福秋、陈可畏、阴法鲁、周谷城、尚钺、周一良、唐兰、唐长孺。

7月19日，与来访的顾颉刚、张德钧先生晤谈。

8月，故宫博物院召开青铜器鉴定会，约请的专家有徐森玉、王献唐、于省吾、容庚、商承祚、陈梦家、张先生。院内出席的是唐兰、罗福颐。四祀邲其卣搬来后无人说假，只有张先生不相信是真的。他把卣底向上，泼过酒精，用棉花擦洗，显出锈是贴上去的，铜色是新的，无腐蚀痕迹，字是铸的，笔划深而有修改刻痕，字口和商代刻铭全不一样。事实证明，不是真的。

8月23日，作《上郡戈》。

9月28日，张先生到顾颉刚先生处晤谈。

9月30日，到中国科学院历史所，与顾颉刚、阴法鲁先生晤谈。

秋，经北京大学审批为二级教授，薪额490元，上年度480元。周一良先生在2010年对张世林说：张政烺先生与邵循正先生本来应该聘为一级教授，只是由于名额所限，只能屈居二级，是个遗憾，"很不应该"②。

10月12日，历史一、二所为讨论中共八大文件，召开会，准备学习。张先生与万斯年、王毓铨、张若达、魏明经、张德钧、阴法鲁、常绍温等参加了该会。

---

① 邓拓（1912—1966），著名历史学家、新闻学家。原名子健、云特、笔名马南邨、向阳生等。福建闽侯人。曾任《晋察冀日报》社社长兼总编辑、新华社晋察冀分社社长等职。新中国成立后，任《人民日报》社社长兼总编辑、中华全国新闻工作者协会主席、中国科学院哲学社会科学部委员。主编理论刊物《前线》。著有《中国救荒史》《燕山夜话》，与他人合写杂文《三家村札记》。主要著作辑为《邓拓文集》（四卷）。

② 张世林：《周一良先生的最后一本书》，《中华读书报》2001年1月23日。

历史所第一、二所之一部分已迁［清］九爷府（原中国科学出版社），每人得一室，可从事研究。

11月18日，顾颉刚先生到张先生处。

约冬季，故宫博物院清理院内收藏的商周时代的青铜器，将院藏铜器逐件进行真伪、时代和品级的鉴定。参加鉴定的有于省吾、容庚①、商承祚、徐中舒、郭宝钧、罗福颐、张政烺、陈梦家等先生及几位老技工。主持人为当时故宫副院长唐立庵先生。有一件两周之际中原地区诸侯国的铜器，学者看法不同，唯张先生根据铭文中的"考"字显系伪作等疑点，坚决定为赝品。一位老技工指认此器是他师叔造的假器。张先生的意见终于得到大家的认同。②

12月14日后，收到顾颉刚先生来信。

12月，张先生参与编写的《中国史教学大纲》印出。先生负责起草先秦部分。《大纲》的公布，是对先生在史学界中学术地位给予的充分肯定。先生在《大纲》第五章第二节《西周经济的土地所有制和土地使用》中写着"家庭公社。井田——农村公社"。"'公社'土地制是马克思主义成熟时期的古代社会理论。中国古代大量史料证明这一结论是完全正确的。""西周公社论的功绩在于切中了西周奴隶社会说和西周封建论的要害。"③ 引起了史学界权威人士的不满，发表了古史两个问题的讲话。问题之一"如果太强调了'公社'，认为中国奴隶社会的生产者都是'公社成员'，那中国就没有奴隶社会"。有人（陈伯达）在北京史学会上声称："像张政烺这样的人，就是不准他再教书。"高教部免去他继续编写中国史教学大纲资格。

---

① 容庚（1894—1983），著名金石学家、古文字学家。字希白，号颂斋。广东东莞人。北京大学研究所国学门研究生毕业。历任燕京大学、岭南大学、中山大学教授。著有《金文编》《商周彝器通考》等。

② 高明：《治学导师 做人楷模——忆张苑峰先生》，《张政烺先生学行录》。

③ 王恩田：《张政烺先生调离北大的前前后后》，张永山编《张政烺先生学行录》，中华书局2010年版。

是年，开始批判胡适，张先生在会上发言。当年胡适讲课时提到宋人话本《一枝花话》，自己没见过，问谁知道原书，堂下无人应答，只有他起立侃侃而谈，把《一枝花话》的源流、内容、版本讲得一清二楚。①

是年，张政烺先生任北大历史系先秦史研究生林乃燊先生的导师。论文题目是《中国古代的烹调和饮食——从烹调和饮食看中国古代的生产、文化水平和阶级生活》。学制三年。林毕业后先后在中国科学院历史研究所和暨南大学工作。专著有《中国古代饮食文化》（2001年）、《饮食志》（2010年）、《中国的饮食》（2011年）。合著有《岭南饮食文化》（2010年）。论文有《中国养生学的哲学基础和追求境界——兼评李亦园院士的〈中国饮食文化研究的研究图像〉》（《农业考古》2006年8月）等数十篇。在中国饮食史上有建树。

是年，任中国科学院历史研究所第一所的学术委员会委员。

是年，张政烺先生参与的点校本《资治通鉴》20册由中华书局出版。

是年，张政烺先生参加了中国科学院历史所欢迎新同志会，他对新同志们说：《资治通鉴》点校本新近出版，是史学界的一大喜事。他扼要介绍了该书史学价值。然后提议，所有新来历史一、二所的朋友要系统通读，增长知识。

是年，尹达先生交给张政烺先生他1955年撰写的《安阳侯家庄西北岗的殷代墓地》一文（这是他1955年访日时购回花土图版，拟撰一文意欲发表），请其提意见，以便修改。张先生看后虽签注一些意见，但不惬意此文，便留下没有退回。

从是年到1961年1月，张政烺先生对师友顾颉刚先生的《浪口村随笔》常有举正与商讨。

---

① 宁可：《回忆张政烺先生》，张世林主编《想念张政烺》，新世界出版社2015年版。

是年，中国戏剧家协会为了提高戏剧演员的历史素养，请北大历史系教师为他们讲中国古代历史。此事由翦（伯赞）老出面，而该讲什么，由谁来讲，都由邓广铭先生具体策划。讲座每周一次，在前门外的广和戏院，共讲十一讲，每讲都有铅印好的讲义发给大家。张先生讲西周史，并有铅印讲义，20世纪80年代我在张先生办公室亲见。协会当时曾想把这十一讲的讲义公开出版，后因"反右"运动作罢。①

是年，张政烺先生认为北大历史系政治课教师田昌五先生有才。为了给历史所延揽人才，就将田介绍给尹达先生。田遂调入历史所。田后来先后任历史所研究员、山东大学教授、中国社会科学院研究生院博士生导师、中国殷商文化研究会会长、中国农民战争研究会副会长、西北大学兼职教授。在先秦史、秦汉史、农民战争史上有建树。著有《周秦社会结构研究》《中国历史体系新论续编》《华夏文明的起源》，与石兴邦教授合编《中国原始文化论集》，与安作璋教授主编《秦汉史》，还是郭沫若先生主编的《中国史稿》第一册的主笔。发表论文《解井田制之谜》《周原出土甲骨中反映的商周关系》《中国历史分期问题》等论文百余篇。

是年，哲学社会科学部汇集方方面面制订出《全国哲学社会科学研究工作12年（1956—1967）远景规划纲要》（草案）。毛泽东主席在听取规划情况汇报时，针对有人提出"重理轻文"问题时说："理还是要重的，文也不要轻"，概括为"重理不轻文"，对社会科学工作者是很大的鼓舞。

1957年（丁酉）　　46岁

1月30日，到所，开所务会议，自九时至十二时。同会有尹

---

① 吴荣曾：《邓广铭先生——师道之楷模》，张世林主编《想念邓广铭》。

达、顾颉刚、杨向奎、胡厚宣、叶玉华、袁鸿寿、桂琼英、田昌五、张德钧、黄烈、赵幼文先生。

2月11日，与顾颉刚、贺昌群、夏鼐等同到政协，续开国务院科学规划委员会古籍整理和出版规划大会。

3月24日，到顾颉刚先生家拜访。

4月21日，著名明史专家王崇武病逝，终年46岁。

5月，历史所张先生和胡厚宣先生策划"黄河流域考古参观"之事，参观团由历史所裘锡圭等十位青年研究人员和北大张传玺等六位副博士研究生组成。时间定为一个月，参观地点为五省（市）的十个重点考古地区，即河南省的安阳、三门峡、洛阳、郑州、开封，陕西省的西安，江苏省的徐州，山东省的曲阜、济南和天津。胡先生、张先生带队，张先生任参观团主讲。5月19日参观团离京南下，次日上午抵达安阳。当天下午，参观了殷墟小屯村和商朝遗迹所在地后岗、西北岗、侯家村、武官村、大司空村等处，两渡洹水。晚九点回旅馆。次日上午参观了安阳市文化局的文物陈列室。其间对北大张传玺的指导很细致。如在安阳捡陶片、识别陶片时，什么叫绳纹、什么叫篮纹、什么叫筐纹，自不必说；他还指导说："捡陶片不在于片大片小，重要的陶片有三种，就是口沿、肩折和底边。这三种陶片能够帮助识别器形。"在过洹水时，他还告诉张传玺："不亲涉洹水，就不知殷墟！"一语道出了亲涉洹水的重要意义。他还在张的笔记本上写了一个"𣥿"字，像两只脚在过河，是甲骨文的会意字"涉"字。在张捡了一块"蚌镰"时，他又在张的笔记本上写了一个"蜃"字，是"大蛤"；不是一般的蚌或蛤蜊。①

22日到西安。下榻于中科院考古所西北工作站。参观七天。重点是周、秦、汉、唐考古。分四区进行。第一区为西安城内外，

---

① 张传玺：《久旱喜逢及时雨——回忆在张政烺先生的教导下》，张世林主编《想念张政烺》，新世界出版社2015年版。

包括省博物馆、碑林、西汉未央宫与西安门遗址、唐朝含元殿和含光殿遗址等。第二区为渭水以北，包括汉高祖长陵与吕后陵、汉武帝茂陵与霍去病墓、唐朝武则天之母顺陵等。第三区是渭水以南的沣水沿岸，含客省庄的龙山文化遗址与张家坡的西周墓葬等。第四区为浐水沿岸，包括半坡村仰韶文化遗址、骊山的秦始皇陵、唐朝的华清池等。29日告别西安，先后到达三门峡、洛阳、郑州、开封、徐州、曲阜、济南、天津，进行有重点的、专题性的考察、参观，用时一般二至四天。在三门峡，参观了上村岭虢国太子墓发掘工地，张先生对发掘单位中国科学院考古所王克林先生的介绍很感兴趣。还参观了三门峡栈道及历代漕运遗迹。在洛阳，参观了白马寺、汉魏故城遗址和龙门石窟。在郑州，参观了河南省博物馆、商城遗址和信阳战国墓出土文物。在开封，参观了市博物馆、宋朝大相国寺及铁塔。在徐州，参观了云龙山汉画像石、摩崖石刻及茅村汉画像石墓。在曲阜，下榻于孔子的"衍圣公府"，参观了孔府、孔庙、孔林和西汉鲁共王灵公殿废墟及少昊陵。在济南，下榻于珍珠泉，参观了山东省博物馆、图书馆、城子崖的龙山文化遗址及东平陵汉代铁官遗址。在天津，主要参观了历代艺术馆。6月17日，参观团一行回到北京。这次参观使青年研究人员学到了许多文物与考古知识。[1]

6月，率领参观团回到北京后，张先生乃向明史组的王毓铨先生说，曲阜有明清时期不少资料，正待整理，你们何不乘此机会快去了解一下。于是王先生就带郑克晟等十数人去曲阜参观，果然见到了众多资料，并在几天时间，抄了许多资料目录，收获颇丰。后来60年代杨向奎等先生与曲阜当地学者合作整理《曲阜孔府档案史料选编》，到80年代，先后由山东齐鲁书社出版了三

---

[1] 张传玺：《久旱喜逢及时雨——回忆在张政烺先生的教导下》，张世林主编《想念张政烺》，新世界出版社2015年版。

编，影响很大。①

秋，带领北京大学历史系1957年新生参观北京周口店龙骨山的"北京人"和"山顶洞人"的遗址及出土文物。又到中国历史博物馆去参观"中国通史陈列"。学生们分组由馆内人员引导讲解，研究生则跟从张先生重点参观，以便向张先生随时请教。并为之讲解先秦史。据张传玺先生回忆，"张先生讲解，并不照本宣科，而是深入浅出，有详有略，有述有论，以论居多"。当时，史学界正进行"五朵金花"的大讨论②。所谓"中国古代史分期问题""土地制度问题"等热闹话题都与"先秦史"密切相关。学生们也都关心这些问题，并希望听到张先生的一家之言。西周、春秋时期，是中国古代史上的一个关键性时期。史学家中不论持"西周封建论"还是持"战国封建论"抑或持"魏晋封建论"，都关心对这一时期社会性质的看法。张先生持有这一时期"大量存在着农村公社"的观点，此观点一直为学界普遍关注。他在讲课时，是这样论证他的这一观点的：先介绍马克思主义经典作家的有关的主要论述，再举俄罗斯和东欧历史上长期存在农村公社为例，进而以我国云南西双版纳傣族的农村公社为旁证，最后，他列举《周礼》《左传》《国语》《孟子》等有关资料，明确肯定西周、春秋时期，农村公社大量存在。他进而论证说："西双版纳的社会形态与西周、春秋时的社会形态十分相似。如果说西双版纳傣族是封建领主制社会，那么西周、春秋时期就也是封建领主制社会。这种社会形态也称作封建农奴制社会。"张先生讲课是在第二教室楼的大阶梯教室中，有座位二百多个。听课的法定人员有来听课的研究生和来自兄弟院校的进修教师，还有著名学者、中

---

① 郑克晟：《忆苑峰师二三事》，张世林主编《想念张政烺》，新世界出版社2015年版。
② 五朵金花：当时的史学界对正在热烈讨论的五大学术问题的比喻称呼。五大问题为"中国古代奴隶制与封建制分期问题"，"中国古代土地制度问题"，"中国古代农民战争问题"，"中国资本主义萌芽问题"，"汉民族形成问题"。

文系的阴法鲁教授和经济系的樊宏教授。"堂堂满座,人人满意。"① 当时正对孟子"劳心者治人,劳力者治于人"一语批判甚烈,而张先生却在课堂上说,孟子此语反映了当时的事实,并没有错。他总是从治史的视角考虑问题。

11月3日,先生带领北大历史系学生参观北京十三陵长陵,并与研究生王玉笙、王炳玉合影留念。

是年,修改李学勤②先生的论文《信阳楚墓中发现最早的战国竹书》。该文载于《光明日报》1957年11月27日第3版。

是年左右,吴荣曾先生问张先生,儒学对中国史研究所起的重要作用在哪些方面?他回答如果你不了解儒学,你对中国历史的不少现象都无法理解。

1958年(戊戌)　　　　47岁

约1月,与容庚、于省吾先生等审阅陈梦家先生《中国铜器综录》一书,并写出书面意见。

2月5日,作《后汉洛阳刑徒砖志》,与前年所作《秦上郡戈》合为一篇,题为《秦汉刑徒的考古资料》,刊于《北京大学学报》1958年第3期。该文将秦上郡戈、东汉洛阳刑徒砖志与文献记载相结合,论证周、秦刑徒是奴隶身份,东汉时刑徒罪刑虽在减缓,但奴隶身份未变。该文首次利用出土刑徒砖的材料,使大家对秦汉刑徒制有了更多的了解。

2月9日至11日,为了适应我国社会主义科学文化建设事业

---

① 张传玺:《久旱喜逢及时雨——回忆在张先生的教导下》,张世林主编《想念张政烺》,新世界出版社2015年版。

② 李学勤(1933—　),著名历史学家、古文字学家、青铜器、简帛学家。生于北京,读书于清华大学哲学系。先后在中国科学院考古所、历史所(1977年改属中国社会科学院)和清华大学工作。曾任历史所研究员、所长,清华大学国际汉学研究所所长、教授,中国先秦史学会理事长、国务院学位委员会委员,"夏商周断代工程"专家组组长、首席科学家,现任清华大学教授,并兼任国内外多所大学教授。著有《殷代地理简论》《简帛佚籍与学术史》《东周与秦代文明》等专著20余种及论文数百篇。

日益发展的需要，国务院科学规划委员会在北京召开古籍整理出版规划小组成立会议。会议讨论了整理出版古籍的方针和任务，决定在10至15年内，把我国古代、近代以至"五四"以前的重要学术著作有计划、有系统地整理和出版。确定了古籍整理和出版6个方面的重点工作。规模宏大的点校"二十四史"工作启动。小组由叶圣陶、齐燕铭、何其芳、吴晗、杜国庠、陈垣、陈寅恪、罗常培、范文澜、郑振铎、金兆梓、金灿然、赵万里、徐森玉、张元济、冯友兰、黄松龄、潘梓年、翦伯赞等19人组成，由齐燕铭负责。古籍小组成员都是当时中国文史哲、出版各界著名专家学者。小组下设文学、历史、哲学三个分组。历史组的召集人是翦伯赞，张先生与于省吾、尹达、白寿彝、吴晗、吴泽、汪篯、周予同、周云青、周谷城、邵循正、金兆梓、金毓黻、范文澜、徐中舒、徐炳昶、徐森玉、翁独健、夏鼐、宿白、陈垣、曾次亮、贺昌群、傅乐焕、齐思和、邓广铭、邓拓、顾颉刚、阎文儒、聂崇岐是成员。这些成员集中了历史专业的一批一流专家学者。成立古籍小组及设计小组成员，"在出版单位和古籍整理专家之间搭建了一架桥梁，密切了二者的关系，在推动古籍整理出版工作发展方面，起到了积极的作用。……为我国古籍整理出版事业的发展奠定了基础，立下了规则。"[1] 张先生在2月10日与来访的顾颉刚先生谈。在11日与贺昌群、夏鼐先生同到政协，续开整理古籍大会，自九时至十二时半。与贺昌群、夏鼐同归。

2月12日，与顾颉刚先生同到政协礼堂，参加历史组会议，自九时至十二时一刻。今日同会：翦伯赞、邓广铭、聂崇岐（以上主席），徐森玉、徐炳昶、贺昌群、顾颉刚、姚绍华、周云青、宿白、邵循正、赵万里、金兆梓、陈乃乾、齐思和、曾次亮。

2月16日，到所，开会，讨论整理古代资料事，自九时至十

---

[1] 齐浣心：《不能忘却的纪念——古籍整理出版规划小组成立六十载记》，《中华读书报》2018年2月17日。

二时。

今日同会：杨向奎、顾颉刚、胡厚宣、田昌五。

2月17日，被顾颉刚先生招去，长谈留饭。

2月23日，偕夫人到小经厂实验剧院，看《百丑图》话剧，自二时至四时三刻。在剧场所晤人有侯外庐、翁独健、胡厚宣夫妇、刘大年、胡嘉、杨向奎、高志辛、黄烈、姚绍华、张若达、顾颉刚。

3月4日，到所，参加整风会议，听熊德基报告，自十时至十一时半。今日同会：翦伯赞、齐燕铭、邓广铭、聂崇岐、齐思和、宿白、孙人和、刘盼遂、徐调孚、章士钊、陈乃乾、夏鼐、周云青、谢无量、邵循正、翁独健、白寿彝、曾次亮、顾颉刚。

3月10日，陈伯达在国务院科学规划委员会第5次会议上作"厚今薄古，边干边学"的报告，史学界随即开展暴风骤雨式的"史学革命"。

3月14日，到所，参加第一所同人批判叶玉华大会，自二时至五时半。今日同会：杨向奎、胡厚宣、顾颉刚、尹达、赵幼文、张云非、张德钧、高志辛、桂琼英、谭惠中、邵玉芬、萧良琼、裘锡圭、陆慰利、刘浩然、叶玉华、黄烈、邓福秋、赵健、舒振邦、马雍①、田昌五、刘安民、韩毓升。

3月15日，到所，参加叶玉华批判会。今日上午同会：同昨。加入数人：封耀昭、杨品良、吴宜俊、萧风。

3月16日，一时，到东长安街，排队至天安门广场，参加各

---

① 马雍（1931—1985），著名历史学家。笔名孟池。湖南衡阳人。1954年北京大学历史系研究生毕业。后历任中国科学院历史研究所研究员，中外关系史研究室主任，兼任中国中亚文化研究协会副理事长兼秘书长、国际中亚文化研究协会理事，联合国教科文组织《中亚文明史》编委会委员以及中国中外关系史学会常务理事兼秘书长等职。马雍长期从事中国古代史的研究，在西域史方面造诣尤深。著有《西域史地文物丛考》一书。马雍掌握多种外语，翻译或与他人合译了《斯巴达卡斯》《伏尔泰评传》《古代社会》《罗马帝国社会经济史》和《阿古利可拉传·日耳曼尼亚志》等。

民主党派"自我改造促进大会",听沈钧儒、李济深、郭沫若、黄炎培讲话。四时游行,至报子街西而散。六时归。

3月20日,到所,开会,听尹达、杨向奎自我检查。自八时半至十一时三刻,散会。今日上午同会:尹达、杨向奎、胡厚宣、顾颉刚、张云非、刘浩然、赵幼文、张德钧、谭惠中、田昌五、桂琼英、高志辛、封耀昭、余爱德、陈友业、《历史研究》编辑部、《历史译丛》编辑部全体人员、全体实习员、研究生。下午同会:两组合开。

4月2日,参加胡厚宣检讨会。今日同会:李树桐、李荫棠、金光平、王寿铭、刘厚祜、陈士楷、姚鼎新、阮宜奎。又同会:尹达、谭惠中、胡厚宣、张德钧、高志辛、顾颉刚、赵幼文、田昌五、叶玉华、桂琼英。

4月15日,翦伯赞主持召开国务院科学规划委员会史学组"历史学大跃进问题"座谈会,张先生出席会议,侯外庐、翁独健、白寿彝、周一良、尹达、刘导生在会上发言。

5月11日,在住处接待顾颉刚先生。顾托交写给尹达的续假信。

9月10日,历史一所批判资产阶级史学,以顾颉刚先生为中心,兼及张先生、胡厚宣、杨向奎,以其皆顾颉刚先生学生。

12月30日,到所,开会,讨论编通史及批判资产阶级史学思想事,自九时至十二时。尹达宣布,即将进行资产阶级史学思想批判,而顾颉刚为重点。今日同会:尹达、杨向奎、顾颉刚、王毓铨、张德钧、阴法鲁、姚家积、谢刚主、贺昌群、田昌五、胡厚宣、赵幼文、郦家驹。

是年,北大开展所谓"双反运动",还提倡所谓拔白旗,插红旗。大字报铺天盖地,还随意扣大帽子①,矛头直指知名的专家、

---

① 历史系有学生给张先生扣的大帽子是"醇儒",此事一度使不少的人百思不解。事后,人们明白:有的大学生勇于实事求是,认为张先生的道德、文章应当尊重。

教授。老老实实治学的张政烺先生，一时居然成了大白旗，而在被"拔"之列。他对学生何龄修[①]说："我要是不能教书了，就刻印章去，不能刻印章，就去照像……"[②] 其心情之沉重，令人悲哀。

12月，中国科学院历史研究所根据科研规划，为配合《中国史稿》的编写，组建《中国历史图谱》课题组，《中国历史图谱》作为中国科学院历史所重点项目之一上马，所领导任命张先生为该书主编。课题组简称"图谱组"（1963年历史所将"图谱组"改称"物质文化史组"），张先生任组长。

在张政烺先生的主持下，在阴法鲁等几位先生的协助下，张政烺先生主笔很快拟就了《图谱》编辑计划的基本要求、资料目录的说明。前者阐明了本书的定名、旨趣、内容、时代范围、组成部分、框架和篇幅。后者是编写时对章节安排、农民起义材料、少数民族历史文物、国际关系材料、漆器、瓷器等手工业材料，以及材料和文字说明关系等问题的处理意见。他说要"以纲为纲"，也就是以郭老主编的《中国历史》（初名，即《中国史稿》），编写提纲为《图谱》的编辑大纲，当然不是照搬，而是结合《图谱》的特点有所不同，这就为参与工作的人指明了方向。而后，由张政烺先生将全组人员分工，为收集文物资料，编辑目录做好组织工作。由于任务重，时间紧，工作量大，全组常加班至深夜。身为组长的张政烺先生以身作则，"真诚求实"、谨严的治学精神，深受全组的尊敬。在张政烺先生感染下，全组始终团结一致，齐

---

① 何龄修（1933—2018），著名清史专家。湖南湘乡人。中国社会科学院荣誉学部委员、研究员。北京大学历史系毕业，进入中国科学院历史所（1977年改属中国社会科学院）工作。曾任《四库禁毁书丛刊》编委会副主编兼学术部主任，协助主编主持该《丛刊》学术工作。从事历史研究和明清古籍整理，主要学术专长是清史研究。合著《中国史稿》《孔府研究》《太平天国运动史》《清代人物传稿》。论文有《李之椿案与复明运动》《明清的隔壁戏》《史可法扬州督师期间的幕府人物》《读顾诚〈南明史〉》《评〈清人诗文集总目提要〉》等，辑为《五库斋清史丛稿》。

② 何龄修：《怀念与自责——想起张苑峰师与我的一些事》，张永山编《张政烺先生学行录》，中华书局2010年版。

心协力，各尽其责为早日完成任务努力工作。所领导对"图谱组"的工作十分关注，见办公地点太挤，经与外文所协商，借用了外文所4号楼一楼南面的三间办公室，为开展工作创造了条件。经过全组的共同努力，终于在规定的时间完成了《中国历史图谱》资料目录的编辑。因编出的时间与开会时间过近，为使与会的专家在开会时见到"资料目录"的印本，经所行政部门的努力，虎坊桥北京新华印刷厂答应用两天时间印好，但提出的条件要由历史所三校其稿。为此，张政烺先生集设计师、指挥员、战斗员于一身，带领全组进入该厂印刷车间，亲自校稿，通宵达旦，未曾合眼，奋战两天一夜，最后，张政烺先生在三校的清样上亲笔一挥"发排"，《中国历史图谱》资料目录终于在大会前印出了。

是年，为研究生开过一门课，从目录学开始，介绍清人的重要成果。他对清人的《说文》成就一一介绍，如朱骏声的《说文通训定声》、王引之的《经传释词》、吴廷华的《仪礼章句》、朱彬的《礼记训纂》等。特别对朱骏声的《说文通训定声》做了详细的介绍，认为此书对古书中常见的音读和字义都有详尽的介绍。另外如王引之的《经传释词》也作了重点介绍。古人所谓的"辞"，实际上即今所说的虚字。这在古书中常见，其意思和后来古书中的不同，一定要区分清楚。

1959年（己亥）　　　　48岁

2月8日，张先生偕历史一所萧良琼等九人到顾颉刚先生家拜年。

2月11日，张先生在家接待来访的顾颉刚先生和朝鲜留学生李址麟。

2月25日，冒雪到所，出席所务会议。自九时至十二时。今日同会：尹达、顾颉刚、侯外庐、胡厚宣、杨向奎、姚家积、张云非、谢刚主、张德钧、阴法鲁、贺昌群、郦家驹、王毓铨、张兆汉、萧风、陈乐素、张若达、胡嘉、魏明经等先生。

3月7日，在北京市建内5号历史所三号楼小礼堂，应中国科学院哲学社会科学部的出面邀请，全国史学界的专家学者在这里讨论郭沫若先生主编的《中国历史》（初名，即《中国史稿》），以及《中国历史图谱》《甲骨文合集》三部著作编写的有关事宜。中宣部副部长周扬亲临大会，学部副主任潘梓年主持大会，郭沫若在会上致辞，张先生出席了大会。与会者还有范文澜、陈垣、翦伯赞、顾颉刚、贺昌群、杨荣国[①]、杨向奎、胡厚宣、尹达、侯外庐、熊德基、王毓铨、谢国桢、唐长孺、韩儒林、谭其骧、白寿彝、刘大年、阴法鲁、孙毓棠、姚家积、邓广铭、陈乐素、翁独健、林甘泉[②]、黄烈、牟安世、林英、郦家驹、张云非、张书生等。会前张先生所作《中国历史图谱资料目录（草稿）·封建社会部分》，封面标题下括号内小字注明："内部参考，供讨论修改之用"，下面标有"1959年3月7日"字样。左上方有张先生自书的"苑峰，三月十日"。约84000字，载于《张政烺文集·杂

[①] 杨荣国（1907—1978），近现代著名哲学史家。湖南省长沙市人。毕业于上海群治大学，曾在长沙任中学教师。40年代开始从事中国思想史的教学和研究，历任东北大学、桂林师范学院、湖南大学和中山大学教授。著有《中国古代唯物论研究》《孔墨的思想》《中国十七世纪思想史》《中国古代思想史》《谭嗣同哲学思想》《初学集》等，主编《简明中国思想史》和《简明中国哲学史》。这些著作在国内有一定影响。

[②] 林甘泉（1931—2018），著名历史学家。福建石狮人。1947年参加工作，厦门大学历史系肄业，1953年10月来历史所。1980年任研究员、博士生导师。历任副所长、所长，郭沫若著作出版编辑委员会副主任委员，中国社会科学院学术委员会委员，历史研究所学术委员会主任，国务院学位委员会历史学科评议组成员，国家哲学社会科学规划办公室历史组成员，全国古籍整理出版规划领导小组成员，中国史学会主席团成员、副会长，中国秦汉史研究会会长、顾问。长于史论。著有《中国封建土地制度史》第一卷（主编）、《中国史稿》第二、三卷（合著，郭沫若主编）、《中国古代史分期讨论五十年》（合著）、《郭沫若与中国史学》（主编）、《中国历史大辞典·秦汉卷》（主编）、《中国经济通史·秦汉经济卷》（主编）《从文明起源到现代化》（主编）《孔子与20世纪中国》（主编）、《中国古代政治文化论稿》、《林甘泉文集》等。发表论文：《20世纪的中国历史学》《亚细亚生产方式与中国古代社会》《中国古代土地私有化的具体途径》《中国古代知识阶层的原型及其早期历史行程》《"封建"与"封建社会"的历史考察——评冯天瑜的〈"封建"考论〉》等多篇。

著》。这份目录采用图像的形式，展现了各朝代的方方面面，实质上是《中国历史图谱》的提纲。据萧良琼师姐记忆，应当还有奴隶社会和原始社会部分。因为当年开会讨论时，她曾充当记录，"文化大革命"中历史所的文档保存不善，已经找不到了。如果没有通史的学识，是拟不出这份目录的。

3月12日，到中国历史博物馆开会，商讨中国奴隶社会分期及陈列品事，自二时至六时。今日同会：陈乔、邓拓、郭宝钧、顾颉刚、胡厚宣、何兹全、安志敏[①]、唐兰、苏秉琦[②]，历史博物馆诸同志。

5月31日，到顾颉刚先生家拜访。

5月，容庚编著《金文编》校补本由科学出版社出版。书中说，此次重印，除编者又加增订外，唐兰、于省吾、刘节、梁方仲、张政烺等多所参赞。

5月底或6月初，作《跋唐蕃会盟碑》载于《文物》1959年第7期。

该文不仅介绍了该碑的时代、地点、形制、字数、行数、内容和拓本著录，而且提示碑文"颇有汉文里找不到的史料"，是"这块碑文的极可宝贵的部分"。还重新写定释文，更正了过去考释中释"玉府"为"王府"等错误。特别需要指出的是他对

[①] 安志敏（1924—2005）著名考古学家。山东烟台人。1948年中国大学史学系毕业。1952年毕业于北京大学史学研究部。1950年任职于中国科学院考古研究所（1977年改属中国社会科学院）。是中国考古学会常务理事。1985年当选为德意志考古研究院通讯院士。在探索中国史前文化的渊源和发展关系，以及建立中国史前考古学体系等方面有学术贡献。主编《庙底沟与三里桥》和《双砣子与岗上——辽东史前文化的发现和研究》，著有《碳-14断代和中国新石器时代》等，主要学术论文收入《中国新石器时代论集》《东亚考古论集》。

[②] 苏秉琦（1909—1997），考古学大家。河北高阳人。1934年毕业于北平师范大学历史系。历任北平研究院史学研究所副研究员、中国社会科学院考古研究所研究员、北京大学考古系教授。是新中国考古事业的指导者和大学考古教育的创始者之一。著有《斗鸡台沟东区墓葬图说》《洛阳中州路（西Ⅰ段）》等，主要论文编入《苏秉琦考古学论述选集》。是考古学界"理论派"的代表人物。

"蕃"这一名称的深入考证，在文字、音韵的比较与古史研究的基础上，提出"《隋书》有'附国'，《后汉书》有'发羌'。发字、附字和蕃字声音相近，从地望考证可以肯定就是藏族。再往上追寻，在商周春秋时的'濮'，可能便是 Bod（蕃）的译音"。这一见解与独到的考证方法，在当时都是具有开创性的。而且先生在这时的论文中改变了以往作题跋常用的文言体，把复杂的学术问题叙述得清晰直白，给学术论文的撰写作出了很好的榜样。[①]

5月31日，张先生到顾颉刚先生家拜访。

6月12日，到所，开会，讨论《红旗》杂志上翦伯赞、白寿彝先生关于历史教学的文章。今日同会：尹达（主席）、贺昌群、聂崇岐、胡厚宣、顾颉刚、阴法鲁、张德钧、胡嘉、张遵骝、张雁深（天护）、吕浦、常绍温、魏明经、张云非、刘浩然、熊德基、田昌五、谢刚主、王毓铨、叶玉华等先生。

此后不久，由历史所图谱组牵头，以图谱组为主，组成赴西藏考察组。该组行前由张先生为其在北京饭店谭家菜馆饯行，并亲往前门车站为之壮行。

6月21日，张先生到顾颉刚先生家拜访。

6月27日，到所礼堂，听刘浩然传达毛主席农业指导及人民公社整社方法。下午，到社会科学学部会议室开学习会，讨论供应紧张问题。上午同会：历史一、二所全体。下午同会：张友渔（主席）、徐炳昶、陆志韦、夏鼐、吕叔湘、傅懋勣[②]、郭宝钧、

---

① 赵超：《厚积薄发，开风气之新——读张政烺先生的石刻论著》，《书品》2005年第一辑。

② 傅懋勣（1911—1988），著名语言学家。字兹嘉。生于山东省聊城县。毕业于北京大学。曾执教华中大学、华西协和大学，历任讲师、副教授、教授。1950年获英国剑桥大学博士学位。1951年起，先后任中国科学院语言研究所研究员，少数民族语言研究所、民族研究所副所长，《民族语文》杂志主编，中国民族语言学会会长，中国民族古文字研究会会长等职。傅懋勣主要从事中国少数民族语言研究。著有《维西麽些语研究》《丽江麽些象形文〈古事记〉研究》和《纳西族图画文字〈白蝙蝠取经记〉研究》等。他还发表了一系列有影响的学术论文。

黄文弼、王明、陈述、余冠英①、俞平伯②、顾颉刚、胡厚宣、贺昌群、郑奠、巫宝三。

7月13日，到吉祥戏院，看青海省京剧团演《绿原红旗》。出院遇顾颉刚先生。

约7月底，经历史所副所长尹达先生协调，中国历史博物馆馆长韩寿萱先生同意图谱组进馆拍摄文物。当时历史研究所既无照相人员，更无拍摄文物的照相器材，经所领导向有关单位求援得到大力支持，北京大学历史系考古专业派来了从事文物照相的专家赵思训，考古研究所派来了参加定陵发掘全过程的姜言忠，历史博物馆、定陵博物馆都派来了从事文物拍摄的专业人员，他们都带来了当时德国最好的专业照相机（名叫"林哈夫"），还有全套灯光设备、进口胶卷、胶片。冲印胶片全用馆方的暗室。

约8月初至9月20日，张先生和历史所安守仁等进入中国博物馆，按照张先生提出的目录拍照历史文物。所拍文物全属国家一、二级重点文物，约800多种。先生对文物成像要求很严，他亲自从照相机观测镜上察看效果，待光圈、焦距、速度调整到最佳效果才点头，摄影师方可按动快门。先生还规定每天的照片当天冲洗、登记、造册、装袋。这些文物照片张张都凝聚了张先生的心血，并从一个侧面反映了张先生鲜为人知的敬业精神。

9月3日，顾颉刚先生来。

---

① 余冠英（1906—1995），著名文学史家。江苏松江（今属上海）人。清华学校毕业后留校执教。抗日战争期间任西南联大师范学院讲师、副教授，后任文学院教授。曾主编《国文月刊》。抗日战争胜利后任清华大学教授。1952年任北京大学文学研究所研究员。1979年任中国社会科学院文学研究所副所长兼《文学遗产》主编。著有《汉魏六朝诗论丛》。曾参加撰写《中国文学史》。

② 俞平伯（1900—1990），著名作家、古典文学研究大家。原名铭衡。浙江德清人。毕业于北京大学，后在燕京大学、北京大学、清华大学任教。新中国成立后历任北京大学教授、中国社会科学院文学研究所一级研究员。著有诗集《冬夜》《西还》等，散文集《燕知草》《杂拌儿》《燕郊集》。所著《红楼梦研究》为"新红学派"代表作之一，在学术界有较大影响。有《俞平伯全集》行世。

9月6日，晤顾颉刚先生。

9月13日，晚上，与于思泊（以上客）、唐兰、顾颉刚（以上主）同饭。

9月17日，张先生来顾颉刚先生家。

9月23日，张先生偕于思泊来顾先生家。

约9月28日，以与谭惠中性格不合，感情破裂故，与谭离婚。

约10月初，历史所领导见考察组从西藏收集的文物极为珍贵，数量又多，决定由张先生主持，阴法鲁先生协助，图谱组全体人员参加，又借调了北大历史系和中国科学院考古所摄影师赵思训、姜言忠，共同编一部图文并茂的专书，定名为《西藏——祖国领土不可分割的一部分》（以下简称《西藏》）。到有关单位如新华社、中央民委、人民画报、西藏驻京办事处、达赖驻京办事处、班禅驻京办事处等单位收集有关《西藏》的资料。又前往天津有关单位收集外文资料中有关西藏的历史资料，经全组同心协力，估计收集的文物照片约有二三千幅上下。经过半年多的时间，在大家的共同努力下，编就了《西藏》。该书收集西藏历史文物照片500多幅，文字说明约20万字。经所学术秘书室送请中央民委审查。民委主任刘春看过，说"该书编得好，有现实及历史价值"。但并未出版，原因不明。

10月2日，在住所与来访的顾颉刚先生谈。

秋，为北大张传玺先生的乡亲尹老先生鉴定玉琮。张先生初步推定：这大约是属于龙山文化的一件玉琮。这么大的（大约有30厘米）玉琮国内少见。伦敦大英博物馆有一件比这件稍大，号称世界第一琮。他还为张讲了一段"琮"产生的故事。他说："琮"的前身就是"综"，是织布机上的一个部件。织布时，可使经线上下交错分开，以便于梭子来往穿过。在原始社会后期，即已发明使用，由妇女操作，奉为神灵，并用于祭土地神。后代的王（皇）后，改用玉琮祭地神，玉琮的造型与综相似。所以

《周礼·春官·大宗伯》："以玉作六器以礼天地四方。以苍璧礼天，以黄琮礼地。"就是记载此事。张先生还为张写了一封信给沈从文先生。沈先生在中国历史博物馆工作。建议由博物馆收藏。

11月7日，到吉祥戏园看桂剧。遇顾颉刚、吴恩裕先生。

11月21日，到所，参加第一小组学习。今日同会：萧良琼、胡厚宣、苏治光、罗世烈、顾颉刚、赵健、孟世凯、邓自燊、韩毓升、桂琼英、邓福秋、舒振邦、周自强。自九时至十二时。与顾颉刚先生同归。

11月26日，张先生来顾颉刚先生家打电话。

来所，与胡嘉听顾颉刚与胡厚宣谈历史所中应兴革事。

11月28日，来所，与胡嘉听顾颉刚与胡厚宣谈历史所中应兴革事。

11月30日，收到顾颉刚先生的信。

12月5日，到中国科学院历史所，参加第一组学习会，讨论无产阶级世界观问题，自八时半至十二时。今日同会：萧良琼、周自强[①]、胡厚宣、顾颉刚、马雍、邓福秋、赵健、桂琼英、孟世凯、苏治光、邓自桑、舒振邦、韩毓升、裘锡圭。

12月9日，在北大文史楼，参与对朝鲜留学生李址麟研究工作做一次口试。

今日同试：翦伯赞、周一良、顾颉刚、邓广铭、曹绍孔等先生。李址麟为了民族自尊心，必欲将朝鲜四郡移入我国东北，将

[①] 周自强（1932— ），知名先秦史学家。四川合江人，研究员。1957年四川大学历史系毕业后来中国科学院历史所（1977改属中国社会科学院）。曾任先秦史研究室副主任、主任、所学术委员等职务。独著《凉山彝族奴隶制研究》；主编《中国经济通史·先秦经济卷》（获奖）；合著《中国史稿·第一册》（获奖）、《中国审计史第一卷》（获奖）；合作整理《郭沫若全集·历史编》（1—8卷）；发表学术论文《论西周农业生产者的身份地位》《关于奴隶制社会形态的几个理论问题》《初税亩研究》《郭沫若对中国奴隶制社会形态的研究》等多篇。

浿水释为辽水。受到翦先生等的批评。

12月26日，到历史所，参加民主党派会，讨论尹达、侯外庐、熊德基三位所长发表文字之政治性，自八时至十二时。今日上午同会：胡厚宣、朱家源、阴法鲁、贺昌群、张德钧、张若达、谢国桢、胡嘉、常绍温、赵幼文、傅衣凌、牛继斌、金光平、顾颉刚、王毓铨、姚家积、魏明经、翁独健、高志辛、谢友兰、李荫棠。

12月29日，到文化俱乐部，赴科学院聚餐。今晚同席：容肇祖、顾颉刚、苏秉琦、胡厚宣、张若达、谢刚主、吴一尘、张德钧。

是年，因吴荣曾先生响应国家号召支边去了内蒙古大学，北大历史系派应届毕业生王文清、李原先生作张政烺先生的助教，辅导学生学习先秦史。王文清先生后来调到江苏省社会科学院历史所，曾任该所所长。曾参加《中国史稿》的编写。张先生编著的先秦史讲义约20万字，为油印本。该讲义虽然由于时代背景的限制，不能按他自己的观点进行古史分期，但仍有较高的学术性。其表现有以下四点。一是将恩格斯《家庭·私有制和国家起源》中的理论联系中国上古实际，探讨中华文明起源和国家形成过程，并已跳出三皇五帝的框架，为我们展示了站在世界的角度看中国的广阔视野。二是用多学科（古文献学、古文字学、古人类学、民族学、考古学、神话传说）交叉，进行复合型研究。三是史料丰富，引用先秦两汉甚至清朝文献，实证性强。四是有独到见解。如认为在石器时代与青铜时代之间有个玉器时代。又如认为"绝地天通"即设官管理宗教，使宗教服从政治，是中国古代没有出现庞大僧侣阶层的原因。再如商末牧野之战在前线倒戈者不是由东夷俘虏转化成的奴隶，而是农村公社成员。因此受到学生欢迎。

是年，张先生除给北大历史系授课外，还开始给北大中文系古典文献专业讲先秦史。

是年，北京大学在中文系成立了古典文献专业，设有"中国文化史"讲座课程，由阴法鲁先生主持，邀请名师开设专题讲座，其中的古器物学专题是由张政烺先生讲授的。

是年，先生对《图谱目录》批注。据中华书局刘宗汉先生研究，先生的批注，大体有三类：

"第一类批注是纯技术性的"，如清代"有采自日本《唐土名胜图会》的《天安门颁诏图》。张先生将此项删去，并批注：'全属想像。'"又如，同章第六节《清统治者的巩固和加强》7《科举和学校》，先生批注："武试有图"。指出应该增加武试内容，并指出武试有图像可采。这些"处处显示出先生学识的渊博"。

第二类批注，"另有深意"。如，第三十四章《明代的文化》第一节《哲学·思想》，原《目录》只列出《王守仁、阳明学派》《泰州学派》和《明中叶后有唯物主义思想的学者》三项，张先生在旁批注："《五经》《四书》《性理大全》《永乐大典》"。表明"先生对明代的哲学、思想以至于明代社会，都有着更全面、更深刻的理解"。又如，第三十三章《明封建经济的发展、资本主义萌芽》第二节《官私手工业的生产状况》5《印刷业》原《目录》列有《雕版》、《活字》和《饾版》三项，先生在旁批注："定价、封面广告画。""重在社会经济。""透露出先生的史学思想倾向。"

"第三类批注则直接表明了张先生对古代史分期的看法。"如，"将原第三篇第一章《封建社会的形成》，改为统编第十一章《兼并剧烈时期——战国》。原第二章第一节为《专制主义中央集权封建国家的形成》，改为《专制主义中央集权国家的形成》"。删去"封建"字样。"表明先生不同意古史分期的战国封建说。"

第二、三类情况说明，张先生"是根据自己的学术思想对原《目录》进行修改"。

需要指出的是，"张先生对《图谱目录》的批注，所反映的先生学术思想是有限度的"。"除了对古史分期的魏晋封建说和侧重社会研究外"，另外，"由于当时历史条件的限制，张先生在批注《图谱目录》时，思想上是有顾虑的"，对《目录》的看法，并没有全部形诸笔墨，写入批注。在《目录》扉页的背面，先生写下如下一段话：

> 本书经济、文化部分所用图片，大体讲来，都是肯定的、有进步性的东西。政治部分，则不如此，有革命也有反革命，有进步也有反动，并不都是可以肯定的东西。例如，这里收了许多帝王像（阎立本的十三个帝王像全部收入），我们并无意完全肯定他们，也不是立意要编帝王家谱。恐有误会，特此说明。

从这段话中，"我们可以看到当年张先生在批注《图谱目录》时惴惴不安的心情"①。

是年，张先生派专人购置照相、翻拍器材；言传身教，培养照相人才，并翻拍了历史所的文献及图版资料。

先生在20世纪50年代时就要求学生留意清人在经学方面的成果，并认为像《皇清经解》和《续经解》都应该去翻一翻，更要求研究生或进修生去好好地钻研孙诒让的《周礼正义》。他认为先秦史籍中所记的古制，多属局部或片段，只有《周礼》能对先秦制度做出结构性的介绍，这对全面了解先秦的社会和政治是少有的重要材料。

---

① 刘宗汉：《张政烺先生〈中国历史图谱资料目录（草稿）·封建社会部分〉批注蠡测》，原刊《书品》2005年第二辑。

1960 年（庚子）　　49 岁

1月6日，著名历史学家邓之诚逝世，终年73岁。

2月20日，到政协礼堂，开文化教育组会，抗议美国阴谋劫夺我国文物，自三时半至六时半。

今日同会：胡愈之、王冶秋、齐燕铭、朱启钤、陈垣、陈半丁、仇鳌、李麟玉、徐炳昶、邓以蛰、韩寿萱、尹达、翦伯赞、常书鸿、赵万里、许广平、齐思和、顾颉刚、苏秉琦、郭宝钧、唐兰、陈万里①、吴仲超、翁独健、黄文弼、阴法鲁、向达、王伯祥、叶圣陶②、叶至善、沈从文、吕叔湘、张奚若、陈文彬、刘开渠、章士钊、陶孟和、胡厚宣、林仲易、浦熙修、杨钟健③、王振

---

① 陈万里（1892—1969），著名古陶瓷学家。江苏吴县（今苏州）人。毕业于北京医学专门学校。先后赴龙泉、绍兴等地搜集瓷片标本作排比研究。又赴欧洲考察，了解现代科学研究方法。所著《瓷器与浙江》，开古窑窑址调查之先河。1949年调任故宫博物院研究员。20世纪五六十年代，遍访中国各地调查窑址。著有《中国青瓷史略》《中国历史烧制瓷器的成就与特点》和《陈万里陶瓷考古文集》等。

② 叶圣陶（1894—1988），著名作家、教育家、出版家、社会活动家。名绍钧。江苏苏州人。早年从事文学创作。1921年参与组织文学研究会。曾发表童话集《稻草人》和小说集《隔膜》《火灾》等。1923年起从事编辑出版工作，曾任商务印书馆编译所和开明书店编辑。1928年创作长篇小说《倪焕之》。后主编《小说月报》和《中学生》杂志。抗日战争时主编《国文杂志》《开明少年》等。抗战胜利后任开明书店总编辑，中华全国文艺界协会总务部主任。1949年任华北人民政府教科书编审委员会主任。同年7月，参加第一次中华全国文学艺术界联合会并当选为全国文联委员会委员。新中国成立后，先后任中央人民政府出版总署副署长兼编审局局长、教育部副部长兼人民教育出版社社长和总编辑、中央文史研究馆馆长等职。有《叶圣陶集》和《叶圣陶语言教育论集》等。

③ 杨钟健（1897—1979），著名古生物学家。字克强。陕西华县人。毕业于北京大学地质学系，获德国慕尼黑大学博士学位。历任中央地质调查所新生代研究室主任、中央研究院院士、中国科学院古脊椎动物与古人类研究所所长、北京自然博物馆馆长、中国科学院生物学地学部委员、中国地质学会、中国古生物学会理事长。毕生从事古脊椎动物学、地层学研究，是中国古脊椎动物学创始人与奠基人。曾主持周口店第一地点（北京猿人洞）的发掘。著有《中国北部之啮齿动物化石》《周口店第一地点之偶蹄类化石》《禄丰晰龙动物群》等。

铎、贺昌群、欧阳道达、谢国桢、冯友兰①、单士元等先生。

2月27日，至所，开会，讨论在此次整风运动中之心得，自八时半至十二时。

今日同会：胡厚宣、尹达、高志辛、高全朴、王毓铨、阴法鲁、张德钧、顾颉刚、金光平、谢刚主、谢友兰、冒怀辛、常绍温、魏明经、张若达、胡嘉、赵幼文、朱家源、张云非等先生。

6月11日，应陕西博物馆庞继震、何清谷之邀，在中国科学院历史所与他们讨论设置司马迁纪念馆事。同会有贺昌群先生。

6月17日，到历史所开会，讨论青老结合问题。六时半散会。今日同会：尹达、高全樸、张兆汉、胡厚宣、谢国桢、赵幼文、阴法鲁、张德俊、高志辛、牛继斌、冒怀辛、魏明经、胡华②、王毓铨、张若达、顾颉刚。

6月29日，到历史所，在阴法鲁先生处，陪顾颉刚先生，审查《西藏图谱》，未讫。与顾颉刚先生同归。

7月，北京大学历史系领导（许师谦）秉承陈伯达旨意，执行极"左"政策，乘历史系系主任翦伯赞去法国讲学，说什么张政

---

① 冯友兰（1895—1990），现代哲学大家、哲学史家。字芝生。河南省唐河县人。毕业于北京大学哲学系。入美国哥伦比亚大学研究院哲学系当研究生，获哲学博士学位。回国后，历任中州大学、广东大学、燕京大学教授、清华大学哲学系教授兼系主任、文学院院长、西南联大哲学系教授兼文学院院长。1952年起任北京大学哲学系教授，并任中国科学院哲学社会科学部委员。撰写了大量哲学与哲学史著作：《人生哲学》《中国哲学史》（有英文、日文译本，在国内外有较大的影响）、《新理学》《新事论》《新世训》《新原人》《新原道》《新知言》。1946—1947年任美国宾夕法尼亚大学客座教授时，用英文写成《中国哲学小史》。中华人民共和国成立后，著有《中国哲学史新编》《中国哲学史史料学初稿》。

② 胡华（1921—1987），著名历史学家。原名胡家骅。出生于浙江奉化。1937年肄业于浙江省立高等师范学院。后赴延安。先后在华北联大、中国人民大学任教。以研究中共党史见长。曾任人大中共党史教研室主任、中国革命史教研室副主任、全国中共党史研究会常务副会长、中国史学会常务理事、全国中共党史人物研究会副会长等。著有《中国新民主主义（初稿）》《青年时期的周恩来》；主编《中国革命史讲义》《五四时期的历史人物》；合著《中国历史概要》《周恩来的思想和理论贡献》。

烺先生讲课效果不佳，不适宜在北大讲课，将张先生排挤出北京大学。[1] 并限令搬出教职工宿舍，调到中华书局任副总编辑。对北大有深厚感情的张先生当然不乐意，在老年教师欢送他的宴席上，情绪很低沉，但也没说什么。翦老自法国返校，知道此事已无法挽回，乃大发雷霆："你们知道张政烺是甚么样专家？竟然把他调走！我从哪里去请这样的专家？"邵循正先生对张守常先生说："我们北大把张苑峰放走是个失策，那是个'活字典'。"张先生调离北大，北大的先秦史从此一蹶不振。

8月，张政烺先生任中华书局副总编辑。但人事档案并未到中华书局，他也未到中华书局上班。他找到尹达先生说：北大不要我了。于是他的档案被中国科学院历史所截留，并为他提供住房，他实际上成了历史所的专职研究员。据萧良琼师姐回忆，张先生离开北大后，曾迁居东四头条一号暂住，有一天晚上，他在图书室（那时还没有条件成立图书馆）翻阅图书，直到图书室工作人员闭馆走人之后，他还在里面，整整待了一宿，直到第二天上班时，才发现张先生还在里面。那时图书室可任意入库翻阅书刊，晚上也开馆。由于张先生的专注，管理人员的疏忽才酿成上述一幕。张先生将自己的书室命名"视月精舍"虽是自谦为"博而不精"，其实反映了先生治学的"渊综广博"。通宵达旦地读书，在他是常事。[2]

11月13日，今日同会：萧风、王文娟、夏志和、贺昌群、顾颉刚、曾素莲等百余人。

---

[1] 何龄修：《关于张苑峰师调离北京大学的问题》，张世林主编《想念张政烺》，新世界出版社2015年版。一说翦伯赞看不上张先生，暗示许师谦把他调走。理由是翦先生持西周封建论的观点，与张先生见解不同，他又误认为张先生不学马列，曾著文对张先生的《汉代的铁官徒》扫了一下（即有所批评）。又20世纪50年代，古史分期问题的争论如火如荼，由翦先生主持的多届"历史问题讲座"，张先生都未能到"讲座"上"一鸣"，却千里迢迢到东北请某学者（西周封建论者）来北大"一放"。此外，在当时的情况下，如果没有翦先生授意，北大历史系党的领导怎敢把张先生排挤出北大呢？

[2] 萧良琼：《张政烺先生百年冥寿随想》，张世林主编《想念张政烺》，新世界出版社2015年版。

是年，参观周口店，顺访卢沟桥，与胡厚宣、裴文中、王毓铨等先生合影。

是年左右，中国科学院刘潇然的马克思《前资本生产形态》一书作为内部发行印了出来，先生对此如获至宝，那时吴荣曾先生上他家，他把他仅有的一本送给了吴，书面上还题字留念。①

所领导，尤其是尹达先生，很体察张先生离婚后的苦闷心情。为了使他能够到外地走走看看，以排解苦闷，就批准他到全国各地收集拍摄文物的计划，并在经费上给予大力支持。那时国家正处在经济困难时期，张先生不畏艰难困苦，一心扑在《图谱》工作上。

从 1960 年 10 月到 1964 年 9 月，将近 4 年的时间，张政烺先生带领组上人员跑遍了长城内外、大河上下、长江南北的陕西、河南、浙江、江西、福建、湖南、湖北、江苏、山东、安徽、广东、黑龙江、吉林、辽宁、山西、内蒙古、上海等省、市、自治区以及有关县市数十处，由于张政烺先生的亲临，所到之处都十分热情接待，人力物力上给予无私的支援，为顺利完成收集文物资料提供了保障。每到一地博物馆，张政烺先生始终保持严谨的治学态度，先认真观看博物馆的展品，召开有关人员座谈了解情况，然后开列拍摄文物的目录，征得馆方同意，商谈具体开拍事宜。张政烺先生拍照时对每件文物的形态、照相的每个细节都不放过，每件文物在开拍前张先生都要过目，这已成定制。而且，多年在外地拍照不论时处酷暑或严冬，尤其在气温多变的日子，张先生十分关注照相胶片的冲洗工作，为陪摄影师冲洗胶片熬过不少的夜晚。在将近四年多的时间，到全国各地收集拍摄的文物照片约六七千张，张张照片都倾注了张先生的心血。张政烺先生为《图谱》一心一意、一丝不苟的敬

---

① 时下孔夫子旧书网有出售张政烺先生读《马克思恩格斯全集》笔记卡片事。张先生认真学习马列，由此可见一斑。

业精神，使人敬仰。

张政烺先生在多年外出的日子，一贯保持朴素本色，严于律己，以身作则，处在困难时期尤为可贵。在洛阳，尽管有全国通用粮票，可饭店、食堂无粮可供，求助于有关部门，盛情接待的只是以糠代粮；在西安，先生为多收集一些文物资料，早出晚归，错过开饭时间，食堂只有面片汤供给；从南昌到福州，途经鹰潭，这条路只有便民的"闷罐子"，人畜共处，时当岁末的寒冬腊月，这类车根本没有食品供应，饥寒交迫，梦想到站可以吃到饭了，但车行缓慢到鹰潭已到掌灯时刻，店铺早已下班，梦想落空，度过了饥寒交迫的夜晚。

为《图谱》收集文物出差到外地，地方领导部门都知道张政烺是我国著名的历史学家、考古学家、古文字学家、版本目录学家，为了照顾张先生的起居，总是提供条件好的住所，如去上海，市委介绍张先生入住国际饭店，张先生却以房价高谢绝入住；在武汉，省上介绍先生入住汉口的璇宫饭店，张先生以去湖北博物馆交通不便为由，住进武昌的东湖招待所；在洛阳，张先生不住洛阳饭店，以工作方便为由，挤住在考古研究所设在洛阳工作站的职工宿舍；在杭州，张先生要求浙江博物馆协助解决一行四人的食宿，馆方在各方条件困难的情况下，设法在展厅旁的一间大屋子为其安排了床铺，上职工灶解决了吃饭问题，处在经费困难的情况下，张先生和组员一道同甘苦，度过了杭州盛夏酷暑的炎热，难能可贵。

张政烺先生对收集到的文物照片保管非常重视，指定专人妥为保管。参照有关单位保管方法，结合实际制定了办法，经张先生同意成定制，即将收集的文物底片，造册登记，统一编号，单独装袋保管，并将其洗印的文物照片一式二份，一份按序排列，统一保管；另一份分别交由各段分类保管使用，这办法经年不变。

先生还从中国书店为组里选购珍贵书籍，如《散氏盘释文》《满洲实录》《文选》等；名人信札，如明清人书札、吴大澂书札；图册，如历代皇帝像、台湾得胜图、乾隆卅年棉花图；画册，如平准图、鄂垒扎拉图之战等；碑帖，如好大王碑、明代戏鸿堂法帖、淳化阁帖、快雪堂法帖、初拓三希堂法帖等。共三四百种，给《图谱》提供了宝贵的资料。

1961 年（辛丑）　　　　50 岁

1 月，在党中央直接指导下，哲学社会科学部单独召开了第三次学部委员扩大会议。会议提出我国哲学社会科学工作的根本任务，就是以马列主义同中国实际相结合的毛泽东思想为指导，总结、研究我国革命和建设的丰富经验和各种新的问题，研究世界人民革命斗争的新情况和新问题，整理我国历史文化遗产，同资产阶级思想和现代修正主义进行斗争，特别强调把现实问题研究提到首要地位；同时强调哲学社会科学的研究范围必须广阔，要包括古今中外各个方面。会议研究了进一步贯彻执行"百花齐放、百家争鸣"方针问题，提出必须注意划分学术问题同政治问题的界线，指出在为社会主义服务的共同方向下，各种学术上的意见都应有广泛的发表自由。

1 月 12 日，著名思想史家、哲学家杜国庠逝世，终年 72 岁。

1 月 19 日，到历史所，开所务会议，四时半休息。今日同会：侯外庐、熊德基、郦家驹、杨向奎、田昌五、高全朴、胡厚宣、胡嘉、赵幼文、翁独健、张德钧、顾颉刚、贺昌群、谢国桢、张若达、王毓铨、魏明经、姚家积、常绍温、张云非等先生。

1 月 23 日，上午八时半至十二时，在中国历史博物馆贵宾室，下午三时至五时在北京饭店一楼，参加中国科学院历史所学术委员会扩大会议。今日同会：侯外庐、尹达、范文澜、吕振羽①、吴晗、周一良、邓广铭、傅乐焕、胡厚宣、贺昌群、陈垣、唐兰、李俨②、钱宝琮、顾颉刚、熊德基、白寿彝、翁独健、杨向奎、刘导生、金灿然、陈乐素。列席：郦家驹、高全朴、刘乃和等先生。并与同会者合影留念。

3月11日，到东安市场购物，遇顾颉刚先生。

3月17日，到政协，参加文化卫生组"百家争鸣"座谈会。自二时半至五时半。今日同会：吕振羽、李祖荫、赵君励、秦德君、彭镜秋、卢汉、高履芳、裴文中、邓广铭、唐兰、胡厚宣、赵万里、韩寿萱、向达、金灿然、载涛、吴文藻③、费孝通、宋云彬、王伯祥、沈从文、顾颉刚。

6月1日，下午，参加全国政协的文教组和民族组第9组座谈文教工作问题。所谈主要是关于民族的同化及融合问题，以及

---

① 吕振羽（1900—1980），史学大家。湖南邵阳人。湖南大学毕业，任教于中国大学和朝阳大学。创办学术刊物，参与中国社会史问题论战。后在重庆从事历史研究。中华人民共和国成立后，历任东北人民政府文教委员会副主任、大连大学和东北人民大学校长、中国科学院哲学社会科学学部委员、中央民族事务委员会委员。著有《最近世界之资本主义经济》（上）、《史前期中国社会研究》《殷周时代的中国社会》《中国政治思想史》《简明中国通史》《中国民族简史》等。

② 李俨（1892—1963），数学史大家、铁路工程专家。字乐知。福建闽侯人。唐山路矿学堂肄业。自新文化运动起，即从事中国数学遗产的研究与整理工作，与钱宝琮同为中国数学史学科的开拓者与奠基者。1955年调入中科院历史研究所任一级研究员，同年选聘为中科院哲学社会科学学部委员。1957年组建中国自然科学史研究室，任主任。主要著作有《中国算学史》《中国数学大纲》（上、下册）、《中算史论丛》五集、《中国古代数学史料》等。其数学史著述结集收入《李俨钱宝琮科学史全集》。

③ 吴文藻（1901—1985），当代著名社会学家、民族学家和教育家。江苏江阴人。早年在北京清华学校读书，后赴美留学，返国后在燕京大学社会学系任教授，后兼任系主任。抗战爆发后曾在云南大学创建社会学系，专门研究边疆民族、宗教和教育问题。他重视培养人才，中国当代知名的社会学家、民族学家费孝通、林耀华、李安宅、瞿同祖等，均出其门下，得到悉心指导。有《见于英国舆论与行动中的中国鸦片问题》《功能派社会人类学的由来与现状》《英国功能派人类学今昔》《现代社区研究的意义和功用》《论社会制度的性质与范围》《边政学发凡》《战后西方民族学的变化》等。

用词问题，因为有些少数民族对"同化"二字有反感。会议由载涛、吕振羽主持。出席者还有冯家昇、邵循正、顾颉刚、王伯祥、李祖荫、夏鼐、胡厚宣、陈明达、秦德君、韩寿萱等先生。

9月3日，与来寓所拜访的顾颉刚先生谈。

9月6日，与顾颉刚先生晤谈。

9月13日，晚，与于思泊先生同赴唐兰、顾颉刚先生之宴请。

9月17日，张先生到顾颉刚先生家拜望。

9月23日，张先生去顾颉刚先生家拜望。

《王杖十简补释》载于《考古》1961年第5期，原署名礼堂。作者抓着关键性的简文时代顺序和相关问题考证，分析丰富的文献资料，指出第四简的"市卖复毋所与"和第五简的"如山东复有旁人养谨者，常养扶持复除之"的文义连贯，其中的"复毋所与"乃汉代公文中的成语，多见于律令，意即免除赋役。进而断定"第三简至第八简是一文件，第四、第五两简文义连贯，不能分割，中记河平元年事，此件自在成帝河平元年以后"。接着考察丞相御史官制在汉代的设置，自"成帝绥和元年更名大司空以后"，这一官名虽有短暂的恢复，至"东汉已无丞相、御史之称"，由此"可知此制决非东汉明帝永平二年之物，'本二年'如非建始二年，则当在成、哀间"。这样的结论与第十简兰台令御史令的称呼的转变一致，即"第一、第二两简是兰台令第卅三篇，第三至第八简是御史令第卌三篇"。"令人信服地证明了这几支简记的是西汉时文书。真正受王杖的简是第九支。这样的论证既厘清了简文的来龙去脉和时代，也体现出前后汉尊老的连续性，补充了史书记载之缺，使王杖十简的史料价值剧增。"①

是年，任北京大学历史系历史专业先秦史研究生卢其勋、王德鉴导师，学制三年。卢毕业后分配到广西地方志，王支边去了

---

① 张永山：《化繁为简　攻克难点——读〈张政烺文史论集〉（简帛篇）》，《书品》2005年第一辑。

青海大学。①

约是年，北大历史系党总支书记徐华民和系主任翦伯赞先生来中国科学院历史所找尹达先生，想把张政烺先生请回北大去，尹达当着他二人的面批评北大历史系（主要批评许师谦），说不应该把张辞退，特别是限他搬出北大宿舍更不应该。又说："你们对张太不给面子，张对历史系印象很坏。""你们不要去找他，找也找不回去。"之后翦先生意味深长地抛出一句令人惊讶的话来："看来尹达对张政烺也很感兴趣的。"②

约是年，张先生在干麵胡同寓所前留影。

1962 年（壬寅）　　　51 岁

是年，经于省吾先生和郭沫若先生介绍，与科学出版社傅学苓女士结婚。傅先生毕业于燕京大学。在大学攻读时于先生是她的业师。于对她说：张先生人品好、学问好。她当时作古文字编辑，郭沫若先生在科学出版社出版的所有古文字学方面的书，都是由她编辑的。她与张先生结婚时，郭沫若先生把自己的得意之作——《两周金文辞大系考释》送给这对伉俪，并在扉页上题辞，作为纪念。傅先生后来被评聘为副编审。

2 月 24 日，大学者胡适在台湾逝世，终年 71 岁。

3 月 22 日，张先生偕夫人傅学苓师母去顾颉刚先生家。

3 月 24 日，张先生母亲辞世。历史所副所长熊德基先生、顾颉刚先生及其夫人等先后来张先生家吊其母丧。

3 月 25 日，张先生葬母。顾颉刚先生送张母棺出门。杨向奎先生亦来送葬。

---

① 1958 年，青海省要办青海大学，派来教育厅长到北京大学要求支援教师。北京大学把历史系尚在读副博士研究生二年级的王德鉴（先秦史）等三人支援了去。

② 翦伯赞：《我和尹达的关系》（油印稿）；何龄修：《关于张苑峰师调离北京大学的问题》，张世林主编《想念张政烺》，新世界出版社 2015 年版。

4月27日，与来访的顾颉刚先生和萧项平谈话。

5月25日，到所，参加所务会议，讨论出版、图书等事，自九时至十二时十分。今日同会：侯外庐、尹达（以上主席）、顾颉刚、熊德基、贺昌群、赵幼文、孙毓棠、胡厚宣、王毓铨、刘导生、陈乐素、万斯年、张德钧、姚家积、刘浩然、田昌五、高全朴、谢国桢、张云非，共约四十人。

7月8日，与来访的顾颉刚先生谈傅学苓师母转工作事。

7月18日，下午，到中宣部，开历史研究所会。同会：康生、于光远、尹达、侯外庐、熊德基、顾颉刚、胡厚宣、贺昌群、翁独健、姚家积、刘浩然、杨向奎、郦家驹、李士敏、姜君辰、林甘泉、田昌五、程西筠等先生。

9月19日，开会，商讨出版丛书及丛刊事。顾颉刚先生之《史林杂识初编》亦被列为一种。今日同会：尹达、侯外庐、田夫、熊德基、翁独健、胡厚宣、贺昌群、姚家积、顾颉刚、王毓铨、金灿然、孙毓棠、程西筠、刘乃和（代表陈垣）。

《释胡书之"碣"》刊于《光明日报》1962年11月21日《史学》二五〇号，原署名"苑峰"。张先生考证，"胡书之碣"就是汉魏时著名书法家胡昭（字孔明）写的碑文。

1962年11月，张先生为北大中文系古典文献专业学生首次授课，题为《中国古代的礼器和日用器》，收入《张政烺文集·古史讲义卷》，中华书局2012年4月版。该文分三部分。第一部分阐述了礼器与日用器的关系，认为礼器"最初都是生活日用器"，自从原始社会发生阶级分化，统治阶级在实行礼仪时使用的器皿便成了礼器。他们为了炫耀其家系门第的高贵，便利用政权和宗教的力量竭力把祖先神化，把自己常用的一些器物都变成传国宝和传家宝。于是"礼器与日用器便日益脱离，礼器成了统治阶级礼仪的物质表现形态"。第二部分把"中国历代学者对礼器的研究""分为四期"。第一期，从孔子（前552—前479）到聂崇义；

第二期，从刘敞（1019—1068）到陈介祺（1803—1884）；第三期，从陈介祺以后到新中国成立以前；第四期，新中国成立以后。第三部分将常见于古籍的器物分为六类：（一）烹饪器；（二）食器；（三）饮器；（四）容器；（五）水器；（六）兵器。并将各类器物器形的主要特点及其演变，一一娓娓道来。

12月25日，著名历史学家雷海宗逝世，终年60岁。

1963年（癸卯）　　　52岁

1月7日，先生为湖南省博物馆的业务人员作了一次学术报告，带着问题漫谈了先秦文化，尤其是与湖南有关的，如湖南出土的商代青铜器、楚文化等。

1月23日，到中国科学院哲学社会科学部（以下简称"学部"）上大车，去政协礼堂，赴学部宴。

饭后看《山高水长》（西藏解放）、《移山填海》（鹰厦铁路东端工程）两部电影片。四时，与顾颉刚、贺昌群、胡厚宣先生同乘大车归。

今日同席：潘梓年（主）、郭沫若、竺可桢、吴有训[1]、徐炳昶、钱宝琮、张友渔[2]、刘导生、姜君辰、刘斗魁、郑奠、郭宝

---

[1] 吴有训（1897—1977），著名物理学家、教育家。字正之。江苏高安人。南京高等师范学校毕业。美国芝加哥大学博士。回国后，历任中央大学教授、物理系主任、清华大学和西南联大教授、物理系主任、理学院院长，中央大学校长，交通大学教授，中国物理学会理事长等职。新中国成立后，历任交通大学校务委员会主任，中科院近代物理研究所所长、副院长。中科院学部委员（院士）。中华全国自然科学专门学会联合会与中国科协副主席，为发展中国的科学事业作出了重要贡献。

[2] 张友渔（1899—1992），法学大家、政治学家。原名象鼎，字友彝。政法大学法律系毕业，曾留学日本。归国后历任《世界日报》总主笔、北平大学法商学院、燕京大学、中国大学等校教授，《新华日报》社社长。新中国成立后，历任中科院哲学社会科学部副主任兼法学所所长、中国社会科学院副院长、顾问，中国政治学会会长，《辞海》编委和政法学科主编、《中国大百科全书》总编辑委员会副主任和《法学卷》编辑委员会主任。对中国法制建设作出了重要贡献。著有《中国宪政论》《关于社会主义法制的若干问题》《新闻之理论和现实》等。

钧、黄文弼、金岳霖、何其芳、王伯祥、吕叔湘、丁声树、俞平伯、吴世昌、唐棣华、侯外庐、尹达、熊德基、傅懋勣、冯家昇、翁独健、赵洵、贺昌群、胡厚宣、顾颉刚、贺麟①、范文澜、刘大年、黎澍②、王静如③、余冠英、夏康农、陆志韦、周新民、容肇祖等，共八桌。

1月24日，上午十时后参加历史所团拜。今日团拜所见：尹达、侯外庐、熊德基、张云飞、李学勤、谢刚主、贺昌群、胡厚宣、朱家源、赵幼文、张德钧、杨向奎、顾颉刚、郦家驹、谢友兰、萧良琼、田昌五、李士敏、刘浩然、魏明经、姚家积、程西

---

① 贺麟（1902—1992），现代著名哲学家、黑格尔哲学研究专家。出生于四川省金堂县。毕业于清华留学预备学堂。先后在美国学习和研究西方哲学史，在德国学习德国古典哲学。归国后在北京大学哲学系任讲师、教授。1955年后在中国科学院哲学研究所（1977年改属中国社会科学院）从事研究工作，曾任西方哲学史研究室主任。中国社会科学院哲学研究所研究员、中华全国外国哲学史学会名誉会长。在向中国介绍西方哲学以及培养这方面的教学、翻译、研究人材等，作出了贡献。著作有：《德国三大哲人处国难时之态度》《知难行易说与知行合一论》《近代唯心论简释》《文化与人生》等。译著有：E. 凯尔德的《黑格尔》、J. 罗伊斯的《黑格尔学述》、马克思的《黑格尔辩证法和哲学一般批判》、马克思的博士论文《德谟克里特的自然哲学与伊壁鸠鲁的自然哲学的差别》等。

② 黎澍（1912—1988），著名历史学家。湖南醴陵人。曾就读于北平大学法商学院商学系。曾任中共中央政治研究室历史组组长、《历史研究》杂志主编和中国科学院近代史研究所（1977年改属中国社会科学院）副所长、《中国社会科学》杂志总编辑、中国史学会常务理事、中国现代史学会长。著有《辛亥革命前后的中国政治》《马克思主义与中国革命》（文集）、《再思集》（文集）、《早岁》（回忆录）、《历史的创造者及其它》（文集）等。

③ 王静如（1903—1990），著名语言学家、民族史学家。河北深泽人。早年就读于民国大学，后入清华大学研究院。毕业后入中央研究院史语所工作。1933年赴法、英、德深造。1936年回国后，任北平研究院史学研究所研究员，中法大学、辅仁大学、燕京大学教授。新中国成立后历任中科院考古研究所（1977年改属中国社会科学院）、中央民族学院、中国社会科学院民族所教授、研究员。长于西夏学、音韵学和民族史学。著有《西夏研究》三辑。对西夏语文进行全面系统的研究，并对4部西夏文佛经逐字对译。该著作获法国院士会东方学"朱利安奖金"。又著有《西夏文汉藏译音释略》一文。此外，对中国古代少数民族的语言文字，如契丹文、女真文、回鹘文等也发表过不少论著。

筠等约八十人。

2月7日，张先生患病。胡一雅打电话告知顾颉刚先生。

3月6日，张先生出，遇顾颉刚先生，同归。

5月，作《甲骨文"肖"与"肖田"》，刊于《历史研究》1978年第3期。该文认为甲骨文⁂、⁂当释"肖"，读作"赵"；"肖田"的"肖"义为剌，即划除草；十三月肖田是剌草除田，为植谷作准备工作，这大约是耕休田；肖田的工具叫作肖，也用来"衷田"（开荒）。

7月8日，冒着酷热，为历史所何龄修先生题扇。扇面中先写《念奴娇》词，接着写道："《瓮天胜语》载宋江潜至李师师家，题一词于壁，盖出南宋人伪托。自侯蒙倡招抚宋江之议，俗语流传，成千古不白之冤。金鸡肆赦始于北齐，唐宋因之，其制见《东京梦华录》等书。然宋之为人勇悍狂侠，岂望此者？"此段题词可作《宋江考》之补白，在好几点上推进了《宋江考》的研究。

7月20日，作《会文山房与韩小窗》，后刊于《社会科学战线》1982年第2期。

该文认为，韩晓春就是清音子弟书的写作大家韩小窗。他是一个喜欢玩弄笔墨的人，他的手笔相当快，著过不少书。"早年到北京，曾写过不少子弟书，取得韩小窗的时誉。"光绪元年（1875年）已定居沈阳，"常到会文山房，和邸文裕的关系很密切，曾合作写过书。"又在这里刻印子弟书（《黛玉悲秋》等）。他的作品通俗，面向群众，对东北地区文化普及起过好作用。

9月7日，应顾颉刚先生召，到他家，与顾先生和来京的于思泊先生共谈。

9月28日，到民族文化宫，参加学部中心小组会，听萨空了报告香港、澳门近况。十二时散会。今日同会：刘导生、夏康农、黄文弼、徐旭生、丁声树、熊德基、胡厚宣、贺昌群、顾颉刚、张铁生、吕叔湘、陆志韦（约四十余人）。萨氏讲港澳情况，淋漓，真非人世界也。

9月30日，十一时，所中来车，与顾颉刚、贺昌群、胡厚宣来所，赴午宴。今午同席：东光、白天、熊德基、姚家积、李士敏、顾颉刚、田昌五、杨向奎、魏明经、胡厚宣夫妇、萧良琼、王贵民、罗琨、高志辛、郦家驹、赵幼文、张云飞、谢国桢、李学勤、张德钧、朱大昀、刘浩然、朱家源、谢济、应永深、宋家钰、王毓铨、赫治清（共十桌，一百五十人）。

10月，写《卜辞裒田及其相关诸问题》，后载《考古学报》1973年第1期。

该文考释的甲骨文："量""皇"即《诗经》之"裒"，《说文》之"捊"。叀即《礼记》之"抔"，《说文》之"掊"。"甾"即《考工记》之"畎"，《说文》之"く"、"𠝹"、"畎"。"裒"有刨土、捧土二义，但主要意义是刨土。裒田的主要工具是捎，用于捎杀林莽，皆于夏至月、冬至月进行，与《周礼·秋官》柞氏、薙氏职同。因此，裒田就是开荒造新田，大约须三年完成，分三个阶段，即菑、畬、新田。裒田者是"众人"，他们要在王的命令下，由贵族带领去从事开荒这种非常艰苦的劳动。众人既是农夫，也是战士，他们有个人的家庭，处于百家为族的农业共同体中，要为殷王担负师田行役等徭役，他们被奴役，受剥削，实质上是商王与贵族的工具和财富。

该文对不少关键的字，用文字学的方法，反复考订，广征博引，令人称绝。其观点成为学术界普遍接受的定论。

10月10日，著名哲学家、历史学家嵇文甫逝世，终年67岁。

10月3日，晚，夏鼐先生访张先生，未遇，返家。

10月26日，上午，到政协礼堂，参加学部第四次扩大会议。党和国家领导人毛泽东、刘少奇、周恩来、朱德、董必武、邓小平、陈毅、刘伯承、彭真、聂荣臻、李富春、李先念等会见了与会代表并与代表合影留念。国家主席刘少奇在会上发表重要讲话,深入分析了国际形势,强调要在思想战线上开展批判现代修正主义斗争,要在实践中培养、建设马克思主义理论队伍。该次会议"以反修为主,兼及十年科学规划"。有429人参加。学科分为哲学组(下分一组、二组、三组,共125人)、经济组(下分一组、二组,共65人)、文学组(52人)、语言组(23人)、国际问题组(35人)、历史组(下分一组、二组、三组,共129人)。其中历史组的名单如下。

历史一组(四十人)

刘大年、梁寒冰、周谷城、范文澜、张稼夫、徐仑、吴泽、胡华、戴逸、邵循正、周一良、杨人楩、齐思和、刘导生、姜克夫、黎澍、刘桂五、丁名楠、程西筠等先生。

历史二组(三十九人)

翦伯赞、杨永直、徐中舒、包尔汉[①]、邓拓、郑天挺、杨宽、谭其骧、周予同、蔡尚思[②]、黄云眉、韩儒林、谷霁光、唐长孺、蒙文通、白寿彝、贺昌群、宁可、林甘泉、郦家驹等先生。

历史三组(五十人)

尹达、葛震、翁独健、吴晗、侯外庐、夏鼐、谷苞、杨东莼、

---

① 包尔汉(1894—1989),著名民族学家。新疆温宿人,生于俄国。维吾尔族。1929年入德国柏林大学学习。1933年赴苏联参加革命工作。同年回新疆。后历任新疆大学校长、中国伊斯兰教协会主任、名誉主任和名誉会长、中国科学院民族研究所所长等职。

② 蔡尚思(1905—2008),著名思想文化史专家、历史专家。福建德化人。中学毕业后到北京自由听讲,并向海内诸文史名家问学,学业大进。1929年起,任教于大夏大学、复旦大学、华中大学、沪江大学、东吴大学和无锡国专。新中国成立后,一度为沪江大学代校长。1952年调复旦大学任教授,历任历史系主任和副校长。是国务院古籍整理出版规划小组顾问。于中国思想史、学术史和文化史研治尤深。著有《中国思想史研究法》《王船山思想体系》等,有《蔡尚思全集》传世。

唐兰、金灿然、丁树奇、尚钺、邓广铭、叶企孙、林耀华①、傅乐焕、白天、东光、熊德基、顾颉刚、胡厚宣、杨向奎、田昌五、姚家积、徐旭生、郭宝钧、黄文弼、苏秉琦、夏康农、秋浦、冯家昇、侯方岳、方国瑜②、钱宝琮、严敦杰、王忠等先生。

听郭沫若、周扬讲话，至十二时会散。下午三时半到礼堂，续听周扬"反对现代修正主义"报告。第三次、第四次学部委员扩大会议，在新中国哲学社会科学史上具有重要影响和意义。

10月28日，到北京饭店，参加学部扩大会议小组会，入北京六组，由侯外庐主持。自九时至十二时。今日同组人：吴玉章、范文澜、钱宝琮、徐炳昶、夏鼐、黄文弼、郭宝钧、吕叔湘、熊德基、丁声树、姜克夫、杨向奎、胡厚宣、贺昌群、顾颉刚、程西筠、管燮初、刘桂五等先生。

10月30日，与来访的顾颉刚先生晤谈。

11月8日，到文联大楼，转北京饭店，参加历史大组会，听邓拓报告"历史科学的战斗"，自九时至十二时许。今日所遇人：张德钧、黄仲良、杨东莼、冯家昇、翁独健、顾颉刚、胡厚宣、侯外庐、熊德基、贺昌群、郭宝钧、徐炳昶。

---

① 林耀华（1910—2000），当代著名民族学家、人类学家和社会学家。生于福建古田。1935年在北平燕京大学毕业。留学美国。回国后先后在云南大学、燕京大学、北京大学和中央民族学院致力于原始社会史与民族学的教学工作。曾任中央民族学院民族研究所所长。著有《金翼》《凉山彝家》《从猿到人的研究》。主编《原始社会史》。论文辑成《民族学研究》一书。

② 方国瑜（1903—1983），当代著名民族史学者。纳西族，出生在云南省丽江县。1923—1933年，就读于北京师范大学和北京大学研究所。在北京大学研究所刘复倡导下，回乡习纳西象形文字。1935年入滇西边区考察。1936年任云南大学教授兼《云南通志》编审。负责定稿、续修工作，参与主办《西南边疆》杂志，主持西南文化研究室，刊印丛书10余种。新中国成立后历任云南大学历史系主任、文法学院院长、云南史学会会长等职务。著有《滇西边区考察记》《困学斋杂著五种》《云南通志·疆域考·宗教考·金石考·族姓考》40卷、《元代云南行省傣族史料编年》《纳西象形文字谱》《中国西南历史地理考释》《彝族史稿》等。还主编了《云南史料丛刊》大型资料集和《云南地方史讲义》。

11月9日，到北京饭店，出席大组会，听黎澍报告"苏联修正主义历史学"。

学部办公室主任董谦、行政处副处长宋仁敬、房产科副科长杨光礼来。商房屋事，欲请张先生家迁至建国门外宿舍，顾颉刚先生家迁入，对顾先生正室再行修改。

11月13日，3时许，与顾颉刚、胡厚宣、贺昌群先生同到怀仁堂，听刘少奇主席讲话，自四时到五时四十分。

11月15日，参加历史研究所学术委员会扩大会议，到四川饭店，分组讨论，自九时至十二时半。在饭店进午餐，与郭沫若同席。今日上午同会同席：郭沫若、尹达、侯外庐、熊德基、白天、东光（主）、蒙文通、徐中舒、周予同、谭其骧、吴泽、蔡尚思、傅维鳞、谷霁光、唐兰、赵纪彬、白寿彝、黎澍、胡厚宣、贺昌群、顾颉刚、韩儒林、冯家昇、郑天挺、唐长孺、田昌五、杨向奎、郦家驹、程西筠（凡七桌）。

11月23日，大考古学家、著名甲骨学家董作宾在台湾逝世，终年68岁。

12月10日，所中车来，与顾颉刚、胡厚宣、杨拱辰同到展览馆后剧场，听田家英报告农村社会主义教育工作，自九时至二十时半。

12月24日，学部人来，商房屋事，欲请张先生迁至建国门外宿舍，顾颉刚家迁入，正室再行修改，此甚善事也。

1964年（甲辰）　　　　53岁

2月7日，在修房事上，学部与历史所闹纠纷，致尚未批下。张先生家一时不能迁至新屋。

2月29日，张先生途遇顾颉刚先生。

3月27日，中国考古学会筹备委员会成立，郭沫若任主任委员。原定当年7月下旬在北京召开成立大会，后因故搁置。

6月2日，张先生家由干面胡同迁入建国门外新屋，即永安南里8号楼1单元101号。

约7月中旬，张政烺先生等四人，去太原山西省博物馆、晋祠、大同云冈石窟、上下华严寺等处收集、拍摄文物。

7月28日，张政烺先生等以为《中国历史图谱》搜集资料，并选择文物拍照事，由太原至内蒙古，下榻呼和浩特市宾馆。去内蒙古博物馆、昭君墓、五塔寺、美岱昭等处拍摄文物。

8月5日，上午11时，在呼和浩特宾馆，与夏鼐先生会晤，并一起赴文化局，晤及席局长，谢其对于《中国历史图谱》工作的支持，并谈内蒙古文物工作，文物所、博物馆荷芸、翁善珍亦在座。谈到11时半，才告辞出来。

8月6日，张先生一行四人前往大黑河南拍照昭君墓，并同前往参观的夏鼐先生一行合影留念。

8月8日，张先生一行携带闪光灯、梯子去呼市东约20公里万部华严经塔（俗名白塔）照相。

8月9日，应呼市文化局邀请，晚间与夏鼐先生同去剧场看歌舞团公演。10时演毕。

8月11日，下午2时，在呼市宾馆前，与夏鼐先生、呼市博物馆杨再兴馆长及文物队荷芸队长摄影作纪念。乃赴车站，乘64次车返京，车子2∶53开行，与夏鼐先生同一房间，下象棋为戏，10时许入睡。

9月初，先生任中国科学院历史所先秦史研究生陈绍棣、栾成显导师；同时兼任北京大学中文系古代官制研究生许树安的导师。学制均为三年（因"四清"、"文化大革命"，未系统学习，均作为肄业）。陈，河南人，毕业于北京大学历史系考古专业。后任中国社会科学院历史所研究员。著有《中国风俗通史·两周卷》《中国古代历史图谱·春秋战国卷》《全彩插图本中国风俗通史丛书·两周风俗》《中国通史图说·春秋战国卷》，合著有《中国古代建筑技术史》（获奖）、《中国饮食史》（获奖）、《中国经济通史·秦汉卷》（获奖）、《中华文明史》（获奖）、《中国审计史》（获奖）等10部。另有论文《试论王莽改币》《百越与匈奴衣食住行之比较研究》等四十多篇发表于《中国史研究》《文史》《文物》等著名刊物。其中38篇辑为《古史论丛》于2016年由中国社会科学出版社出版。栾，辽宁人，毕业于北京师范大学历史系。后来在徽学和明代经济史上有重要建树，任中国社会科学院历史研究所研究员、安徽大学徽学研究中心博士生导师。主要代表作有《明代黄册研究》（获奖）、《中国古代历史图谱·清代卷》，论文《明清庶民地主经济形态剖析》《明代黄册人口登载事项考略》《龙凤时期朱元璋经理鱼鳞册考略》《中国封建社会诸子均分制述论》，合著《中国经济通史·明代经济卷》《中国古代历史图谱·明代卷》《徽州千年契约文书》等。许，北京人，毕业于北京大学中文系古典文献专业。后来在文化史上有建树，任北京语言文化大学教授，与阴法鲁先生主编《中国古代文化史》（上、中、下）。该书多次重印，发行量大，在学界很有影响。又与阴法鲁、刘玉才合著《中国文化史（插图本）》（获奖两项）。还独著《中国古代的选举与科举制度概述》，合著《中国文化知识》《中国文化知识续编》，发表《汉代司隶校尉考》等论文十余篇。

9月27日，夏鼐先生至张政烺先生处，谈鉴定印度尼西亚出土有铭文的铜鼓事。

12月27日，顾颉刚先生到张先生处，谈朝鲜史问题。

张先生告诉他，所中留京同人赵幼文、高志辛及自己接受上级命令，专搜集中朝关系史料。此当系顾先生将李址麟《古朝鲜史》送至上级及顾先生于今年八月中旬写信予中华书局之故。

是年，张政烺先生主持外交部交给历史所的临时性任务——编辑东北古史资料，即选录自上古以至辽初的相关资料。参加工作的有胡厚宣、王毓铨、谢国桢、赵幼文、陆峻岭①、张泽咸②等先生。先由张先生起草收书目录、选用版本、统一体例以及如何摘录等，作出明确规定，然后分工操作，最后交张先生汇总审定。费时一年有余。写出了《石器时代至辽代的专题》研究报告，经考古所所长夏鼐先生、北大历史系教授汪籛先生认真审阅、修改补充，定稿后打印上报。所搜集的资料，在1964年由中华书局出版《东北古史资料汇编》上中下三册，内部发行，供研究东北古史者参考。像此类由张先生指导的临时性任务，还有不少。他为此花费了许多时间。该书在学界甚有影响，1989年由辽沈书社出版的《东北古史资料丛编》（孙进己、郭守信主编）就借鉴了《东北古史资料汇编》。

1965年（乙巳）　　54岁

1月31日，到历史所参加春节联欢会。李士敏、侯外庐、张云飞等致辞，听齐文心、谢家等歌唱。二时，参加聚餐。今日同桌：尹达、孙毓棠及其子、谢国桢、胡厚宣、熊德基、张云飞、田昌五、顾颉刚。

---

① 陆峻岭（1918—2005），知名元蒙史家。河北乐亭人。燕京大学文学院毕业。先后在北京大学教务处和北京石油学院总务处工作。1957年调来中国科学院历史研究所（今属中国社会科学院）。主要研究元代历史、蒙古史及中外关系史，并整理冯承钧先生遗著。1982年升为副研究员。1987年退休返聘为特邀研究员。同年，中央民族学院聘为兼职教授。著有《元人文集篇目分类索引》《中国历代各族纪年表》《西域地名（增订本）》及《古代南海地名汇释》《元代阿速、康里、钦察人》《泉州蒲安沙碑》《从窝阔台到蒙哥的蒙古宫廷斗争》《哈剌和林考》《元史同名异译考辨》等专书和论文。整理冯承钧先生遗著约三十余种，均已由中华书局或商务印书馆出版。

② 张泽咸（1933—　），中国社会科学院荣誉学部委员，著名晋唐史专家。历史所研究员、博士生导师。武汉大学毕业，进入中国科学院历史所（1977年改属中国社会科学院）。曾任历史所学术委员，山东大学、上海师范大学兼职教授。主要从事汉、晋、唐时期政治经济史研究，著有《唐五代赋役史草》《唐代阶级结构研究》《唐代工商业》等6种，合著《中国屯垦史》《中国航运史》《中国封建社会经济史》等5种，发表论文80余篇。两部专著获奖。

5月31日，郭沫若赠张先生《殷契萃编》（科学出版社，1965年），并在扉页上亲笔题写张政烺、傅学苓同志惠存。

《释甲骨文"俄"、"隶"、"蕴"三字》刊于《中国语文》1965年第4期。其中"蕴"字多少年来未得其解，成为甲骨学中一悬案。张政烺先生注意到《说文》中有盇字，他指出《说文》以皿食囚会意解说盇很牵强，此字实是形声字，从皿囚声，"囚"当从甲骨文"芇"变来，不是囚字，由此可推知甲骨文"芇"字的读音也是"盇"。他进一步据此字在卜辞中的用法推定囚字可读作《说文》的薀字，古书上也写作蕴，其义是埋藏，亦有死亡之义。

9月，中国社会科学院考古研究所编辑的《甲骨文编》由中华书局出版。该书《编辑序言》说，甲骨文编编纂之前，我所曾邀请张政烺先生等"共同商讨了改编的体例"，"改订本较之一九三四年的初编本，有着很大的不同；在材料上比较完备，在考订上采纳了许多新的研究成果"。

10月，作《殷虚甲骨文"羡"字说》，刊于《甲骨探史录》，生活·读书·新知三联书店，1982年9月版。该文认为此字一为氏（或族）名，二是表示水溢了出来，此乃较多的用法，为引申义，据字书考订，即古书上专用的"羡"字。

10月16日，于思泊来顾颉刚先生处，长谈。他改正林剑华《大诰文字表》之甲骨、金文不少。他嘱再送至张先生处审核。

10月26日，顾颉刚先生预立遗嘱，张先生被顾颉刚先生拟为《顾颉刚文集》编辑委员会成员。

同人有：谭其骧、胡厚宣、童书业、冯家昇、史念海[1]、王树

---

[1] 史念海（1912—2001），著名历史地理学家。字筱苏。山西平陆人。毕业于辅仁大学历史系，历任国立编译馆副编审、兰州大学副教授、西北大学教授、陕西师范大学教授和历史系主任、副校长、唐史研究所所长、中国历史地理研究所所长、中国地理学会历史地理专业委员会副主任、中国唐史学会副会长、中国古都学会会长。著有《河山集》《中国历史地理纲要》《中国的运河》《中国古都和文化》《唐代历史地理》《黄河流域诸河流的演变与治理》以及中国疆域沿革史（与顾颉刚合著）。

民、辛树帜、李平心[①]、邓广铭、齐思和、张茂鹏、吴世昌、萧项平、刘起釪、刘钧仁、张德钧、林剑华、于省吾、于鹤年、侯仁之、赵纪彬、王真。

又嘱黄侃《日知录校记》系借自张政烺先生。

11月19日，参加郭沫若先生率领的中国科学院参观团赴晋南农村参观。这次参观团有许多著名的科学家。除张先生外，文史方面有夏鼐、徐旭生、钱锺书、罗大冈，自然科学方面有张文裕、汪德昭、施汝为、傅承义等。

11月20日，上午抵达太原，早餐后与夏鼐先生等赴晋祠游览，并与参观团部分成员在晋祠大门外合影。下午赴太原工人牛奶厂参观。

11月24日，与夏鼐先生等参观程家庄大队。

11月28日，上午听中国科学院在此间参加"四清"同志汇报。午睡后与夏鼐、徐（旭生）老参观池神庙。返所后听郭院长致训辞，希望大家学习雷锋、学习王杰。晚间观蒲剧古装戏《挡马》《火焰驹》《朝房》等。

11月29日，参观绿化模范郭道公社郭道大队，午餐后赴司马大队，参观司马光陵园、祠堂。返舍后与夏鼐先生赴文化馆再参观。

11月30日，抵侯马，住曲沃县干部招待所，先后参观文物工作站、库房、复原的金代董氏墓二座。晚餐后观蒲剧现代戏《在红旗面前》。

12月1日，上午，抵绛县南柳村，参观农业学大寨，下午先后赴闻喜县东镇公社东鲁大队、涑阳大队参观。归途参观裴晋公

[①] 李平心（1907—1966），著名历史学家。江西南昌人。曾任《自修大学》《现实周报》主编。新中国成立后，任华东师范大学历史系教授。20世纪30年代即从事史学研究，著有《中国近代史》《中国现代史初编》《各国革命史》及《人民文豪鲁迅》等书。后又致力甲骨文、金文的考释，著有论文多篇。对政治经济学亦潜心研究，发表了十论生产力性质的专论，颇多创见，在学术界有一定的影响。

祠。晚餐后观蒲剧独幕剧《打铜锣》《卖牛》《婚事》等。

12月2日，上午赴杨谈大队参观。下午听南柳大队谈建社情况。晚8时听涑阳大队吴吉昌报告他植棉的经验及土法试验。

12月3日，上午由侯马赴临汾，途中参观尧庙，下午参观晋南专区社教运动展览会。

12月4日，上午参观山西省农业的一面旗帜——汾阳县万年青公社贾家庄大队。下午至云周西村瞻仰刘胡兰烈士陵园。

12月5日，张先生去夏鼐先生处谈。

12月6日，进城参观大寨展览。下午抵阳泉市。

12月7日，由阳泉赴大寨参观。张先生与夏鼐先生等在陈永贵宅前广场中合影。

12月8日，上午与夏鼐、徐（旭生）老到南山公园动物园参观，下午乘火车回北京。次日9时45分抵北京站。历史所来人把张先生接走。

约年底，王恩田[①]学长首次去拜访张先生。张先生当时正在中华书局标点《二十四史》。当王恩田谈及不同意以"殉葬"作为奴隶社会的标志时，张先生顺手拿过一本马克思《马·柯瓦列夫斯基〈公社土地占有制：其解体的原因、进程和结果〉一书摘要》的单行本，指给他看该书中的一个段落：记载着在美洲大陆的印第安部落"人们在举行葬礼时开始烧掉或消灭一切已成私有财产的东西，例如家畜、妻子、武器、衣服、装饰品等等"。不言而喻，被作为私有财产烧掉的"妻子"，显然就是"殉葬"，而按照马克思的观点，没有一个印第安人部落处在奴隶社会发展阶段。

---

① 王恩田（1932—2017），著名考古学家、古文字学家、先秦史研究专家。1961年毕业于北京大学历史系考古专业。1964年调入山东省博物馆工作，1987年被评为研究馆员，历任山东省博物馆研究室主任、省文物专家委员会和省文物鉴定委员会委员、省考古学会顾问、省古文字研究会会长、省古国史研究会常务理事。他长期主持田野考古工作，屡有重大发现。先后发表论文150余篇，专著有《齐鲁文化志》（获奖）、《陶文图录》（获奖）、《陶文字典》（获奖）。另有《商周铜器与金文辑考》行世。

先生还告诉他,《辽史》《金史》中也有不少殉葬的材料。看来,先生是同意他的观点的。

是年年底,从山东劳动实习回到北京的张荣芳①、程喜霖被历史所领导分配到以张政烺先生为组长的"图谱组"(当时按苏联的称谓也称为"物质文化史组")。不久,张荣芳把他的大学毕业论文《两周的"民"和"氓"非奴隶说》抄写一份送给张先生,请张先生指正。后来张先生的一位研究生告诉他,张先生说读了你的论文,说你读书很细心。

1966年(丙午)　　　55岁

1月9日,下午,夏鼐先生至张先生处晤谈。

2月13日,夏鼐先生赴建国门外宿舍,托张先生将《榴荫山房笔记》(抄本)送还给谢国桢先生。

3月,离开中华书局。

4月,任中国科学院历史所专职研究员。

5月18日,到历史所开会,讨论"三家村"问题。今日同会:胡厚宣(主席)、顾颉刚、赵幼文、张德钧、谢国桢、谢友兰、孙毓棠、朱家源。

同日,著名历史学家、新闻学家邓拓自杀身亡,终年54岁。

23日,著名历史学家傅乐焕遭受迫害,在陶然亭公园跳湖自尽。

6月,"文化大革命"兴起。10日,受"文化大革命"冲击,著名历史学家汪篯在家中服毒自杀,时年50岁。

7月下旬张先生到所参加运动(7月21日、22日到所,参加

---

① 张荣芳(1940—),知名秦汉史学家。广东人。1964年毕业于南开大学历史系,同年入中国科学院历史研究所任职。1973年调入中山大学历史系任教。曾任中山大学副校长、博士生导师、中国秦汉史学会会长。著有《秦汉史与岭南文化论稿》《陈垣》,合著《南越国史》《西汉南越王墓多元文化研究》《陈垣与岭南》。另有《陈垣的"史源学"与"新史学"——为纪念陈垣先生诞辰130周年而作》等论文数十篇。

斗争郦家驹大会）。

夏秋之际，"文化大革命"动乱初起，社会秩序荡然无存。张先生对其子张极井说："现在搞文化大革命，要打倒资产阶级反动学术权威，我还算不上学术权威，应属于资产阶级学者一类，估计没有太大问题，但情况也可能变得更坏，你们要自己管理好自己的生活。"这说明先生处乱不惊，在危难时刻要求后代以后很多事情要依靠自己。

8月22日起，与顾颉刚、孙毓棠、王毓铨、杨向奎、胡厚宣、贺昌群、谢国桢等，被定为"资产阶级的反动学术权威"，被投入"牛栅"，戴高帽，挂黑牌，受批斗，游街示众，"示众"就是当众低头，自报姓名，并高声说出强加在他们头上的污称："我是黑帮分子""我是资产阶级反动学术权威""我是大右派"，等等。正所谓"莫道低头非好汉，如今扫地尽斯文"。24日起，每日到历史所劳动。

9月3日，著名古文字学家、历史学家、诗人陈梦家自杀，终年55岁。

9月28日起，停止劳动。

约10月下旬，一天，张荣芳在办公室读《鲁迅全集》第6卷《且介亭杂文》，对"且介亭"不知何解，跑到对面张先生办公室，请教"且介亭"何解。张先生不假思索地告诉他：当时鲁迅住在上海北四川路，是"半租界"的地方，"且介亭"即半租界里亭子间，"且"是"租"字的一半，"介"是"界"字的一半，他恍然大悟。

是年，张先生夫妇热情接待来他（她）家查书的北大青年教师裘锡圭先生。张先生亲自把裘所需要的书拿给他，或告诉他书在哪个书架上。"有些书放在原来装大部头线装书的书箱里，书箱靠墙放着，开口在墙的一面"，先生亲自为裘把沉重的书箱转过来。

12月18日,著名考古学家黄文弼逝世,终年74岁。

1967 年（丁未）　　　　56 岁

2月,历史所"文化大革命"小组认为:张先生与胡厚宣、贺昌群、杨向奎等四人无问题。

3月23日,到历史所"文化大革命"小组办公室开会,听批判尹达语。今日同会:胡厚宣、杨向奎、顾颉刚、王毓铨、谢国桢、孙毓棠、张德钧、魏明经、赵幼文、"文化大革命"小组领导人。

6月5日,张先生等已调往中华书局,标点二十四史。

8月末,顾颉刚先生在其日记中立下遗嘱,张政烺先生是为其将《尚书》工作补苴成编的专家之一。其他专家是童书业、胡厚宣、刘起釪。

9月,闻历史研究所所长已定为张显清同志,全体工作人员均已上班。

12月,给陈绍棣题字,系毛泽东诗词,共四首。

其一,七绝·为女民兵题照。

飒爽英姿五尺枪,曙光初照演兵场。

中华儿女多奇志,不爱红装爱武装。

其二,七绝·为李进同志题所摄庐山仙人洞照。

暮色苍茫看劲松,乱云飞渡仍从容。

天生一个仙人洞,无限风光在险峰。

其三,卜算子·咏梅

风雨送春归,飞雪迎春到。已是悬崖百丈冰,犹有花枝俏。俏也不争春,只把春来报。待到山花烂漫时,她在丛中笑。

其四,（略）

按:题字之四在改革开放后被中国社会科学院历史研究所图书馆杜汉民要走了。杜早已去世。时间如流水,半个世纪过去了。

题目和内容均已忘记，只记得亦是毛泽东诗词。上述题字，或小篆，或行书，俱上乘，且一丝不苟。《卜算子·咏梅》共写了两幅，原因是先生对第一幅不太满意。可见先生做事的认真严谨。题字之一旨在要我立志。又末尾有"六七年十二月敬书"八字，反映了先生对毛泽东的敬爱和对毛泽东诗词的珍重。又先生字苑峰；其性格不与人争，不与人辩，但柔中有刚，坚持真理。因此，题字之二、之三从一个侧面反映了他以劲松、梅花自喻的高尚情怀，也是先生对我的为人为学期望。

1968 年（戊申）　　　57 岁

1 月 8 日，著名历史学家童书业逝世，终年 60 岁。

8 月 1 日，著名历史学家蒙文通逝世，终年 74 岁。

10 月 13 日，毛泽东主持召开中共八届十二中全会。毛泽东在全会的讲话中提出对"资产阶级学术权威"也要给予出路，"不给出路的政策不是无产阶级的政策"，并且以翦伯赞、冯友兰为例。说"这些人都是有用的，对于知识分子，要尊重他们的人格"。

12 月 18 日，史学大家翦伯赞被迫害致死，终年 70 岁。

1969 年（己酉）　　　58 岁

7 月 29 日，史学大家范文澜逝世，终年 76 岁。

10 月 7 日，史学大家陈寅恪逝世，终年 80 岁。

10 月 11 日，著名明史专家吴晗被迫害致死，终年 70 岁。

1970 年（庚戌）　　　59 岁

8 月，下放河南息县东岳公社中国科学院哲学社会科学部"五·七"干校劳动，从事烧开水和养猪工作。他养猪很认真。为了猪曾特地给从河南返回北京的同事桂琼英寄明信片托其买药。

8月11日，在东岳公社历史所住所，遇及前来取物的夏鼐先生。

10月21日，在东岳公社，晤及前来探望的夏鼐先生、苏秉琦先生。

1971年（辛亥）　　　60岁

4月7日，毛泽东主席批准周恩来总理提议，开展标点二十四史工作。中华书局奉命组织全国著名的史学专家齐聚北京，整理、点校"二十四史"。赵守俨先生实际负责组织工作，他同张先生很熟，为此去拜访了张先生，请他先选好自己点校哪一史。张先生明确表示：我先不选，剩下哪一史，就算我的。结果剩下的是《金史》，就由张先生负责点校。为此，张世林还曾当面问询过先生，他告诉张世林是有这么回事。

《金史》原由傅乐焕先生标点。他是傅斯年先生的侄儿。"文化大革命"中受迫害自尽，没有做出来。张先生为报答傅斯年先生的知遇提携之恩，并出于对亡友傅乐焕先生的情谊，毅然决然接过这一重任。他以"百衲本"影印的元至元刊本为底本，并与北监本、殿本参校，择善而从。此外，广泛地使用了《大金国志》《大金集礼》《归潜志》《中州集》《三朝北盟会编》《汝南遗事》《续夷坚志》等辽、宋、金、元史料以及《高丽史》等，甚至还使用了不少远至先秦，晚至清朝的典籍，作为考订之用。《金史》有相当比例的注释已经超出了单纯校勘的范畴，具有考史的性质。这些注释不仅反映了张政烺先生学识的渊博，也说明了他从事此项工作的认真和细致。《金史》点校工作，到1974年圆满完成。他标点很好，还认真查找有关人名、地名，对校勘付出了大量的时间和精力。遗憾的是由于受到篇幅的限制，许多条被删除。先生并未专治金史，而点校工作游刃有余，显示他丰厚的学力。

7月6日，张政烺先生出席在中华书局召集的整理古籍会议。

同会有白寿彝、赵守俨、罗尔纲[1]、周振甫、王仲荦、阴法鲁、翁独健、顾颉刚、唐长孺、孙毓棠、陈述、王毓铨等先生。

11月1日，著名考古学家郭宝钧逝世，终年77岁。

1972年（壬子）　　　61岁

1月，《考古学报》《文物》《考古》复刊。

春，王恩田学长在《文物》上撰写了一篇有关山东出土商周青铜器的文章，请张先生审阅。张先生在建外永安南里的寓所接待了他。闲谈中告诉他由于把西周公社写进了《中国史教学大纲》，高教部原定由他编写的先秦史全国通用教材，不再让他编写了，还告诉他当时有人（指陈伯达）曾在北京史学会上讲："像张政烺这样的人，就是不准他再教书。"说这话时先生的神情很严肃，显然是在强力抑制着内心的悲愤。可见"西周公社"似与张先生离开北大有着因果关系。

《满城汉墓出土的错金银鸟虫书铜壶》刊于《考古》1972年第5期，原署名"肖蕴"。

"文中称铭文较多的一件为甲壶，铭文有省字的为乙壶。文章首先考订鸟虫书的释文，然后对释文逐句进行解释，最后还将释文译成白话文。并指出：'现存鸟虫书铭文的铜器，多为春秋战国时期吴、越、楚、蔡、宋等国的遗物。而西汉初期的鸟虫书铭文铜器，过去还没有见到过，有较高的艺术价值。'"署名"肖蕴"，足见他淡泊名利。[2]

---

[1] 罗尔纲（1901—1997），历史学大家。广西贵县人。1930年中国公学毕业后，先后在北京大学文科研究所考古室、国立中央研究院社会科学研究所和中国科学院近代史所工作。曾主持南京太平天国史料编纂委员会，筹建太平天国历史博物馆。著论文四百余篇，著作四十余种，约八百万字。编纂太平天国文献资料，约三千万字。代表作有《太平天国史》《金石萃编校补》《绿营兵志》《湘军兵志》《太平天国论文集十集》《困学集》《李秀成自述原稿注》等。堪称太平天国史的开拓者和奠基人。

[2] 卢兆荫：《淡泊名利，平易近人——缅怀张苑峰先生》，张永山编《张政烺先生学行录》，中华书局2010年版。

是年，从河南"五·七"干校回京后，大家常向张先生问学。一次罗琨在路上见到先生，谈起对山西襄汾陶寺新发现的一些想法，先生鼓励了她，并且说虽然不应草率地急于发表文章，但要手勤，及时将思考的问题写下来。

1973 年（癸丑）　　　　62 岁

4月10日，根据历史所军宣队的安排，为日本相扑代表团介绍相扑在中国的源流演变历史。据当时陪同张先生出席会议的诸葛计先生回忆，在讲课前，张先生坚持将整理出来的资料分由两人来讲，诸葛计反复推脱后，"先生才尽掏肺腑地说：'诸葛同志，由我个人来讲，不是不可以。但由我们两人来讲，表明我们是老青结合。如果由我一个人来讲，人家会说中国的学者没有自由，出来讲课都要有政工人员来监督。'""听到先生这席话，我的眼眶登时布满了泪花，几乎就要掉了出来。在经历了多年被人另眼相看的、从旧社会过来的知识分子，又正遭受着'知识越多越反动'的雷霆劫难，前不久才刚卸下东岳干校猪倌'挂冠'的老一辈专家的张先生，竟有这样的意识、这样的胸怀、这样的民族大义，时时注意维护我们国家的形象。谁听了能不动容？能不五体投地？"①

6月，中国文物代表团一行赴日本参观访问。张先生与王冶秋（代表团团长）、郭劳为（时任文物局外事处处长）、井上靖、胡绳武、巨东梅等合影。

7月8日，午后，与前来探望的夏鼐先生晤谈。

8、9月间，张荣芳以其当时看不到哲学社会科学部的前途，也为了解决夫妻两地分居的问题，调中山大学历史系考古教研室工作，到张先生的建国门外住宅拜访张先生，向张先生辞行。张

---

① 诸葛计：《陪同张政烺先生给日本客人讲学记》，《想念张政烺》，第185—190页。

荣芳回忆说:"张先生听了我的述说之后,对我离开历史所表示惋惜,也表示无奈,像父亲一样关爱我的前程。他当晚的谈话,我归纳为几点:一是,熟读《史记》《汉书》,教战国秦汉考古,离不开它。二是,从他的藏书中找出一本《中国考古学》铅印本讲义,非公开出版物,是北京大学考古教研室集体编的,要我好好读这本讲义,对中国考古学有一个总体知识。三是,从他的藏书中找出一本著名古文字学家唐兰写的《古文字学导论》油印本,封面上有张先生自写的"苑峰"两字,显然,这是唐先生送给他请指教的珍本。张先生说,搞战国秦汉考古,要有一点古文字学知识,你好好读这本书,对你有用。四是,要熟悉《仪礼》,因为要研究战国秦汉的墓葬要懂得当时的丧葬制度。我听着先生的教导,全身发热。我在他手下10年,未曾做过一点"图谱"的工作,而当我要离开时,他却如此关怀我、教导我,他对一位青年人是多么关切和爱护啊。他赠我的《中国考古学》讲义和《古文字学导论》,我认真地阅读,珍藏。""我第二天到琉璃厂中国书店找到了商务印书馆发行的万有文库国学基本丛书本胡培翚撰的《仪礼正义》十六册(定价3.80元)。后来我随着知识的增加、研究的深入,知道古代的风俗礼仪、名物制度,都要用《仪礼》的材料来印证,才懂得张先生要我熟悉《仪礼》的深意。"他感叹道:"我一生遇到的好人很多,张政烺先生、……这样毫无保留地关心提携晚辈,令我终身难忘。"[1]

9月13日,著名历史学家杨人楩逝世,终年70岁。

9月18日,张先生以裘锡圭先生对张文《卜辞裒田及其相关诸问题》中有些问题持不同看法,写信向张先生请教,回信给裘

---

[1] 张荣芳:《深切怀念麦老师英豪先生——兼谈广州考古的麦英豪时代》,载广州文博学会编《广州文博——麦英豪先生逝世一周年纪念文集》,文物出版社2017年11月出版。

先生。信中说:"众人是极普通人的称呼。""商代的人都有族的组织,族人即族众即众人。""众人就是劳动群众。""王族多子族都是大族,都有族的组织,有尹和众人。""尹与众人有身份高低之别,尹与尹之间官位大小、走运不走运,都是一丘之貉。"又说,"古典世界情况就很复杂,种田者有自由人、奴隶和界于二者之间的农奴,推想商代也可能是这样"。"在家长奴隶制阶段,奴隶有而不太多,也算家族成员。""'天下为家'后也是这样。"而"族的增长皆是由军事征服来的"。

10月1日,著名历史学家贺昌群病逝,终年71岁。

是年,与标点廿四史·清史稿的同人合影。他们是:张忱石、陈仲安、崔文印、姚景安、孙毓棠、王钟翰、周振甫、王毓铨、启功①、赵守俨、邓经沅、魏连科、吴树平、何英芳、阴法鲁、唐长孺、白寿彝、丁树奇、顾颉刚、萧海、翁独健、陈述、杨伯峻。

1974年(甲寅)　　　63岁

4月,山东临沂银雀山汉简被发现。发现者之一吴九龙先生携带竹简到北京中华书局,找一些正在那里标点二十四史的老专家"掌眼"。第一个见到照片的张先生马上问吴九龙,发现了多少?吴答,几千支。张立即说,太重要了。

是年年初,国家文物局成立了银雀山汉墓竹简整理小组和马王堆汉墓帛书整理小组,这期间专家如唐兰、商承祚、张政烺、

---

① 启功(1912—2005),著名书画家、书画鉴定家、文学史家。字元伯,一作元白。满族,生于北京。长期从事文史教学与研究,曾任教辅仁大学。新中国成立后任北京师范大学教授、中央文史研究馆馆长、中国书法家协会主席等职。精于书画及文物鉴定,任国家文物鉴定委员会主任委员。著有《启功丛稿》《论书百绝》等。并有《启功书法作品选》等多种书法结集。

唐长孺、朱德熙①、罗福颐、杨伯峻、顾铁符、孙贯文、裘锡圭、李学勤、马雍、胡如雷②、曾宪通、于豪亮、周世荣、吴九龙等云集。先在红楼，后来转到故宫城隍庙。大家对先生很尊重，工作的安排、整理组中意见的分歧，往往由张先生定夺。如"《战国纵横家书》原件无书名，唐兰与朱德熙先生对书名有不同意见，最后定为现在所用的书名"③。张先生负责马王堆《老子甲本及古佚书》的释文、标点、校勘和注释，而《老子乙本及古佚书》的释文、标点、校勘和注释则由朱德熙、裘锡圭先生负责。

5月21日，上午，与来中华书局的夏鼐先生晤谈马王堆三号墓竹简。《在长沙马王堆汉墓帛书座谈会上的发言》刊于《文物》1974年第9期。

9月，文物出版社请张先生赴上海指导用珂罗版印刷马王堆帛书，以马王堆帛书整理小组的名义，由文物出版社出版。"成书为八开线装本，两册一函，一册题名为《老子甲本及古佚书》，另一本题名为《老子乙本及古佚书》，书名统称为《马王堆帛书》（壹）。"以作为国庆献礼项目。

9月30日，由于张先生在整理出土文献中贡献卓著，他被邀荣登人大会堂，出席国庆二十五周年的盛大国宴。

---

① 朱德熙（1920—1992），著名古文字学家、语言学家。江苏苏州人。1939年就读于昆明西南联大物理系、中文系，师从唐兰学习古文字学。曾任北大教授、北大副校长兼研究生院院长。毕生主攻汉语语法和古文字。运用西方结构主义语言学原理探讨汉语语法，使该研究领域有重大突破。著有《语法讲义》，合著《语法修辞讲话》。对于战国文字研究也多有创获，曾参与马王堆1号汉墓遣策、银雀山竹简、马王堆3号汉墓帛书、望山简和中山王墓铜器铭文的整理研究。学术成果辑入《朱德熙古文字论集》。

② 胡如雷（1926—1998），著名历史学家。山西定襄人。清华大学历史系毕业。相继在河北邢台师范学校、河北师范学院执教，后调至河北省社科院历史所，任隋唐研究室主任。学术兼职有中国史学会理事、中国唐史学会会长等。致力于中国封建社会的政治、经济和隋唐史研究。著有《中国封建社会形态研究》《唐末农民战争》《李世民传》。发表《时代赋予历史学家的中心使命》等论文五十余篇。

③ 林小安：《张政烺传略》，张世林主编《想念张政烺》，新世界出版社2015年版。

10月，《马王堆汉墓帛书［壹］》一函二册经过进一步的整理修订后重新由文物出版社出版。分为八册。第一册为《老子》甲本及卷后古佚书、《老子》乙本及卷前古佚书全部帛书的影印图版，并有《老子》甲本和《老子》乙本帛书片段彩色图版各一幅；第二册为《老子》甲本释文和注释；第三册为《老子》甲本卷后古佚书的释文和注释；第四、五册为《老子》乙本卷前古佚书的释文和注释；第六册为《老子》乙本的释文和注释；第七、八册为《老子》甲、乙本、傅奕本对照表。这批帛书，对研究我国古代哲学思想、战国至秦汉的历史，探讨西汉初期统治阶级崇尚"黄老思想"的实质，具有重要的价值。

11月12日，下午，参加哲学社会科学部（以下简称学部）老科学家座谈会。由柳一安及余震二同志主持，到会者除张先生外，还有吴世昌、吕叔湘、严中平、王静如、卞之琳、陈元晖、黄洛峰、任继愈、曹葆华、唐弢①、傅懋勣、丁声树、夏鼐。金岳霖②及另一位因病未来。

12月，《历史研究》复刊。

从是年到1978年，张政烺先生在文物出版社主持或参加新出土的山东临沂银雀山汉简、湖南长沙马王堆帛书和湖北云梦睡虎地秦简等的整理工作，做出了重要贡献。

---

① 唐弢（1913—1992），著名杂文家、文学史家。原名端毅。浙江镇海（今宁波市镇海区）人。早年曾在上海邮政局工作。20世纪30年代开始发表散文和杂文。新中国成立后在复旦大学、震旦大学、上海戏剧专科学校等校任教。1959年后调中国科学院文学研究所任研究员，致力于现代文学史和鲁迅研究。著有杂文集《推背集》《海天集》，论文集《海山论集》《鲁迅论集》以及《晦庵书话》等。主编有《中国现代文学史》。

② 金岳霖（1895—1984），著名哲学家、逻辑学大家。字龙荪。湖南长沙人。1914年毕业于清华学校。后去美国留学，获哲学博士学位。从英、德、法、意等国游学回国后，历任清华大学、西南联大教授、北京大学教授、哲学系主任、文学院院长等职。1956年起任中科院哲学研究所副所长、研究员。中科院哲学社会科学部委员。中国逻辑学会会长、名誉会长。所著《论道》和《知识论》，吸收西方哲学成果，结合中国哲学特点，建立了自己独特的哲学体系。所写《逻辑》和主编的《形式逻辑》，对中国逻辑科学的发展和普及做出了贡献。

约是年，张先生在北大红楼与李学勤、舒之梅、顾铁符合影，此谓"红楼整理组"工作照。

1975 年（乙卯）　　64 岁

4 月 16 日，著名目录版本学家王重民遭受迫害，在颐和园自缢故去。终年 72 岁。

6 月 29 日，邓小平同志指示国务院政治研究室代管哲学社会科学部，并指示胡乔木在哲学社会科学部组织创办《思想战线》。

7 月，国务院确定学部体制，中央派来以林修德为首的临时领导小组。

7 月，标点本《金史》全 8 册（含《金史》校勘记，《金史》第 1—135 卷每卷末），由中华书局出版。标点《金史》期间，他曾对吴荣曾先生说："标点工作收获很大。由此了解到女真人的习俗、制度和《周礼》中所记者相合的不少，证明中原的华夏族和有的北方民族，在其相近的历史发展阶段具有相似的面貌。"先生看重《周礼》的想法，自然也影响了不少的后学者。近几十年来，大家常依靠《周礼》去释读金文或秦简，取得了很好的效果，这里也有先生引导之功。

7 月 9 日，在灯市口遇顾颉刚先生夫妇和白寿彝先生。

8 月 30 日，国务院发出关于恢复哲学社会科学部工作的文件，以林修德为组长的临时领导小组根据国务院指示，组织哲学社会科学部各研究所着手制订 1976—1980 年五年规划要点。

11 月 22 日，在文物出版社，与顾铁符[①]先生一起整理马王堆

---

① 顾铁符（1908—1990），著名考古学家。江苏无锡人。先后在中山大学文学院、中南军政委员会文化部文物科、武汉大学、文化部文物局、故宫博物院任职。曾当选中国考古学会理事。长期从事文物古迹的野外考察工作，并倡导楚文化研究。著有《楚国民族述略》和学术论文集《夕阳刍稿》。

帛书中的《周易》和《星占》。来访的夏鼐先生将吐鲁番出土的黄道十二宫图给张先生、顾先生看，二位先生都认为书体是唐代初期的，边区落后，可以晚到晚唐或中唐。

是年，任《汉语大字典》和《汉语大辞典》学术顾问。

约是年，有一天，历史所王宇信交给陈绍棣一篇文稿，可能是《自然科学史研究》杂志编辑部请张先生审的稿件。陈把此稿呈张先生。十天左右，张先生还给了陈。陈看见文稿上增添了用红笔写的二三百字，还改了原稿错的标点符号和错别字。此类的事还有很多。其中"有这样一件令人深思的事例，南方某省一位作者投稿文物编辑部，编辑请先生审阅，看后觉得稿件材料不足，写得也相当粗糙，先生便带回家查找了许多材料，写了一大篇修改意见，连同材料一起请编辑部转交作者。作者接到修改意见和材料后，把自己的小文扩展成了一本书出版，书中竟然未提一句先生对他的帮助。另一位学者，为写书到张先生家，一方面利用先生的藏书；另一方面向先生讨教观点。连续多天，一天都是几个小时。先生不厌其烦，从书房进进出出，从书架爬上爬下，仔细寻找材料，耐心解说观点。那位学者出了书，赢得了名声，但并没讲过先生的辛苦。有人就此二事问先生，先生回答：'书出来就好！'表示自己对这件事的态度。这种为他人作嫁衣的'无效劳动'不知有多少，但先生从不为此而拒求教者于门外"①。

1976年（丙辰）　　　65岁

《何尊铭文解释补遗》刊于《文物》1976年第1期。

2月4日，下午，与夏鼐、顾铁符及新疆来的穆舜英、吴震等先生在文物局楼上交谈。

---

① 张永山：《真诚求实是为人为学之本——我认识的张政烺先生》，张永山编《张政烺先生学行录》，中华书局2010年版；孙言诚：《张政烺先生的学问和人品》，张世林主编《想念张政烺》，新世界出版社2015年版。

5月13日，下午，在国家文物局，与夏鼐先生、顾铁符先生交谈。

5月19日，上午，在文物局，与夏鼐先生、顾铁符先生讨论山西临县出土的铜戈铭文。

7月26日，在文物局，与顾铁符先生同来访的夏鼐先生晤谈，并告知河北定县中山王墓烧焦木简中有《论语》及《六安王朝五凤二年正月起居记》。

9月9日，伟大领袖毛泽东逝世，终年83岁。

10月6日，"四人帮"被粉碎，"文化大革命"结束。后闻之，大喜欲狂。

10月8日，整天参加整理祖国天文学史小组召开的讨论殷代天文问题座谈会。到会者还有夏鼐、唐兰、胡厚宣、李学勤、史树青[1]等先生。

10月9日，中央宣布二项决定：出版《毛泽东选集》第五卷和筹备出版《毛泽东全集》，建立毛主席纪念堂。开会讨论。又传达中共中央15号文件。

10月11日，学习党中央两个决定，昨天两报一刊社论及中央第15号文件（华国锋任中共中央主席及中央军委主席）。

1977年（丁巳）　　66岁

《春秋事语解题》刊于《文物》1977年第1期。

此文从帛书"书法由篆变隶，不避汉高帝刘邦的讳"，认定它"当是秦末汉初的写本"。再来解题。全书存十六章，每章各记一

---

[1] 史树青（1922—2007），著名文物鉴定学家、历史学家。河北乐亭人。1945年毕业于北平辅仁大学中文系，后攻读该校史学研究生。1949年进入中国历史博物馆任职，1955年参加第四届考古工作人员训练班。曾任中国考古学会理事会理事。主要从事中国文物考古及博物馆学研究。著有《长沙仰天湖出土楚简研究》《应县木塔辽代秘藏》（合著）、《清代学者法书选集：小莽苍苍斋藏》《中国文物精华大辞典·金银玉石卷》（主编）、《鉴古一得》《中国历史博物馆藏法书大观》等。

事。记事最早的在前712年，最晚的在前453年。属于春秋时期。每章记言都多于记事，"内容既有意见，也有评论"，"重点不在讲事实而在记言论"。这在春秋时期的书籍中，其体裁称为"语"。所记的事没有多少新东西，"所记的'语'就是当时通行的议论，也是统治阶级的正统观点"。所以它是一种道德和政治课本，用以教太子之书。先生还从三章"闵子辛闻之曰"判断，是闵子辛在作史论，类似《资治通鉴》的"臣光曰"、《纲鉴易知录》上的眉批，推论此书和闵子辛关系密切，也可能此书的编者就是闵子辛的门徒。至于此书的史料价值，先生以《燕大夫章》为例，说"帛书所记燕国和晋国发生战争，晋人侵燕南，则其地当在北方。观其称文王、武王为先王，行周人之礼，也证明了当是北燕"，因它"被九河阻隔，春秋时没有参加中原诸侯国会盟"，所以不见于记载。这条史料"画龙点睛，增加了我们对春秋时期的燕国的认识"。最后，先生指出该书在文字训诂和校勘上有可贵的价值。

2月24日，上午赴科学会堂，参加度量衡图录讨论会。外地来的有上海杨宽、马承源①，广州商承祚，北京的有二十余人，故宫唐兰、杨伯达、罗福颐、巫鸿，历博王振铎、史树青，北大俞伟超②、朱德熙、裘锡圭，历史所李学勤、马雍，地理所黄盛璋，考古所夏鼐、王世民，文物出版社阎清，计量局顾懋森、丘隆、

---

① 马承源（1927—2004），著名考古学家、博物馆学家。浙江镇海人。1952年毕业于上海大夏大学历史系。1954年调入上海博物馆任职，1985年任馆长。自学成才，曾任中国考古学会理事，中国博物馆学会副理事长。毕生从事青铜器与铭文，以及简牍的鉴定和研究。主编有《上海博物馆藏青铜器》《商周青铜器纹饰》《商周青铜器铭文选》《中国青铜器全集》，主要论文收入《马承源文博论集》和《中国青铜器研究》。

② 俞伟超（1933—2003），著名考古学家。江苏江阴人。1954年北京大学历史系考古专业毕业，进入中国科学院考古研究所（1977年改属中国社会科学院）工作。1957年攻读北京大学历史考古专业研究生，1961年获副博士学位，并留北京大学任教。1985年进中国历史博物馆，1987年任馆长。历任中国考古学会理事、常务理事、副理事长。致力于先秦两汉考古和考古学理论与方法，并主持开发中国水下考古和航空考古。著有《三门峡漕运遗迹》（主编）、《先秦两汉考古学论集》《中国古代公社组织的考察》《考古类型学的理论与实践》（主编）、《考古学是什么》《古史的考古学探索》等。

丘光明、孟昭行、汤冠英。

3月18日，全国科学大会在北京召开，学界倍感振奋，奔走相告，迎接科学的春天。张先生曾留下一幅字"不敢妄为些子事，只因曾读数行书，严霜烈日俱经过，次第春风到草庐"① 其中"春"字写得特别大，神采飞扬，总使人感觉正是此时所书。

5月7日，中国科学院哲学社会科学部改为中国社会科学院，其地位同于中国科学院，相当于部委一级单位。历史研究所成为中国社会科学院的下属机构之一。从这年起，张政烺先生先后任物质文化研究室、古文字与古文献研究室主任。

7月26日，上午，全所大会传达三中全会文件。

7月28日，与夏鼐先生商谈关于接待日中友协第五次访华代表团的史学座谈会事。

7月30日，参加在北京饭店召开的座谈会，闻分国际政治、历史考古、文学、工学及经济学等组。历史考古组由夏鼐主持，日方出席者四人：河部利夫（东南亚史），冈崎敬（考古），山口光朔（日本近代史，思想史），森木达雄（印度思想史）。我方出席者除张先生外，还有历史所卢钟锋，考古所安志敏、王仲殊，近代史所余绳武、丁名楠，世界史所丘立本，哲学所方昌杰，宗教所黄心川、谢雨春，北大亚非研究所张光珮，对外友协韩炳培、张和平等。9时开始，由夏鼐致辞，然后互相介绍姓名，日方四位分别介绍本人及其专业，11时3刻结束。12时在北京饭店友谊厅设宴招待，由廖承志同志作主人，共三桌，作陪者有张香山、孙平化等同志。廖承志同志及蜡山团长分别致辞，2时余始散。

8月16日晚，出席日中友好国民协议议会访华团在帅府园北京烤鸭店的回请。赴席的还有张香山、王晓云、夏鼐先生等。

---

① 罗琨：《记忆中的一串珍珠——纪念张政烺先生》，张永山编《张政烺先生学行录》，中华书局2010年版，第86—88页。

8月17日，偕夏鼐先生赴机场送日中友好国民议会访华团离京经上海返国。

8月21日，院临时领导小组率领全院职工游行庆祝中国共产党第十一次全国代表大会胜利召开。下午召开全院庆祝大会，院临时领导小组组长、十一大代表林修德讲话。

9月10日，上午赴公安部礼堂，参加院部组织的毛主席逝世一周年纪念会。院临时领导小组组长林修德代表临时领导小组讲话。下午，参加中国社会科学院考古所学术座谈会，在杨宝成先生作殷墟平民墓地报告后，发言。发言的还有唐兰、邹衡、马雍、裘锡圭、李学勤诸先生。

9月，张政烺先生参与的《睡虎地秦墓竹简》线装本由文物出版社出版。

10月1日晚，与夏鼐、吕叔湘先生等一起去天安门观礼台观放礼花。传收到请柬的有五六十人，到院部集中坐车的只有21人。

11月26日，中央任命胡乔木[①]为中国社会科学院院长，邓力群、于光远为副院长，至1982年5月13日。以胡乔木为院长的首届院领导，工作卓有成就。这一时期是中国社会科学院大发展时期，不仅全面恢复了"文化大革命"前哲学社会科学部的研究机构和科研工作，而且进行了开创性的工作，为中国社会科学院的建设和发展奠定了坚实的基础。胡乔木同志主持制订了社科院科研工作的方针任务，明确提出要以马列主义、毛泽东思想为指

---

① 胡乔木（1912—1992），著名无产阶级革命家、理论大家。原名鼎新。江苏盐城人。清华大学、浙江大学肄业。1932年加入中国共产党。1935年任中国社会科学家联盟书记、中国左翼文化界总同盟书记。1941年起任毛泽东秘书、中共中央政治局秘书。1948年后任新华通讯社社长。新中国成立后，任政务院新闻总署署长、中宣部副部长、中共中央副秘书长、人民日报社社长。1975年后任国务院政治研究室负责人、中国社会科学院院长、名誉院长，毛泽东著作编辑出版委员会办公室主任，中共中央党史研究室主任等职。参与起草了《关于若干历史问题的决议》《关于建国以来党的若干历史问题的决议》等重要文件。著作编为《胡乔木文集》等。

导，研究中外历史和现状，研究社会科学各门学科的基础理论，特别着重研究中国社会主义现代化建设的理论问题和实际问题，通过科学研究，为我国社会主义现代化建设服务，当好党中央、国务院的参谋和助手，并繁荣发展社会科学。[1]

是年，中国科学院考古所在中国历史博物馆（今国家博物馆）办了一个考古新发现的小规模展览，其中有殷墟妇好墓的文化遗物等。展出之前张先生曾到考古所去观摩妇好墓的文化遗物，认为墓中所出铜器有早晚之别。

1978年（戊午）　　　67岁

1月13日，下午，作为国家文物局出土文献整理小组的成员与夏鼐先生谈话。参与的有于豪亮先生、李学勤先生及李征等。

2月5日，赴八宝山参加赖家度先生遗体告别会。遇及夏鼐、白寿彝、史树青、贾敬颜等先生。

《利簋释文》刊于《考古》1978年第1期。

利簋是目前所知最早的一件西周青铜器，其铭文言及武王克商事，十分重要。铭文中最难解释的是"岁鼎"，以为周武王陈师牧野，面对强大敌人，不容再迟疑，只能决战，似无再贞卜鬼神之余地，文义又非倒述兴师前之预卜，确定此"鼎"字不作贞卜讲。"岁"也只能是指岁星，"鼎"从音上可读为"丁"，其义即"当"。这样"岁鼎"可理解为岁星正当其位，正可与《国语·周语下》韦昭《注》中讲到，武王伐纣，岁在鹑火之次，是为周之分野相吻合，是周人认为克商时岁星所在位置宜于征伐商人。此虽为古代兵家迷信，但在当时被认为是武王征商取胜的条件与精神力量，故克商后还郑重写入铭文。而同时符合岁在鹑火的天象与《逸周书·世俘解》所载武王伐商在二月初的甲子日这两个条

---

[1] 中国社会科学院院史研究室：《中国社会科学院编年简史》，社会科学文献出版社2012年版，第6页。

件的年份只有公元前1070年最为妥当，故张先生认为武王克商即在此年。① 但交稿时又想到这个问题事关重大，关系到西周王朝各个王世的终始之年，还有待斟酌，所以删去了。

春，与杨伯峻先生共同指教合肥安徽大学蓝永蔚先生著《春秋时期的步兵》。该书于1979年由中华书局出版。

6月12日，中国科学院院长、哲学社会科学部委员、主任、历史研究所所长郭沫若先生逝世，终年86岁。

6月13—19日，中国社会科学院在天津召开全国历史学规划座谈会。到会的有全国各省、市、自治区（除西藏、台湾）历史研究机构，高等院校历史系的负责人和历史学界知名学者170多人。与会人员对《历史学三年、八年规划纲要》（讨论稿）进行深入细致的讨论，从研究领域、研究课题、研究队伍、研究组织等方面提出了积极建议和修改意见。与会者认为，摆在史学研究工作者面前的任务是，高举毛泽东思想伟大旗帜，紧紧抓住揭批"四人帮"这个纲，拨乱反正，正本清源，迅速清除"四人帮"搞的影射史学，改变史学研究工作的落后面貌，把历史研究搞上去。②

6月，张政烺先生在答《人民教育》记者骏征问时说：裘锡圭在出土文献整理工作中"出力最大，贡献最大，水平最高。他不但做好分内的工作，分外的工作他也很关心。""说到这里，他拿出一本一九七六年第六期《文物》，翻到第十四页，指给记者看说：'湖北云梦睡虎地发现一批秦代竹简，其中有一卷叫作《为吏之道》。《为吏之道》里有一篇是讲《魏户律》的。其中有一句话译作：乃署其籍曰：故某虑赘壻某，更之乃孙。'怎么也讲不通。后来裘锡圭看到这期《文物》上登载的《魏户律》的这句话，发

---

① 参考刘源《张政烺先生的金文研究》，张永山编《张政烺先生学行录》，中华书局2010年版。

② 中国社会科学院院史研究室：《中国社会科学院编年简史》，社会科学文献出版社2010年版，第20页。

现有两个字释错了：'虑'字应作'间'，'更'字应作'叟'，逗号应去掉，这样就讲通了。他发现以后，马上告诉别人。他关心同志，关心科学，有关必攻。"①

6月23日，下午，夏鼐先生约张政烺先生写稿——《郭（沫若）老对于金文研究的贡献》，并向傅学苓先生打听郭老著作出版情况，知《卜辞通纂》即于月底付印，《考古论集》已集稿完竣，图版未齐，不久即可付印。

6月24日，偕李学勤先生赴湖北随县，指导曾侯乙墓出土文物的整理研究工作。

7月17日，上午，与夏鼐、王世民、李学勤先生等九人赴石家庄。上午10时赴火车站，10时29分开车，下午3时抵达，下榻省招待所。稍憩，在陈应祺先生陪同下，观"中山国墓出土文物展览"。晚上观看电影《生死牌》《刘毅传书》。

7月18日，上午赴展览馆继续参观中山国墓出土文物。下午赴正定参观隆兴寺（俗称大佛寺），为宋代建筑。并与李学勤、王世民、卢善焕、朱国炤、师勤、陈绍棣合影留念。

7月19日，与夏鼐、李学勤、王世民等先生参加座谈会，就中山国墓有关问题，如年代、民族、墓主人及今后整理等问题，谈了两小时。午饭后与夏鼐先生等去瞻仰烈士公园，有白求恩、柯棣华等国际友人墓，及冀中军区烈士骨灰。并与夏鼐、王世民、朱家源、朱国炤、卢善焕、黄振华、陈绍棣、师勤合影留念。

8月19日，我院给中央宣传部并国务院呈报《关于建立中国社会科学院研究生院的请示》。8月21日，叶剑英、邓小平等中央领导同志予以批准。1978年正式招生，择优录取了448人。至2006年共招生24届博士生，26届硕士生，培养博士生2087名，

---

① 《人民教育》记者骏征：《锲而不舍，金石可镂——记北京大学中文系古典文献专业副教授裘锡圭》，《光明日报》1978年6月29日。

硕士生3649名。①

8月19日，张先生之子张极人自东北来顾颉刚先生家。

8月22日，著名哲学家杨荣国逝世，终年71岁。

9月，作《中山胤嗣䚄盗壶释文》，载于《古文字研究》第一辑，中华书局，1979年8月版。

与李学勤先生任中国社会科学院研究生金文专业研究生导师。其弟子刘翔来京。

9月11—27日，"经党中央、国务院批准，我院和教育部在京联合召开全国哲学社会科学规划会议预备会。胡乔木、周扬、宦乡和教育部副部长刘西尧出席会议并讲话。于光远对会议作总结报告"②。

10月15日至11月17日，以余英时为团长的美国"汉代研究代表团"访华。10月18日，"汉代研究代表团"成员同云梦竹简研究小组、马王堆帛书研究小组及临沂汉简研究小组进行全天讨论。张先生参加了全天讨论，与余英时、瞿同祖、尹达、于豪亮、高恒、刘海年、李学勤、林甘泉、傅汉斯、Derk. Bodde、Patricia Berger、Jeffrey K. Riegel、John S. Major、Jack Dull、Frederick W. Mote合影。

10月21日，张先生为全所讲中国古代的书（之一）："甲骨文不是书"，"最早的书是竹简"，"帛书"。

10月27日，郭沫若著作编辑出版委员会在北京成立，周扬任主任。

10月，由郭沫若主编、胡厚宣为总编辑、历史研究所先秦史研究室编辑的甲骨文资料汇编《甲骨文合集》，经过近20年的编撰，陆续出版。1978年10月开始出版，到1983年全部出齐，共13册。该书荣获全国首届古籍整理图书特别奖，首届国

---

① 《中国社会科学院编年简史》，第25页。
② 同上书，第27页。

家图书奖荣誉奖等多种奖励。① 张先生作为《甲骨文合集》编辑委员会的委员之一，与其他编委、专家"无论在会议内外，对《合集》工作都给予大力的协助和支持，在编辑工作上，并不断提出一些宝贵意见"②。受到《甲骨文合集》编辑组的特别感谢。

11月4日，讲中国古代的书（之二）：《七略别录和汉书·艺文志》。

11月9日，作《释〈它示〉——论卜辞中没有蚕神》，载于《古文字研究》第一辑，中华书局1979年8月版。

该文指出，"今观其字形绝不像蚕，头大颈细，头与身有明显的区分，身上似有鳞纹，而尾巴是弯曲着，皆与蚕形不同"。在该文中，张先生还考证"它示"即"二示"，和"元示""大示"相对，指旁系先王。其见解精辟，故为大多数学者采纳，已成定论。

11月14日，中国社会科学院党组再次向中央宣传部并党中央呈报《关于郭沫若著作编辑出版委员会和筹建郭沫若纪念馆的请示》，建议将"《郭沫若文集》编辑出版委员会"改为"郭沫若著作编辑出版委员会"；建议以郭沫若故居为馆址筹建郭沫若纪念馆。③

11月18日，讲中国古代的书（之三）：《熹平石经》和《用纸写书》。

11月27日，作《中国古代的书籍》，载于《张政烺文史论集》。

11月29日至12月8日，在长春南湖宾馆参加吉林大学中国古文字学术讨论会。他向大会提交了三篇论文，即《中山王䕫壶

---

① 《中国社会科学院编年简史》，第31页。
② 胡厚宣：《甲骨文合集》序，《甲骨文合集》第一册，中华书局1982年版。
③ 《中国社会科学院编年简史》，第24页。

及鼎铭考释》《中山国胤嗣𡚽𥂴壶释文》《释〈它示〉——论卜辞中没有蚕神》。会议期间，"他发表了'古代筮法与文王演周易'学术报告①，他讲得很流畅，有据有理，条理清晰，语言平缓，听他讲话的人，都屏住了呼吸，他越讲，会场愈益平静到掉一枚针，也能听出声音来；他通过这个讲话，将徐锡台称之为'奇字'的'字'，释为易卦符号。他讲完后，会场平静片刻之后，忽然爆发出热烈的掌声。这掌声，是这次会议最热烈、最持久的掌声。接着张颌②、洪家义先生等人先后发言，均支持张先生的认识，认为张先生是做大学问的。张政烺先生的这个学术报告，是这次古文字学术讨论会的最大也是最灿烂的亮点，是这次会议的一个最大的收获"③。此外，他还就如何开展古文字研究工作和培养队伍等问题，向新华社记者谈了自己的建议。中国古文字学术研究会成立，张先生被推选为会议领导小组成员和理事会理事。

11月，张政烺先生参与的《睡虎地秦墓竹简》平装本由文物出版社出版。其注译多引用了张先生的研究成果。

是年，罗琨写了一篇《论历组卜辞的年代》，请先生审阅。阅后，先生写出书面意见，给以大力的鼓励和推荐，说"写得很好"，希望"能很快发表出来"，同时对不足之处提出明确的修改意见。

是年，中国社会科学院研究生院成立，研究生院下设历史系，由院、所双重领导。张政烺先生担任历史系兼考古系的导师。他先后为硕士生、博士生开设的课程有：版本目录学、古文字学、

---

① 他发言的头天晚上，偶然地向邹衡先生要了一盒火柴，他一向不抽烟，邹不知他何用。次日邹才知道，他是用来摆弄八卦，准备做那次精彩的发言。

② 张颌（1920—2017），著名考古学家、古文字学家。山西介休人。曾任山西省文物工作委员会副主任，山西省考古研究所所长、名誉所长。是中国考古学会理事。从事古文字、晋国史、钱币研究。主持山西侯马东周晋国遗址发掘。著有《侯马盟书》《侯马盟书丛考续》《张颌学术文集》等。

③ 张忠培：《为天地立心，真诚求实的学者——记张政烺先生二三事》，张世林主编《想念张政烺》，新世界出版社2015年版。

中国古代史、金史、古文献学等。

与李学勤先生任中国社会科学院研究生院78级中国古代史专业硕士研究生吕宗力、孙言诚的导师，任历史文献学专业硕士研究生刘桓的导师，与徐中舒先生、李学勤先生任古文字学专业硕士研究生王培真的导师，任考古学专业硕士研究生林小安的导师。学制均为三年。后来吕对秦汉谶纬、舆论、神学等专题研究较深，著有《汉代的谣言》（2011），与栾保群校点《日知录集释》（2013），与栾保群编《中国民间诸神》（2011），主编《中国历代官制大辞典》（2015）。发表论文《汉代的谎言与讹言》（2003）、《汉代"妖言"探讨》（2006）等数十篇。现为香港科技大学教授。孙在秦汉垦荒上有新见，现为齐鲁书社总编辑。合著有《中国屯垦史》（获奖）。王致力于创建私人博物馆和书法艺术，著有论文《好太王碑原石拓片的新发现及其研究》等数篇。编选出版《四山摩崖刻经》《新编龙门五十品》《双碑刻十种》《唐碑刻十种》《晋唐名贴四十五种》《造像书法精选》五册、《墓志书法精选》十册等近百种（册）石刻文字图集。参加编著《金石家书法集》《中国书法鉴赏大辞典》《中国大书典》《古玩辨伪图说》等并担任副主编；合著《甲骨文字典》等。"林小安先生在武丁时代战争卜辞、历组卜辞时代问题上有深入研究。"著有《再论"历组卜辞"的年代》《武丁晚期卜辞考证》《中国古史的传说时代刍议》等论文十余篇。现任故宫博物院研究员。"刘桓先生则致力于甲骨文字考释，著有《殷契存稿》《甲骨集史》《殷契新释》等书，颇多创见。"[1] 现任职于北京大学文化遗产学院。

是年，张先生称北京大学中文系古典文献教研室教师裘锡圭先生学术水平不比自己差，力挺裘锡圭先生晋升副教授。

是年年底，为中国社会科学院考古所著《小屯南地甲骨》

---

[1] 宋镇豪、刘源：《历史研究所甲骨学六十年》，载中国社会科学院历史研究所编《求真务实六十载——历史研究所同仁述往》，中国社会科学出版社2014年版。

上册无偿审稿，肯定该书《前言》写得不错，认为甲骨出土概况一章中介绍甲骨出土的几种情况并配上典型甲骨坑、甲骨出土时的线图与照片，这样使读者对甲骨出土的情形能有具体的了解。地层堆积与甲骨分期一章中，从甲骨所出的地层关系与共存陶器将小屯南地分为早、中、晚三期，并对早、中、晚三期甲骨进行分析，特别是对早期的地层灰坑中出土了㠯组、午组卜辞甲骨进行探讨，说明它们应是武丁时的卜辞，这就将学术界长期争论的"文武丁卜辞之谜"基本得到解决。并从"该书的思路想法、章节结构、资料运用、学科互补以及与前辈学者著作的比较"，对编著者给予了充分的肯定和鼓励。张先生说："主编《甲》《乙》编的董作宾先生，主持参加了几次殷墟发掘后便离开田野工作，专门从事甲骨文的整理研究，而后来长期从事殷墟发掘的石璋如先生虽发掘了许多甲骨，但他不大熟悉甲骨文，主要从事田野考古资料的整理研究。他们二位都是大家，写了很多论著，作出很大成绩，但可惜他们各把一摊，各搞各的。你们甲骨组有的同志（指刘一曼与曹定云）既亲自发掘了这批甲骨，现在又参与整理，你们几个都是学考古的，熟悉殷墟考古资料，能将殷墟文化分期与甲骨文分期相结合，互相参照，你们对甲骨分期的看法是很有说服力的。"张先生还认为，《屯南》上册拓片依灰坑、房基址、墓葬、探方等为序排列，在同一个单位，又依甲骨出土的原编号来排列，这点也比《甲》《乙》编图版编排更科学些。表现了高度负责精神和一丝不苟的学风。张先生还对学术界关于"历组卜辞"的分歧谈了自己的看法。张先生对《小屯南地甲骨》的作者刘一曼[①]等说："'历组卜辞'属于武乙、

---

① 刘一曼（1940— ），知名考古学家、甲骨学家。广东佛冈人。1962年北京大学历史系考古专业毕业，同年考入中国科学院考古研究所（1977年改属中国社会科学院）研究生班，毕业后留所。长期从事安阳殷墟考古发掘和甲骨文研究。合著《小屯南地甲骨》《殷墟花园庄东地甲骨》《殷墟的发现与研究》以及《中国古代铜镜》等。

文丁时代,我完全支持你们的看法。如果把'历组卜辞'都提到武丁、祖庚时代,那么武乙、文丁卜辞就抽空了,而武乙、文丁这两个王,有好几十年,留下的刻辞甲骨数量应是不少的,这该如何解释?"他又进一步分析说,在商代,异代同名是很普遍的社会现象,除了刘一曼等在《屯南·前言》提到的,他又举了雀、望乘、子渔、子效、帚井等十多例,又举了一些卜人,如永,见于一期、五期,囗、大、一、二、三期都有的例子。张先生特别强调"要把卜辞中这么多异代同名的人物都并成一个人是不可能的。殷代存在着许多氏族,世代在商王朝任职。卜辞中出现的这些名字,许多是氏族名"。张先生对异代同名的看法,后来发表于他的《妇好略说》一文中(见《考古》1983年第6期)。[1]

1979年（己未）　　　　68岁

1月11日,著名古文字学家、历史学家唐兰逝世,终年78岁。

1月19日,到八宝山参加唐兰先生追悼会。8时30分开始。由国家文物局长王冶秋先生主持,故宫博物院副院长萧正文致悼词。参加追悼会的二三百人。其中包括全国政协副委员长王首道、故宫博物院吴仲超院长、中国历史博物馆杨振亚馆长等。

1月20日,夏鼐先生来建外永安里宿舍探访,请其为唐兰先生写传事及研究生导师问题。

3月12日,夏鼐先生来访,与之讨论敦煌星图甲、乙本的年代问题,并请其后天参加中国社会科学院考古所学术委员会成立会议。

3月14日,与裴文中先生、宿白先生等所外专家,参加考古所学术委员会成立会及第一次会议。委员12人。选出主任(夏鼐)及副主任(裴文中、王仲殊),通过考古所当年工作计划。

---

[1] 刘一曼:《难忘的教诲——忆张政烺先生》,张永山编《张政烺先生学行录》,中华书局2010年版。

又通过孙贯文为特约研究员。

3月15—18日，全国哲学社会科学规划会议筹备处在北京举行社会学座谈会。会议由我院副秘书长梅益主持，院长胡乔木、副院长于光远出席会议并先后讲话。

《关于"肖田"问题——答张雪明同志》，载《武汉大学学报》（哲学社会科学报）1979年第1期。该文是对《武汉大学学报》1978年第4期，登载张雪明同志的《释尼田——与张政烺同志商榷》的回答。依该文顺序谈了几点，重点是驳张雪明的《尼田说》。先生认为农历十一月与十二月之间，即十一月下半月和十二月上半月，"这时天气最冷最干，草木容易折断，害虫卵容易消除"，古人"选择这个时间砍伐草木"，"据现有材料知道从商王武丁到东周，六七百年都是如此"。而如果说其时"肖田是送粪或施肥，则很难理解。数九寒天，大风飞扬，雨雪交加，地冻路滑，这时送粪到田间，既不便封存，也不适于分撒，无论是屎是溺都会损耗，如果是施肥，劳动既艰辛，效果也不一定好"。

3月24日—4月2日，中国社会科学院历史所在成都主持召开中国历史学规划会议。全国140多个单位的281位代表出席了会议。历史所副所长梁寒冰致开幕词，我院副秘书长梅益、《历史研究》总编辑黎澍、四川省省委副书记杜心源发表讲话。①

3月30日，夏鼐先生来访，劝其仍按计划明日赴陕。

3月31日，赴车站，去西安。同行者有胡厚宣、石兴邦②、

---

① 《中国社会科学院编年简史》，第40页。
② 石兴邦（1923— ），著名考古学家。陕西耀县人。1949年南京大学边政系毕业，后为浙江大学人类学研究所研究生。1950年起先后在中国科学院考古研究所（1977年改属中国社会科学院）和陕西省考古研究所、陕西省博物馆、陕西省文物管理委员会任职。历任陕西省考古研究所所长、陕西省社会科学院副院长兼陕西省考古研究所名誉所长、中国考古学会理事、常务理事。学术贡献主要在建立中国史前考古学体系和中国氏族社会的考古学研究等方面。曾主持西安半坡遗址、山西沁水下川遗址等重要遗址的考古发掘。主编《西安半坡——原始氏族公社聚落遗址》《临潼白家村》，著有《黄河流域原始社会考古研究上的若干问题》等。

黄展岳[①]、夏鼐、裴文中、李有恒等先生。

4月1日，在火车中与夏鼐、裴文中、胡厚宣先生闲谈。下午2时半抵西安，下榻人民大厦前楼。

4月3日，上午9时，出席全国考古规划会议开幕式。出席会议的著名考古学家还有夏鼐、于省吾、商承祚、裴文中、胡厚宣、王振铎、常书鸿、宿白、安志敏、邹衡、俞伟超等。夏鼐先生为主席，致开幕词，然后有梅益、章泽、陈滋德讲话，最后由安志敏做规划纲要的说明，即行散会。下午参加分组讨论。晚间观电影《没有说完的故事》和《驯虎记》。

4月4日，上午讨论规划纲要。下午继续讨论。

晚间，参加考古学会筹备委员会会议，通过会章草案及大会主席团候选人名单。

4月5日，上午继续讨论规划纲要。下午听大会发言，发言者有俞伟超、沈之瑜、邹衡、张忠培、梅福根、沙比提、林向、王承礼、彭适凡、李辉柄、陈国强等，共11人。晚间看电影越剧《碧玉簪》和印度片《两亩地》。

4月6日，张政烺先生参加中国考古学会成立大会，参与商讨中国考古学的大课题。开会前，张先生挥毫题字。题字的还有于省吾、商承祚、王振铎、陈乔、李尔重、王修等。选举主席团及正副秘书长。安志敏、张禹良为正副秘书长。听著名古文字学家于省吾致开幕词、来宾（陕西省委书记李尔重同志、中国社会科学院副秘书长梅益同志、南京史学会会长韩儒林教授、陕西史学会会长史念海教授）讲话。听夏鼐先生作报告《我国考古工作的巨大成就和今后的努力方向》，裴文中先生作《考古学会会章草案

[①] 黄展岳（1926— ），著名考古学家。福建南安人。1954年毕业于北京大学历史系考古专业，进入中国科学院考古研究所（1977改属中国社会科学院）任职。主要从事汉唐考古学研究，参加或主持洛阳、黄河水库、西安、昆明、广州等地的考古发掘。曾任《考古学报》副主编。是中国社会科学院荣誉学部委员。著有《西汉礼制建筑遗址》，合著《西汉南越王墓》《长沙马王堆一号汉墓》。

的说明》。散会后，在人民大厦前楼的广庭合影。下午参加分组讨论。

4月7日，前往临潼参观。晚间，在东楼会议室看放映《琢玉工艺》及《原始制陶工艺》。张先生可能去看。

4月8日，参观汉长安城武库工地（也可能是赴昭陵、乾陵与咸阳）。

4月9日，赴周原参观岐山发掘工地，看到许多大板瓦，似有刻划不清的易卦。次日傍晚返西安。晚间电影晚会，有《随县曾侯乙墓》（音乐录音及电视片）、纪录片《古城西安》，及日本教育片《绳纹文化》。

4月11日，上午参加主席团会议，通过会章草案、名誉理事和理事候选人名单。然后去参观临潼秦俑坑，出来后到临潼文化馆参观，并为秦兵马俑馆题字留影，接着到华清池休息，用午餐。与夏鼐、胡厚宣、顾铁符等同志登高，但只到飞虹桥，没有去捉蒋亭，却看了西安事变现场的五间厅503号，即蒋介石下榻处。

4月12日，上午，中国考古学会成立大会闭幕。会上进行了广泛的学术交流，宣读和收到论文82篇。大会以无记名投票方式，选举产生由64人组成的中国考古学会第一届理事会，推举夏鼐为理事长，裴文中、尹达、苏秉琦为副理事长，王仲殊为秘书长。张政烺先生当选常务理事。讨论事项：①为台湾的考古工作者保留若干理事名额；②规定会费；③明年开会地点与时间（湖北省愿承担）；④论文集编委及会刊编委：王仲殊、安志敏、宿白；⑤会徽由中央美院金维诺[①]负责征求图案；⑥大百科全书编委

---

① 金维诺（1924— ），著名美术史学家。湖北鄂州人。毕业于武昌艺术专科学校艺术教育系。曾任中央美术学院美术史系主任，主编《美术研究》《世界美术》。是中国考古学会理事，敦煌吐鲁番学会常务理事、副会长。致力于美术史研究和教学。著有《龙门石窟》《中国美术史论集》《中国古代佛雕》，主编《中国美术全集》中的《隋唐五代绘画》《寺观壁画》《原始社会至战国雕塑》等。

会筹备组，决定承担任务，由常务理事会决定人选及进行日程，然后散会。晚饭后观秦剧《赵氏孤儿》。

4月，张政烺先生与胡厚宣先生、于省吾先生赴陕西省宝鸡市周原博物馆观看西周史墙盘，并合影。中国考古学会会议间隙，张政烺先生同夏鼐、胡厚宣、于省吾、商承祚、常书鸿等先生合影。

4月13日，晨间与于省吾、夏鼐、王振铎等同志离陕返京。

约4月底，被聘为中国社会科学院研究生院导师。

4月30日，参加招待西德考古代表团宴会。傍晚，与来访的夏鼐先生、安志敏先生稍谈。

5月4日，历史所建立学术委员会，主任委员为侯外庐，副主任委员为尹达、白寿彝，委员21人。张先生任委员，直到1993年。

5月21日，写完《周厉王胡簋释文》，载《古文字研究》第三辑，中华书局，1980年11月版。该文"侧重在训诂方面，务通其读"。结尾论证今本《竹书纪年》记载周厉王"十二年，王亡命彘"，绝不可信。

6月，作《唐兰〈古文字学导论（增订本）〉出版附记》，载于《古文字学导论（增订本）》，齐鲁书社1981年1月。文中说"《古文字学导论》是唐兰同志四十多年前在北京大学教学时的讲义"，后经修订。指出"中国古文字研究已有一两千年的历史，但很少理论性的著作，唐兰同志这部书是空前的，在今天仍很有用"。即对古文字学研究的发展和提高能起一定的作用。

6月9日，张先生作为中国社会科学院历史所学术委员会委员，与同人合影。他们是：胡厚宣、翁独健、尹达、侯外庐、邓广铭、白寿彝、王毓铨、林甘泉、杨向奎、林英、李学勤、孙毓棠、梁寒冰、黄烈、牟安世、熊德基、田昌五、郦家驹。

7月25日，审阅历史所王贵民[①]先生论文《说御事》（原载《甲骨探史录》，生活·读书·新知三联书店1982年版，又载《寒峰阁古史古文字论集》，社会科学文献出版社2015年版），给作者以鼓励和奖掖。先生评说："这篇文章好。我完全同意作者的论点。像这类文章能多写几篇，许多问题就都得到解决了。"

7月26日，下午，夏鼐先生至张先生处。未遇，留字条。

8月1日，考古学大家李济在台湾逝世，终年83岁。同日晚，张先生参加一个宴会。夏鼐先生来访，未遇。

《中山王礜壶及鼎铭考释》《中山国胤嗣𡊄䀇壶释文》载《古文字研究》第一辑，1979年8月。中山三器皆长铭，张先生"对其铭详加考释训诂，揭示出中山国伐燕，尊崇周天子，奉行周礼，申《诗》、《书》之教等史实，更推断中山乃周同姓之国，破除了古书或言中山为白狄别种的说法"[②]。又据《战国策·中山策》所记齐君羞与中山并为王事，判定壶铭所言"吾先祖桓王、昭考成王"之桓王、成王乃追尊。张先生考释中山三器铭文，"注重偏旁分析，细致辨析形、音、义，尤擅长从文字发展演变的规律入手揭示文字的形旁、声旁演变、增加、简化的情况，参考字书，联系甲骨文、碑刻玺印文字、简牍帛书文字、盟书文字等其他古文字字形，从而正确地考释、训读出金文"[③]。由于他细心严谨，多

[①] 王贵民（1930— ），知名先秦史及甲骨学专家。江西湖口人，研究员。1950年参加工作，1960年中山大学历史系毕业分配到中国科学院语言所（1977年改属中国社会科学院），后调历史所。独著《商周制度考信》《中国礼俗》《先秦文化史》；参加《甲骨文合集》（获奖）、《甲骨文合集释文》（获奖）；合著《商西周文化志》；主编《增辑春秋会要》；发表学术论文《刖字賸义》《就甲骨文所见试说商代王室田庄》《试论贡赋税的早期历程》《商朝官制及其历史特点》《"众人"身份为奴隶论》《商周庙制新考》《释甲骨文的几个字词》《就甲骨文所见申说商代徭役》《从西周甸服制度论夭、吴、虞的关系》等六十余篇。

[②] 刘源：《张政烺先生的金文研究》，张永山编《张政烺先生学行录》，中华书局2010年版。

[③] 同上。

有创获，令人信服，为后学树立了学术研究的良好典范。

《满城汉墓出土错金银鸟虫铜壶（甲）释文》载《中华文史论丛》1979年第3辑，上海古籍出版社出版。

该文在前文《满城汉墓出土的错金银鸟虫书铜壶》的基础上，对考释作进一步研究，"除纠正个别误释的铭文外，并从纹饰和盖钮以及铺首的相对关系等考虑，对壶盖和壶身铭文的句读也作了一些调整，从而使释文的前后顺序更为合理"。表现了"锲而不舍，精益求精的治学精神"[①]。

8月27日，在建外宿舍，与夏鼐先生会晤，谈组织代表团赴美参加青铜器展览事。

9月15日，夏鼐先生至历史所，遇及梁寒冰、林甘泉先生，商谈邀请张政烺先生明年参加美国青铜器讨论会事。

9月18日，下午，夏鼐先生至张政烺先生处，送去提升副研究员的资料。晚间，张先生与夏鼐、杨向奎先生去胡厚宣先生处道喜，见其新夫人任女士，坐谈一会儿。张先生又至夏鼐先生家小坐。

9月28日，到历史所，开学术委员会，选举王毓铨、何兆武、刘起釪、李学勤、林甘泉、田昌五、牟安世先生等7人为研究员，马雍、黄烈、王戎笙先生等3人为副研究员，并会晤顾颉刚、邓广铭、梁寒冰、白寿彝等先生。据说在学术委员会讨论申请职称晋升学人时，张先生说：林甘泉聪明；田昌五、马雍有才；李学勤是天才，险些与另一位评审委员发生了争议。李学勤先生从助理研究员破格提拔为研究员（1979年10月批复），为他此后在学术事业上的大发展创造了有利条件。

10月10日，夏鼐先生与张政烺先生闲谈，谈及明年初夏美国召开中国青铜器学术讨论会事。

10月15—21日，历史研究所在天津召开中亚文化研究协会成

---

① 卢兆荫：《淡泊名利，平易近人——缅怀张苑峰先生》，张永山编《张政烺先生学行录》，中华书局2010年版。

立大会。会议由历史研究所副所长梁寒冰致开幕词，梅益到会并发表讲话。著名学者陈翰笙、季羡林、夏鼐、翁独健等80多人参加了大会。会议推选包尔汉为名誉理事长，任继愈等11人为名誉理事，陈翰笙为理事长。①

是年，张政烺先生与李学勤先生任中国社会科学院研究生院历史系79级古代文字专业硕士研究生陈汉平、刘翔的导师。学制三年。陈在西周金文和册命制度上有建树。刘翔已病故。有专著：《商周古文字读本》《西周金文所见南淮夷、玁狁研究》（未刊）。

是年，张政烺先生任中国社会科学院研究生院考古系79级殷周铜器专业硕士研究生李零、陈平的大导师（原拟由唐兰先生担任，以其去世而作罢），指导小组成员有王世民②、张长寿③、陈公柔等先生。学制三年。李零现任北大中文系教授、博士生导师，1989年以来，曾先后在美国、英国、法国等国家和中国香港、台湾地区讲学。担任中国古文字研究会理事、孙子兵法研究会顾问、上海博物馆楚简整理组顾问、北京大学中国古代文明研究中心专家组成员、人文社会科学研究院学术委员会主席、中国社会科学院古代文明中心专家组成员等职。他主攻古代传世文献和出土文献，以及古文字、考古。对术数、方技和兵书等有深湛研究。著作有《长沙子弹库战国楚帛书研究》（1985）、《入

---

① 《中国社会科学院编年简史》，第47页。
② 王世民（1935— ），知名考古学家。江苏徐州人。1956年毕业于北京大学历史系考古专业，旋入中国科学院考古研究所（1977年改属中国社会科学院）任职。是中国考古学会理事。主要从事中国考古学史和商周铜器研究。并在北京大学文博学院讲授《中国考古学史》。曾参与编撰《中国大百科全书·考古学》卷、《中国青铜器全集》等，主要编纂《殷周金文集成》。著有《商周铜器与考古学史论集》。
③ 张长寿（1929— ），著名考古学家。上海人。1952年毕业于燕京大学历史系，1956年进入中国科学院考古研究所（1977年改属中国社会科学院）任职。先后当选为德意志考古研究院通讯院士、中国社会科学院荣誉学部委员。主要研究商周考古。著有《张家坡西周玉器》《商周考古论集》等。合著《西周青铜器分期断代研究》。主编《张家坡西周墓地》《中国考古学·两周卷》（获奖）等。

山与出塞》（2004）、《铄古铸今——考古发现和复古艺术》（2005）、《〈孙子〉十三篇综合研究》（2006）、《中国方术正考》（2006）、《兵以诈立——我读〈孙子〉》（2006）、《中国方术续考》（2006）、《丧家狗——我读〈论语〉》（2007）、《简帛古书与学术源流》（2008）、《去圣乃得真孔子——〈论语〉纵横读》（2008）、《人往低处走——〈老子〉天下第一》（2008）、《放虎归山》（增订版，2008）、《花间一壶酒》（2010）、《唯一的规则——〈孙子〉的斗争哲学》（2010）、《待兔轩文存》（2010）、《兰台万卷——读〈汉书·艺文志〉》（2011）、《无枝可依——待兔轩读书记》（2011）、《死生有命，富贵在天——〈周易〉的自然哲学》（2013）、《鸟儿歌唱——二十世纪猛回头》（2015）等20种，多次获奖。2016年，与中国科学院院长白春礼等四人当选美国艺术与科学院第236届外籍新院士。[①] 陈平在燕秦文化研究上有贡献。他有专著两部：《燕史纪事编年会按》《关陇文化与嬴秦文明》。并有论文集《燕秦文化研究——陈平学术文集》问世。

是年，多次去探望患脑溢血住进协和医院的好友丁声树教授。

是年，与吴荣曾先生任北大1979级研究生葛志毅的导师。葛于1982年北大研究生毕业，旋即回黑龙江大学历史系任教。1985年考取吉林大学博士生，师从金景芳[②]先生。现为大连大学历史系教授、博士生导师，长于议论，有专著《周代分封制度研究》《谭史斋论稿》（一编、二编、三编、四编、五编），主编《中国古代社会与思想文化研究论集》，合著《先秦两汉的制度与文化》。有《东夷考论》《儒家之渊源物质与荀子论儒》等论文百余

[①] 据《光明日报》2016年4月22日报导。
[②] 金景芳（1902—2001），著名史学家。字晓邮，辽宁义县人。毕业于四川省立第四师范学校。先后任东北大学中文系副教授、教授。中华人民共和国成立后先后任东北文物管理处研究员，东北图书馆研究员兼研究组组长。1954年在东北大学历史系任教。著有《易通》《中国奴隶社会的几个问题》《古史论集》《论井田制度》《中国奴隶社会史》《孔子新传》《金景芳古史论集》《尚书虞夏书新解》等多部。

篇。对先秦史有贡献，在东北有较大影响。

是年，齐鲁书社建社，请了一批顾问，张政烺在其中。在顾问中，他是做得最多的，书社早期出版的《山左名贤遗书》《王献唐遗书》，恰是先生的长项，编辑经常到张先生寓所讨教。但当书社给他送顾问费时，却遭到严词拒绝。送钱的编辑对孙言诚说，从来没见过张先生那种声色俱厉的样子。

约20世纪70年代或80年代，拍摄了张先生肖像。

1980 年（庚申） 69 岁

1月10日，下午，夏鼐先生至张政烺先生家，商谈应美国加州大学邀请参加讨论会事。

2月8日，上午，美国纽约大都会艺术博物馆默奇来考古所，由夏鼐先生、张政烺先生、张长寿先生接见，谈访美日程及订机票事，交给我方机票。

2月14日，上午，夏鼐先生至张先生家，全家出去了，至历史所办公室亦未遇，大概办年货去了。

2月29日，著名历史学家齐思和逝世，终年73岁。

3月10日，赴中国历史博物馆，参加由中国考古学会、中国历史博物馆和湖北省博物馆合办的曾侯乙墓研究讨论会，会议由夏鼐先生主持，陈乔馆长介绍筹备经过，顾铁符先生谈随国与曾国的问题，接着张先生与史树青、李学勤、黄盛璋、俞伟超、朱德熙纷纷发言，颇为热烈。

3月31日，上午，夏鼐先生来访，还回张政烺先生所写《试释周初青铜器铭文中的易卦》一文，请其写一约3000字的提要，本星期内交差。

4月8日，上午赴京西宾馆，参加中国历史学会代表大会预备会议，此次各省代表及特邀代表，共计164人（其中因病、因事未能前来出席者十余人）。预备会议由梅益同志主持，报告代表大会筹备经过和这次大会要讨论的主要问题，选举大会主席。下午2时半举行开幕式的照相，胡乔木院长来，与代表们一起照相，3时开幕宣布15人当选主席团，他们是：白寿彝、周谷城、梅益、黎澍、刘大年、夏鼐、翁独健、郑天挺、尹达、邓广铭、侯外庐、张友渔、吕振羽、陈翰笙、梁寒冰。郑天挺、周谷城、白寿彝、刘大年、邓广铭为学会主席团主席。周谷城为执行主席。请香港牟润孙做来宾。由张友渔致开幕词，胡乔木讲话，他对历史学的作用、目前史学工作遇到的困难和应采取的措施、有关历史研究工作的几个思想方面的问题做了深入分析。他强调指出："我们的社会科学院应当成为党和政府的忠实的得力助手。所谓做助手，不是意味着做应声虫。如果要做应声虫，那就不需要科学，不需要社会科学院这样的机构，也不需要社会科学家的存在了。所以需要助手，是因为这个助手，能够用他以科学家的良心和毕生的心血从事研究而取得的科学成果，贡献给党和政府，并且通过党和政府，贡献给人民，贡献给历史。历史学家是历史的研究者，同时也应当是历史的促进者。"6时始毕。散会后，胡乔木接见香港代表牟润孙、李锷、赵令扬三教授。

晚饭后，与夏鼐先生、宿白先生谈《真腊风土记》，夏请其鉴定《百川学海》重辑本的刊刻年代，张先生说为明朝天启、崇祯间刻。可见夏先生对张先生的倚重。

4月9日，讨论胡乔木同志的讲话，并讨论学会章程。

4月10日，上午，赴京西宾馆参加中国史学会代表大会，上午小组会议，酝酿理事会名单。下午改为交流学术情况（原为明日的议程）。

4月11日，上午，参加大会，听牟润孙、谭其骧、侯方岳诸同志发言，然后投票选举理事会。张政烺先生被选为重建的中国史学会理事（1983年4月选举产生的第三届理事会连任）。下午去医院探视顾颉刚先生。晚间观电影《恶梦》。

4月12日，参加理事会，通过会章草案及"致台湾史学界信"，并选举常务理事、主席及秘书长。

4月13日，下午参加中国史学会理事会，讨论到出版学术性会刊问题。夏鼐先生提出如果利用《历史研究》的组织与刊物，而作为史学会刊物，为之组稿、审稿，或可解决出一水平较高之刊物的难题。张先生表示赞成。

4月18日，上午，参加《中国大百科全书》考古学分册的编委会筹备会。会议由张友渔先生主持，他要夏鼐先生汇报前一段时间的工作情况，主持条目修改的几条原则，及售后的工作安排，希望能在今年考古学会年会时开一次分编委扩大会议，确定条目及撰稿人，谈到11时半结束。到会者还有夏鼐、贾兰坡[①]、苏秉琦、胡厚宣、林志纯等二十来人。

4月21日，晚，至夏鼐先生住所，交给他准备在美宣读的论文，并稍谈一会儿。

4月23日，夏鼐先生托张长寿先生将张政烺先生的稿子寄给张光直教授。

4月，湖北省博物馆、考古学会主办《江汉考古》创刊。刊名由张先生题写。

5月26日，张政烺先生随以夏鼐先生为团长的中国考古代表团应邀前往美国，参加由纽约大都会艺术博物馆和美国学术协会中国文化研究委员会共同举办的中国青铜器国际研讨会，又参加

[①] 贾兰坡（1908—2001），著名考古学家、第四纪地质学家。河北玉田人。北京汇文中学毕业。1931年入中国地质调查所新生代研究室，参加周口店北京人遗址的考古发掘。自学成才。1935年主持周口店的发掘，次年11月接连发现三个比较完整的北京人头盖骨。1949年后任中国科学院古脊椎动物与古人类研究所副研究员、研究员。历任中国考古学会常务理事、副理事长。先后当选为中国科学院生物学地学部委员、美国全国科学院外籍院士、第三世界科学院院士、中国科学院院士。在中国旧石器时代考古研究方面作出了重要贡献。著有《中国猿人》《中国人类化石的发现和研究》《中国大陆上的远古居民》《中国的旧石器时代》等。有《贾兰坡旧石器时代考古论文集》行世。

加州大学伯克利分校举办的中国青铜器和铭文学术讨论会。①

成员除张先生外,还有张长寿、马承源。中国台湾地区也派代表参加了这次讨论会。这是海峡两岸的考古学者第一次坐在一起,共同切磋学术问题。中国大陆的四位学者合影留念。

5月27日,抵达纽约肯尼迪国际机场,受到美籍华人张光直、方闻二教授和MMA(纽约大都会博物馆)的姜斐德女士(Freda Murck),与我国青铜器展览的随展人员马承源、费钦生两位同志的热情接待。

5月28日,赴大都会博物馆参观。去明轩。小院,是苏州园林风格。又至远东部陈列室参观,有端方旧藏之宝鸡出土柉禁铜器等。饭后返旅馆休息,午睡1小时,赴大都会博物馆,去见馆长Philippe de Montelebello,我方赠他以仿制铜犀牛,他接受后很是欣赏。张先生等辞谢告退,又去参观中国青铜器时代展览,匆匆巡视一周。从二里头的铜爵、玉戈,到秦俑坑的陶俑和陶马,独占一室。铜器群则以安阳殷墟的妇好墓出土的铜器、玉器为最惊人。出来后,至埃及古庙Temple of Dendur参观一下。又赴中国街,租界中房铺景象,以饭铺、杂货铺、玩具纪念品文物店为多,他们在一凤凰城饭馆用餐。饭后,他们再在街上散步闲谈,然后叫出租车返旅馆。

5月29日,上午9时由纽约的斯坦诺普旅馆出发,由方闻教授陪同前往飞机场,他因事留在纽约,张先生、夏鼐先生等四人上机,每小时有一班飞往波士顿,约飞40余分钟。抵波士顿后,张光直教授已在机场迎接,自驾车子接送他们到Holiday Inn。车子沿Charles而行,过Larz Audirsen桥,即为Cambridge(康桥)。这里正在扩建地铁,交通较乱。至旅馆稍息后,即下去至餐厅午餐,张教授特邀哈佛校友和学生马培初、Bagley(巴格利,中文名

---

① 张先生参加中国青铜器国际研讨会与中国青铜器和铭文学术讨论会的情况据《夏鼐日记》卷八,第423—437页写成。

"贝格立"），及一位中国女士，一起用餐。饭后赴 Peabody Museum（皮保德博物馆），张教授即该馆中国部顾问。先去参观玻璃制植物标本，达几百种，为最有名，矿物室陈列各种宝石及矿物。遇及前馆长 Stepher William（斯蒂芬·威廉姆斯），他引张先生等参观他所陈列的西北美洲 Spiro 一带 14 世纪的法螺线雕，据云分布很远，这里以印第安人的标本为最佳；有 18 世纪或 19 世纪前叶采集的标本，如 Totem（图腾）杆子及巫师服装等；又有亚非拉的民族标本，包括我国的半山彩陶及甲骨片。又至楼上参观 Ecuador（厄瓜多尔）的缩制人头及 New Zealand（新西兰）的脸上刺花人头。出来后，至 Harvard Yenching Institute（哈佛燕京学社），图书馆长为华人胡先瑞先生，四川人，在会议室小坐，有红卫兵各小报缩印本 20 余册，又参观书库。后至福格博物馆（Fogg Museum），副馆长毛瑞（Robert D. Mowry）接待他们，并赠书，引他们参观东方部陈列室，有殷周铜器及玉器，六朝至唐的佛教石刻，Warner（华尔纳）由千佛洞剥来壁画（323 窟）及一尊菩萨像，天龙山北齐石刻（浮雕飞天及供养人像），响堂山的狮头，宋元明瓷器等；又至仓库参观收藏的中国玉器，为 Winthrop（温思罗普）所旧藏，达八九百件，闻尚有天福十二年（945）及雍熙二年（985）敦煌绢画各一件。由此出来，至教职员俱乐部设三桌西餐，有大学人类系主任，皮保德博物馆馆长 Lamkerg-karkovsky，燕京哈佛学社社长 Caley（卡利），图书馆馆长胡文津，及 Max Loehr（马克斯·罗越），Wilma C. Fairbank（费慰梅），杨联陞，张光直，吴同、赵如兰等。饭后续谈，至 9 点 45 分始散，张光直教授送他们返旅馆。

5 月 30 日，上午张光直教授来接张先生、夏鼐先生等赴波士顿美术馆。馆长方腾（Fan Foutein）刚由中国归来，途中感冒未上班，由东方部副主任吴同夫妇（吴夫人金樱女士，辽宁人，为燕京哈佛学社资料员）陪他们参观。此馆新楼正在建筑中，为华侨贝聿铭工程师所设计，落成后将第一次作为陈列室，展出中国青铜器。以时间关系，仅参观一部分陈列室，费慰梅来陪他们参观。中国艺术的石刻部分，有六朝佛像，屋形、棺形舍利函，北魏正光三年（522年）冯邕妻元氏（?）墓石等。埃及古王朝室，有第四朝Khufe（胡夫）之母后墓中出土随葬品，一部分为复制品，如轿子等，乃Reisner（赖斯纳）所发掘者，当时惊动考古学界；又有古王朝之浮雕及人像，皆为Gizch及Sagfauh的Mastaba（玛斯塔巴）式墓之物也。再至欧洲中古时代教堂的砖雕及石刻、画像之室（未至希腊、罗马室）。至库房办公室，取出未陈列出来的精品中国古画，有宋徽宗的摹张萱《捣练图》（实为宋摹本，徽宗题画）和《五色鹦鹉图》，后者有徽宗御笔题字（诗及跋），二者皆为故宫旧藏，前者1912年购入，后者为日人山本悌二郎所曾藏，1934年此间购入。前者拍有分幅放大彩色照片，约60厘米×120厘米。闻每张照片印纸即须300美元。其照相机为特大者，相匣可容数人进去。闻有一幅与故宫博物院交换。又南宋陈容《九龙图》，为一长横幅，九龙奔腾云间或游泳于浪涛中，诚精品也。最后取出阎立本《历代帝王图》卷，有十三帝王，前六帝与后七帝的画法不同，中间有接缝，为梁鸿志旧藏，有乙丑年梁氏题跋（为杨褒摹本着色，梁氏曾修补填彩，衣缘全部描绘一新，加花纹），1933年经香港、日本等处，以索价昂，无人愿购，到美国后，以20余万美元售于波士顿博物馆。当时正值世界不景气，有人捐巨款，仍属不够，举债购入。尚有《北齐校书图》，当为杨子华绘，此为宋人摹本，乃绢本设色。时已12时，乃留他们在餐厅用中国饭。吴同为福建泉州人，生长于南京，1948年随家人去台湾，入师范学院艺术系，曾拜溥西园为师云。饭后出来，张光直教授送他们返旅舍。稍息后，4时又一起出来参观哈佛校园。一面为教堂，对面为图书馆，中间为草地，插有座位编号木桩，乃毕业生参观毕业典礼之位置也。进Widener Library（怀德纳图书馆）参观，此馆为校友怀德纳在 1912 年泰坦尼克号轮船触冰山沉没死亡后，其家人捐款纪念所建。又至大学文理学院图书馆参观，已近闭馆时间（5 时闭馆）乃至皮保德博物馆楼上张光直教授办公室，有教授室及考古系实验室皆在此楼上，小坐，翻阅架上藏书。下来后赴北京园用餐，乃张教授设宴招待他们，除张氏夫妇及他们四人外，尚有费正清夫妇、韩倞（韩丁之女，在中国住过好几年，满口北京话），及林女士［张之学生，Linden（林德），曾申请到山东大学进修，学校已答复。申请 Fulbright（富布赖特）奖学金亦已批准，但截至今日仍未得复，只好作罢论］。餐后至张教授家中闲谈，韩、林二女士亦来，10 时许始告别返旅舍。

5 月 31 日，上午 8 时半，张光直教授来接张先生等，并送他们赴飞机场，10 时起飞，11 时抵纽约 La Guardia（拉瓜迪亚）机场，姜斐德（Freda Murck）来接他们，仍住斯坦诺普旅馆。安顿好后，姜女士陪他们赴全家福酒楼用餐，饭后返旅馆休息。下午 4 时赴大都会博物馆仓库，参观 M. A. Sackler（赛克勒）收藏中国古物。毕嘉珍在门口迎接他们，先与后天翻译人员马赞芳、朱敬文二君谈话，然后由赛克勒及其保管员 Miss Lois Katz（洛伊丝·卡兹小姐）陪同参观其藏品。先观铜器，闻礼器达 200 余件，张先生等对此皆兴趣很大。张先生发现有两件有卦数铭文，其中一件未见著录，皆可为其论文作证。又观玉器，闻达 1500 来件，较温思罗普捐赠福格博物馆者为多。最后观 Cox［柯克思，中文名"柯强"］旧藏之长沙出土缯书，赛克勒谓此件所付之价，为其藏品中最昂者，但不肯说实价；又谈缯书的一部分发霉，清洗后发现青霉分泌之一种复原酶，致使其变色者（氧化）泛白，黑字更清楚。观后，赛克勒以事告辞，嘱洛伊丝·卡兹小姐取出玉器让他们继续参观，约 6 时致谢告辞。出来后中国大陆的四位学者再次合影留念。与毕嘉珍约在二马路海云川菜馆用餐。晚间用餐时 10 人一桌，他们代表团及随展人员之外，还有毕氏夫妇及郑德坤博士夫妇（黄文宗女士）。至 11 时始散。

6月1日，晨间早点时遇及周培源校长和他所率领的代表团，饭后又在电梯间遇及周法高①教授。约 10 时去馆中，与周校长之代表团一起活动，前往参观青铜展览及明轩。方闻教授引导参观后，设午宴招待。听方闻、周培源与夏鼐分别致辞。午后毕嘉珍来陪他们去游览。恰巧历史所王毓铨、何兆武二先生住在此间哥伦比亚大学进修，来访他们，一起出游。先去码头，购票乘船抵自由神岛，近观愈见其高，以时间关系，未登陆即返码头。至世界贸易中心大楼，为纽约摩天大楼中最高者，共 110 层，高 1344 呎，可到 107 层参观远眺。他们买票（2.5 美元）乘直捷电梯，仅 48 秒即达 107 层，有坐飞机起飞之感觉。凡二幢，一为酒吧餐厅，一为眺望展览。他们至后者，绕窗而行，窗内设有座位，又有望远镜（须投入硬币），类似飞机上向下俯瞰。毕女士催他们下楼，以时已过 5 时，须 5 时 30 分返旅舍，方闻教授约晚餐。他们返旅舍，张光直教授今日下午已由哈佛来此，住在同一旅馆，一起去赴宴。除代表团及周法高、张光直、方闻、樋口隆康、林巳奈夫之外，原以为劳榦教授赶得上，结果他 6 时半由机场来电话，不能前来。饭后返旅舍，知劳已来，住在 6 楼，张先生等去访他，30 余年未见面，头发已白，但容貌未改。他正准备入睡，已穿上睡衣，见张先生等时有点拘束，稍谈后，方闻、张光直等先告辞，张先生与夏鼐先生以旧友关系，留下再谈一会儿始别。

6月2日，参加学术讨论会，8 时 50 分开始报到，领取有关

---

① 周法高（1915—1994）著名语言文字学家。字子范，号汉堂。江苏东台人。1939 年毕业于中央大学文学系，1941 年获北京大学中国语言学硕士学位。曾任台湾"中央研究院"史语所研究员、台湾大学教授、美国华盛顿州立大学及耶鲁大学客座教授。在语言学、音韵学、训诂学、文字学领域卓有建树，兼治商周年代学。著有《经典释文反切考》《玄应音研究》《中国古代语法》《周秦名字新诂汇释及补编》《颜氏家训汇注》《金文零释》《汉学论集》《中国语言学论文集》《中国音韵学论文集》等。主编有《金文诂林》《金文诂林补》《金文诂林附录》。

文件。9 时 1 刻开始，由纽约大都会博物馆馆长 Philippe de Montebello 致欢迎辞并宣布开幕，方闻教授致辞并宣布议程。今日上午的主题为"考古学新发现"，由张光直教授主持，夏鼐、张长寿、马承源先生先后宣读论文；下午继续开会，主题为"青铜器花纹与器形的研究"，马克思·罗越、樋口隆康、林巳奈夫相继发言。晚上与代表团其他成员及台湾李孝定、张秉权、万家保、劳榦、周法高、傅申夫妇等共进晚餐。

同日，著名秦汉史专家陈直逝世，终年 80 岁。

6 月 3 日，上午继续开会。张先生昨晚 12 时始睡，今晨 3 时即起床，修改讲稿，夏鼐先生让张长寿先生帮忙誊抄清稿。连早饭也来不及吃。夏鼐先生一人去餐厅，遇及张光直、劳榦二人，让张带两个面包给二张吃。张先生等吃罢赴会场。上午为文字组。David N. Keightley（戴维·N·凯特利，中文名"吉德炜"）教授主持，张先生的《论铜器铭文中的文字与卦辞》，周法高的《三十年来的殷周金文研究》，David S. Nivison（尼维森·戴维，中文名"倪德卫"）的《西周的年代与日期》。休息后，主辩人为劳榦、许倬云二教授，后者托病未来（闻正在竞选"中央研究院"院士）。劳榦发言后，即由听众发问。因为张先生的讲辞超过原定的 20 分钟（实际上 45 分钟），劳解释"卦变"亦费时，故发言者不多，即结束散会。下午为铸铜技术，由 Dr. Chase（蔡斯博士）主持，发言人有 P. Meyers（迈耶斯）的《萨格勒收藏铜器的技术研究》，万家保的《从铸造技术谈中国铜器的起源》，U. Franklin（U. 弗兰克林）的《工艺研究的潜力》。休息时，方闻、张光直二人找他们谈话，要出会议论文集，征求他们意见。休息后继续开会，由 N. Barnard（巴纳）及 Cyrie Smith（西里尔·史密斯）为主持人，后者发言有幻灯配合，又有迈耶斯等相继发言，最后张光直教授作结束辞。散会返旅舍，6 时赴大鸿运餐馆酒席，共 3 桌，由方闻、张光直教授做主人，分别讲话，夏鼐先生作答谢辞，

10时散席。返旅舍。方闻教授来闲谈一会儿，即回去。

6月4日，上午9时出发，方闻、张光直二位来送行，Maggie Bickford（玛吉·比克福德）陪他们赴华盛顿。10时起飞，11时抵华盛顿。T. Lawton（劳顿，中文名"罗覃"）馆长、傅申来迎接，下榻Holiday Inn Hotel。安顿后，即赴Freer Gallery（弗利尔美术馆），观临时展览"中国古代书法展"，有《淳化阁帖》中王献之保母志拓本及元明人题跋，赵孟頫清静经，文彭、文征明父子行书等。午餐时，蔡斯博士亦来参加，饭后参观陈列室，有殷周青铜器（《太保簋》等重器）、石刻、瓷器、书画等。后参观实验室，由蔡斯博士及助手Winter（温斯）陪同，参观其X-ray（射线）照相设备，又在其办公室讨论关于青铜器分期问题。张先生等先去库房参观馆藏青铜器，包括两件西周初年的青铜柄铁刃的。乃告辞返旅舍。6时赴大使馆，参加大使馆的招待会，代表团的客人有罗覃、玛吉·比克福德及傅申夫妇。招待会结束后，代表团9人由毕嘉珍陪同赴城内一中国饭馆吃面条。饭毕，乘车游览市容，经白宫、国会、华盛顿纪念塔、林肯纪念馆、杰佛逊纪念堂，及五角大楼等，皆仅在外面绕一圈，未能下车进去，以晚间不开放也。

6月5日，上午代表团五人赴国会图书馆参观，大使馆舒璋秘书，及罗覃、傅申二位陪同，馆中则由中文部主任王骥及副主任接待。先后参观国会图书馆、最高法院、国会大厦、众议院与参议院开会地点。由后门出来，可以眺望华盛顿纪念塔。至莎士比亚图书馆，以时已晏，未能进去。即赴Smithsonian Institution（史密森学会），由秘书长Perrot（佩罗特）设宴招待，有来过中国者四五人作陪，亦有未见过面者三四人，宴会散后，赴Space and Air Museum（宇航博物馆），由说明员接待，先至电影厅观电影《飞》（*To fly*），然后参观各陈列厅。从宇航博物馆出来时已4时一刻，赴使馆小卖部购物。返旅舍，赴城内湘园中国饭店用餐，罗覃作主人，又有雷三世副馆长、傅申夫妇等，至9时始散。

6月6日，上午，先参观白宫、林肯纪念堂，后参观国家画院；下午，参观弗利尔美术馆仓库所藏之铜器与玉器。遇及大使馆张文颖秘书，来为他们送行，3时20分离开弗利尔美术馆，与罗覃馆长告别。傅申先生送他们去杜勒斯飞机场，5时30分起飞，11时40分抵旧金山国际机场。吉德炜和倪德卫、班大为来接他们，经旧金山至伯克利（Berkeley）约35公里，已10时许，安顿后即入睡。

6月7日，上午9时，步行前往矿物系大楼参观，有一位在系读书的田恬女士任翻译。访问材料科学与矿冶工程学系，由系主任Prof. Robert H. Bragg（罗伯特·H·布拉格教授）出来致欢迎辞后即离开，由人类学系Prof. Ruth E. Tringhan（鲁思·E·特林汉教授）介绍在南斯拉夫发现及发掘Vinca文化（约公元前4000＋500）的铸铜遗址及遗物，然后由Dr. Jody Todd（乔迪·托德博士）介绍金属及矿渣的金相研究、X光荧光分析、X光衍射（diffraction）、透射电子显微镜，并以Plate（Drake）of Brass经鉴定为伪品为例，扫描电子显微镜等。然后乘Dr. Frank Asaro的车子赴Laurence Berkeley（劳伦斯·伯克利）实验室，其他的人乘大轿车前往。此乃国立实验室之一。至讲演厅，由Dr. Asaro讲岩石的微量分析，以求其原产地，以黑曜石为例，又以埃及M……所用石英石分析（并谈及玉石的研究，但尚未开始），陶瓷的同样研究工作。后由Prof. Isador Pearluse讲在Israel（以色列）利用微量元素追求黑曜石及陶器的来源问题。Mrs Helen V. Michel（海伦·V·米歇尔夫人）谈中子激化的分析。听报告后，接着参观，在中子激化分析，亦鉴定Plate Drake of Brass为伪物。于是乘车返校，用午餐。访问材料科学与矿冶工程学系及劳伦斯·伯克利实验室。下午2时半开会，在伯克利分校参加讨论我国代表团张先生、张长寿、马承源、夏鼐先生的4篇论文及关于商代甲骨文的5篇论文：(1)《钻凿形态对卜辞断代的再商榷》(张台萍)；(2)《兆是怎么解释的？推论卜辞的存在》(D. N. K)；(3)《论卜辞的语法及所反映的神学观》(D. S. N)；(4)《商代甲骨文中的王"德"的问题》(同上)；(5)《周原的甲骨文》(D. N. K)。5时半结束。乘车赴吉德炜住宅，出席招待会。7时半返校，又在（Men's Faculty Room）[教授俱乐部] 为中国代表团设宴招待，吉德炜为主人，尚有巴纳、倪德卫、Serrugs、Relut Poon、Robert Chard（中文名"晁时杰"）、Edward L. Shaughnessy（中文名"夏含夷"）（以上二人为研究生，此次兼任译员）、周鸿翔、周世箴、Becky Johnson[中文名"江伊莉"]、Virginia C. Kane、Narrey Pruie 等16人（周法高招待后托已饱未来）。

6月8日，上午，继续开会，在大学中教授俱乐部举行。讨论的论文有4篇：(1)《中国古代采矿技术》；(2)《中国古代的红铜捶打成器技术》；(3)《晚商时代的年历、疆域及政治组织》；(4)《罗越氏青铜器花纹风格论的再商榷》。除最后一篇之外，皆属商代的政治、社会和技术。下午进城去游 Muir Woods 茂林国家纪念公园。是以杉木为主的森林，有红木贯穿其间。张先生一行由参观者入口进去，沿溪北行，至第一道桥就过桥折回，还不到半公里，但见大树参天，绿草遍地，鸟语花香，流水潺潺，风景宜人。返至入口处，即出来登车，经金门桥，停车眺望，一边为金门桥及海湾，另一边为旧金山市区，高楼耸立。晚上到 J. K. Riegel（王安国教授）家中冷餐，开第3次讨论会，讨论下列五篇：(1) 史墙盘铭文（Serruys）；(2) 裘卫组器铭文（D. Duty）；(3) 班簋铭文（Allan Reskonit⋯）；(4) 中山国器铭文（J. K. Riegel）；(5) 中山铭文（C. Cook）。皆是商周铜器铭文，散会已9时半。

6月9日，上午9时开第4次讨论会，主题为西周年代学，讨论了6篇论文：(1) Virginia Kane [弗吉尼亚·凯恩]：《穆王时代的铜器》；（2）吉德炜：《〈竹书纪年〉与商周大事记》；（3）周法高：《西周年代考》；（4）倪德卫：《何尊铭文与周之初年》；（5）倪德卫：《关于年代可确定的西周铭文》；（6）夏含夷：《武王伐纣灭商后四年之年月》。吉德炜对于张先生、马承源的金文年代，都很钦佩，时常指名希望他们发表。至12时始宣布会议结束。下午在吉德炜、夏含夷陪同下参观校园、大学图书馆、东亚图书馆（包括普通书库、善本书库）。参观毕与夏鼐、马承源、张长寿谈总结提纲，推张长寿执笔。5时半美方来接张先生一行，至鹿鸣春饭馆，吉德炜致欢送辞，夏鼐先生起来致谢，饭后散会返旅舍。

6月10日，上午在倪德卫、吉德炜陪同下参观东亚美术馆，因为时间关系，只参观布伦戴齐藏青铜器部分，楼上近东及东方部分粗看一遍。到图书馆参观精品书、古物及犀牛尊、方鼎等，互赠书籍，告辞出来。此次除馆长之外，馆员高乐子、谢瑞华和李思齐都出来接待。下午赴机场登机回国。

6月12日，下午，抵北京机场。张先生的夫人傅学苓师母来机场接。

《秦律"葆子"释义》载《文史》第九辑，中华书局1980年6月版。该文引用云梦秦简、《墨子》和居延汉简的材料，指出葆子是一种特殊身份的人。政府将前线官吏、将士之父母妻子集中守护，给予特殊照护，并作为人质，称"葆子"或"葆质"。收养这些人的地点叫作葆宫，也叫质宫。"葆宫的防守特别周全，有三道墙。""门的关闭由太守直接控制，警卫员从戍卒中挑选有家业的。"富民的家属也入葆宫。葆宫的人基本可分临时性和经常性两类。汉代中央军、郡国军不发生葆质问题；但在边境屯戍的军队中仍存在。三国时犹行葆质之法。"不仅说明白了'葆子'产生和延续的历史，而且也阐明了它在特定历史条件下被保护和优待的原因，解决了秦律中一个费解的难题。"①

7月14日，与来访的张光直教授晤谈。同谈者还有夏鼐、李学勤、王仲殊、张长寿、徐苹芳②。然后一起到华侨大厦用餐。

7月17日，史学大家吕振羽逝世，终年80岁。

9月，作《〈临海水土异物志辑校〉序》，载《临海水土异物志辑校》，农业出版社1981年8月出版。该文阐述了《临海水土志》作者沈莹的事迹、籍贯、著此书的时代、此书的价值；指出张崇根先生辑录的此书是"较佳之本"，对研究古代南方的动植物和农业生产颇有用处。

10月，由张先生精心指导、认真审稿，中国社会科学院考古研究所编纂的《小屯南地甲骨》上册由中华书局出版。下册一、二、三册在1983年出版。该书收录了1973年安阳小屯南地出土的甲骨，共编为4612号。所收甲骨依出土单位著录，给研究者提供了一批可与地层及有关遗物联系的科学资料。此书还把能看出钻凿形态的甲骨作了统计，并进行了划分类型的整理，对钻凿甲骨进行墨拓或画图，集中发表在下册三分册中，为研究甲骨整治和考察钻凿形态提供了宝贵资料。此书所录甲骨，和出土层位、钻凿形态、释文与各项索引浑然一体，为不同需要和从不同角度查找资料提供了很大方便，被誉为"是科学发掘所得甲骨的一部最科学的著录书"。

11月4日，夏鼐先生来访，谈考古学会事。

11月初，在陈绍棣的陪同下，到协和医院，探视丁声树先生

---

① 参张永山《化繁为简　攻克难点——读〈张政烺文史论集〉（简帛篇）》，张永山编《张政烺先生学行录》，中华书局2010年版。

② 徐苹芳（1930—2011），著名考古学家。山东招远人。1955年毕业于北京大学历史系考古专业。次年调入中国科学院考古研究所（1977年改属中国社会科学院）任职，曾任该所所长、中国考古学会副理事长、理事长。是中国社会科学院荣誉学部委员。主要从事汉唐时期的城市、汉代简牍、丝绸之路的考古研究和宋元考古研究。著有《居延汉简甲乙编》（合著）、《明清北京城图》和《中国历史考古学论丛》等。

的病。他神志已不清醒，病情恶化了。

11月12日，上午去全国政协，参加陈垣先生诞辰一百周年纪念会，听白寿彝等讲话，翻看纪念文集。

11月14日，晚，乘火车赴武汉。同车者有夏鼐、苏秉琦、王仲殊、佟柱臣[①]、黄展岳、王世民等先生。张先生将尹达先生之作——《安阳侯家庄西北岗的殷代墓地》交给夏鼐先生。

11月15日，晚，与来下榻之处——武汉市东湖宾馆5号楼的夏鼐先生闲谈。

11月16日，上午8时，参加湖北省考古学会开幕式。省社科院李健同志主持。来宾中夏鼐、顾铁符、俞伟超先生都讲了话。当晚，参加中国考古学会常务理事会，通过这次会议日程及一些具体安排。

11月17日，在武汉参加中国考古学会第二次年会。

11月20日，上午，参观盘龙城；午后，参观湖北省博物馆。至仓库，参观当阳遗址出土的战国时陶器。

11月21日，大会讨论，上午为楚文化，由张先生和顾铁符先生共同主持。由俞伟超、陈振裕、郭德维、高至喜、裴明相作专题报告，报告题目分别是：（1）楚文化的来源；（2）楚文化的特征；（3）楚文化的分期；（4）楚文化的早期中心丹阳之所在；（5）楚文化与毗邻地区的文化关系等。每人限20分钟。下午由石兴邦、安金槐、蒋赞初、张忠培作报告。题目分别是：大汶口——青莲岗文化；河南龙山文化与夏商文化；长江下游六朝墓

---

① 佟柱臣（1920—2012），著名考古学家。辽宁黑山人。满族。吉林高等师范学校历史地理系毕业。先后在沈阳博物馆、北京历史博物馆（今中国国家博物馆）、中国科学院考古研究所（1977年改属中国社会科学院）任职。是中国考古学会理事。当选为中国社会科学院荣誉学部委员。主攻博物馆学、中国新石器时代考古研究，侧重于中国东北地区考古与边疆民族考古研究。著有《龙山文化》《中国边疆民族物质文化史》《中国新石器研究》等，主编《西团山考古报告集》，主要论文收入《中国东北地区和新石器时代考古论集》。

分期；东北边疆的史前文化类型。每人限半小时。晚间看电视审讯"四人帮"。

11月22日，上午，参加中国考古学会理事会会议，讨论：（1）增选理事，青海赵生琛、黑龙江赵善桐当选；（2）明年年会的地点、时间与课题，决定在杭州，暂定11月，主要课题为"东南沿海新石器文化与古代青瓷及其窑址"；（3）今年论文集的出版问题。下午闭幕式，由王仲殊主持。夏鼐与苏秉琦分别讲话。邢西彬副秘书长代表湖北省东道主发言，宣读关于保护文物的呼吁书，然后散会。晚间观楚剧《杨乃武与小白菜》。

11月，和夏鼐、苏秉琦在东湖宾馆合影。

12月25日，下午，与来访的夏鼐先生晤谈。

12月25日，历史学大家、历史研究所一级研究员顾颉刚逝世，享年87岁。

《试释周初青铜器铭文中的易卦》载《考古学报》1980年第4期。该文解破悬疑800多年的学术难题，认为铜器铭文和甲骨片上出现的一行三个或六个数目字，是殷商西周时期的数字卦[1]，而不是所谓"已经遗失的中国古文字"或"奇字"。先生汇编了甲骨、金文中的《易》卦材料32条，指出当时还没有阴爻（- -）阳爻（—）的符号，而是用数位表示，奇数是阳爻，偶数是阴爻。文中即依此原则写出了《周易》的卦名，指出32条材料中有168个数字，其中"六"字出现次数最多，其次是"一"字，但"二""三""四"皆是零次。推算"二""四"并入"六"，"三"并入"一"。这样做估计是为书写时便于区分。占卦实际使用的是五个数字，记录出来也只有五个数字，说明当时重视阴阳，具体数目并不重要。文中还对周初的筮法做了推测，并讨论了卦变问题，探讨了《周礼·春官·太卜》中所言"三易之

---

[1] 刘宗汉、周双林：《张政烺先生在破解数字卦中的贡献及给我们的启示》，张永山编《张政烺先生学行录》，中华书局2010年版。

法"之一的《连山》，认为周原卜甲、张家坡卜骨以及一些金文中所见西周初之《易》卦，皆属《连山》。并论证了西周青铜器铭文中的易卦是"以卦名邑，以邑为氏"。这一"划时代的重大发现"，在易学研究中有石破天惊的开创之功，解开了"数字卦之谜"，被称为不容忽视的经典之作，是对唐兰相关考证的一大突破，不仅在海内外学术界发生了重大影响，也带动了有关八卦起源研究的深入，成为学术史上浓墨重彩的一笔。[①] 该文获历史研究所优秀科研成果奖第一届（1993年）学术论文一等奖，又获中国社会科学院优秀成果奖第一届（1993年）论文类优秀奖。并被翻译发表在《古代中国》第六期（1980—1981年），可见其很重要。

12月30日，下午，米文平先生第四次来张先生家（以前三次访问张先生未遇），请张先生帮助解读北魏石刻拓片。张先生肯定说能解决，须查资料。约他新年元月2日再来。

是年，任中国社会科学院考古所第二届学术委员会委员（1988年选举产生的第三届学术委员会委员连任）。

是年，先生将藏书蔡季襄著《晚周缯书考证》（1945年湖南省涟源县蓝田镇刊印）借于李零阅览，以帮助他撰写《长沙子弹库楚帛书研究》。[②] 夏，先生审阅该书初稿，"以帛书新影本在国外发表，中国大陆迄无新作感慨不已"，并鼓励李"蒐集有关材料整理发表"，"先生是想增添一个新的本子，并把过去发表的材料（大多不易寻找）综合在一起，方便大家使用，所以首先应注意材料的'全'"。[③] 并以行书题写书名。还推荐该书在中华书局出版。

是年，刘桓将其所著《殷契新释》一书呈张政烺先生审定。张先生认真地审阅全稿，发现其中有一篇释文存在问题，为此专门写了一封信给予指正。

---

① 参见贾连翔《出土数字卦材料研究综述》，《中国史研究动态》2014年第4期。
② 李零：《〈晚周缯书考证〉出版说明》，《中华读书报》2014年5月21日。
③ 李零：《长沙子弹库楚墓帛书研究·后记》，中华书局1980年版。

是年，指导有刘起釪①先生参加、以张永山为领队（成员有肖良琼、曲英杰②、顾洪）的到外地作考古参观的学习。到了很多重要的考古发掘现场，参观了沿途的重要古迹遗址和西安、宝鸡等地的博物馆。张先生还为博物馆鉴定文物。

约是年下半年，准备审判"四人帮"，大概是在起诉的发言稿中，有自古以来"王子犯法与庶民同罪"的话。时任中共中央总书记的胡耀邦同志批示要查这话的出处。此任务下达到教育部，部里派北大历史学系毕业的田珏去办。田珏没办法查，就去求张先生。张先生查出语出李渔写的《比目鱼传奇》，是皂吏对一个有钱有势的恶霸万贯说的，"岂不闻皇亲犯法，（与）庶民同罪"。这类话，是旧时代的民间愿望，官方上层的记载中不会有，只能向民间文学中去找。可见张先生不仅博闻强记，也善于运用阶级观点。类似这种上级交下来的任务还有不少。据孙言诚的回忆，"有一次，他（指张先生）笑着对我说：这些年，从头（发式）到脚（缠足），我也不知解答了多少问题。比如地震局问地震资

---

① 刘起釪（1917—2012），知名历史学家。湖南安化人，中央大学历史系研究生毕业。曾在中华书局任职。1976年来中国科学院历史所（1977年改属中国社会科学院），任研究员，曾兼研究生院教授。并任国务院古籍整理领导小组成员，续修《四库全书》学术顾问兼经部编委，中国殷商文化学会理事，中华孔子学会顾问。曾赴日本、中国香港地区、中国台湾地区讲学。研究方向：上古史，专攻《尚书》以深入研析古史各领域，兼治《左传》《周礼》。著有《尚书学史》《古史续辨》《尚书校释译论》《顾颉刚先生学述》等专著11种。论文100余篇。

② 曲英杰（1948— ），知名先秦史与古代都城学专家。黑龙江鸡西人。研究员，1968年参加工作。1982年毕业于中国社会科学院研究生院历史系，获硕士学位后来历史所。独著《先秦都城复原研究》《史记都城考》《水经注城邑考》《长江古城址》《齐都临淄城》《古代城市》等；合著《曲阜庙城与中国儒学》《长城沿线城市》等8部；古籍整理有《中国珍稀法律典籍集成乙编》1、2册（获奖）、《炎黄汇典·祭祀卷》；发表论文《周代都城比较研究》《楚吴越三都城综论》《扬州古城考》《曲阜古城址变迁考述》《汉鲁城灵光殿考辩》《周代燕国考》《汉都长安城考》等60余篇；参与编辑《尹达史学论著选集》及《尹达集》，参加《中国大百科全书·中国历史卷》《国家大地图集》商周图组及城建图组编稿和"夏商周断代工程"的古文献资料整理等工作。

料，邮政局出邮票问历史人物，国际交往问礼俗……"①

从1979年至1980年前后，俞伟超先生和郑昌淦先生打算编写为魏晋封建论翻案的论文集，北京的史学界中坚，很多人都写了文章。后来，李零问张先生，为什么不肯出面支持。张先生说，这是他一生中最伤心的事，他已发誓不再提起。在《我与古文字》中，他说"依我看中国古代封建社会是魏晋以下，至今我仍坚持这一看法"。从中，可以看出先生的性格特点是柔中有刚。

约20世纪70年代末或80年代初，张政烺先生同中国社会科学院历史所同仁杨向奎、李祖德、王贵民等先生合影。

1981年（辛酉）　　　　70岁

1月2日，米文平先生如约第五次到张先生家，张先生告诉他：解决了。不仅确认石刻就是"魏碑"，而且解读出"柔毛"两字，纠正了释"矛电"之误，指出"柔毛之牲"，正合于《礼记》。是祭宗庙之礼，对羊的称谓。这既反映了张先生深厚的学问功力，又说明他的研究成果也反映在后学的论著中。②

1月3日，上午，赴北京医院，向顾颉刚先生遗体告别。

1月，《中国大百科全书》考古学卷分卷编委会，经两年多的筹备，在北京正式成立，张政烺先生被聘任为考古学编辑委员会副主任兼商周考古主编。经过多次酝酿，反复修订，终于拟定了商周考古全部条目和编写体例，由中国社会科学院考古研究所、历史研究所和北京大学等单位的专家学者分头负责各条目的执笔。

1月12日，下午，夏鼐先生来访，谈顾（颉刚）老纪念论文集事。

---

① 孙言诚：《他把一生献给了学术——记张政烺先生的学术生涯》，《揖芬集》，社会科学文献出版社2002年版。

② 米文平：《鲜卑石室寻访记》，转引自王曾瑜《张政烺先生学术传记》（部分），张永山编《张政烺先生学行录》，中华书局2010年版。

《哀成叔鼎释文》载于《古文字研究》第五辑，中华书局，1981年1月版。

该文认为此器的器主是哀成叔。由于哀不是一个吉利的字，故哀成叔只是谥号，不是人名。"作铭者不是哀成叔本人而是他的家人。故铭文称'嘉曰'，嘉是美称，此人之真实名氏始终未露，盖讳之也。"又云"礼家谓讳与谥法皆起源于周，由此观之，是东周已然矣"。先生不仅论断东周已流行"讳"与"谥法"，而且连带解决了侯马盟书中"嘉"不是人名，而是美称问题。其见解之精辟，跃然纸上。

1月23日，悼念顾颉刚学术报告会在北京举行。主持报告会的中国社会科学院副院长张友渔在会上赞扬了顾颉刚对中国学术发展的功绩。北京师范大学教授白寿彝在会上作了长篇学术报告，评述了顾颉刚走过的学术道路和他的贡献。张先生和叶圣陶、邓广铭、尹达、夏鼐、翁独健、胡厚宣、孙毓棠、罗尔纲、邓世昌、侯仁之、贾芝、徐伯昕、雷洁琼、杨益、梁寒冰等学术界及有关方面的人士共三百多人出席了报告会。

4月15日，改订《殷契"劦田"解》，载《甲骨文与殷商史》，上海古籍出版社1983年3月版。该文以翔实的文献资料和时令推算，论证出："劦田"并非"协作种田"，而是庆丰收之礼，"相当于周人的蜡祭，都是索鬼神而祭之"。该篇文稿虽有删改、贴补，但字迹工整、清晰，末属"1981.4.15改订"，背面记"共18页7200字"，还加了封面、封底、标明篇名、作者。它鲜明地反映了先生的学风。在文稿封面的上方，还有两行字："这篇小文请大家提意见，不一定发表！"文章末尾再次声明："我不是甲骨专家，掌握材料不够全面，甲骨学语言也不够熟习，论述不免有外行的地方，求大家多多指教！"既表现了谦虚谨慎的大家风范，也体现一位学者甘为人梯、不愿掠美的高尚情怀。

4月18日，偕李学勤先生与时任北大访问教授的美国学者吉德炜教授会面。

4月21日,院党委向中央宣传部并党中央呈送《关于郭沫若著作出版编辑工作的请示》。其中说,为包括郭沫若各方面著作,原定《文集》改为《全集》。《全集》拟分为文学(22卷)、历史(8卷)、考古(8卷)三编,分别由人民文学、人民、科学三家出版社负责出版。此外,郭沫若纪念馆(或故居)归郭著编委会筹备。该《请示》获中央书记处和中央宣传部批准。

截至2006年年底,《郭沫若全集》实际出版文学编20卷,历史编8卷,考古编10卷。其中文学编、历史编合计约1000万字。[1]

5月31日,夏鼐先生至张先生处闲谈。

6月21日,应伯克利大学三位教授的宴请(长椿街致美楼新居),与吉德炜夫妇告别。赴宴者还有夏鼐、王仲殊、徐苹芳、周培源、邓广铭、吕叔湘、胡厚宣、李学勤、王毓铨、高明[2]、黄盛璋等。

《秦律"集人"音义》载《云梦秦简研究》,中华书局1981年7月版。该文认为"秦简櫐字从字音字义上讲皆是樵,而字形则仍是集……按假借字处理,把它写作'集(樵)'"。集人即樵人。而"《周礼》中官名多称'某人'",则集人为"官名","主取薪"。集人与爨人两官皆不同于《周礼》,知秦自有制度,不与《周礼》同。

7月5日,傍晚,赴民族文化宫餐厅,接受杨希枚先生宴请。同桌还有夏鼐、梅益、张友渔、梁寒冰、熊德基、赵锋先生。另一桌有杨克、林甘泉等先生。6点开始,8点多始散。

7月8日,下午,夏鼐先生来家,谈研究生口试事及古文字学

---

[1] 《中国社会科学院编年简史》,第24页。
[2] 高明(1926—2018),著名考古学家。天津人。1956年北京大学历史系考古专业毕业,留校任教。当选中国古文字研究会理事、中国殷商文化学会理事。主要研究领域是古文字学。著有《中国古文字学通论》《古文字类编》《古陶文汇编》《古陶文字征》《帛书老子校注》《战国陶铭》《中国历代王朝兴亡四字歌》《高明论著选集等》等。

会事。

7月10日，上午，参加《大百科》考古学卷编委会预备会，接着开学位委员会，通过答辩委员会口试结果。散会后，由夏鼐先生亲自送回家。

9月7日，下午，夏鼐先生赴建外宿舍访张先生。

9月14日，晚，赴太原参加中国古文字学会第四届年会。

会后，张政烺先生、胡厚宣先生赴山西太谷白燕遗址考古工地参观，与高明、王世民、张忠培、林乃燊、王克林等先生合影。张政烺、胡厚宣又与邹衡先生合影。之后，张政烺先生、胡厚宣先生一行到五台山参观访问。张政烺与胡厚宣、齐文心、周永珍在五台山菩萨顶合影。

9月17日，中共中央下达《关于整理我国古籍的指示》，明确指出整理古籍，把祖国的宝贵文化遗产继承下来，是一项十分重要的、关系到子孙后代的工作。古籍整理事业从此进入一个新阶段。

10月12日，夏鼐先生来访，约后天到考古所开会。

10月23日，上午，参加中华书局与考古所洽商联合组织历代墓志汇编事。在座的有中华书局的赵守俨、傅璇琮，及他们邀来的周绍良，考古所有夏鼐、徐苹芳先生，谈至11时始散。

11月10日，夏鼐先生至张先生处闲谈。

11月17日，先生会见了访问历史所的日本东京大学教授、东洋文库研究员池田温先生与日本大使馆川芳郎先生。

11月29日，上午，夏鼐先生来家，张先生告知今年不能出席考古学会年会；夏先生又与师母傅学苓先生谈郭（沫若）老考古著作出版事。

《释甲骨文"尊田"及"土田"》，载《中国历史文献研究集刊》第三集，1981年11月。该文考释卜辞"尊田"（或作"塼田"）之"尊"，认为其义为聚土。"尊田"即在开荒造出的土田上作田垄。至于卜辞中所见"坴田"之"坴",从止,土声,应读为"度","度田"即以土圭度地。先生又联系裒田之制推测裒田、尊田、度田三者关系是,坴(土)田与裒田相关连,尊田则在几年后进行。这样也就由甲骨卜辞说清了殷代农业生产从开荒到治理耕田的过程。学者认为,这一系列将甲骨文考释与经济史研究完美结合的文章,进一步阐述了张先生对商周社会形态的见解,也成为甲骨学殷商史的经典之作。

为11月出版的《江汉考古》封面题字。

12月,根据中共中央和国务院的决定,古籍整理出版规划小组正式恢复工作。组长为李一氓,副组长为周林、汪子野,小组成员共53人。

是年,与郦家驹先生任中国社会科学院研究生院历史系81级中国古代史专业硕士研究生蒋松岩导师,学制三年。

是年,因尹达先生去世,与杨向奎先生任社科院研究生院历史系原始社会史专业研究生周星、王震中导师,时间一年半。王曾任中国社会科学院历史所副所长、历史所学术委员会副主任;现任中国社会科学院历史所研究员、博士生导师、学位委员会主任、中国社会科学院学部委员、中国社会科学院大学特聘教授、人文社会科学研究院学术委员会主任、历史系主任、教授委员会委员。兼任河南大学兼职博士生导师、山东师范大学、天津师范大学、榆林学院兼职教授、河南信阳师范学院中国炎黄文化研究院学术委员会主席;担任中国殷商文化学会会长、中华炎黄文化研究会副会长、中国社会科学院古代文明研究中心副主任、国家广播电影电视总局电影审查委员会委员、全国政协委员等。在早期国家、文明起源和商代城市等领域上有重大建树。出版的著作有:《中国文明起源的比较研究》(1994年初版,1997年再版,2013年增订本)、《中国古代文明的探索》(2005年初版,2006年再版)、《商代都邑》(2010年)、《商族起源与先商社会变迁》

（2010年）、《中国古代文明与国家形成研究》（合著，1997年初版，1998年二版，2007年三版）、《国际汉学漫步》（合著，1997年）、《民族与文化》（合著，1990年）、《简明中国历史读本》（合著，2012年）等著作，发表论文90余篇。周曾任北大社会学所副所长，被评为北大中青年学术骨干，后去日本，供职于日本爱知大学，在民俗学上有建树。有专著：《本土学识的意味：人类学视野中的民俗研究》《乡土生活的逻辑：人类学视野中的民俗研究》。主编专著：《民俗学的历史、理论与方法》。与于惠芳主编论文集：《民间社会的组织主体与价值表述》。另发表论文《关于中国民俗学与现代化的思考》等数十篇。

是年，台湾"中央研究院"史语所著名学者杨希枚[①]先生，经美国回北京定居。因其丧偶，张政烺先生把历史所贤惠貌美的马钟勤女士介绍给他，使杨先生得续佳偶，晚年生活得到良好的照顾。

是年，攻读中国社会科学院研究生院历史系古文字古文献专业硕士研究生的吕宗力，须确定毕业论文的论题，赴张先生家中请示。张先生说："题目你自己找，我不会给你规定的。总之，从甲骨文到《红楼梦》《水浒传》，我都可以指导。"可见先生的学问之博大精深。

是年年底，再次为考古所《小屯南地甲骨》审稿。他不仅从头到尾审定了一遍，而且在文稿旁侧做记号，对文中的错字、漏字甚至标点符号做了修改，还对该书释文中的一些新见解，如

[①] 杨希枚（1916—1993），著名古人类学家、历史学家。字铮曜。回族。生于北京。武汉大学生物系毕业。1943—1946年，在中央研究院史语所人类学组，从事人类学和民族学研究。1949年随院迁台湾，历任助理员、助理研究员、副研究员、研究员。曾兼任台湾大学教授和民族学会理事。1981年回大陆定居，任中国社会科学院研究员和学术委员。先后被选为中国民族史学会常务理事、中国先秦史学会副理事长，被聘为殷商文化学会顾问和河南大学兼职教授、中国先秦史学会学术顾问。著有《先秦文化史论集》，主编《安阳殷墟头骨研究》。译著《体质人类学》《生与再生》及10篇人类学论文。

"⟨兒⟩"字释作沈，认为是沈字的异构；释"上田"，为"高地之田"，"湿田"，为"地势较低之田"；释"大学"是一种建筑或场所，是举行祭祀之地，商代的大学可能与周代之辟雍相当，给予了肯定。并就《屯南》917 片"乙酉卜：御簸旋于妇好"的意义做了讲解。他说："用乙酉日作祭日，是与唐（即大乙）有关，是当时的礼俗决定的，而祭祀妇好，是卜辞唐取妇好的反映，即选取妇好守宗庙、奉祭祀。这条卜辞所祭之'帚妇'是'唐取妇好'而不是武丁配偶。"又说："这条卜辞是武乙时代的，我们不能因为宾组卜辞有'昔乙酉簸施御［自唐］、大丁……'便将它提到武丁中晚期。"后来，张先生把这些见解写成《〈帚好略说〉补记》一文，发表于《考古》1983 年第 8 期。又为该书题写书名。"小屯南地甲骨"六个大字跃然纸上，神采飞扬。"小"字，中画下笔雄劲，力透纸背，左点粗壮，位置靠下，而右点略细长，位于右上方，该字虽简单三笔，但富于变化；"甲"字，中间的竖画笔直，收笔时如同悬针，很有气势；"屯"字中部的横画与两侧的短竖画交接处斩钉截铁、棱角分明，最后一笔，起笔时顿笔，笔画较粗，向下渐细，弯折处圆润流转。《小屯南地甲骨》出版后，"不少人都说，张先生的题字真漂亮，与现时一流书法家相比，毫不逊色"[①]。

是年，曾赐墨宝给许礼平先生："乾行健，君子以自强不息。"其时先生研究马王堆帛书《周易》，有所据而把"天"写作"乾"。

约 20 世纪 80 年代初，张政烺先生同姚孝遂、曹锦炎、汤余惠三位先生合影于杭州。

1982 年（壬戌）　　71 岁

1 月 6 日，著名历史学家尚钺逝世，终年 80 岁。

---

① 刘一曼：《难忘的教诲——忆张政烺先生》，张永山编《张政烺先生学行录》，中华书局 2010 年版。

1月16日，午后，偕夏鼐先生一起来考古所，开学术委员会，审阅研究生授予学位事和年终总结。宿白先生由北大来参加，共10人，通过4名。

2月19日，下午，与来访的夏鼐先生晤谈。

2月，《中国大百科全书》语言文字卷条目包括八分、《仓颉篇》、草书、古文、甲骨文、金文、隶书、六书、鸟虫书、行书、真书、籀文、篆文，由中国大百科全书出版社出版。先生对这些古文字条目的阐释，能将传统小学与考古发现互相结合，由于看到的实物资料比王国维先生多得多，加以能用史学家的眼光探索文字的源流演变，的确胜过毕生在书斋里从书本到书本研究文字、音韵、训诂的学者。如他根据甲骨文、金文和秦汉简牍等考古资料，"看出汉字在演变的过程中，字的形体是从竖长到扁宽又到方正的，笔势是从无波和大波又到规整的波势的"。而"任何书体在使用中都有简便易写的要求，发生省简笔划和潦草的趋势。这种趋势是文字演变的主要原因"。这些都是总结古文字发展规律的真知灼见。特别是他发现许慎《说文解字》一书的不足之处，即"受资料的局限，探索中国文字之原始构造却没能见最早的文字资料"，其"分析解说自然不免有不够或错误的地方"，"他的六书说还不够精密"。他的学说对后世影响很大，虽然起过好的作用，但也有坏作用的一面。"中古时期学者崇拜许慎太过，揣摩傅会，作茧自缚，产生许多恶果。例如，郑樵《六书略》，支离破碎，毫无用处，可以存而不论。"这更是创造性地见解。

3月3日，下午，夏鼐先生来访，将关于古籍整理的意见一信，请其提意见，并谈郭沫若先生三部著作付印事。

3月5日，下午，夏鼐先生来访，谈古籍整理事。

3月9日，上午，张先生到夏鼐办公室谈。

3月，被任命为国务院古籍整理出版规划小组成员，并参加会议。为国家献计献策，对继承祖国文化遗产，古为今用，做出了巨大贡献。

《忠厚诚笃　诲人不倦——悼郑天挺先生》载《中国史研究》1982年第2期。

此文回顾了郑天挺先生的一生，记述了他渊博的学识，严谨的学风，忠厚笃实、诲人不倦的精神，不断追求进步、追求真理的品德。

3月16日，以古籍小组将于明天起开会，赴京西宾馆报到。

3月17日，下午，全国古籍整理出版规划会议在北京举行，会议讨论制订1982—1990年的古籍整理规划，计划整理出版各类古籍3100多种。先生参加古籍整理规划小组开幕式，由周林副组长主持，李一氓组长讲话。

3月18日，参加小组讨论。发言者有夏鼐、荣孟源[①]、胡道静、鲍正鹄、季羡林、谭其骧等。

3月19日，今日为大会发言。上午由刘季平同志主持，有周谷城、杨邦福、季镇淮、朱士嘉四人发言。下午由王子野同志主持，有周祖谟、田余庆，及中央民族学院、民族出版社的代表各一人发言。最后由李一氓主任做总结，又提出不仅要熟书（常见熟知的书），还要生书（罕见的善本书）。晚间张先生到夏鼐住处谈，至11时半始去。

3月20日，今日参加小组会议，讨论计划。下午小组会谈至5时许散会，返家过周末。

3月22日，上午，赴京西宾馆。参加古籍整理小组分组讨论，谈落实到人。大家因为书目都还没有落实，更不好落实到具体的

[①] 荣孟源（1913—1985），著名史学家。直隶宁当（今属山东）人。中国大学肄业。曾任延安行政学院教员，北方大学、华北大学研究员。新中国成立后，历任中国科学院近代史研究所研究员、室主任，中国近代史研究所研究员。著有《蒋家王朝》《中国近百年革命史略》《中国近代史历表》《历史笔记》。

人。只好待会后由中华书局召集出版单位及有关单位,与个人继续联系。下午李一氓同志召集各组组长商谈,然后分组讨论,打算下半年召开一个全国性文史哲方面中青年的会,携带论文前来参加。李主任的意思是叫各组提名推荐。大家讨论结果,会后由秘书处印制表格发给各组提名推荐。

3月23日,下午,自由活动。晚间看法国电影《虎口余生》。

3月24日,上午,举行闭幕式,由李一氓同志作总结。下午,赵紫阳总理来宾馆与大家会见,简短讲话后,集体合影,即散会。

《王臣簋释文》载《四川大学学报丛刊》第十辑《古文字研究论文集》,1982年5月。该文"重在利用考古材料解释其中提到的名物制度",他引河南汲县山彪镇出土水陆攻战纹鉴与四川成都百花潭出土镶嵌宴乐水陆攻战纹壶图案,来说明"鸾(或銮)旗五日"是装饰成鸾鸟的大旗上画着五个圆日,引濬县辛村卫墓角质戈柲上的枝、山彪镇出土铜舻来说明'戈琱蔂厚必彤沙'中的蔂是戈柲上的枝"。这一番形象的解释就把周王赏赐王臣的器物说得明明白白,"有助于学者理解其他金文中相关的名物制度"[1]。又,文中提出"初吉,指每月上旬的吉日",可见对金文中月相名词的看法,不再拘泥于王国维的"四分说"。

5月,被聘为中国先秦史学会顾问,直到2005年。

5月10日,上午,参加考古所学术委员会,通过本届五位研究生答辩委员会名单。散会后,他与夏鼐先生及宿白先生闲谈。

6月5日,上午,赴夏鼐先生处,为裘锡圭先生赴美西雅图大学讲学,该校答应他赴檀香山的费用,但办护照来不及,想参加

---

[1] 刘源:《张政烺先生的金文研究》,张永山编《张政烺先生学行录》,中华书局2010年版。

中国社会科学院的代表团。夏嘱殷玮璋①去院部联系此事。

6月7日，钱锺书②、夏鼐二位先生任中国社会科学院副院长。

7月1日，傍晚至康乐餐厅，参加王铃教授的宴请。在座的还有夏鼐、邓广铭、严中平、王振铎、吴世昌、陶大镛、段伯宇、席泽宗等先生。一共两桌。将近8时始散。

7月5日，上午，赴八宝山参加于豪亮的追悼会及向遗体告别。

7月7日，上午，赴考古所参加研究生答辩委员会。

8月4日，上午，赴考古所参加学术委员会，通过所中研究生的答辩委员会的决定。偕夏鼐先生去访俞大缜先生，已十几年瘫痪，不能行走。

8月17日，夏鼐先生至张先生处闲谈。

8月，在陈绍棣的陪同下，至协和医院探视丁声树先生之病。

8月，《古籍整理出版规划（1982—1990）》经国务院批准颁布实施，并拨专款用作古籍出版补贴。

8月22日—9月7日，美籍华人哈佛大学教授张光直先生在北京大学考古系作过九次演讲，录音整理后，编为《考古学专题六讲》，文物出版社1986年版。张先生曾赴北大听张光直演讲，

---

① 殷玮璋（1936— ），知名考古学家。上海人。1959年毕业于北京大学历史系考古专业，进入中国科学院考古研究所（1977年改属中国社会科学院）任职。曾主持河南二里头、湖北铜绿山、北京琉璃河遗址的发掘。主要从事夏商周考古以及考古学理论与方法等方面的研究。合著《考古工作手册》《新中国的考古发现和研究》《中国远古暨三代科技史》《中国考古学·两周卷》等。

② 钱锺书（1910—1998），现代文学研究大家、作家、文学史家、古典文学研究家。字默存，号槐聚。江苏无锡人。幼承家学，天资过人，青年时代就曾受到前辈学者钱穆、张申府、吴宓等人的称颂，被誉为"人中之龙"，"兼通中西文学、涉及群书"。1933年清华大学外文系毕业，旋到英、法留学。1938年回国，曾任西南联大外语系、上海暨南大学外语系教授，国立师范学院英语系主任等职。新中国成立后，历任清华大学外语系教授，北京大学、中国科学院古典文学组研究员，文学所一级研究员，中国社会科学院副院长、顾问。著有长篇小说《围城》、短篇小说集《人·兽·鬼》、散文集《写在人生边上》，文论篇《管锥编》《七缀集》《谈艺录》等。

并做了笔记。笔记分两部分：一部分不记日期；一部分记日期，写于1984年9月8日。

8月30日，上午，张先生作为赴美参加商文化讨论会代表团11人之一，在考古所会议室集中，听中国社会科学院副秘书长赵复三先生作报告，内容是关于对外政策，尤其是关于学术交流及对外关系。下午，偕夏鼐先生、胡厚宣先生，往访杨希枚先生。

9月4日，著名历史学家谢国桢逝世，终年82岁。

9月5日，张政烺先生作为中国考古代表团的成员，乘飞机赴檀香山，参加美国科学院通过美中学术交流委员会在檀香山召开的一次国际性中国商文化讨论会。[①] 由张光直、周鸿翔、吉德炜三位教授组成一组织委员会，议定参加者名单。东西方文化交流中心提供在檀香山的住宿费用，其余费用由美国的国家人文科学基金会、人类学基金会及学术团体协会三单位提供经费。又有北大裘锡圭，以美国西雅图的华盛顿大学代表名义，也随他们一起前往檀香山参加会议。当日晨抵檀香山，美国方面，土谷夫人（美国人，能华语自谓有华名，可称"钟小姐"）、夏含夷（斯坦福大学研究生，能华语，原名为Edward L. Shaughnessy）、张光直教授三位来接。抵East-west Center（东西方中心）。下午游览檀香山大学校园。先至艺术系，由曾昭和（幼和）接待，参观陈列室（师生成绩展览）及讲室、幻灯片档案室。后至Hamilton Hall（汉密尔顿·霍尔）图书馆参观。并与代表团团长夏鼐、代表团成员胡厚宣、宿白、周鸿翔（美）、王贵民、林沄[②]、杨

[①] 关于张先生参加国际性中国商文化讨论会的情况，见《夏鼐日记》卷九，第163—171页。

[②] 林沄（1939— ），著名考古学家、古文字学家。上海人。1962年北京大学历史系考古专业毕业，师从于省吾先生。1965年吉林大学历史系甲骨文金文专业研究生毕业。1973年起在吉林大学任教。曾任中国考古学会理事会理事，中国古文字研究会理事长。主要从事商周考古、东北考古、古文字学方向的教学与研究。著有《古文字研究简论》《林沄学术文集》《林沄学术文集（二）》等。

锡璋①、安金槐②、高至喜③、郑振香等合影留念。

9月6日，晨间，与来访的李方桂先生夫妇，谈国内师友的情况。11时在张光直教授的陪同下去看望台湾学者、张先生在中央研究院史语所时的同事、阔别三十多年的老友高去寻先生，他显得苍老多了，但精神很好，健谈如昔。并与之同进午餐。下午在室内阅读论文。晚间，偕夏鼐先生去台湾学者高去寻先生房间闲谈，畅叙情怀，并与高去寻、夏鼐及张光直合影留念。

9月7日，商文化国际讨论会开幕，由李浩博士（东西方中心主任）、组委会代表吉德炜（Keightley）、夏鼐作为参加者代表，分别致辞。然后开始宣读论文。上午四人：（1）殷玮璋：《二里头文化再探讨》；（2）安金槐：《郑州商代城址及有关问题》；（3）高至喜：《中国南方出土商周铜铙概论》；（4）林沄：《商文化青铜器与北方地区的关系之再研究》。休息后，张先生作为与会者提问题与意见。下午继续听宣读论文，报告人及题目为：（5）张光直：《殷墟五号墓与殷墟考古上的盘庚、小辛、小乙时期问题》；（6）王贵民：《晚商中期文化试述》；（7）夏鼐：《殷代玉器》。晚间，李浩教授设宴招待与会的来宾。到会场时，每人挂上鲜花

---

① 杨锡璋（1935—　），知名考古学家。江苏无锡人。1958年北京大学历史系考古专业毕业，进入中国科学院考古研究所（1977年改属中国社会科学院）任职。长期在河南安阳殷墟考古站从事考古发掘及研究。合著《殷墟青铜器》《殷戬的发现与研究》《中国青铜器全集·二、三》《安阳殷墟郭家庄商代墓葬》、合主编《中国考古学·夏商卷》（获奖）等。

② 安金槐（1921—2001），著名考古学家。河南登封人。1948年河南大学历史系毕业。1950年进河南省文物保护管理委员会，1952年参加第一届考古工作人员训练班。1981年担任河南省文物研究所所长。曾任中国考古学会理事。主要研究领域为夏商考古和古陶瓷研究。合著《郑州二里冈》、主编《登封王城岗与阳城》《密县打虎亭汉墓》《郑州商城》，有《安金槐考古文集》行世。

③ 高至喜（1932—　），知名考古学家。湖南桃江人。1954年参加第三届考古工作人员训练班。1986年任湖南省博物馆馆长。曾当选为中国考古学会理事，湖南省考古学会理事长，湘鄂豫皖楚文化研究会副理事长。主攻楚文化和商周青铜器研究。著有《中国南方出土商周铜铙概论》《楚文化的南渐》《商周青铜器与楚文化研究》，主编《楚文物图典》《长沙楚墓》等。

扎成的项圈，李浩教授致欢迎词，夏鼐先生代表致来宾致谢词。散席后返舍。

9月8日，上午继续开会，专题为"殷墟5号墓与妇好"，张光直教授主持会议。张先生宣读其论文《妇好略说》。宣读论文的还有：Virginia C. Kane［凯恩］：《由安阳五号墓而衍出的诸历史上之矛盾问题》；张秉权：《论妇好卜辞》，以为皆属第一期；郑振香：《妇好墓出土司㚸母铭文铜器的探讨》；下午继续开会，专题为"殷代贞卜"，仍由张光直教授主持。宣读论文的有张光远：《实验甲骨的整治与卜刻的办法》；Nivison（倪德卫）：《卜辞中"贞"字意义》；饶宗颐：《殷代易卦有关占卜诸问题》。休息喝咖啡后，张先生参与提意见和问题。5时散会，大家乘车来到李方桂先生家，约二十来人，除北京来的12人，台湾来的5人，香港来的有饶宗颐，外国人有Seattle（西雅图）的Paul L. M. Serrys（司礼义），Berkley（伯克利）的吉德炜，哈佛的张光直，孙科的女儿孙穗英，此间大学中文系罗锦堂教授（Chin-Tang Lo）（为台大第一次授予的国家博士，攻中国戏曲史）。李先生夫妇殷勤接待，与大家一起进餐。7时半返宿舍，与夏鼐、胡厚宣在高去寻的房中谈话，至10时半返室休息。

9月9日，今日开半天会议。上午由吉德炜教授主持，专题为"殷代天象"。听学者周鸿翔、沈建华：《商代气象统计分析》；胡厚宣：《卜辞"日月又食"说》；赤塚忠：《商代における十二支の意义》。下午休会半天。3时45分集合，参观Honolulu Academy of Arts（火奴鲁鲁美术学院），这馆系1927年开发，建筑物系混合东方及西方建筑传统，庭院亦分别有中国式及西方式的不同庭院，院四周有陈列室，共达30来室。中国室有铜器（殷周），陶器（新石器至明清），有半山彩陶及辛店彩陶。后者绘有人形。字画有传宋（马贲百雁图），为明清物。有漆器。印度室有佛教石刻，及近代丝绸服装。日本室有绘画、屏风、扇子等。西洋室有Picasso（毕加索）、Monet（莫奈）（闻以 50 万元购入）、Lecroise 等画，及现代派画，中世纪宗教画及雕像。参观一小时。馆长举行酒会。晚 6 时，赴中国饭馆名"华阁酒家"者进膳，共 6 桌，除参加会议者外，还有此间华侨及几位外国人，主人系曾幼荷女士（艾克夫人，艾克已于 11 年前在此间去世，年 74 岁），孙科女儿孙穗英等出席，至 8 时始散席。曾幼荷女士赠送画册，及《中国书法论》等书 3 册。

9 月 10 日，今天继续开会。上下午均由周鸿翔教授主持。上午专题为"甲骨文的语言与文字问题"。听报告：司礼义：《甲骨文的语音关联文字鉴定及语音解释》；高嶋谦一：《甲骨文之名词化及名词的派生》；伊藤道治：《由语辞中所见的卜辞之性质》。下午专题为"甲骨文分期问题"。亦听报告：许进雄：《通过象形文字演绎中国古史分期》；雷焕章：《兕字考释》，以为乃野水牛；Nevison（倪德卫）：《试探夏商纪年》；张聪东：《周原卜辞试释，并论其年代及来源》，以为那批甲骨乃殷人占领周原俘获文王东行所留下的。宫室被焚，以后并未重建，实乃信口假说。7 时半，参加公开讲演会，由郑振香先生讲殷墟 17、18 号墓，9 时毕。张光直教授翻译成英文稿，已有准备，但放映幻灯片作说明时，仍由张教授帮忙作翻译。

9 月 11 日，今天是会议的最后一天。上午由张光直教授主持会议，报告人有：N. Barnar（巴纳）：《商代图腾族号研究的途径》；张聪东：《对于商王武丁的我见》；杨锡璋：《商代的墓地制度》；杜正胜：《略论殷遗民的遭遇与地位》。下午继续开会，由周鸿翔教授主持，报告人为：裘锡圭：《甲骨卜辞中所见的"田"、"牧"、"卫"等职官的研究》；钟柏生：《殷商卜辞中所见农业地理》；吉德炜：《王制与亲族制，晚商王枝族》。讨论和提问题后，由张光直教授致闭幕词，祝贺会议成功。最后由吉德炜宣布散会。散会后，高去寻与饶宗颐二位的学生马幼垣教授

（夏威夷大学中国文学教授，香港大学毕业，在美国耶鲁大学获博士学位，专攻中国小说史），受高之托，请张先生到他家中用餐，同时被邀请的还有夏鼐、饶宗颐、张秉权、胡厚宣、张光直、周鸿翔，主人夫妇殷勤招待。坐谈至9时余始告辞。

会议间隙，张先生同美国学者夏含夷，日本学者伊藤道治、高嶋谦一合影；张先生还同饶宗颐先生合影。

9月12日，今天游览。8时早餐，9时出发，乘一大号面包车，约30多人。先赴珍珠港事变纪念馆，乃 Arizona 号战舰沉没之处，纪念馆分三部分：岸上为陈列室，有照片及捞上来的遗物；接着分批至放映室，放映珍珠港事变的电影；然后登船至沉船纪念馆，该馆即在沉船的水面（沉船在38米深的水底），有该舰海军殉难人员1177人的全部名单，刻在大理石的碑上。游览后登舟返岸。至附近一餐厅，用午饭。午后继续游览，游毕返大学。6时半，偕夏鼐、胡厚宣应罗锦堂教授之约，在其家晚餐，客人还有台湾来的高去寻、张秉权二位，香港来的饶宗颐与赵令扬，在此间任教的姜联成及马勤桓夫妇，住在此间的退休老教授李方桂夫妇及王书林二位，一直到9时半始告辞。返舍，与夏、胡在高去寻处闲谈，一直到12时始返舍入睡。

9月13日，上午，檀香山出发，由夏含夷作陪赴美国大陆考察、访问。行前代表团的三位核心成员——夏鼐先生、张政烺先生、胡厚宣先在波士顿大洋岸边合影。抵旧金山后，下榻加州大学伯克利分校。

9月14日，上午，参观 Asian Art Museum（亚洲美术博物馆），也到地下室的仓库参观，获赠该馆收藏铜器图录一册。傍晚，应约赴吉德炜家中酒会，系伯克利与斯坦福二校东亚研究中心合请，遇及在这里的中国学者周一良、朱龙华二位。

9月15日，由旧金山飞华盛顿，夏含夷陪同他们一起旅行。晚饭后与夏鼐先生在房间稍谈。他晚餐后在玻璃门上碰了一下。

9月16日，上午，由夏鼐陪同在华府参观，先至①华盛顿纪念塔，建以纪念开国元勋华盛顿，为华府城区最高的建筑物，高达169.29米。市区不准建筑能遮住这塔的高楼，所以全市各处都可看见。再至②杰佛逊纪念馆，前次来过，有铜像，圆顶四壁有杰佛逊的格言，采自《独立宣言》。又至③林肯纪念堂，是一长方形大理石建筑，在中央有大理石雕林肯像，高达6米，颇为雄伟。后至④Freer Gallery of Art（弗里尔美术陈列馆），即在此处午餐，由Lawton（罗覃）馆长及傅申博士接待。参观弗里尔美术馆陈列室及仓库藏品。

9月17日，继续在华府参观：①阿林顿国家公墓；②凡农山的华盛顿故居。午后进城参观国家画廊。新馆为贝聿铭设计的。

9月18日，今日由华府赴波士顿，张光直教授及蒋永宁同志来接。代表团全体成员：张政烺、胡厚宣、夏鼐、郑振香、林沄、安金槐、高至喜、杨锡璋、王贵民、高有德、林地（时为中国社会科学院外事局美洲大洋洲处人员）同张光直教授、陪同人员罗泰在波士顿大洋岸边合影。午后参观哈佛燕京学社图书馆，由吴文津馆长接待，然后参观大学博物馆的矿物部分及玻璃制花草。

同日，著名考古学家。古人类学家裴文中逝世，终年79岁。

9月19日，上午参观，赴普利茅斯游。

9月20日，上午参观哈佛校园，参观福格博物馆及仓库中winthrop Collection（温思罗普收藏的）玉器。中午赴波士顿市政府，怀特市长夫人接待，冷餐。出来后，至市府前的市场参观，然后赴波士顿博物馆参观。有吴同、方腾、屈志仁等出来接待，他们正在布置新的亚洲美术陈列室。晚间哈佛大学东亚系和人类系联合宴请先生一行。

9月21日，由波士顿坐面包车往纽约，途经耶鲁大学，抵纽约。下午参观联合国大厦。晚间偕夏鼐、胡厚宣二先生，参观此间索斯比公司的秋间拍卖文物预展，有一小部分为中国古物，如商代铜器及玉器，唐代彩釉陶俑等，有的有 Pre-Auction Estimate（拍卖前估价），自数千至数万元不等。

9月22日，参观大都会博物馆，由夏含夷陪同游中央公园、观明轩及画廊、埃及部。午后观 Sackler Collection［萨克勒收藏］的"长沙缯书"和其他珍品，以及希腊罗马部。晚间，何慕文来，坐谈一会儿，握手告别。夏鼐先生偕殷玮璋至夏含夷处，送他礼品，以明天即分手，自9月13日离檀香山，这10天内，均由他沿途负责照料。

9月23日，今日由纽约飞洛杉矶，在机场与夏含夷握别。9时30分起飞，下午3时30分抵洛市，周鸿翔、宿白、王晨（王冶秋的女儿）来接。今日起由洛杉矶大学接待。8时许，戴星舟（翻译）来，将担任后天的翻译工作，由殷玮璋先生与之解释讲演稿中的专门名词，及解释幻灯片。

9月24日，上午，由周鸿翔教授陪同赴市场购物。晚间，丁骕教授夫妇来车接张先生、胡厚宣先生和夏鼐先生三人，到上海雪园饭店用餐，又到他家中小坐。张先生等三位先生与丁啸教授与他都是初次见面，但是他很健谈，尤其退休后搞甲骨文及殷代历法，与严一萍（住在旧金山）通信、讨论颇频繁，自云与严氏通信达20余年，但去年才见面。谈至11时始告辞返舍。

9月25日，上午，全团由周鸿翔教授作陪，偕宿白、林寿晋二位，赴好莱坞区的中国剧院。这座建筑是仿东方式，但不是中国式的，门前有一对石狮子，屋壁绘画仿汉画像石。又赴 Hollywood Bowl，为碗形山谷中所建的露天音乐厅，可坐数万人。由这里出来后，直赴太平洋海滨。椰树成林，海滨沙滩之外，波涛汹涌，海鸥飞翔。下午在洛杉矶大学的讲演厅听报告，先由周鸿翔教授介绍李汝宽先生的事业，及李汝宽中国考古美术讲座的设立及用意，然后由夏鼐与殷玮璋联合讲《古代中国的铜矿——铜绿山的发掘》。介绍铜绿山的发掘经过及成果。由 San Barbara［圣巴巴拉］美术博物馆的戴星舟女士作翻译。今日听众约450—500

人。一直到 6 时才结束。晚间，李经浩先生邀张先生一行到他家晚餐，其父李汝宽先生亦来。食后又与李汝宽先生继续谈话，他对于自己从前在北京的工作，及后来在国外的经商，很是满意。近年来他自己出资印行三部关于中国地毯、漆器及宋代青花的著作，更为满意，谈至 9 时半，客人渐散，张先生一行乃告辞返旅舍。

9 月 26 日，全团与北大宿白先生赴迪斯尼公园游逛一天。

9 月 27 日，上午，由洛杉矶起飞，到旧金山，下机稍息，由此直飞上海，抵上海。28 日晨，又起飞，当晚抵京。

9 月 29 日，下午，偕夏鼐、胡厚宣两位先生赴考古所，开代表团总结会，由 3 时至 5 时始散。

9 月，《郭沫若全集》（历史编）第 1 卷由人民出版社出版。《郭沫若全集》由郭沫若著作编辑委员会编，历史编共 8 卷，1985 年出齐，收编了郭沫若从 1923 年至 1972 年近 50 年间研究中国古代社会史、政治史、经济史、思想史、文化史的一系列专著、论文、考释、随笔、序跋和整理中国文献古籍的著述。

同月，《郭沫若全集》（考古编）第 1 卷由科学出版社出版，共 10 卷，收录了作者关于甲骨文、金文等古文字学、考古学方面的著作。具体为：①甲骨文字研究；②卜辞通纂；③殷契粹编；④殷周青铜器铭文研究；⑤⑥金文丛考；⑦⑧两周金文辞大系图录考释；⑨石鼓文研究、诅楚文考释；⑩考古论集。

10 月 3 日，下午，张先生的研究生林小安来夏鼐先生处谈。

11 月 10 日，下午，中国史学会举行纪念郭老的座谈会，由刘大年主持，侯外庐、尹达、戴逸、张先生、胡厚宣等相继宣读论文，石西民报告《郭沫若全集》出版事，最后由夏鼐发言。五时一刻结束。

11 月 22 日，夏鼐至张先生处，谈《考古》发表他的纪念郭老的文章，及左景权《藤枝晃〈敦煌学导论〉评论》一文，又谈许倬云教授访华事。

12 月 2 日，教育部发出《关于开展古籍整理研究，培养整理人才的意见》。

是年，尚钺先生女儿找先生，先生帮她联系出版尚先生的遗著，但对往事，他却一个字都不肯说。

是年，承蒙张先生指正齐文心著《"六"为商之封国说》一文发表在《甲骨探史录》，生活·读书·新知三联书店1982年版。后来《安徽省考古学会会刊》第八辑转载（增订稿）。又收入《皋陶与六安》第三集（再增订），黄山书社2017年出版。

是年冬，有一次张先生到考古所开会，《屯南》甲骨组组长刘一曼先生简述她和她的组员拟编写《甲骨文书籍提要》的计划。张先生表示支持，并说这种工具书对读者会很有用处的。

1983年（癸亥）　　　72岁

1月5日，夏鼐偕殷玮璋来访不遇，因参加科技电影座谈会。

1月8日，上午，夏鼐先生来访，谈《大百科》条目的写作事。

1月26日，国家文物委员会在北京成立。这是中国国家文物行政管理部门设置的文物工作咨询性机构，由文物、考古、历史、建筑等方面的专家、学者组成。第一任主任委员夏鼐。委员除张先生外还有尹达、王仲殊、王振铎、冯先铭[1]、安志敏、苏秉琦、启功、吴良镛、单士元、郑孝燮、贾兰坡、顾铁符、宿白、常书鸿[2]

---

[1] 冯先铭（1921—1993），著名古陶瓷学家。湖北汉口（今武汉）人。肄业于北京辅仁大学西语系。后任职于故宫博物院。专门从事中国陶瓷史研究。是中国考古学会理事，中国古陶瓷研究会、中国古外销陶瓷研究会会长。主要从事中国古陶瓷的研究、鉴定、古窑调查等。著有《中国陶瓷史》（主编，执笔宋金部分）、《中国陶瓷——定窑》、主编《中国古代窑址调查发掘报告集》等。

[2] 常书鸿（1904—1994），著名敦煌艺术研究家。生于浙江杭县（今杭州）。满族。1918年考入浙江省立甲种工业学校（浙江大学前身）预科，毕业后留校任教。1927年赴法国留学，学习油画。回国后历任国立北平艺术专科学校教授、敦煌艺术研究所所长，敦煌文物研究所所长。当选为中国考古学会理事。毕生研究敦煌艺术。著有《敦煌艺术的源流与内容》《论敦煌图案》《敦煌莫高窟艺术》《新疆石窟艺术》，主编《敦煌彩塑》《敦煌唐代图案选》等。

等。他们讨论、研究国家文物工作方针、政策。参与加强对文物保护工作的指导、计划和检查，提供咨询意见。他们多次举行会议，审核重大考古发掘项目，检查重点文物保护单位的保护情况，加强文物保护工作的计划措施，制止破坏文物的违法行为，取得了明显成效。

2月10日，与来访的夏鼐先生闲谈。

3月5日，夏鼐先生写信复张政烺先生。

3月6日，著名金石学家容庚逝世，终年89岁。

3月25日，杨向奎先生赠张先生傅斯年著作，并在该书扉页上题写"孟真先生学术文集送给苑峰，五十年前我们都是他的学生，留此作为纪念。"

3月29日，上午赴考古所参加考古学会常务理事会，审查和通过团体会员6人，个人会员45人，讨论5月间在郑州召开的考古学会第四次年会的日程和内容，又关于接受文物出版社的要求，编撰《中国考古学年鉴》。

4月5日，夏鼐先生来访，谈为杨联陞教授出论文选集事，以中国社会科学出版社已答应接受出版。

4月7日，著名蒙元史专家韩儒林逝世，终年81岁。

4月10日，上午赴京西宾馆。下午参加中国史学会的理事会。

4月11日，上午，参加中国史学会首次年会，主题是马克思主义与历史科学、历史遗产与社会主义精神文明；下午，集体照相。3时大会开幕。听中宣部长邓力群致辞，他说二胡（胡耀邦、胡乔木）因事未能前来，由他代表二胡并以中宣部长身份致辞，希望史学界承担起宣传爱国主义的任务。接着，听代表宣读论文。今天两篇：陈启能、汤重南的《马克思关于落后国家向社会主义过渡的思想》；木哈塔巴尔（乌孜别克族）的《把爱国主义教育结合到历史学的教学和科研中去》。

4月12日，中国史学会继续开会。听宣读论文。上午两篇：刘大年《中国马克思历史学与中国社会主义》；张岂之①《关于传统道德说的批判继承问题》。下午三篇。晚，夏鼐先生来张先生处闲谈。

4月13日，上午，中国史学会分组讨论，讨论代表大会日程及会章。对于理事候选人的提名也作出了规定。下午继续参加分组讨论，推选主席团候选人名单。

4月14日，继续参加中国史学会首次年会。由刘大年主持，听梁寒冰同志报告议程及理事候选人产生办法，通过后即分组酝酿。除前届理事65人，各省分会推36人，另推十余人。晚饭后，与夏鼐、谭其骧先生闲谈。

4月15日，上午参加中国史学会代表大会，由刘大年同志主持，梁寒冰同志作会务报告，李侃同志作修改会章报告，然后分组讨论。下午继续开大会。由120名候选人中选出81名。投票后先行散会，秘书组计票，明日再宣布。

4月16日，早餐时，在餐厅门口看到中国史学会新选理事名单，闻昨晚计票数，搞到清晨5时毕，凡81名。张政烺先生当选。上午开新理事会，出席62人，选出17人，刘大年、戴逸、林甘泉、胡绳、吴于廑②为主席团，李侃为秘书长。下午3时开全

---

① 张岂之（1927— ），著名哲学史家、思想文化史专家、教育家。江苏南通人。北京大学哲学系毕业，入清华大学研究生院深造，师从张岱年先生。曾任西北大学历史系主任、校长。现任西北大学名誉校长、中国思想文化研究所所长、清华大学双聘教授。他是中央马工程首席专家、教育部哲学社会科学委员会副主任、中华炎黄文化研究会副会长、《华夏文化》季刊主编。著有《顾炎武》《儒学·理学·实学·新学》《中华人文精神》《乐此不疲集·张岂之自选集》。合著《中国思想通史》（获奖）、《中国儒学思想史》，主编《中国思想史》《中国思想学说史》（获奖）、《中国思想文化史》。参编《宋明理学史》（获奖）、《中国思想史论集》。

② 吴于廑（1913—1993），当代著名历史学家。原名保安，字沼越。安徽省休宁县人。1935年毕业于东吴大学，6年后考取清华大学留美公费生。归国后任武汉大学教授。新中国成立后任武汉大学历史系主任、副校长，中国史学会主席团成员，武汉大学世界研究所所长。他长期从事世界史的教学与研究工作。编著有《古代希腊和罗马》（1957）、《外国史学名著选》（上卷，1964；下卷：1986—1987）、《十五、十六世纪东西方历史初学集》（1985）、《大学世界历史地图》（1988）。另有与北京大学周一良教授共同主编《世界通史》及《世界通史资料选辑》各二卷，发表论文多篇。

体大会，由李侃秘书长报告选举结果，周谷城同志致闭幕词。随后开新的理事会第一次会议，由李侃秘书长提出今后工作计划：①今年、明年与地方分会合办的学术活动（福建的康熙收复台湾和林则徐200周年，山东的甲午战争等）；②1985年国际史学会议代表团问题；③吸收会员。

4月19日，上午参加《大百科》考古学卷的编委会，由夏鼐主持，宣布关于各组进度计划，各组审议会议月份，1984年2月底完成定稿，年终付印。张友渔、姜椿芳先后致辞，散会后照相。

4月24日，夏鼐先生偕杨向奎先生来协和医院，探视将做前列腺手术的张政烺先生。

4月，张先生在协和医院作前列腺摘除手术。由吴阶平院士主刀。手术很成功。

5月3日，下午，夏鼐先生赴协和医院探视张政烺先生（手术后已恢复，不日出院）。

5月9—17日，"中国考古学会第四次年会在河南郑州召开。会议由中国考古学会理事长、我院副院长夏鼐主持。河南省副省长岳肖峡、省人大常委会副主任张树德等出席开幕式并讲话。会议选举产生了中国考古学会第二届理事会。夏鼐为理事长，尹达、苏秉琦、贾兰坡为副理事长，王仲殊为秘书长。出席这次年会的有来自全国主要考古工作单位和有关高校的专家、学者及负责同志共计140多人"[①]。

5月21日，夏鼐先生来访，张政烺先生已于6日出院，返家后曾发烧两次，故仍在家休养，答应参加考古所学术委员会。

5月21—26日，全国历史学科规划会议在湖南省长沙市召开，会议内容主要是研究和审定"六五"期间的重点研究项目。张

---

① 《中国社会科学院编年简史》，第110页。

政烺先生和周绍良先生负责的《敦煌文书整理研究》汉文部分大型资料，是中国古代史规划组同意立项并签订协议书的九项之一。

5月22日，王世襄先生来访，张先生与之晤谈。

5月25日，参加考古所学术委员会，通过谢端琚[①]、郑乃武[②]、赵芝荃[③]、陈公柔[④]、胡谦盈[⑤]、周永珍、杨泓[⑥]等7

[①] 谢端琚（1932— ），知名考古学家。福建闽清人。毕业于厦门大学历史系，进入中国科学院考古研究所（1977年改属中国社会科学院）任职。历任原始社会考古研究室主任、甘青考古队队长。主要从事史前时期考古研究。曾主持甘肃秦魏冢、师赵村等遗址的发掘。独著《甘青地区史前考古》，合著《庙底沟与三里桥》《新中国的考古发现和研究》，主编《青海柳湾》《师赵村与西山坪》等。

[②] 郑乃武（1931— ），知名考古学家。福建福州人。毕业于厦门大学历史系，进入中国科学院考古研究所（1977年改属中国社会科学院）任职。主要从事中国新石器时代考古。曾参加黄河三门峡、刘家峡水库等地10余处遗址、墓地的考古发掘，以及长江宜渝段和嘉陵江水文考古调查。曾主持裴李岗文化遗址的发掘。合著《庙底沟与三里桥》《中国陶瓷史》《双砣子与岗上——辽东史前文化的发现和研究》等。

[③] 赵芝荃（1928—2016），知名考古学家。北京人。毕业于北京大学历史系考古专业，入中国科学院考古研究所（1977年改属中国社会科学院）任职。先后主持洛阳东周城、偃师二里头、偃师商城、临汝煤山等遗址的发掘，试掘、调查古遗址百余处。著有《赵芝荃考古文集》，合著《偃师二里头》。

[④] 陈公柔（1919—2004），知名考古学家。辽宁沈阳人。毕业于燕京大学历史系，进入中国科学院考古研究所（1977年改属中国社会科学院）工作。从事商周和汉代考古研究。曾参加长沙近郊古墓、洛阳"王城"遗址等项发掘，参与整理马衡遗稿《汉石经遗存》，编撰《居延汉简甲乙编》等，编纂《殷周金文集成》。著有《先秦两汉考古学论丛》。

[⑤] 胡谦盈（1930— ），知名考古学家。广东恩平人。毕业于中山大学历史系，进入中国科学院考古研究所（1977年改属中国社会科学院）任职。从事丰镐周都、先周文化、仰韶文化东庄类型等领域的考古发掘与研究。著有《胡谦盈周文化考古研究选集》《徐家碾寺洼文化墓葬》《三代都址考古纪实——丰、镐周都的发掘与研究》和《周文化及相关遗存的发掘与研究》等。

[⑥] 杨泓（1935— ），知名考古学家。北京人。满族。毕业于北京大学历史系考古专业，进入中国科学院考古研究所（1977年改属中国社会科学院）任职。从事中国历史考古学、中国美术考古学和中国古代兵器考古学研究。著有《中国古兵器论丛》《汉唐美术考古和佛教艺术》《中国古兵与美术考古论集》等。曾任《中国军事百科全书》古代兵器学科主编。

位助理研究员提升为副研究员。又有编辑室徐元邦[①]、技术组张心石、张广立、曹继秀等四人提职。增选徐苹芳为委员，推选宿白先生为副主任。

《清代〈四库全书〉的编纂》载《清史研究通讯》1983年第1期。

"《清代〈四库全书〉的编纂》因为是讲课记录稿，所以完全是叙述性的。这是迄今为止只用六千多字就能全面、准确、深入说明《四库全书》的文章，内容从中国历代皇朝官方汇纂图籍的传统、源流，编纂《四库全书》的发起、经过、成就和问题，一直到《四库全书》的续修、目录提要的辨正等所有重要方面。"有几点较之前人研究更深入。[②]

《帚好略说》载《考古》1983年第6期。这篇文章后来被翻译成英文，载于张光直主编的《商代考古研究》与《古代中国》增刊1号。该文认为帚好是累世相承的世妇，武丁时期的帚好当武丁在世时已死。帚好是女官，接近王，易转化为天子眷属。帚好是女人的称呼，不是一个人。异代同名是当时的一种社会现象，是当时世袭制度的表现。因为"殷代存在许多氏族，世代供奉王职，女官当亦如此"。还以大量的文献资料说明妇好与周代的世妇相当。并指出"殷墟五号墓有帚好铭文的铜器从形制花纹看有早有晚，铭文的字体也很不一致，这种演变不一定是一代人的时间所能形成的"。从多方面论证自己的观点。作者又说："考古材料的发现从来都带有偶然性，今日所见的甲骨决非全部。研究上古

---

① 徐元邦（1930— ）知名考古学者。生于北京。毕业于北京大学历史系考古专业，进入中国科学院考古研究所（1977年改属中国社会科学院考古研究所）任职。曾任该所编辑室副主任，长期从事《考古》《考古学集刊》等的编辑工作。曾参加江西青江营盘里遗址发掘，进行汉简研究。著有《居延出土的"侯史广德坐不循部"檄》《青海大通马良墓出土汉简的整理与研究》《简牍资料论著目录》等。

② 何龄修：《读〈张政烺文史论集〉明清史论著》，张永山编《张政烺先生学行录》，中华书局2010年版。

史，在文字记录断烂不全的情况下，我们只能徵其有，不能断其无。"这既表现了作者严谨的治学态度，又显示了先生治学方法的前瞻性。刊出前张先生亲自把文稿送到张永山、罗琨家里，请他们提意见。

《殷契"苜"字说》载《古文字研究》第十辑，中华书局，1983年7月版。

该文认为甲骨文"🌱"释"羊"释"䀠"都是错误的，而应释为"苜"。"苜"和"蔑"读音相同，义亦相近。蔑是细小，是蔑视。卜辞所见绝大多数是"勿苜"或"不苜"二字连结成一个词，从而构成积极意义。

7月1日，著名历史学家、考古学家、中国科学院哲学社会科学学部委员尹达先生逝世，享年77岁。

7月，作《释"因蕴"》载《古文字研究》第十二辑，中华书局1985年10月版。

该文是对《释甲骨文字俄隶蕴三字》一文的补充。认为"卜辞中茵字从形音义三方面考察当释为蕴，其本义为藏，埋是引申义，而人的死用茵字来表示则是由埋义再引申出来的"。又卜辞中的茵当释为因。"因字在卜辞中出现的次数少，而且都是早期的，用法和茵相同，也有藏、埋、死三义。"而茵、茵声母相同，韵部相近，是联绵字，如果把它连结起来，恰好是一个词。

《〈帚好略说〉补记》载《考古》1983年第8期。《补记》校样由别人带给张永山、罗琨，附信一纸，说："你们看能否站着脚？请提批评意见，越尖锐越好！因为我还有半天的修改时间，愿作最后的努力也。"先生认真负责"真诚求实"学者的本色，由此可见一斑。

该文是对《小屯南地甲骨》九一七片的研究，认为该片"不与卜人殷同时，要晚得多。箙旋是族名（也可称作官氏），可以异代同名。帚好是世妇，殷王世代皆有，作武丁配偶的只是其中之一。乙酉作祭日是礼俗决定的，可以世代奉行，所祭帚好是'唐取帚好'而不是武丁配偶。"《南地》九一七片不能提到武丁中期以前。指出"有些学者认为殷代帚好只有一个，即武丁的配偶，在许多地方讲不通，例如'唐取帚好'就无法解释"。

8月6日，夏鼐先生来访，谈及张政烺先生等9人（张、任继愈、吴世昌、傅懋勣、安志敏、马雍、唐长孺及助手）9月初赴日本，尹达先生传略及遗著等事。

8月22日，高去寻先生之子高木欣托人带给张政烺先生、夏鼐先生、胡厚宣先生手杖各一根。

8月27日，夏鼐访张先生未遇，将高木欣托带的手杖给了他夫人傅学苓先生。

8月30日至9月9日，张政烺、安志敏、吴世昌、邹衡等先生赴日本出席第三十一届"国际亚洲、北非人文科学会议"，会议间隙，同日本学者饭岛武次合影。张先生又与邹衡先生在所下榻公寓内合影。会议期间，张先生在东京会见池田末利，他问张对叩其卣的意见是否改变了。他研究商代思想，不相信当时祭祀上帝。

9月3日，与杨向奎先生合写追悼尹达先生的文章，内容是：尹达先生在史学理论和史学史方面的贡献；尹达先生在考古学和原始社会史方面的贡献。

9月10日，尹达去世后，张先生向夏鼐先生提到以往尹达交给他的自己的文章。夏检出后阅过一遍。认为西北岗7座大墓的正式报告，已出版。尹文凭记忆所写，不宜发表。

9月29日，赴考古所开代表团总结会。

《〈封神演义〉漫谈》载《世界宗教研究》1982年第4期。

该文是凭记忆的一次演讲。阐述了该书的内容、源流，剖析其结构、情节。指出书中"主要讲的是阐教与截教两派的斗争，伐纣不过是一条贯串前后的主线"。书的毛病在于"文简事繁，缺乏细致的描述"，要读者动用想象去补充。①

11月4日，夏鼐先生访张先生，未遇。仅晤及其夫人傅学苓先生，谈科学出版社事。

11月8日，作《郭沫若同志对金文研究的贡献》，载《考古》1983年第1期。

该文指出郭沫若的金文研究成果丰硕扎实，"比起新旧专家都高一筹"。他对三代铜器都有发前人未发的高论。尤其是创立的"标准器断代法"更具有开创性的意义。此法即选定铭文内容表明确切年代的器物，以其中的人名事迹、文辞体裁、文字风格和器物的花纹、形制为标尺，对未知年的器物进行断代分析，共得出周代铜器三百二十三器，从而为《周书》或《国语》增加了三百二十三篇佚文。"标准器断代法"至今仍是学者研究三代铜器的基本方法。

11月9日，上午，参加在文物局召开的国家文物委员会第四次会议。参加委员还有夏鼐、王振铎、顾铁符、宿白、常书鸿、启功、王仲殊、安志敏、苏秉琦等。对于文物界精神污染问题，尤其是"一切向钱看"的唯利是图的思想，举例并加批评一直谈到11时半。国家文物委员会领导人夏鼐作总结，拟将今日会议纪要写出来交文化部，请其抓紧文物界的精神污染问题。

11月10日，下午，在中国史学会纪念郭沫若先生的座谈会上，张政烺先生宣读论文：《郭沫若同志对金文研究的贡献》。

11月22日，上午，夏鼐先生来访，谈关于《考古》发表张政烺先生的纪念郭沫若先生文章，及左景权《藤枝晃〈敦煌学导论〉评议》一文，又谈许倬云教授访华事。

12月24日，著名民族史、地方史学家方国瑜逝世，终年80岁。

是年，《"十又二公"及其相关问题》脱稿，载《纪念顾颉刚

---

① 白化文：《读〈张政烺文史论集〉中有关〈封神演义〉的论述志感》，张永山编《张政烺先生学行录》，中华书局2010年版。

学术论文集》，巴蜀书社1990年4月版。又载张岱年先生等著《国学今论》，辽宁教育出版社1991年12月版。该文1935年开始写作，历时近50年，可见治学之严谨。张政烺先生认为东周时期，秦国铜器铭文常见的"十又二公"和《春秋》的十二公，都是"公取十二，法天之数"的一种迷信思想，当是虚数，不能落实。孔子囿于他所生长其中的所谓鬼神术数春秋时代，免不了带有不少落后的东西，这是自然的孔子。后世人为拔高孔子的形象，对建设新的精神文明是有益的，但却离真孔子愈来愈远。

约是年年底，河南人民出版社邀请张先生主编一部古代职官辞典。张先生的弟子吕宗力找到几个研究生院的同窗，赖长扬（师白寿彝）负责先秦，吕宗力负责秦汉，谢保成负责隋唐五代，商传（师谢国桢）负责明代，中国历史大辞典编纂处李世愉（师商鸿逵）负责清代，组成一个编写小组。

职官辞典各断代稿件集中后，张先生来到历史研究所三号楼，在史学史研究室，与编写组主要成员一起商议通稿事宜，并合影留念。

是年，因尹达先生去世，增加《纪念顾颉刚学术论文集》的主编，张政烺先生是新增主编之一。

是年，张先生力挺北大中文系古典文献教研室副教授裘锡圭先生晋升教授。

是年，中国郭沫若研究会成立，周扬任会长，成仿吾、李一氓、夏衍、阳翰笙、冯乃超、李初梨为名誉会长。张先生与吴泽[①]、

[①] 吴泽（1913—2005），著名史学家。江苏常州人。毕业于中国大学经济系。曾任复旦大学、大夏大学教授。新中国成立后，历任华东师范大学教授、历史系主任、中国史学研究所所长，上海历史学会副会长，上海华侨历史学会会长等职。专于中国古代史、中国史学史和史学理论。主编《中国历史大辞典·史学史》《中国近代史学史》，著有《中国古代史》《中国历史简编》《中国原始社会史》等。

黄烈①先生被聘为顾问。

是年，全国整理出版古籍280多种，重版古籍161种，是新中国成立以来出版古籍最多的一年。

是年，承蒙张先生指正齐文心著《商殷时期古黄国初探》一文发表于《古文字研究》第十二辑，1983年出版。

1984年（甲子）　　73岁

1月6日，下午，夏鼐先生来住所，谈访问香港情况，及商量《中国大百科全书·考古卷》殷周组审稿会议事。

1月31日，夏鼐先生至张先生处闲谈。

3月4日，上午，夏鼐先生将《故宫文物月刊》第9期交考古所张长寿先生，托其交给张政烺先生。

《帛书〈六十四卦〉跋》载《文物》1984年第3期。

该文认为，今日所见最早的《周易》是阜阳双古堆竹简和长沙马王堆帛书。前者残缺太甚；后者比较完整，可以复原成一部书。帛书本有两个优点。一、"水火相射"无不字，是也。水火矛盾，故言相射，不相射则脱离接触，不构成为矛盾的两个方面。二、水火在山泽之后、雷风之前。从此点看，帛书八卦次序是有来源的。从帛书《六十四卦》排列的次序，可以推知当时流行的八卦次序。先生又依据"奇数为阳，偶数为阴"的原则，概述了从一到九几个数字在筮法上逐渐被简化的历程。据考古资料，从殷商到西周早期（约到周穆王时止），筮数皆到八为止，这是由

---

① 黄烈（1924—2006），知名魏晋南北朝史专家。湖北汉川人。研究员。就读于西北大学、华北大学。先后在中国科学院学术秘书处、中国科学院历史所（1977年改属中国社会科学院）工作。历任郭沫若秘书兼学术助手、魏晋南北朝研究室副主任、主任、所学术委员会委员。曾兼任中国魏晋南北朝史学会会长、中国郭沫若研究会副会长。从事魏晋南北朝史研究，专长是中国古代民族史（唐以前）研究。著有《中国古代民族史研究》、论文《释汉简中有关汉代社会性质诸例》《魏晋南北朝民族关系的几个理论问题》等，整理黄文弼先生遗稿《西北史地论丛》等四种。负责《郭沫若全集·历史编》（八卷）。

于东方人开创了筮法，且有"数以八为纪"的风俗。此时一、六具有阳爻、阴爻符号的性质。后来筮法传到西方，周人使用并予以修正，到西周中晚期，筮数中遂出现了九，并取代一，在易卦中定型成与六构成阳爻、阴爻的符号。其论述既揭示了八卦中阴阳爻画源于数字的奥秘，又勾勒了殷周阴阳爻画的符号化过程。阴阳爻画的逐步符号化正是《易经》诞生的必要前提条件。这是易学研究史上的一个里程碑。

4月某日到中和戏院看昆剧《长生殿》。

5月3日，摘抄《元包经传》后周卫元嵩述，唐苏源明传，李江注，《学津讨源》第九集。包括卷一《序目》、卷五《运蓍第九》和《说源第十》，最后记"1984.5.3，重要字句皆已记出，可不再看"。又摘抄《元包数总义》（蜀张行成述）

5月20日，作《易辨——近几年根据考古材料探讨〈周易〉问题的综述》，载《中国哲学》第十四辑，人民出版社1988年1月版。这是一篇综合叙述金文、甲骨文、竹简、帛书等各种古文字材料中的易卦，其中有单卦、重卦、变卦、互卦等，进一步论证周易源流的文章。遗憾的是，最重要的资料——江陵天星观楚墓出土的竹简，其发掘报告多年尚未发表，张先生虽曾得见有易卦的竹简照片，但因出于尊重他人劳动，从不抢先使用他人尚未发表的材料，以致论述未能尽意。这不能不说是一个遗憾。

6月21日，作为顾问赴北大勺园参加敦煌吐鲁番学会的常务理事会。

今天由季羡林会长主持。上午北大周林同志也来了。会上，由秘书长宁可（北京师范学院）报告筹备经过，及去年7月在兰州开会以来的情况，主要是打报告到中央要求中央拨款，计划5年内成立三个中心。要经费500万。三个中心，北京图书馆不肯转让材料（万余卷写本），只好合作；甘肃根本拒绝，要自己设立敦煌研究院，所以问题尚多。下午2时半继续开会，与常任侠①、周绍良、金维诺和夏鼐先生相继发言，散会。

6月25日，上午，夏鼐先生偕张长寿先生来访，谈《中国大百科全书·考古学卷》条目事，决定将《殷周考古》一条，由张政烺先生与张长寿先生合写，而具体写作工作交给长寿先生。

7月，作《矢王簋盖跋——评王国维〈古诸侯称王说〉》，载《古文字研究》第十三辑，中华书局1986年6月版。先生据矢王簋铭文所云"矢王作奠（郑）姜尊簋"，参考器铭中女子称谓的规律，说明郑姜之称和蔡姞、虢姜、晋姜是同类，当是姜姓之女而嫁于郑者。而郑姜大约是矢王之女，矢王簋应为矢王所作以媵郑姜。矢王姓姜当无问题。矢出于羌，与周不同姓，称王是姜姓旧俗，由承袭而来，非僭王号，也并非由于周王之赐命。随后又一一分析了器铭中称王者之姓，证明皆非姬姓，由此得出如下结论：周时称王者皆为与周人异姓之国，并非周室封建之诸侯。而周人所谓伯，事实上也是一族一方之霸主，其上代是戎狄之王，本身则由于势力弱小归附于周，遂不称王而称伯。文章由考释金文论到古代民族关系与政治制度史问题，希望消除王国维《古诸侯称王说》一文的影响。②

8月5日，夏鼐先生审阅严敦杰先生的《式盘综述》，他以为这篇文章还是请张政烺先生审阅为宜。

8月中旬，收到高天升致张政烺信。由《文物》编委转来。高天升为四川省仪陇县仪陇中学的退休教员，他向张先生讲读

---

① 常任侠（1904—1996），著名艺术考古学家。安徽颍上人。毕业于中央大学文学院，留校任教。后赴日本，研究东方艺术史。1949年任北平艺术专科学校特级教授。新中国成立后，先后执教于北京大学、北京师范大学、中国佛学院、中国美术学院。致力于中国及中亚、东亚、东南亚诸国美术史，以及音乐、舞蹈史研究。著有《西域乐舞百戏东渐史》《民俗艺术考古论集》《汉画艺术研究》《印度与东南亚美术发展史》《常任侠艺术考古论文集》。主编《中国美术全集》第十八卷。

② 张政烺口述、朱凤瀚整理：《我与古文字学》。

《易》心得，并询是否出过简帛本《墨子》。

8月30日，为陕西省周原扶风文管所以行书题辞："周原膴膴，堇荼如饴，爰始爰谋，爰契我龟。"

9月，应邀赴文化部古文献研究室，在该室主任唐长孺先生主持下，与李学勤、裘锡圭、徐苹芳先生对居延新简的疑难释文提出许多宝贵意见。

10月6日，乘火车抵达安阳，参加殷商文化国际讨论会。报到后，先生在学生们的簇拥下，"一起参观珍珠泉，一起聆听古塔的风铃，一起去逛市场"[①]。

10月7日，上午，殷商文化国际讨论会开幕。由戴志强秘书长宣布开会，由胡厚宣先生报告筹备经过及会议意义（促进商史研究、交流经验、增进团结）。然后由夏鼐先生、钟力生书记、金景芳、安金槐、许顺湛[②]等相继讲话，并宣读先秦史研究会（徐中舒会长）、安阳师院等贺电。散会后照相，共百余人。12时午饭，与夏鼐先生、胡厚宣先生同桌。下午分组讨论。第一组为考古组，第二组（商代社会史、经济史等），第三组（甲骨文），张先生在第3组。晚间观录像片《古城安阳在前进》。与坐在旁边的夏鼐先生谈梁启超先生、胡适先生年谱长编中事。

10月8日，上午，由郑振香和文化局王士杰同志陪同，偕胡厚宣先生参观安阳小屯工作站和小营工地。先至小屯工作站。参观陈列室，又至楼上仓库参观。接着上车经小司空村至小营，先参观新发掘的出土过司母戊鼎的甲字型坑，深9米左右，已达4

[①] 罗琨：《记忆中的一串珍珠》，张永山编《张政烺先生学行录》，中华书局2010年版。

[②] 许顺湛（1928— ），知名考古学家。山西芮城人。1949年参加工作，1952年入河南省文物管理委员会，次年参加考古工作人员训练班。历任河南省文物工作队队长，河南省博物馆馆长、名誉馆长，河南省文物考古学会名誉会长等。著有《灿烂的郑州商代文化》《商代社会经济基础初探》《中国奴隶社会》《中原远古文化》《黄河文明的曙光》《许顺湛考古论集》《豫晋陕史前聚落研究》等。主编《中原文化大典·文物典》。

米，墓道露出人头骨（今天傍晚，杨宝成来说，在墓道上掘到二匹马骨，墓室中心有一大盗坑）。他们接着参观新建的保护4排殉葬人架坑，现已重新揭开4穴。馆内有新掘出的铜器坑，中心有盗坑，但二层台上仍有一铜鼎、铜盆、铜鬲，及一戈一钺，还有殉葬人头，两旁各一小坑，埋无头人骨。参观毕张先生同与会者胡厚宣、孟世凯、周永珍、肖良琼、郑振香、宋镇豪、裘锡圭、齐文心、范毓周、王宇信等先生留影。然后返城。下午在大会作报告。作报告的还有金景芳、朱绍侯、赵芝荃、刘起釪先生。赵用幻灯片解说偃师商城的发掘。晚饭后，夏鼐先生来住处闲谈。

10月10日，上午，由安阳市文物局王士杰局长陪同，偕夏鼐、胡厚宣先生参观淇县及汤阴。8时动身，到达时已9时半。在县招待所稍息，然后赴"摘星台"参观。这里似为夯土城墙的残迹。现文化局把搜集到的石刻都放在这里。门口的一对石狮子是由别处移来，似为元代物。有孔庙移来的明嘉靖御书程子《四箴》，明清时代的德政碑，有北朝的造像碑，石刻狮子照壁等，三仁祠移来的重建碑等，还有一块敌伪时代此间汉奸为日本占领军所立德政碑（1940年）。出来后，至附近的另一夯土城墙，闻宽度达80米，断续数百米。夯土内含绳纹陶片。返淇县城，至文化馆陈列室，在县城内所出土新生代化石（如水牛角、犀齿等），磁山文化遗址出土带耳陶罐及石器、仰韶陶片、商代铜器（觯）、周代铜器及汉镜等，还有宋金元明瓷器、汉代明器等，在留言簿上签名。告辞赴汤阴，在招待所用餐，一共三桌，书记、县长及局长作陪。用餐后休息，2时出发赴汤阴城内岳庙，碑刻现存近20块，皆明清时物。庙建于明景泰元年（1450年），门前为欞星门，一名精忠坊，木结构，建于明弘治十四年（1501年）。山门对面为施全祠，立施全铜像（为岳飞复仇刺秦桧，未遂被杀），前跪秦桧夫妇等五铁像，有御碑亭，但乾隆碑已移置山门外，嵌在壁上。正殿有岳飞像，后面为寝殿，泥像被破坏后没有重塑。四壁嵌有岳飞前后《出师表》及岳飞手迹石刻，还有近几年征集来的当代书法家的墨宝，印有汤阴岳庙近代诗文选集一册。至会议室，张先生为他们写了"精忠报国"四字，他们三人又在纪念册上签名。出来赴文王演易的羑里城，门外竖立有"演易城"石牌坊，门外两侧有成化时刻的"周文王演易故里"及重刻"岣嵝碑"。台上除一"演易城"（二层方楼房），为乾隆时建筑物外，其余古建筑已无存，但古柏尚有余存，有的可能早到明代始建庙的年代。庭中立数碑，皆明清物，台实为一龙山文化遗址。断崖上露出红烧土建筑面数处，有篮纹灰陶。由此他们即与汤阴县领导告别，返城已5时。晚间观豫剧《卖油郎》，返家已10时半。

10月11日，上午，听大会汇报（华中师院杨畅斋、历史所李学勤、哈尔滨师院游寿分别讲话）；然后分组讨论情况，第一组郝本性（省文物考古所），第二组杨陞南（历史所），第三组洪家义（南京大学），分别介绍各组讨论情况，11时半散会。下午参加"发起人和特邀代表座谈会"，晚间赴安阳市委及安阳市长的宴请。

10月15日，与美国学者吉德炜教授在"安阳殷墟笔会"上第四次会见。先生与吉德炜、夏含夷和班大维开心地坐在一辆"商代马车"上。[①] 张政烺先生慷慨挥毫，以上乘的甲骨文书法作品赠送这位美国友人。这幅书法作品上的文字是："洹水朝雨，大（太）行秋星。嘉宾云集，新乍（作）凤（风）生。色文射采，商史启明。我来学习，益智得朋。"该墨宝后被装入精心配制的画框，一直悬挂在吉德炜先生的客厅里，成了他和他的家人每天都想起中国文字起源的精品。

殷商文化国际讨论会期间，吉林大学吴振武说到他买了许多明清小说时，张先生对吴振武说："看小说好！要了解当时的社

---

① ［美］吉德炜：《我和张政烺先生的五次会面》，《揖芬集》，社会科学文献出版社2002年版。

会，就要看小说，当时的社会就是这个样子。"当用漂亮的小篆为吴振武题写书斋名时，张先生说："我去当个中国书法家协会会员还是够的。"吴说这是他听见过的张先生唯一一句自负的话。张先生还为其他求字人写条幅，写到手软。尽量满足求字人的要求。

10月20日，夏鼐先生偕张长寿先生来住所，谈《中国大百科全书·考古学卷》"殷周考古"长条，请张政烺先生审阅修改长寿先生已写出的初稿。谈至中午始告辞。

约11月10日前后，收到刘森淼（1984年11月7日）来信。附寄手写《易经爻名辨析》稿（共16页）。刘森淼在武汉市文物管理处武汉市考古队工作。他读过张先生的《试释周初青铜器铭文中的易卦》和《帛书〈六十四卦〉跋》后，向张先生请教。

11月11日，上午，夏鼐先生来住所小坐，借走民初鸳鸯蝴蝶派文言小说《蹇安五记》。乃民国三十四年上海汉文正楷印书局所印，前有凫公序，怀宁潘氏暂止斋印，计《玄玄记》《拾书记》《拾书后记》《归燕记》《锁骨记》，托为雪山寺僧蹇安所记，实则民初所谓鸳鸯蝴蝶派文言小说。当时陈仲子、华孤桐、苏曼殊之短篇小说亦此类也。

11月16日，夏鼐先生写信给张先生。

11月22日，以王献唐老先生的儿媳安可行来，为齐鲁书社扣献老遗稿事，王国华死后迄今未能解决。函文化部查究此事。夏鼐先生副署，勉强从之。

12月19日，王震中硕士学位论文答辩通过，之后不久，他去张先生的家和先生谈他的读书计划，张先生建议他首先精读《史记》，张先生说《史记》的正文和正文下的三家注，都要认真去读，精读了《史记》后再读先秦的书，可能会更好一点。他后来体会张先生的用意大概是：由于他研究的范围主要是上古，而在先秦文献中属于上古的材料又比较分散，《史记》则是太史公司马迁把那些分散的史料加以整理，使上古史予以系统化后的史书，所以，读过《史记》，再读先秦的史料，就会对那些分散的、不知所措的资料予以适当的位置，起到提纲挈领的作用。当然，在重建上古史的今天，我们可以对《史记》所系统化的上古史本身提出质疑，进行商榷和重新研究，但在质疑、商榷之前首先需要熟悉它、了解它，需要知道它的这一系列是怎样形成的。所以，他认为张先生所说的先精读《史记》，再读其他的先秦的书，对于年轻人治上古史时读书的循序渐进和方法上，是有借鉴作用的。①

12月，国家计量总局、中国历史博物馆、故宫博物院主编的《中国古代度量衡图集》由文物出版社出版。该书《前言》载，张政烺先生等"对前言和器物说明提出了修改意见"。

是年冬，张先生与胡厚宣先生、李学勤先生应吉林大学的邀请（这是于省吾先生的遗愿），去该校参加于省吾先生的博士生吴振武、汤余惠、黄锡全的论文答辩。张先生对吴振武的论文《〈古玺文编〉校订》"仍是那一贯的厚道作风，几乎没提什么问题"，却表扬吴说："从前大家说段玉裁是《说文解字》的功臣，你是《古玺文编》的功臣，你的书很有用。"② 对汤、黄的论文评语亦好。建议评审委员会通过。这几位青年学者后来都是该校的骨干教师或走上领导岗位。

张先生还应吉林大学金景芳先生的邀请，参与对其指导的博士生谢维扬的论文《周代家族形态》的答辩，并提出过重要意见。其他答辩委员会成员有胡厚宣、李学勤、姚孝遂、陈连庆、罗继祖。该论文于1990年收入中国社会科学博士论文文库，作为专著由中国社会科学出版社出版。1991年5月，谢维扬赠张先生样书一册，并在扉页上题字留念：张老教正，后学谢维扬敬赠。

答辩后的次日，应吉林大学的邀请，张先生发表演讲，他讲

---

① 王震中：《缅怀尹达先生》，《求真务实五十载》，中国社会科学出版社2004年版。

② 《中华读书报》2012年5月15日，吴振武文。

的是岳飞《满江红》词和"还我河山"字都是后人伪托的。他"没拿什么讲稿，却在短短的一个多钟头里，旁征博引，在黑板上写下二三十个人名和书名"①。

吉大演讲后，张先生应东北师大林志纯（日知）先生邀请到东北师大演讲，并在演讲当天到林先生家赴午宴。

是年冬日，张先生于山西省垣曲古商城，以秀丽的小篆，为北大文博学院李伯谦②先生题词："虞夏和商周，陶石与青铜，蹋编山河原，考古乐融融。"

从是年冬到1985年春，无偿审阅刘一曼先生等的《甲骨文书籍提要》一书，审定了全书介绍的237本甲骨文书籍或论文，对该书的错漏用红笔勾出，并提出修改意见，还题写了书名。③

是年年底，先生之子张极井从中国社会科学院研究生院毕业，加入中国国际信托投资公司（即现在的中国中信集团公司）。对于儿子的职业选择，作为传统读书人的张先生很有一些不以为然。尽管这样，先生对他在工作中取得的进步，还是关注和高兴的。

是年，曾经得到张先生指教的陈绍棣著《试论明代从工匠中选拔工部官吏》一文载于《科技史文集》第11辑，上海科学技术出版社1984年版。

1985年（乙丑）　　　　74岁

1月11日，下午，夏鼐先生至张政烺先生家，知张先生最近偕胡厚宣、李学勤赴吉林参加于省吾先生的研究生论文答辩会不

---

① 《中华读书报》2012年5月15日，吴振武文。
② 李伯谦（1937— ），著名考古学家。河南郑州人。1961年毕业于北京大学历史系考古专业，留校任教。1992年任北京大学考古系主任，1998年任考古文博学院院长。先后任中国考古学会理事、常务理事。主要研究领域为夏商周考古、中国青铜文化结构体系、中国文明起源研究以及考古学理论与方法。曾参加和主持河南偃师二里头、安阳小屯殷墟、山西曲沃晋侯墓地等多处遗址的发掘。著有《中国青铜器文化结构体系研究》《文明探源与三代考古论集》《感悟考古》，主编《揭阳考古》《新密新砦》等。
③ 刘一曼：《难忘的教诲——忆张政烺先生》，张永山编《张政烺学行录》。

久。夏鼐先生将美国赵自强关于《易经》的来信交给张先生，然后谈些院部的事，谈至 6 时许始返。

2 月 15 日，上午，赴考古所，参加中国考古学会常务理事会。会上通过新加入的团体会员及个人会员，及团体会员也要收费。提交理事会通过。秘书长王仲殊同志及学会副秘书长王廷芳同志报告筹备经过。散会后，与夏鼐、王天木同车返家。

2 月 28 日，下午，赴北大勺园招待所，参加中国考古学会第五届年会报到。

3 月 1 日，上午，赴北大办公楼礼堂，参加中国考古学会第五次年会。主席台 16 人，前排 9 人，依次为：吕济民（文物局局长）、苏秉琦（副理事长）、张友渔（社科院顾问）、廖井丹（中宣部顾问）、夏鼐、马洪（社科院院长）、朱德熙（北大副校长）、刘大年（中国史学会会长）、王仲殊（学会秘书长）。后排 7 人皆为学会常务理事，依次为：贾兰坡、顾铁符、王振铎、宿白、谢辰生[1]、安志敏、张政烺。由夏鼐先生主持会议，宣布开会后致开幕词。中宣部顾问廖井丹同志代表邓力群同志讲话。中国社会科学院马洪院长讲话。然后由王仲殊秘书长报告会务工作。宣读贺词（五个单位：北大、北京市文物队、中国科学院古脊椎所、中国社会科学院考古所、中国历史博物馆），时已 11 时，宣布散会。在楼前合影。下午参加小组会。

3 月 23 日，张政烺先生入选《中国大百科全书·考古学卷》的考古学家名单。

同入选者裴文中、尹达、夏鼐、贾兰坡、苏秉琦、安志敏、

---

[1] 谢辰生（1922— ），著名文物学家。江苏武进（今常州）人。曾当选中国考古学会理事、常务理事，中国文物学会名誉会长。是《中华人民共和国文物保护法》主要起草人，《中国大百科全书·文物卷》编委会主任。曾倡导创办景德镇古陶瓷制作博物馆、铜绿山古铜冶遗址博物馆，主持复制随县编钟，并负责开拓水文、地震考古新领域，协助郑振铎编撰 24 辑《中国历史参考图谱》等。著有《谢辰生先生往来书札》《谢辰生文博文集》等。

王仲殊、于省吾、胡厚宣、石兴邦。

《殷墟甲骨文中所见的一种筮卦》载《文史》第二十四辑，中华书局1985年4月版。该文"对殷墟卜辞中与传世铜器铭文中所见到的四个数目字的卦的性质作了探讨，认为是易卦中的互体，四个爻当作一个卦。仍与《试释周初青铜器铭文中的易卦》一文所得结论相同的是，三个四爻卦使用的数目仍是五、六、七、八，也无二、三、四，说明可能出于一个来源"。

5月14日，上午，赴西山华北军区招待所，参加《中国大百科全书·考古学卷》编委扩大会议。从事商周考古的定稿工作。该分支集中反映了商周考古研究的巨大成就。在编写过程中，张先生具体审定了商周考古的框架结构和大量稿件。下午开大会，由王仲殊同志主持，由夏鼐和张友渔、姜椿芳同志先后讲话，编辑室刘加乾同志汇报工作完成情况，致谢写作各专家及编委，并提出问题。石磊副总编辑接着讲话，强调这次会议的重要性，希望能完成任务。秘书徐苹芳宣布分组名单，到会共28人，分为4组。

5月15日，下午，参加小组会，讨论考古学卷"总条"及"中国考古学简史""大事记"三条。对总条表示赞成。持相同意见的还有夏鼐、苏秉琦、王振铎、胡厚宣先生。晚间夏鼐先生来住处闲聊天，并将王祥第送来的唐人写经请其鉴定，张政烺先生以为当为晚唐时写本。

5月16日，继续参加小组讨论。讨论颇热烈。"总条"大体肯定。下午讨论"中国考古学简史"及"大事记"。

5月17日，上午，参与讨论"旧石器时代考古""新石器时代考古"两个长条。下午参加讨论"商周考古"长条。

5月18日，继续开小组会。上午参与讨论"秦汉考古"长条，下午则参与讨论"三国南北朝考古"长条。

5月19日，带着几个学生步行远征至法海寺，参观刚重新开放的明代正德年间的壁画。下午2时开会，由王仲殊同志主持，夏鼐与王仲殊、石磊同志及张友渔都讲了话，3时半即散会。

5月22日，傍晚，赴台基厂松鹤楼，社科院院部赵复三先生宴请何炳棣教授。张政烺先生与夏鼐先生、胡厚宣先生作陪。谈至8时许始散。

《庚壶释文》载《出土文献研究》第一辑，文物出版社1985年6月版。

该文征引金文《诗》和《左传》的有关材料，考证器主"殷王之孙，右帀（师）之子，武叔曰庚"，认为庚是宋国的公族仕于齐者。"或即在华元之前任右师的公子成奔至齐国所生之子。"将春秋时宋国公族的尊崇殷王烈祖风气、庚之出身说解得十分清楚。他又从庚壶铭文中"（齐）公曰：甬（勇）甬（勇）"谈到齐侯鼓励人民尚武，《左传》载齐"庄公为勇爵"，即以勇号称战士。再如壶铭"其王乘牡舆"中的王，张先生征引《史记》《左传》材料，说明不是周王，也非燕王，很可能是势力强大，又常与齐、燕摩擦的山戎之君，庚夸大其辞，欲以借此自重。[①] 文中又对"大"字作了辨识，指出所作铭文释文中有"齐三军围莱，冉子执鼓，庚大门之"句，和"庚率百乘舟，大籥从河以匜伐燕□丘"句。对两句中两个"大"字的释读，当初曾考虑是"人"字，但注意到两个"大"字皆写作"大"，与"人"字写作"人""人"不同。"人"字上部虽有横笔，但不能太长，因为这本是纹饰性的点缀，可有可无，长得像一个笔划，即成了文字的组成部分，即非原字。而庚壶中此字横划过长，当是"大"而非"人"。以上论述，说明张先生研究金文的过程中，在细微处还做出过许多重要的考证，很能反映他注重将金文考释放在历史研究中进行，

[①] 刘源：《张政烺先生的金文研究》，张永山编《张政烺先生学行录》，中华书局2010年版。

让金文与文献材料相互发明的治学思路。

6月17日，下午4时，夏鼐先生突发脑溢血，住进北京医院。张先生闻讯，立即去医院探望夏先生病情。回家后适逢陈绍棣前来问学，无限惋惜地说：夏所长怎么得了脑溢血！次日张先生又到医院看夏先生。

6月19日，考古学大家、一级研究员、中国科学院哲学社会科学部委员、中国考古学会理事长、中国社会科学院副院长兼考古所名誉所长夏鼐先生因患脑溢血，经多方抢救无效，在北京逝世。享年76岁。

6月29日，上午，作为多年老友，到北京医院向夏鼐先生遗体告别。

夏，为陈智超[①]题大金得胜陀颂，并题赠《宋四川安抚制置副使知重庆府彭大雅事辑》的抽印本。

8月15日，作《岳飞"还我河山"拓本辨伪》，载《余嘉锡先生纪念文集》，湖南教育出版社1989年7月版。

该文认为"《满江红》文义不通，史实不符，其作者绝非岳飞，而是一个离开岳飞年代已远，历史知识不多的知识分子，可能是桑悦，也可能是明初的书会才人写的"。而"还我河山"四字最早"只见于《洪秀全演义》，自是黄世仲的作品"。

9月5日，著名历史学家、历史所研究员孙毓棠逝世。享年

---

① 陈智超（1934— ），知名历史学家。广东新会人。研究员、博士生导师。1951年参加工作，1965年中国科学院历史所（1977年改属中国社会科学院）研究生毕业后留所工作。独著独编《宋会要辑稿补编》《解开宋会要之谜》《美国哈佛大学哈佛燕京图书馆藏明代徽州方氏亲友手札七百通考释》（获奖）、《陈垣来往书信集（增订本）》《钱镜塘藏明代名人手札》《宋朝诸臣奏议》点校本、《陈垣〈元西域人华化考〉创作历程——用稿本说话》（获奖）、主编《陈垣全集》（获奖）、《殊途同归——励耕三代学谱》；合著合编全校《中国史稿·第五册》（获奖）、《中国古代史史料学》（获奖）、《名公书判清明集》《日本黄檗山万福寺藏旅日高僧隐元中土来往书信集》（获奖）、《中国封建社会经济史》第三卷等；有论文集《宋史十二讲》《陈垣——生平学术教育与交往》《陈智超历史文献学论集》行世。

75岁。

10月26日，作《〈西域史地文物丛考〉序》，载《西域史地文物丛考》，文物出版社1990年6月版。

该文以简洁洗练的文字，阐述中亚和中外关系史专家马雍先生的家学传承、学术思想、道德文章、学术成就。

11月1—7日，同苏秉琦先生赴山西省侯马参加晋文化研究座谈会，并发言。他在发言中说他"对晋文化感兴趣。晋国的东西保存得比较多。《左传》除了鲁国外，晋国就最多。如果书上与考古材料相结合，就能解决历史上的许多问题"。又指出"夏的地域应在今河南、晋西南一带。夏国（当指都城——引者）之地应在洛阳附近"。又"垣曲商城很好，也可能是一个很重要的城"。"商纣王时期，有商纣王纪年直到二十年，以后不见，古书有五十年的，靠不住。"现已出土的商纣王甲骨、铜器可以印证。会议期间考察了侯马晋国城址和礼制建筑以及天马——曲村遗址。并用小篆在条幅上书写苏先生诗作《晋文化颂》："华山玫瑰燕山龙，大青山下斝与瓮，汾河湾旁磬和鼓，夏商周及晋文公。"然后赠予苏先生。苏先生深爱张先生的书法，就将这条幅悬挂在自己的办公室内。

晋文化会议期间，许多代表和朋友，都看好张先生的到来，请先生留下墨宝，先生都一一承允。如为山西省考古研究所侯马工作站办公大楼题名。后工作站用机制雕刻，涂以金粉而就，悬挂在机关大楼门厅左侧，很是增光耀眼。多年来，凡是来站者，多到此驻足观赏并拍照留念。又如为河北省文物研究所研究员、书法家张守中先生用甲骨书体书一副楹联"好风出幽谷，初日明高林"。张将此书法收集到他所出的集子中，作为珍品珍藏。

晋文化会议期间，作为专业的文物考古摄影的技术人员的梁子明向张先生请教新科技的照相技术。张先生说："你拿的相机是是日产尼康FM2吗？"梁随即把相机递给了先生，他如同抚摸宠物般喜悦的细看起来。他和梁谈起照相的事来，是那么的顺畅、那么的投缘、那么的内行、那么的亲切。照什么器物用什么角度、用什么底衬、用什么胶卷、光圈和快门，如何配合等，他无所不知，连相机的功能，他都了如指掌，单就摄影作品的欣赏，张先生比梁高出很多，令梁钦佩至极。因此，张先生便和梁成了知交。

晋文化会议期间，张先生同部分与会者苏秉琦、林小安、邹衡、王克林、黄景略、李伯谦、吴振禄、郝本性、杨育彬、陶正刚、刘观民、张彦煌合影。

晋文化会议间隙，张先生参观考古工地，陪同者有李伯谦、杨育彬、吴振禄，并留影。

晋文化会议间隙，张先生到库房观看出土文物，郝本性陪同，并合影。

12月11日，为《楚文化研究论集》第一辑题写书名。该书于1987年1月由荆楚书社出版。

12月28日，作《"士田十万"新解》，载《文史》第二十九辑，中华书局1988年1月版。该文指出《左传》里所说的"士田十万"不是历代注疏家说的"十万亩"，而是"采用比亩小得多的步作计算单位"的数额。他的新解，驱散了蒙在这条史料上的千年迷雾，恢复了其本来面目，发掘出该史料的真正科学价值。这与那种先有结论后找材料的假说式文章大相径庭，是经得起文献材料、考古材料推敲的，也是经得起后世检验的。

是年，任中国社会科学院研究生院历史系历史文献学85级博士生陈汉平的导师。学制三年。陈后来在金文领域有建树，并有专著三部：《西周册命制度研究》（1986）、《屠龙绝绪》（1989）、《金文编订补》（1993）。现定居于美国。

约是年，张先生来所里开会，会后有一点剩余时间，来《图集》办公室，室内有安守仁同志和师勤在工作。安守仁同志是《图集》恢复工作后，从兰州大学借调过来的。张先生很关心地询问他家的情况，并说你一人在京，家中有无困难，要多给家中通通信。之后又问师勤，几个小孩，上什么学？日子过得怎样等，又建议她利用业余时间，为中华书局抄写稿子，以补贴家用。

约是年，为唐兰先生遗著《西周青铜器铭文分代史征》无偿审稿。该书于1986年，由紫禁城出版社出版。

约是年，王震中拿去自己刚写完的两篇文章给张先生看，张先生问他这两篇文章是用多长时间写成的，然后又说：文章写成后，在抽斗里放上两三个月，这期间多看点书，然后拿出来再一看，往往会有些补充和修改。后来，他按照张先生说的办法去做，每次写完文章后，尽量不马上投出去，稍微放一放，一是看些书，二是换换脑筋，果然每每都有一些补充和修改。

1986年（丙寅） 75岁

1月4日，作《关于江苏仪征胥浦西汉墓出土的〈先令券书〉的通信》，载《张政烺文史论集》。

这是写给陈平的一封信。信中指出："扬州汉墓出土竹简'元始五年九月壬辰朔辛丑'与陈垣《二十史朔闰表》恰好相同"，"足见陈表的科学性"。

2月21日，院科研局向各所科研处发出《关于协助新华社拍摄我院著名社会科学家照片的通知》。为建立中国社会科学院档案和积累资料，新华社照片档案馆将为我院著名社会科学家拍摄生活照和工作照。名单中有先生。同拍摄的历史片专家还有：苏秉琦、王仲殊、安志敏、胡绳、杨向奎、胡厚宣、侯外庐、沈从文、林甘泉、李学勤、王毓铨、刘大年、罗尔纲、瞿同祖、蔡美彪、余绳武、丁名楠、丁伟志、黎澍、黄绍湘、李新①、庞朴。

5月28日，著名历史学家、原民族研究所所长翁独健先生去世。享年80岁。

6月中旬，邓球柏致张政烺（1986年6月10日）来信。邓球柏在湘潭大学哲学系工作，他读过张先生的《殷墟甲骨文中所见的一种筮卦》后，向张先生请教。

11月，张政烺先生随中国社会科学院郭沫若研究学者访问代表团赴日本访问24天。

冬，张先生在东京会见日本学者松丸道雄，他说研究𠧪其三卣，写了一篇字数很长的论文，希望能接触一下实物。张为他请求故宫博物院，得到许可。次年五月下旬，他来观察了一个下午。

是年起，兼任国家文物鉴定委员会委员。

是年，为刘桓《殷契新释》一书作序。张政烺先生在序言中既言简意赅指出了甲骨文考释的意义，又实事求是地说出此书的学术价值，同时给作者以鼓励。

是年，北京财贸学院经济研究所经济史组邓福秋先生晋升副研究员时，需要提交两篇论文请同行专家评审推荐。因她是北大史学系1950级的学生，想起了张先生。于是便贸然登门，张先生

---

① 李新（1918—2004），著名历史学家。原名李忠慎。出生于四川省荣昌县安富镇（现属重庆市）。1934年考入重庆川东师范学校。1938年年初去延安，入陕北公学。曾任华北大学正定分校主任等职。新中国建立后，参与筹办中国人民大学。1956年主编中国现代史，1962年在中国科学院近代史研究所任研究员，担任该所现代史组和通史组组长。1976年后，历任中国社会科学院近代史研究所副所长、中华民国史研究室主任及现代史研究室主任、中共中央党史研究室副主任，并兼中共全国党史学会副会长、中共党史人物研究会副会长。1979年赴美国访问并讲学，次年他应邀到法国讲学。他在中国革命史、中共党史和中华民国史等史学领域造诣很深。著有《中国新民主主义革命简史》《中国革命史的几个问题》《中国新民主主义革命讲话》等，与他人合著并担任主编的有《中国新民主主义革命时期通史》（四卷本，获奖）等。主编《中国革命史》（十二卷）和《中华民国史》（十三卷，获奖）。

热情接待了她，还帮她把复印件装订好。她那两篇文章都认为战国中期商品经济发达，西汉前期已经进入资本主义萌芽的历史阶段。这与张先生的战国、汉代是奴隶社会，魏晋进入封建社会的观点大相径庭。然而张先生却对他的文章给了很高的评价。这既给邓以鼓励，更令邓敬佩。这件事体现了张先生"鼓励探研的科学精神"，"尊重不同意见的民主精神"和"大师风范的包容精神"。①

是年，王震中参加完"中央讲师团"，从河南辉县回到北京后，想把石器时代的问题与夏商联系起来考虑，想学习甲骨文，他对张先生说：《卜辞通纂》他已读了，想学习甲骨文不知如何去学。张先生告诉他，就去读《甲骨文合集》，一册一册地读，《合集》现在还没有出版释文，所以，读时不能和释文对照起来读，但先秦史研究室有那么多搞甲骨文的，把他们放到外单位、放到大专院校都是甲骨文专家，不认识字时、读不懂时，可以随时向他们请教。张先生还说，通过读《合集》来学习甲骨文的好处是，《合集》是按照五期编排的，这样，在学习甲骨文时也就熟悉了甲骨文的分期，熟悉了各期字体的风格，熟悉了甲骨文材料。可惜后来，他先是忙于为报考博士生做准备，接着是在攻读博士学位期间，学位论文的题目也不属于甲骨文与商代史领域，所以，在相当长的一段时间内，他并没有集中时间、集中精力去学习甲骨文，只是近三四年来，由于参加了先秦研究室的十卷本《商代史》这一中国社会科学院重大项目，才又不得不认真对待有关甲骨文的学习。

1987年（丁卯） 76岁

5月，张先生接到美国收藏家赛克勒（Arthur M. Sackler）的

---

① 邓福秋：《怀念张政烺师》，张世林主编《想念张政烺》，新世界出版社2015年版。

收藏铜器集《商代礼器》（Robert W. Bagley：*Shang Ritual Bronzes*）。这部书把有亚獏族徽的铜器全收集在一起，有几件是他未见或未知的，看起来极为兴奋。

5月12日，为纪念中国社会科学院建院十周年，他为《中国社会科学院报》题辞："以牛的勤恳、踏实的精神，为两个文明建设作出贡献。"这是他对社会科学工作者的勉励，也是他学术生涯的写照。

8月22日，作《〈殷契新释〉序》，载《殷契新释》，河北教育出版社1989年7月版。该文肯定了刘桓同志在考释甲骨文字上所取得的成绩及其"踏实的学风"，并指出当前提高对殷商历史研究"最关键的一点应是识字"。

约9月1日，收到陈汉平致傅学苓（1987年8月31日）的信，谈到将去安阳安排开会事，背面画有濮阳西水坡的龙虎图。

9月2日，作《卯其卣的真伪问题》，载《出土文献研究》第三辑，中华书局1998年10月版。

该文指出，殷代铜器多无铭文长篇铭文更少。卯其三卣铭文长，且皆记壬年，故而引人注意。并认定六祀卯其卣铭文"字体清秀，文义明白"，是真的；而二祀、四祀卯其卣铭文"字体恶劣，文义不通"，铭文是假的。

9月14日，中国科学院哲学社会科学部委员、历史所名誉所长、一级研究员侯外庐逝世，享年85岁。

10月，张先生写定《中国古代职官大辞典·前言》。该书于1990年由河南人民出版社出版。

10月下旬，收到山东大学哲学系国际《周易》学术讨论会筹备组邀请张政烺参加会议的通知（1987年10月20日）的来信。

12月中旬，收到刘大钧致张政烺（1987年11月15日）来信。刘大钧在山东大学哲学系工作。他听韩自强、连劭名介绍，知道张先生于易学很有研究，特写此信，邀请张先生参加该系筹备召开的国际《周易》学术讨论会（山东大学，12月5—9日）。

12月，北京大学历史系孙淼先生《夏商史稿》在文物出版社出版。作者曾在20世纪60年代来历史所跟张政烺先生进修古文字和《左传》。他在《后记》中说："本书的写作，得到了老师张政烺先生的多次指教，付印前承张先生通审全稿"，"在此谨致谢意"。

是年，张政烺先生承担七五国家重点项目《中国历史文物图集》，因无得力助手，出版困难等原因，1998年撤项。张先生早已离开主编的位置，还要承担没有完成的责任，岂非咄咄怪事。

从是年到1995年，张先生向来问学的谢保成指点学术迷津。问学主要集中在三个方面，一是郭沫若的金文研究，二是有关版本的相关问题，三是了解张先生的治学经验。

是年，陈绍棣曾得到张先生指教的论文《登封王城岗城堡遗址时代试探》一文载于《华夏文明》第一辑，北京大学出版社1987年版。又载郑杰祥编《夏文化论集》，文物出版社2002年版。

1988年（戊辰）　　　　77岁

1月21日，作《〈春秋后语辑考〉序》，载《春秋后语辑考》，齐鲁书社1993年12月版。

该文认为"《战国策》所收不出于史书或档案，策士作伪不实"，"应当分到《诸子略》的纵横家，《艺文志》却放在《六艺略》的春秋家。晋孔衍对此不满并动手改造，作《春秋后语》，对《战国策》大删，据史料补了一些大事"。该书在唐宋颇流行。后因"文简事繁，语短句涩"，渐至灭绝，明清学者辑佚，但仅一卷，"不能见其大体"。王恒杰发现《春秋后语》对研究战国历史的重要性，尽力整理，使《春秋后语》部分地得以复原。书出来后，齐鲁书社按惯例给张先生开了稿费。过了一年多，该社总编辑孙言诚到先生家，张先生从一本旧书中找到夹在里面的汇票，郑重其事地对孙说："孙言诚，你这是什么意思？为什么要给我汇钱？"孙一愣，看了一会儿汇票，才想起是序言的稿费，便据实告知。张先生显然已经忘了写序的事，说："有这事吗？"其时，汇票已经过期。对于金钱，先生严厉到不近人情的地步。①

《〈文史〉出版三十辑感言》，载《书品》1988年第3期，中华书局1988年9月版。该文认为《文史》编印的宗旨是"崇尚实学，去绝浮言"。实学即"资料和考据"；浮学当是指空洞的理论。这宗旨是正确的。他指出"翦伯赞的许多文章和书是战斗性的，立场鲜明。可惜限于条件，史料错误太多"。他强调历史学不同于社会学，"历史要讲具体事实。我们四十多年来以社会发展史做为历史学的中心，发生很多矛盾无法解决，如果把中国的史实考察清楚，展开分析，既可以减少矛盾，也可以充实社会发展史和丰富史学理论"②。

5月10日，著名文学家、历史学家、文物学家、历史所沈从文先生逝世，享年86岁。

6月，与北大历史系教授吴荣曾先生赴天津南开大学参加王玉哲先生的在职博士生朱凤瀚③的论文答辩。他俩并与王玉哲、王敦书、刘泽华、王连陞、研究生院丁老师、赵伯雄、朱凤瀚、孙立群合影。

---

① 孙言诚：《张政烺先生的学问和人品》，张世林主编《想念张政烺》，新世界出版社2015年版。
② 《中国社会科学院编年简史》，第212页。
③ 朱凤瀚（1947— ），著名先秦史、青铜器专家。江苏淮安人。南开大学博士生毕业。历任南开大学历史系主任、中国历史博物馆馆长、北京大学历史系教授，当选为中国先秦史学会副会长。独著《商周家族形态研究》《中国青铜器综论》，合著《文物鉴定指南》《先秦史研究概要》《西周诸王年代研究》。撰有论文《近百年来的殷墟甲骨文研究》《由殷墟出土北方式青铜器看商人与北方族群的联系》《论西周时期的"南国"》《关于西周金文历日的新资料》等多篇。

9月13日，著名少数民族语言学家、中国社会科学院民族所原副所长傅懋勣先生逝世，享年79岁。

10月，为王春瑜①、杜婉言合著的《明朝宦官》（紫禁城出版社出版）题写书名。

11月，考古所第三届学术委员会成立，任委员。

12月3日，写毕《"十二寡妇征西"及其相关问题——〈柳如是别传〉下册题记》，载《纪念陈寅恪先生诞辰百年学术论文集》，北京大学出版社1989年12月版。该文"从中国古代丧葬制度切入"，"重点研究了古代丧葬制度的演变"，找出了从起于战国的十二生肖向十二寡妇或十二白衣女郎如何转化演变的全过程，而且证据确凿，不由得你不信。"更深刻地阐发了《柳如是别传》的一个问题"，清代的野史中有柳如是曾扮作昭君出塞装，则柳此举或和悼念崇祯帝有关。"具有明显的学术价值。"②

是年，王毓铨先生在《文史知识》第2期发表《籍·贯·籍贯》。他在文中说："贯常见于唐宋文献，但不明其义，也不明其所始。曾就教于老同学张政烺先生，不数日即选自《魏书》至《金史》各史书用'贯'之例示我。"并且还写了按语说："贯即贯串之贯。古者仕宦有品级，百姓有户等，编名入册，各有次数，不得逾越，如以绳贯之，故称为贯也。"

其子张极井1986年赴澳洲工作。约是年，先生前后给他写过三个条幅：一幅是《周易》上的"天行健，君子以自强不息"；

---

① 王春瑜（1937— ），知名明史专家。江苏建湖人。1963年毕业于复旦大学历史系研究班，1979年来中国社会科学院历史所。研究员。独著《明清史散论》《王春瑜说明史》《看了明朝就明白》《他们活在明朝》《明朝酒文化》（获奖）、《交谊志》《古今集》等；合著《历史学概论》《明朝宦官》等；出版杂文、随笔集《土地庙随笔》《老牛堂札记》《续封神》《铁线草》《漂泊古今天地间》等10余种；主编《明史论丛》《中国反贪史》（获奖）及杂文、随笔、丛书十余种，先后在数家报刊辟有专栏。

② 何龄修：《怀念与自责——想起张苑峰师与我的一些事》，载张永山编《张政烺先生学行录》，中华书局2010年版。

一幅是宋人张载的"为天地立心,为生民立命,为往圣继绝学,为万世开太平";还有一幅是荀子《劝学篇》中的"无冥冥之志者,无昭昭之明,无惛惛之事者,无赫赫之功"。上述文字,完美表达了儒家的道德理想主义,旨在使极井满腔热血,满怀豪情和责任感,为国为民立德、立言、立功。这些除了是父亲对自己儿子的期许之外,还代表着他们那一代传统知识分子的精神追求和挥之不去的家国情怀。

是年,批判资产阶级自由化,中国社会科学院召开了一次老专家的座谈会。张先生拿着一张纸,在会上发言。由于他不被政治风云变幻所左右,敢讲真话,他的名字在第二天的报上蒸发了。

约20世纪80年代,张政烺先生同周一良、何兹全、蔡美彪等先生在某次会场上,并合影。

1989 年（己巳）　　　　78 岁

3月1日,语言学大家、中国科学院哲学学部委员、语言所一级研究员丁声树先生逝世,享年80岁。

4月,为栾保群、吕宗力校点的《日知录集释》题写书名。该书于1990年8月由花山文艺出版社出版。

4月12日,中国社会科学院语言研究所在中国社会科学院学术报告厅隆重举行丁声树先生学术活动追思会。张政烺先生作为我国史学界的著名专家和丁先生的生前友好出席了会议,并在会上发言,他回顾了丁先生的学术活动,高度赞扬了丁先生的突出的学术成就和崇高的道德品质。

5月,参加于长沙召开的中国考古学会第七次年会。并与宿白、安志敏、苏秉琦、石兴邦先生及北大历史系1952级考古专业部分同学（王世民、高东陆、王克林①、黄景略②、郑笑梅③、张忠培、徐元邦、徐锡台）合影。

《伯唐父鼎、孟员鼎甗铭文释文》，载《考古》1989 年第 6 期。

约是年年末，其子张极井从澳洲回国，在回家看望父母时，张先生正式地把他叫到客厅里坐下，要求他郑重承诺，不在工作中利用职权行任何贪腐之事。充分显示了先生做人做事的原则。

12 月，作《〈商周古文字类纂〉后记》，载《商周古文字类纂》文物出版社 1991 年 7 月版。

该文分析了许慎《说文解字》的优劣得失，指出郭著《商周古文字类纂》有"补许书之不足，探汉字之本源"的作用。"其中形音义相合者可相辅而益彰，形音义间有违异，互相对证亦可以匡正许氏之失。"

是年，北大历史系 1953 级学生杨大业先生不时向张先生请教。他写了一篇考证二十个回族进士生平的稿子，请张先生审阅。先生阅后，认为人数太少，说："应该有很多。"他按张先生的意

---

① 王克林（1935— ），知名考古学家。四川邛崃人。毕业于北京大学历史系考古专业，旋入中国科学院古脊椎动物与古人类研究所任职。1961 年调入山西省文物管理委员会，任山西省考古研究所所长、名誉所长。曾任中国考古学会理事会理事、山西省考古学会副理事长。致力于中国新石器时代考古、夏文化、晋文化的研究，以及山西地区的考古发掘与研究。曾主持和参加了侯马晋国遗址、榆次秦汉墓地、右玉汉代匈奴鲜卑墓地等的发掘。主要论著有《北齐库狄回洛墓》《晋国探源》《晋文化研究》《华夏文明论集》等。

② 黄景略（1930— ），知名考古学家。福建惠安人。毕业于北京大学历史系考古专业，进入文化部文物局工作，先后任国家文物局副局长、考古专家组组长、中国文物研究所副所长。相继当选为中国考古学会理事、常务理事、副理事长。主要研究先秦考古和历代陵墓考古。合著《中国历代帝王陵墓》《丧葬陵墓志》，主编《晋都新田》。

③ 郑笑梅（1931—2014），知名考古学家。浙江温州人。毕业于北京大学历史系考古专业，进入中国科学院考古研究所任职，后调至山东省博物馆考古部（后为山东省文物考古研究所）工作。是中国考古学会理事。主持了大汶口、野店、东海峪、西河、西吴寺、西山等重要史前遗址的发掘。合著《邹县野店》《大汶口续集》等。

见挖掘新资料。数年后，共考出回族进士三百多名，完成《明清回族进士考略》论著。可见张先生对偏冷的学术分支，也有深湛的研究。称之博学，实在当之无愧。

是年，张政烺先生和邓广铭先生、何兹全先生等，乘一辆轿车，去保定河北大学，讨论和鉴定漆侠先生的历史教学成果。

是年，对南开大学教师朱凤瀚先生著《商周家族形态研究》有所指教并为之题签。

是年，张先生与九人在邯郸丛台前合影。

约20世纪80年代末或90年代初，拍摄了张先生肖像。

1990年（庚午）　　79岁

与杨向奎先生、孙言诚合著《中国屯垦史》上册，农业出版社1990年4月版。该书所言屯垦，从原始社会到秦代。张政烺先生执笔的殷商四节，即是他的四篇论文，系根据自己的研究心得而立言，很有特点。该书获历史研究所优秀科研成果奖专著二等奖。

8月1日，考古研究所为庆祝建所40周年，在故宫博物馆举办"40年研究成果展"，展品600余件，反映了该所40年来在史前史研究、中国文明的起源研究和中国古代城市考古研究等方面取得的丰硕成果。院领导江流、丁伟志、汝信、刘启林等，张先生与考古学、史学界著名专家学者苏秉琦、贾兰坡、刘大年、宿白、周一良等，以及来自我国台湾和美国、日本的学者出席开幕式并参观展览。[①]

10月，张先生主编的《中国古代职官大辞典》由河南人民出版社出版。该书共收词九九六六条。有三个特点：第一是收词较多；第二是释义较完整；第三是释文以介绍基本知识为主，尽可

[①]《中国社会科学院编年简史》，第233页。

能简明扼要，让读者一目了然。

10月2日，著名语言学家、音韵学家、考古学家和民族学家，民族研究所研究员王静如逝世，享年87岁。

12月，历史研究所为长期从事史学研究的本所著名专家杨向奎、王毓铨、胡厚宣、张政烺先生举行从事学术研究55周年暨杨希枚先生从事学术研究50周年纪念会。张先生的很多弟子都来了。从回忆先生授课的讲堂直到追溯先生的学生时代。会场氛围异常亲切、热烈。一位发言者讲先生的文章"像砖头一样瓷实"，引起一片会心的微笑。散会后先生与杨向奎、王毓铨、胡厚宣、杨希枚及林甘泉、李学勤等先生合影。

同年《中国史研究》第3期发表了谢桂华撰写的《张政烺先生传略》。

是年，张先生与任继愈先生、启功先生合影。

是年，《中国职官大辞典》出版后，一位姓唐的河南读者就辞典中的问题写信给张先生，张先生及时回了信。

是年，刘桓把《殷契存稿》一书求张政烺先生审定并赐序，张先生"细看全稿，并指正多处"。张先生还答应作序，且随后为此书的序言写有草稿，后来因为张先生工作太忙，此书付梓时未能印上张先生的序言。

是年，刘桓参加国内的一些学术会议，回来路经北京拜访张政烺先生，张先生总要向刘桓了解会议情况，掌握学术动态。

是年，张先生将其所著《中国屯垦史》上册赠予陈绍棣学习。

是年，获国务院颁发的政府特殊津贴。

是年某月，杨向奎先生八十寿辰，张先生用行书将龚自珍诗（一首或两首）写在宣纸上赠予杨先生，其中一诗是1827年春所作《枣花寺海棠下感春而作》："诗流百辈花间尽，此是宣南掌故花。大隐金门不归去，又来萧寺问年华。"表达了对老友的情谊。

20世纪80年代末或90年代初,张先生同孙女张竞雄在一起,并在建外永安里寓所合影。

约20世纪90年代初期,张先生为齐文心题字。其一是《周易》上的"天行健,君子以自强不息",与给张极井题的字同;其二是(宋)司马光的《客中初夏》:"四月清和雨乍晴,南山当户转分明,更无柳絮因风起,唯有葵花向日倾。"与给李零题字同。对于张先生的亲笔书法,齐文心至为珍惜,都做了最好的装裱,她认为这是珍贵的纪念,也是对她的鼓励。

按:齐文心是胡厚宣先生的研究生。张先生给她的题字却与给儿子、学生的题字相同。张先生不拉队伍,没有门户之见,没有亲疏之分,对求教者一视同仁,同样寄予殷切的期望,并尽心尽力教诲的宽广胸怀和大家风范,由此可见一斑。

1991年(辛未)　　　　80岁

1月9日,著名历史学家、古文字学家徐中舒先生逝世,终年92岁。

年初,北京大学历史系教授吴荣曾先生为庆贺张政烺先生八十大寿,向学术界一些人士征稿。这年冬,稿子已齐。但由于经济方面的原因,未能出版。1996年初,幸得台湾《联合报》系基金会的资助,将稿件交与中国社会科学出版社。次年11月出版。封面为《尽心集——张政烺先生八十庆寿论文集》,启功敬题。该书内容提要称:"张政烺先生是海内外著名的历史学家,更为先秦史方面的史界泰斗。本书收录了海内外30位知名学者高水平的科研论文,主要有研究古文字和其他各种考证的论文共29篇,可谓在先秦史界集中了各学科的优秀佳作。出版此书,以为张政烺先生八十华诞之贺忱。"又该书《前言》说:张政烺"先生学识渊博,可谓无书不窥。而且治学态度认真、严谨,平时不轻易下笔，但一旦写成而刊布，必有发前人未发之处。故先生的撰述，既有史料或知识的广度，又有研究或见解的深度，因此能受到学术界很高的推许。先生为人平易近人，秉性谦逊宽厚，所以踵门求教者甚众，而先生对来者一视同仁，真诚相待，有问必答，有时还要不惮其烦地翻书查资料。自然，这会使先生付出不少宝贵的时间和精力，但先生对此并不计较，甘愿为学术的发展而作出默默地奉献，这正表现出先生助人为乐和诲人不倦的高尚品格。"

4月15日，历史所主办祝贺张先生八十寿辰活动，中华书局、北京大学和外地不少张先生的学生、同事、友人、仰慕者光临。座谈会上，北大田余庆先生和台湾一位宋史专家的发言给人印象深刻。后者称颂张先生对宋史研究的贡献，特别说到《宋江考》一文，敬佩先生搜集资料之全，说没有漏过一条资料，所有关于宋江的资料都入文予以考察了。张先生与田余庆、张泽咸、裘锡圭、高明、严文明[①]、吴荣曾、邓福秋、李解民、李伯谦、王煦华、谢桂华、罗琨、许树安、任三颐等先生合影。

《关于泰山刻石的谈话》是1991年5月6日山东省博物馆王恩田学长等访问作者的记录，载《文化泰山》，泰山市新闻出版局，1996年。谈话认为安国本是翻刻本，应是宋人翻刻的。虽有错误，但还是宝贵的、很重要的依据。安国本"窥巡远黎"不如窥巡远方黎民好。二世刻石从"臣请具刻……"处提行无道理。始皇刻石用安国本，二世刻石用琅琊替代可以，补字若秦文中找不到，据《说文》可以。

---

① 严文明（1932—　），著名考古学家。湖南华容人。1958年毕业于北京大学历史系考古专业，留校任教。1988年任北京大学考古系主任，2005年被聘为北京大学人文社会科学资深教授。历任中国考古学会常务理事、副理事长。主要研究中国新石器时代考古和考古学理论与方法以及中国农业起源与文明起源。著有《仰韶文化研究》《走向21世纪的考古学》《史前考古论集》《农业发生和文明起源》《长江文明的曙光》，主编《胶东考古》《稻作、陶器和都市的起源》《中华文明史·第1卷》等。

11月27日，台湾"中央研究院"史语所杜正胜致张先生函，对今夏在北京承赠大作两种表示感谢。并就北大组织潜社，取义为何向张先生请教。

12月27日，纪念李济先生九十五诞辰学术座谈会。张政烺先生与李光谟、高岚（尹达先生夫人）、苏秉琦、王湘（王元一）、胡厚宣、杨廷宾及其夫人、宿白、邹衡、白云翔、郑振香、张忠培、王世民、徐苹芳、徐光冀、俞伟超、严文明、张长寿、李学勤、李伯谦、殷玮璋、胡振宇、谢端琚、乌恩岳斯图、张正明等先生合影留念。

是年，被辽宁教育出版社聘为《国学丛书》编委会编委。

是年，赠《国学今论》一册让陈绍棣学习。

是年，郭沫若《商周古文字类纂》由文物出版社出版。张先生在所作《〈商周古文字类纂〉后记》中说：在认识汉字源流上，书中所选2000字，"从汉字发展史看，前后衔接，补许书之不足，探汉字之本源。其中形音义相合者可相辅而益彰，形音义间有违异，互相对证亦可以匡正许氏之失"。

约是年，张先生在其建外永安南里寓所与史树青先生合影。

1992年（壬申）　　　　81岁

1月14日和2月8日两个晚上，接待受《中国史研究动态》编辑部委托来访的陈智超先生。访问记发表在该年《中国史研究动态》第4期上。该文保留了一些在其他地方都没有记载的重要内容。据陈智超回忆：

> 苑峰师对这次访问很重视，一些偏僻的人名、书名，随手在我的笔记本上写出或改正。记录稿请他审阅，他看得非常仔细，还作了修改、补充。比如他考北大，补充了"考场在第三院"，《独立评论》赠书券背面印着"秀才人情纸半

张"七个大字,他划去了"纸半张"三字,"七个"改为"四个";刚到史语所,"在我们这些单身汉"后,加上"陈槃、周一良和我,等等"。

4月上旬,在洛阳牡丹含苞欲放之时,与来自全国各地的著名文物考古专家、学者70余人汇聚洛阳,热烈庆祝洛阳考古四十年和洛阳文物工作队成立十周年,对洛阳40年来考古工作取得的成就、现状和未来发展前景,以及对洛阳考古的重大发现和学术研究成果,进行了广泛热烈的学术交流。

张先生提交了题为《武王克殷之年》的论文,收入《洛阳考古四十年》一书,科学出版社1996年版。

该文认为"武王克殷在哪一年是中国古代史的一个重要问题,因为它关系到夏、商、周三个朝代的年代问题"。他看"应定在公元前一〇七〇年"。期间,赴河南偃师参观二里头遗址,并与邹衡先生、张永山[①]、罗琨[②]伉俪等在二里头遗址合影。又于4月9日,在二里头中国社会科学院考古所工地,与林小安、郑光、邹衡留影。

[①] 张永山(1936—2010),知名先秦史与甲骨学专家。北京市平谷县人(今北京市平谷区)。研究员。1963年北京大学历史系考古专业毕业,来中国科学院历史所(1977年改属中国社会科学院)。参加《甲骨文合集》(获奖)、《甲骨文合集释文》(获奖)。编有《张政烺先生学行录》。合著《罗振玉评传》《中国通史图说·原始社会卷》《中国军事通史·夏商西周卷》。发表《凤凰山十号汉墓简牍初探》《周原卜辞中殷王庙号与"民不祀非族"辨析》(获奖)、《佣国考》等论文数十篇。

[②] 罗琨(1940—),知名先秦史学家、甲骨学家。浙江上虞人。研究员。1963年北京大学历史系毕业后来中国科学院历史所(1977年改属中国社会科学院)。曾任古代文明研究中心专家委员会委员等职务。参加《甲骨文合集》(获奖)、《甲骨文合集释文》(获奖)、《中国军事通史·夏商西周卷》《中国古代文明与国家形成研究》(获奖)、《商代史·商代的战争与军制》,参加国家"夏商周断代工程"和"文明探源工程研究"项目工作,均任文献课题负责人,发表论文《"三皇"史影的新探索》《"人文初祖"考略》《"九鼎"的传说及其史实素地的思考》《二里头文化南渐与伐三苗史迹索引》《商代的"方"方——晋地诸戎来源之一的甲骨学考察》《从〈世俘〉探讨武王伐商日谱》《孙武吴宫教战考——兼说十三篇作者问题》等数十篇。

4月15日，应河南省文物研究所领导之请，为该所题写贺词。

《说庚壶的"大"字》载《文史》第三十六辑，中华书局1992年8月。

申述之，以求教于专家。该文认为："钟鼎文字到春秋晚期走向美术化，竖笔划长的，有的加圆点或短横以取美观。""入字可以写作大、大。但是横画不能太长"，"如果长得像一个笔划，成了文字的一个组成部分，就不是原字了"。庚壶此字横划长，与齐大宰归父盘铭文中"大宰"的大字相同，故定此字为"大"。文中还列举《春秋》三传的文字，证明释"大"于词语中均可讲通，说明"庚大门之"之"大"是副词，言进攻规模之大。"门"在这里则是动词，为"攻城门"之专用语，其用法在《左传》中可有三十多条例证。"大籧"则可读为"大举"，因为"籧"与"举"同音，可以假借，释为"入籧（莒）"则与地理环境不合。

5月25—31日，第三次"全国古籍整理出版规划会议"在北京香山饭店召开。会议间隙，张政烺先生同金景芳先生、刘宗汉先生在一起，并合影。

6月26日，台湾中央研究院史语所王叔岷先生自台湾返大陆，抵京同张政烺、任继愈、马学良三位老友及王国樱、冯锺芸先生在文津街北京图书馆（今国家图书馆）合影。

10月24日，张政烺先生前往北大电教报告厅参加庆祝北大历史系建系九十周年大会，并在北大二院题词：发扬科学与民主的"五·四"人文精神。同时，向85华诞的邓广铭先生和80华诞的周一良先生祝寿。还参加了邓先生主持的宋史学术讨论会。又与周一良、顾文璧、俞伟超、严文明、张万仓、雷从云、王晓秋、李玉等北大师生合影。

是年，任中国社会科学院考古研究所第一届副高级专业技术职务评审委员会委员，任期到1995年止。

是年，张政烺先生对《白话〈资治通鉴〉》予以指导，并处理了《白话〈资治通鉴〉》中许多疑难问题。该书次年 3 月由中华书局出版。

是年，他为北大某教授以行书题词，主张"书以气为主"，是他对书法理论的概括，体现他书法造诣的高深，刊于《北京大学当代学者墨迹选》。

是年，张政烺先生立项主持国家社科基金《古文字与古代社会》研究。参与者主要是吴荣曾、裘锡圭、张永山。拟定以夏商周和两汉为研究对象，通过出土文献和考古资料，探讨社会组织、土地制度、劳动者身份、阶级结构和剥削方式等问题，分头收集有关资料和陆续撰写有关文章作为基础工作。

《古文字与古代社会》题纲①
一、古文字与古史关系
（一）古文字范围（甲骨、金文、战国秦汉金石、简牍）
（二）改写或订正文献记载
（三）古文字反映古代社会关系（社会组织、生产方式、阶级结构、统治形式、文化形态等）
（四）古文字特点和它所蕴含的历史真实（等级社会、人身隶属关系、国家形态、生产劳作方式等）
二、古代社会组织的发展变化
（一）从氏族社会向阶级社会过渡（适应生产发展的组织形式和万国林立及在考古学上的反映）
（二）商代宗族制度
1. 王室家族及其分支
2. 贵族的宗族结构
3. 平民的族氏组织

---

① 该提纲由张永山执笔。

4. 诸宗族与商王室的关系

（三）西周宗法制度的发展

1. 宗法制度的特点（大宗小宗和政治作用）

2. 王室家族的领导地位（王、共主；主家即国家；王室经济和军事；王族的规模等）

3. 诸侯卿大夫宗法组织（世袭—世官，家长制，等级关系，家族经济、武装和家臣等）

4. 平民家长制家族组织（公社组织—庶人）

以上结合国野制度和井田制度，以及被征服的商人和其他被征服者保留族氏的情况。

（四）春秋时期公族势力的消长

1. 王室衰微、公族崛起（公族内涵，政治作用，以晋、鲁、郑为例）

2. 卿大夫宗法组织的衰变（族长权利的变化、小宗独立、宗族武装的扩大、井田制逐渐瓦解、采邑制的发展、家臣制度演变、家族成员的升降、招纳族众等）

3. 国野制度的瓦解和士、庶民家族的发展（适应新的历史形势，各国先后进行赋税制度变革，推行郡县制，国野界限消失，士和庶民的分化等）

（五）战国时期家族形态

1. 家族形态的演变（诸侯王权力加强，适应耕战需要，商品经济的发展，促使家庭结构发生新变化，小农经济发展）

2. 大家族成员的构成（家长、眷属、隶臣、妾、徒役、宾客等）

3. 个体家庭大发展（结合授田制、有的家庭在发展变化中上升，有的依附他人）

三、古代社会的阶级结构

（一）商代的贵族、平民和奴隶

1. 贵族阶层（不同级别的贵族和近亲成员）
2. 平民阶层（近亲以外的家庭成员）
3. 奴隶（生产奴隶和家内奴隶）
4. 剥削方式（王室经济、家庭经济、诸侯对王室的义务）

（二）西周的贵族、平民和奴隶
1. 家庭构成、级别和相互关系（周、商和土著）
2. 平民的类型（推动宗族的国人、庶人及被征服的族人）
3. 奴隶阶级（隶奴、牧奴、罪隶等、警卫、仆等）
4. 贵族奴隶主的剥削方式（国野的区别，还有少数农牧业奴隶和手工业奴隶、罪隶等）

（三）春秋时期的阶级关系
1. 贵族奴隶主（诸侯、卿、大夫、大宗的继承贵族外，又有新的权贵产生，小宗的相对独立）
2. 士阶层的分化（下层士与庶人混同）
3. 平民阶层的扩大（原有庶人，由贵族和士中分化出来降为庶人的，还有被征服的国家成员赏赐卿大夫，个体手工业者和商人等）
4. 生产奴隶逐渐增多
5. 对平民剥削方式的转变（从劳役向实物过渡）

（四）战国时期的阶级构成
（五）小家庭经济发展迟缓
（六）秦汉时期官府奴隶和私有奴隶

四、奴隶买卖

由于本单位与外单位求教者络绎不绝，严重挤占了先生的时间和精力，加上后来的健康原因，该项目1997年延期，2005年因张先生去世，无人审稿撤项。

在此前后，张先生还指导年轻人做另一个题目——《洛阳青铜器集萃》。据张永山1993年1月13日日记，他与叶万松、商志馥商讨编辑目录、提纲，落实文章题目。他拟的论文题包括：1. 洛阳出土青铜器的回顾与展望。2. 金文所见成周的历史地位（或作用）。3. 金文所见成周祭祀活动。4. 洛阳出土青铜器铸造技术研究。5. 洛阳出土青铜器金相研究。6. 洛阳出土青铜器著录表。"叶、商同意，汇报张先生，也表示同意。"该项工作在某种意义上与《古文字与古代社会》有异曲同工之妙，从做学问的"路数"上清晰地反映了张先生支持和指教的影子。①

《图谱》的编纂工作改由别人主持，先生被迫退出，他不禁为之黯然神伤，数日默默不语。后来，先生精神失态，伤心地将有关《图谱》的资料弃置阳台，精神大减，日渐衰老。先生淡泊名利，与世无争，不可能因为不能主持《图谱》的编纂而斤斤计较，情绪低落。究其深层次原因，在于先生是把编纂《图谱》作为贯彻自己史学观点的大事业，甚至是精神寄托来对待的。这样，先生得知《图谱》改换主编，感到半生心血付之东流，精神受到的刺激之大，就可以想见了。

是年，多次去北京协和医院看望身患癌症的杨希枚先生。

是年，张先生患帕金森综合症，大脑萎缩，写作困难了。

1993年（癸酉）　　　　82岁

2月，江苏省连云港市东海县温泉镇尹湾村西南汉墓，由市、县博物馆联合发掘。出土的木牍和竹简内容非常丰富。曾请张政烺先生等鉴定其学术价值。张先生还审阅过部分简牍释文。

3月8日，著名人类学家、中国社会科学院历史研究所研究员

---

① 罗琨：《我参与的〈中国古代历史图谱〉工作》，《中国史研究动态》2017年第6期。

杨希枚逝世，享年77岁。杨希枚病重住院期间，江流副院长等曾到医院看望。3月22日，历史研究所在院学术报告厅举行追思会，缅怀杨希枚先生毕生的业绩和高尚品德。院党委书记、副院长王忍之会前会见并慰问了前来参加追思会的杨希枚的家属，对杨希枚先生所做的卓越贡献给予充分肯定，赞扬他是一位著名的爱国主义者。① 张先生参加了追思会。

5月7日，历史研究所在苏州举行顾颉刚先生100周年诞辰学术讨论会，胡绳院长出席开幕式并发表《纪念著名历史学家顾颉刚先生》的演讲。张先生参加了学术讨论会并与与会者合影留念。同日，历史研究所在院学术报告厅召开纪念顾颉刚先生诞辰100周年纪念会，江流副院长出席。与会者回顾了顾颉刚先生勇于开拓、勤奋耕耘的一生，并就他在古代史、历史地理、民间文学与民俗学研究上的卓越学术成就进行了总结。②

5月10日，与应邀前来北京进行学术访问的美国匹兹堡大学历史系教授、台湾"中央研究院"院士许倬云先生晤谈。

《马王堆帛书〈周易·系辞〉校读》，载《道家文化研究》第三辑，上海古籍出版社1993年8月版。该文对湖南出版社出版《马王堆汉墓文物·帛书〈周易·系辞〉》的释文"作了些改正和补充，必要的地方加了小注，以便利读者"。

12月10日下午，与受《史学史研究》编辑部委托来访的赖长扬、谢保成座谈，从如何走上治史道路谈起，涉及最早发表的论文，在古文字、金石、版本等领域取得的成就，历史学与现实的关系、历史分期主张、史学史与文献学，以及对青年史学工作者的希望等问题，间有傅学苓先生的插话。谈基础史学和应用史学问题，苑峰先生强调"历史学究其基本作用说，它应当是运用的，不然它就没有什么存在的价值"，"社会的要求不同，历史学

---

① 《中国社会科学院编年简史》，第282页。
② 同上书，第285页。

家所讲的内容也不同。就一个普普通通的史学家来说，也是根据社会和人们的需要来选择自己所研究的内容的"，"除了社会和人们的需要之外，还有学术上的需要，学术上提出的问题、难题需要解决，也是需要"。"历史学家不可能不关注社会注意的问题，社会也不可能不影响历史学家研究的重点。""历史学应当加强基础方面的研究，这包括基本理论、文献的考订整理、年代的确定、事件真实的过程等等方面的研究，但做这些都是为了应用。"谈史学史与文献学，苑峰先生认为："文献学大体可以和史料学相当，虽然范围有大小，但基本范围相同。搞史学史很难。过去写的史学史著作大体上是史料学、史部目录学，基本上是将《四库提要》抄出来发挥一下。不过，教学与研究有区别，学生有用的、需要的就应当讲"，"史学家流派应该讲，社会背景也应该讲"。说到对青年史学工作者的希望，苑峰先生颇具感慨地说："我希望青年学者加强基本功，尽可能多读些书。过去搞旧学的人在文字上没有多少障碍，都可以读原文。现在很难，连读原文都有困难。学中国史的，从《史记》到《明史》都可以看一看，这是过去。现在就不行了。学外国史的，也是这个问题。读得少，搞研究就难了。另外还有个问题，就是面太窄。研究汉代就只看汉代的书，汉代以前不管，汉代以后也不管，那是不行的。"同时强调："史学研究要发展，还是得从培养学生做起，从训练他们的基本功做起。现在教学上很困难，学生的基础差，特别是古文基础差，教起来困难，学起来也很困难，水平很难提高。这个问题不解决，今后的古史研究就无从发展。就现在说，全国搞历史研究的人不是多，而是少，就是这么少的人当中，能起点作用的，也只是一小部分。"直至采访结束时，仍在强调："治史还有个目录学、文献学的问题，由此才能展开问题的研究。还是要读书多，积累多。"

12月14日下午，为历史所谢保成的第一本代表作——《隋唐五代史学》题写书名（两条竖写，一条横写）。该书于1995年

2月由厦门大学出版社出版，12年后商务印书馆增订再版。

是年，和周一良先生合影。

1994年（甲戌）　　　　83岁

1月17日，应台湾"中央研究院"史语所邀请，与胡厚宣先生等十一位历史与考古学者赴台参加该所主办的"海峡两岸历史学与考古学整合研讨会"，并到史语所文物陈列馆参观20世纪30年代安阳侯家庄1004号大墓发掘出来的鹿鼎、牛鼎、罄、戈、矛、盔、甲等文物。为期9天。抵台北机场时，前来迎接的史语所管东贵所长特别转达所中陈槃庵先生的邀请，安排时间与张先生和胡厚宣先生相聚。当张、胡到陈家相聚时，陈将自己著作并签名题诗相赠。张见陈即趋前问道："还认得不认得？"后在石璋如先生做东安排下，大家一同前往史语所旁餐厅叙旧，并留影作为纪念。

5月23日，由中国书法家协会、北京市书法家协会、中国艺术研究院美术研究所等单位联合发起主办"汉字、书法、美学、传统文化"座谈会。张政烺先生在该"座谈会上的书面发言"载《书法通讯》1994年第3期。该文指出书法是艺术，"汉字书法在世界上是一种独特的艺术，就应该按艺术的规律办事，尊重书法的艺术传统，强求一律简化不行。行书、楷书作品，应繁则繁，可简则简，取其自然，布局尽善尽美，历代行书佳作，就是如此"。他强调古文字也是艺术品，"若是写古文字，写哪一体首先要熟悉哪一体的字形结构"。

7月，在张先生家的后院，张先生与其学生谢保成、吕宗力合影。

《张政烺先生谈治史》发表在《史学史研究》1994年第1期。这是一篇访问记，可算作对《张政烺文史论集》的一个补充。

《在中国书法家协会组织的古文字学家座谈会上的发言》载

《学界名家书法谈》，荣宝斋出版社1994年12月版。该文认为书法的字形笔划不能随意改造，但可以创新，"写出自己的风格，而不失该书体的神韵为好"。

是年年底，胡厚宣先生因病住进协和医院，处在昏迷状态。张先生一行在中国社会科学院办公厅主任陪同下前来探视胡先生。张先生一边抽泣，一边走来。

是年，与日知（林志纯）先生合著《云梦秦简》（中、英文对照），由东北师范大学出版社出版。

是年，与张岱年[①]、庞朴、汤一介、李学勤、方克立等25人，被聘为《中国传统文化读本》编纂委员会顾问。《中国传统文化读本》，是中国社会科学院和北京大学的一批青年学者，基于弘扬我们民族的优秀传统文化，振奋民族精神，是实现国家强盛的必由之路的认识，在国内一批知名专家的指导下，组织编纂的一套丛书。该丛书具有文图并茂、编纂方式简洁的特色，分三辑（每辑十册）由北京燕山出版社于1995年3月出版发行，对于普及传统文化起了一定作用。

是年，曾经得到张先生指教的陈绍棣著《文渊阁与〈四库全书〉》一文刊于海南大学中国四库研究中心编的《〈四库全书〉研究——中国首届〈四库全书〉学术讨论会论文集》，1994年。

1995年（乙亥）　　　　84岁

3月，中国社会科学院简帛研究中心经院批准成立。中心是

[①] 张岱年（1909—2004），现代著名哲学家、哲学史家。字季同，别署宇同。河北省献县人。1933年毕业于北平师范大学，同年秋在清华大学哲学系任教，后任教于私立中国大学，1946年任清华大学副教授，1951年任教授。1952年后任北京大学哲学系教授。曾任中国哲学史学会第一、二、三届会长。著有《中国哲学大纲〈中国哲学问题史〉》《中国唯物主义思想简史》《张载——十一世纪中国唯物主义哲学家》《中国伦理思想发展规律的初步研究》《中国哲学发微》《中国哲学史史料学》和《中国哲学史方法论发凡》《文化与哲学》等著作。发表论文数十篇。

一个打破单位、地区界限的、开放性的简帛研究前沿阵地，它依托中国社会科学院历史研究所的研究力量，联合国内外同人共同从事简帛研究。本着"推进学术、加强合作、提高水平"的宗旨，致力于简帛学科建设、新出简帛的整理研究以及国内外学者的合作交流。张政烺先生被聘为中国社会科学院简帛研究中心顾问。并为《简帛研究》第一辑题签、题词：辨析字形，理解文义，玑珠重联，审系篇题，终成图籍，补史之逸。先生的题签、题词为此后的《简帛研究》各辑所保留。

他认为简牍典籍整理的最终功用在于证经补史。

4月15日，作《关于古籍今注今译》，载《传统文化与现代化》1995年第4期。同年的《新华文摘》转载了此文。该文首先精当地指出"今译的局限和缺点"，强调"今注远胜今译"。接着对时下今注加以具体分析，认为今注有良莠之别、"参差不齐之感"。他说："差的今注，有的只是旧注的转述，旧注没有涉及的，该注的也不注，新在哪里，不得而知。更有甚者，旧注里注得好的，辞书里讲明白了的，也不看、不查，只是随文敷衍，以致闹出笑话。但是在今注中确有极高的学术价值的，可以达到雅俗共赏的境地。杨伯峻的《论语译注》《孟子译注》《春秋左传注》就是其中的佼佼者。《论语》《孟子》成书较早……其解决难点，疏通文义，都有独到之处。《春秋左传注》则是注者多年研究的集累，引用上自晋代杜预下至近代诸家成果，去粗取精，择要简注，既有很高的学术水平而又要言不烦，无集注式的繁芜，堪称佳作。更值得一提的是，杨氏三书文字都浅显，一般读者都可读懂。"这就为古籍今注者提供了一个学习的样板。

张先生还对古籍的今注提出了一系列指导意见。即①"要作好今注，厚积的工夫要多么深、广、细"；②"书面材料不足，地面文物和考古发掘的研究成果更是注家的重要资料"；③"至于各史中的天文、律历、地理等《志》以及各项生产方面的事务，则又有自然科学史的研究成果必须吸收，才能注解得确切"；④"方方面面的科研成果对于正确理解各类古籍，做普及读本，都是极有用的知识。但是绝不能用这些知识去改造古籍，而是据以正确地解释原文，在确证原文有错漏的地方订正或补充"；⑤"要做到善于选择广大读者的难点，正确地解决，而且深入浅出"；⑥"一系列高难度的工作必须有充裕的时间。绝不能急于求成。如果注者迫于时限而草草成书，出现纰漏，则贻害读者，愧对后人"①。先生归纳的以上这六条原则，既全面系统，又切实可行，可谓金针度人，富有教益，值得古籍今注者认真学习。是指导今注二十四史的一篇总则。"今译要慎重从事。"这一见解被南京大学校长匡亚明得知，他要求把自己要发的文章撤下来，改刊先生的这篇文章，让广大读者早些看到正确对待古文今译的意见。果然文章发表后引起有关方面注意，转载于《新华月报》。这是先生从整体传统文化发展的宏观角度，就祖国文化传承的大问题发表的意见。这样的看法值得今天国学热的倡导者重视，不可把传统文化的传承看得太简单了。

先生在《关于古籍今注今译》中有如下的自白："各类古籍从不同的角度帮助我们了解过去，展望未来。史书则更直接、更系统地记载我们这个五千年的文明古国是怎样不断战胜各种艰难险阻，而在这广袤的土地上屹立至今的。读史书使我们了解世世代代祖先的经历，从中辨识我国传统文化的精华与糟粕，认识我们的长处与短处，认识过去的得失及其因果，认识到应如何团结奋进、自强不息、建设社会主义精神文明、发展科学技术、以面对世界。"张先生确实语重心长。从表面上看，他是一个纯粹的学者，其实他内心却怀着为国为民的一腔热情。

4月16日，著名历史学家、历史所二级研究员胡厚宣先生仙

---

① 张政烺：《关于古籍今注今译》，《传统文化与现代化》1995年第4期。

逝。享年84岁。

4月中旬，河南濮阳县政府以濮阳为张姓老家，通过历史所谢保成①先生在北大的一位张姓朋友找谢引见，谢陪他们向苑峰先生求字。先生为题篆书——"弘扬中华文化优良传统"（106厘米×34厘米），无题款，无日期。

谢把条幅拿到历史研究所照相室拍照，月底将照片寄往濮阳。6月底濮阳来请题字，加盖了中国社会科学院历史研究所公章后在濮阳展示至11月7日归还，苑峰先生嘱谢"放起来"。苑峰先生病逝，谢将条幅送至傅学苓先生处，傅先生说："难得你认真保留张先生的遗墨。当年张先生不落题款、不写日期，你最了解实情，最有资格留作纪念！"②

夏，为侯外庐先生的女公子、近代史研究所的侯均初鉴定明版《文苑英华》。先生从用纸、版式、装订，到书口、鱼尾形状、刻工以及与宋版书的区别，认定是明后期（隆庆年间）的本子。但因其书缺页，先生没有写出书面鉴定意见。

7月10日，作《〈唐兰先生金文论集〉序》，载《唐兰先生金文论集》，紫禁城出版社1995年10月版。该文首先说明该论集是选集，而非全集，接着深情回忆了唐兰先生在教学育人和科研笔耕上的业绩，指出"先生开始考释金文在三十年代，初极认真，

---

① 谢保成（1943— ），知名史学史、隋唐史专家。北京良乡人。出生地甘肃兰州。1966年参加工作，1981年中国社会科学院研究生院毕业获硕士学位后来历史所。研究员、博士生导师、中国郭沫若研究学会第四届、第五届副会长。独著《隋唐五代史学》《民国史学述论稿》《龙虎斗与马牛风——论中国现代史学与史家》《郭沫若学术思想评传》《贞观政要辑校》，主编《中国史学史（全三卷）》《新编中国隋唐五代史》(10册)；发表学术论文主要有《史学与文献》《神话传说与历史意识》《对史学史中"史"、"史官"认识之再澄清》《二十四史修史思想的演变》《佛教史学的形成与发展——立足于史籍编纂的考察》《唐太宗君臣"论史议政"与"贞观之治"》《谈20世纪前半纪史学的几个问题》《历史语言研究所与"科学的东方学之正统在中国"》《"从考古到史学研究"——尹达先生的治学道路》等。

② 谢保成：《问苑峰先生的往事》，《求真务实六十载——历史研究所同仁述往》，中国社会科学出版社2014年版。

曾自谓以孙诒让为榜样,检查成绩,实过之而无不及",其"毕生精心之作,则非他人所能望其项背也"。并举例说明,一是周王鈇鐘考。"先生由器制、铭辞、文字、书法、史迹五点言之,断定此器必位置于厉宣时期。"铭文有"鈇其万年",鈇当读为胡,即厉王本名,因改定此钟名"周王鈇钟"。"一时学者从之无异词。"后有出土文物佐证,"遂为西周铜器断代树一绝对标准,永不动摇"。二是西周铜器断代中的康宫问题。西周铜器铭文"京宫与康宫对言。经过先生仔细研究,知道京宫是大王、王季、文王、武王、成王的庙,而康宫是康王、昭王、穆王以下的庙"。从而纠正了过去学者的种种错误。"也决断了班簋、䍙鼎、克鼎等器,以至於周王姜是谁之后、徐偃王时代、周厉王年数等问题。这些都是西周铜器断代上的大事。""总之,先生创见甚多。"最后,建议读者"同时研读先生早年发表的《中国文字学》《古文字学导论》,会更有益"。

7月,受聘为《"二十四史"今注》的顾问。

8月,在人民大会堂对"二十四史"今注作书面发言。

9月23日,下午,先生审阅今注二十四史执行负责人赖长扬与谢保成登门呈送的就经籍艺文志今注的体例及样条并发表指导意见。后经修改刊于《〈今注本廿四史〉通讯》,成为指导今注工作的规范之一。

下半年,为补充候选"二十四史"各史的主编的名单,提过几位专家的名。

是年,先生颇欲撰唐兰先生年谱,以许多材料找不到,大约皆唐先生二十五岁至三十岁事,故迟迟未动笔,当等遗书或全集出版之时撰写。

1996年(丙子)　　85岁

1月6日,《关于今注本〈金史〉工作问题的通信》,载《〈今注本廿四史〉工作通讯》第 7 期，1996 年 1 月 26 日。

约 1 月底或 2 月初，王曾瑜先生偕张泽咸先生，去建外永安里看望已患病的张政烺先生。三人合影留念。

《武王克殷之年》载《洛阳考古四十年》，科学出版社 1996 年 3 月版。先生认为："武王克殷在哪一年是中国古代的一个重要问题，因为它关系到夏、商、周三个朝代的年代问题，约略估计有不下三十种说法"，他的看法是应定在公元前 1070 年。

3 月下旬，收到张宗扬致张政烺（1996 年 3 月 25 日）来信。张宗扬在南开大学工作，他从中国社会科学院历史研究所谢桂华（已故）处得知张先生发表过《易辨——近几年根据考古材料探讨〈周易〉问题的综述》一文，特写此信，询问此文刊于何处。

4 月 15 日，李零到张先生建外永安里寓所看望张先生，并向张先生献花，二人合影留念。张先生为之以行书题字："四月清和雨乍晴，南山当户转分明，更无柳絮因风起，唯有葵花向日倾。"

按：这四句诗出自（宋）司马光《客中初夏》，乃先生感时而发，意在启发自己喜爱的弟子珍惜当时良好的学术环境及其青春大好时光，一心向学，早出成果，多出成果。

5 月 16 日，与应邀来历史所访问的美籍华人、著名学者张光直教授进行学术座谈。

5 月下旬的一个上午，与前来看望他的南开大学教授郑克晟、傅同钦夫妇亲切交谈。

5 月，高明先生所著《帛书老子校注》由中华书局出版，他立即给张先生送去一本。过了一段时间，他去看望张先生，得到张先生对该书的好评。

7 月 15 日，张先生同夫人傅学苓在建外永安里寓所书斋合影。

7 月 30 日，《中国社会科学院通讯》刊发"国家重点"项目《中国历史文物图集》被撤销，而项目的负责人仍是早已调离主编工作岗位的张先生，个中原因实在令人费解。

8月上旬，收到刘起釪为韩自强写的审稿信复印件（1996年8月2日）。刘起釪是中国社会科学院历史研究所研究员，韩自强是安徽省阜阳博物馆前馆长。此信后来被用为韩自强《阜阳汉简〈周易〉研究》（上海古籍出版社2004年版）的序二。

10月，兰州大学、山东大学为赵俪生先生隆重举行了八十寿辰学术讨论会。山东大学出版社出版了《赵俪生史学论著自选集》和《赵俪生先生八十寿辰纪念论文集》。张先生与金景芳、蔡尚思、白寿彝、王玉哲、孙思白、李学勤等著名学者向兰州大学发出贺电（函），并被大会宣读。

12月，为《尹湾汉墓简牍》题写书名。该书于次年9月由中华书局出版。

是年，中国社会科学院历史所编辑出版了《中国通史图说》，其《后记》指出，此书所以能在较短的时间内顺利完成，首先得益于《图谱》工作，"张政烺先生为之付出大半生心血，但由于种种原因，这部研究著作最终还是没能出版，可谓是史学研究和出版界的一大憾事"，而该《图说》一些编者、审稿者是原《图谱》组成员，还有的原作者同意为《图说》提供部分图片。罗琨先生在《我参与的〈中国古代历史图谱〉工作》认为："这是世纪之交以来第一部图文并茂，借图说史，兼具学术性、知识性的通史普及读物，是有意义的。但它与《图谱》的定位毕竟不同。"[①]

1997 年（丁丑）　　86 岁

6月24—26日，考古研究所在北京召开"世纪之交中国考古学精品战略"研讨会。我院副院长王忍之，国家文物局局长张文彬、副局长张柏及我院和国家文物局的有关负责同志出席开幕式。王忍之和张文彬先后讲话。全国各省、市、自治区文物考古研究

[①] 《中国史研究动态》2017年第6期。

机构的负责人和考古所的专家学者近60人与会。考古研究所副所长刘庆柱在会上作了题为《"世纪之交中国考古学精品战略"的意见》的主旨发言。会议就中国考古学学科建设、精品战略、人才培养等一系列重要课题进行研讨，确定了今后中国考古学的基本发展方向，勾画了未来几年至21世纪学科发展的蓝图。①

6月30日，考古学大家、中国社会科学院考古研究所研究员苏秉琦逝世，享年88岁。

《关于标点本〈金史〉的简单说明》，载《书品》1997年第4期。

是年，张先生与王忍之、吕叔湘、任继愈、刘大年、杨向奎、苏秉琦、余冠英、汪敬虞、席泽宗等著名学者被《中华文明史话》丛书编委会聘为顾问。本丛书为中国社会科学院"八五"重点研究课题，并列入"九五"国家重点图书规划。名誉主编胡绳，主编江流。书目凡一百种，由中国大百科全书出版社于2000年出版。到2012年，该丛书增至200种，包括物质文明系列（10种）、物化历史系列（28种）、制度、名物与史事沿革系列（20种）、交通与交流系列（13种）、思想学术系列（21种）、文学艺术系列（8种）、社会风俗系列（13种）、近代政治史系列（28种）、近代经济生活系列（17种）、近代中外关系系列（13种）、近代精神文化系列（18种）、近代区域文化系列（11种）、改由社会科学文献出版社出版。丛书名由《中华文明史话》改为《中国史话》。编委会主任为陈奎元，副主任武寅。

是年，何龄修先生作为主编王锺翰先生的副手，协助整理、辑印《四库禁毁书丛刊》时，奉王先生命，登门敦请苑峰师任学术顾问。先生听他说完来意，一诺无辞。接着就询问他关于工作的准备情况，拿出禁毁书董其昌《容台集》同他讲禁毁书中的问

---

① 《中国社会科学院编年简史》，第364页。

题。后来他还出席了几次王、何召集的会议。大约从1998年开始，张先生出现老年痴呆病的症候，才中止了对他们工作的支持和关注。

是年，"夏商周断代工程"办公室准备派人到张先生那里做一次访谈，以便取得更多具体指教，因先生身体欠安，要罗琨征求一下先生的意见。罗琨去医院探望先生，趁机提出访谈之事。先生爽快地应允了，惜后来未能实现，成为憾事。

是年，和启功先生合影。

1998年（戊寅）　　　87岁

2月19日，中国社会科学院和共青团中央共同发起的首届胡绳青年学术奖和第二届全国青年优秀社会科学成果奖颁奖大会在中国社会科学院举行。中共中央政治局常委、全国政协主席李瑞环发来贺电，李铁映发来贺信。王忍之、中央党校常务副校长郑必坚、团中央第一书记李克强等出席会议。

胡绳青年学术奖是胡绳院长捐献多年积蓄的几十万元稿酬，于1997年设立的。首届胡绳青年学术奖评出专著奖2部、论文奖3篇、研究报告奖1篇、普及读物奖1部。第二届全国青年优秀社会科学成果奖评出专著奖23部、论文奖53篇、研究报告奖10篇、普及读物奖1部。张先生的学生、社科院历史所王震中等5位学者获胡绳青年学术奖。充分体现了我院培养跨世纪人才工程取得的可喜成绩。[1] 这成绩也有张先生的一份功劳。

以书法（篆书）为肖良琼题字："旧学商量加邃密，新知培养转深沈。"[2] 载陈玉龙、杨辛主编《北京大学百年校庆　北大人书画作品集》，北京大学出版社1998年5月版。

7月20日，中国社会科学院研究生院发布了39名学识渊博、

---

[1] 《中国社会科学院编年简史》，第376页。
[2] （宋）朱熹：《鹅湖寺和陆子寿》。

道德高尚，国内外知名的"大师"级的专家学者。先生是其中之一。

9月1日，中共中央总书记、国家主席江泽民为我院研究生院建院二十周年题词："把中国社会科学院研究生院办成一流的人文社会科学人才培养基地。"12月，李铁映院长为研究生院题词："祝中国社会科学院研究生院建院20周年。"25日，研究生院建院二十周年庆祝大会在人民大会堂举行，李铁映院长和全国人大常委会副委员长彭珮云、许嘉璐出席，并致祝贺。①

适值台北"中央研究院"史语所筹备庆祝七十周年来函约稿，张先生欣然答应，傅学苓先生提议由张先生口述，黄展岳先生记录成文。黄以杂事太多，没有承担，建议约请张永山来做。永山爽快应约，对张先生做了多次访谈，终于写成《我在史语所的十年》，载《新学术之路——中央研究院历史语言研究所七十周年纪念文集（下）》，台北"中央研究院"历史语言研究所，1998年10月。先生在本文中深情回顾了他在史语所十年的成长途径、治史道路、工作成绩、感受体会。他说："一九三六年我进历史语言研究所，被分配做图书管理工作，至一九四六年离开史语所到母校北京大学任教，在史语所服务近十年之久，先后历任图书管理员、助理研究员、副研究员。期间正是国难当头，人民颠沛流离的时期。但史语所始终坚持初创时的办所方针在史学界和语言学界起着带头作用。在这样的学术氛围中，我同其他青年学子一样，立足于本职工作，努力学习和运用与全所共存亡的大量古籍和各种新史料。我在中国古代史和版本等方面做了一些探索，至今仍被学术界认可，当然是与史语所良好的学术气氛和前辈提携分不开的。"又说：受益于傅斯年先生的鞭策、培养，"我在完成本职工作的同时，进一步充实和完善自己的知识结构，深刻体会到博

---

① 《中国社会科学院编年简史》，第386页。

与精的结合、旧文献与新史料的结合,是新时代治史者成长的最佳途径。只有这样前进才能接近傅先生提出的扩张史料来源、研究新问题的主张。这一时期我发表在《中央研究院历史语言研究所集刊》和《六同别录》上的文章,如《〈说文〉燕召公〈史篇〉名丑解》《"奭"字说》《六书古义》《邵王之諻鼎及簋铭考证》《讲史与詠史诗》《〈问答录〉与〈说参请〉》《一枝花话》等,都是在这样的治史思想影响下写成的。"在傅先生广收新史料,结合文献研究思想史,此种治学思想方法的激励下,"我的治史道路更为宽广了,深挖甲骨文、金文及其他形式的出土文献隐含的真实史料,与传世文献相互发明,探索中国古代社会的历史面貌,成为我研究上古史始终遵循的一条原则"。此外,"我在史语所还有机会摩挲和观赏田野发掘的青铜器和陶器等,青铜器辨伪知识很大程度上是在这个时期奠下基础的"。最后,先生不无感慨地说:"当时的史语所为每个青年人创造了优越的学习环境和充足的实物和文献资料,只要能坐下来,钻进去,都会在或长或短的时间内收到成效。"表现了怀旧的情绪。这是张先生对当前学风和某些现象的微言,寄希望能够有所改进的心声。

《我与古文字学》由朱凤瀚先生整理,载《学林春秋》,中华书局1998年12月版。该篇与《我在史语所十年》是先生的自述,是阅读《张政烺文集》的提纲。先生自己说,治古文字,他主要致力于四个方面,即甲骨文、西周金文、东周金文和商周数字卦(用古文字材料治《周易》)。其他方面,只一笔带过。他自己没说。其实,对竹简帛书的研究,也是一个方面。

是年,张政烺先生因患脑萎缩住进北京协和医院。

1999年（己卯）　　88岁

1月22日,为贯彻落实党中央、国务院"尊重知识,尊重人才"的方针,体现对老一辈专家学者的关心和尊重,根据李铁映院长提议，经院务会议研究决定，向为哲学社会科学事业发展作出突出贡献的 80 岁以上的原哲学社会科学学部委员、1—3 级研究员每人发放生活补贴费 1 万元。张先生与胡绳、骆耕漠、陈翰笙、于光远、刘大年、杨向奎、瞿同祖、徐梵澄、卞之琳、林里夫、杨季康、贾芝、巫宝三、刘肖然、戈宝权等 16 人获得补助费。①

4 月，张政烺先生主编（副主编杨升南、审校王贵民）的《中国历代名著全译丛书·经史百家杂钞全译》由贵州人民出版社出版。《中国历代名著全译丛书》系中华人民共和国 1991—1995 年出版规划重点项目，荣膺中宣部 1993 年度精神文明建设五个一工程大奖。

12 月 28 日，著名历史学家刘大年逝世，终年 84 岁。

20 世纪 90 年代，有人拿出一部《周易本义》说是宋版，书上盖有几个不同时代的人的藏书章，看上去似乎流传有序，确为宋本。王绍曾先生看后有些怀疑，建议请北图的冀叔英看看。冀看后只是笑了笑，说："不好说。最好请张先生看看。"结果张先生看后，拿出实物，断定为清刻本。真相终于大白。②

20 世纪 90 年代后期张世林先生正主编《学林春秋》，他在向季羡林先生组稿时，季了解到他编这部书的主旨后，马上问他：你请没请张政烺先生？他答：请了。季说：这就对了。随后他在组何兹全、任继愈、马学良三位的稿件时，他们也都问到他同样的问题。这是他编辑生涯中唯一碰到的一次，可见张先生在学者心目中的地位。③

2000 年（庚辰）　　　89 岁

1 月 24 日，首届郭沫若中国历史学奖颁奖大会在中国社会科

---

① 《中国社会科学院编年简史》，第 398 页。
② 张世林：《一个纯正的学者——〈想念张政烺〉编后》，《光明日报》2015 年 7 月 7 日。
③ 同上。

学院学术报告厅举行。共有25部学术专著获奖。

是年年初，人大的郑昌淦先生和北大的俞伟超、裘锡圭、吴荣曾先生几位志同道合的人商议出书计划，以扩大古史分期魏晋封建论观点的宣传。当时人民出版社表示支持，后不久以郑、俞二先生的相继病逝而作罢。在书稿拟定中，从郑到俞、裘、吴都要写出一部分，张先生也在其中（似写序论）。[①]

3月21日，著名历史学家、民族史学家白寿彝逝世，终年91岁。

7月23日，张先生的老友、著名历史学家、历史所二级研究员杨向奎先生逝世，终年90岁。

8月9日，中国社会科学院古代文明研究中心成立大会在考古所举行。我院副秘书长何秉孟和来自国家文物局、中国历史博物馆、北京大学等有关部门的领导人，以及考古学界、史学界的专家学者60余人参加了会议。为了对中国古代文明的起源和发展过程进行全方位的系统研究，中国社会科学院决定成立古代文明研究中心。院长李铁映担任中心名誉顾问，著名史学家李学勤为主任，刘庆柱、陈祖武、王巍[②]、辛德勇为副主任，王巍兼秘书长。中心设专家委员会。聘请国内外著名学者担任学术顾问和委员。张先生是被聘请的学术顾问之一。

11月5日，无产阶级革命家、原全国政协副主席、著名的马

[①] 一说是张先生谢绝作序，只好作罢，各自发表各自的文章。至于不作序的原因，张先生说，"这是他一生最伤心的事，他已发誓不再提起"。见李零《赶紧读书——读〈张政烺文史论集〉》，张永山编《张政烺先生学行录》，中华书局2010年版。

[②] 王巍（1954— ），著名考古学家。山东荣成人。毕业于吉林大学历史系考古专业，进入中国社会科学院考古研究所任职。后赴日本留学，先后获日本文学（人文）博士和中国社会科学院研究生院历史学博士学位，2006年任考古研究所所长。相继当选为德国考古研究院通讯院士，美洲考古协会终身外籍荣誉院士，中国社会科学院学部委员。历任中国考古学会副理事长、理事长。主要研究夏商周考古、中国以及东亚地区古代文明起源和古代文化交流的考古。曾主持偃师商城宫殿区、周原西周大型建筑基址和安阳孝民屯的发掘，以及"中华文明探源工程"。著有《从中国看邪马台国和倭政权》（日文）、《东亚地区古代铁器和冶铁术的传播与交流》等。

克思主义理论家、历史学家、中国科学院哲学社会科学部委员、中国社会科学院前院长胡绳逝世,享年82岁。

是年,阜阳博物馆的韩自强先生曾经就双古堆汉简的整理向张先生请教,并在他的鼓励下,发表了双古堆汉简《周易》的释文(《道家文化》第十八辑,生活·读书·新知三联书店2000年版)。约在此期间,李零先生为上海博物馆整理楚简,也向张先生请教过。

2001年(辛巳)　　　　90岁

8月16—19日,由中国社会科学院历史研究所、中国史学会、长沙市人民政府主办,长沙市文化局、长沙市文物考古研究所承办的"长沙三国吴简暨百年来简帛发现与研究"国际学术讨论会在长沙召开。中国社会科学院秘书长朱锦昌出席开幕式并宣读李铁映院长的书面讲话。国家文物局局长张文彬给会议发来贺信。长沙市市长谭仲池到会讲话。来自美、英、日、韩、比利时、加拿大、瑞士等国和我国内地及港、台地区的学者170余人参加了讨论会。[1]

为庆祝张先生九十华诞,由先生所在单位中国社会科学院历史研究所,先生任教过的北京大学考古系,先生家乡山东省文物考古研究所三方共同发起编辑纪念文集并成立了张政烺先生九十华诞纪念文集编委会。委员有王曾瑜、白钢、田余庆、朱凤瀚、吴荣曾、何龄修、李传荣、李伯谦、佟佩华、邹衡、陈祖武、张永山、张守常、张福禄、林甘泉、俞伟超、高崇文、裘锡圭、谢桂华等专家学者,和"张政烺先生九十华诞纪念文集编辑组",成员有张永山、谢桂华、何龄修、王曾瑜、吴锐。自2000年3月发出约稿通知至2001年6月,先后收到中国内地、港台、美国学者共87人的访谈回忆文章和各种论文80余篇,文章按访谈回忆录、

---

[1] 《中国社会科学院编年简史》,第463页。

考古、历史和学术史顺序编排，共115万字。命名为《揖芬集》。交社会科学文献出版社，于2002年5月出版。该书《前言》说："张政烺先生是中国著名的历史学家、考古学家、古文字学家、版本目录学家。"他"治史不分断代，读古书之博，可以追美王国维、陈寅恪、陈垣等前辈大家"，"先生治学严谨，从不愿轻率发表著述，但一旦发表，必是发前人之所未发，得到同行的推崇，公认是厚积薄发的典型。学术界普遍认为，先生的学问，即使在同代的优秀学者中，也是出类拔萃的一位"。先生"以助人学问为乐，因而慕名前来登门求教者络绎不绝。先生不问亲疏，不惮烦劳"，"最大限度地满足求教者之需求，从来也没有在学问上给自己留一手"。"先生为了他人，特别是为后学者铺路，支付了过多的时间和精力，虽然影响了先生的研究工作，却促进了几代新人的成长。这在'文化大革命'浩劫，人文科学荒废多年之后，有着极其重要的意义。"

2002 年（壬午）　　　91 岁

10月27日，著名秦汉史、明史、货币史专家、历史所研究员王毓铨先生逝世，享年92岁。

2004 年（甲申）　　　93 岁

4月，《张政烺文史论集》由中华书局出版。该书封面为著名书法家启功先生题签，扉页有顾廷龙先生题字。前有彩版十四，其中包括张先生在寓所庭园、张先生木刻肖像（谭权龙作）、讲课、写作、摄影、思考、写字、与夫人傅学苓切磋、和学界许多名人（如侯外庐、邓广铭、杨向奎、胡厚宣、周一良、裘锡圭）合影、为何龄修题扇面、为张守常书司马光七言诗《客中初夏》、为陈智超题《大金得胜陀颂》诗、为赵俪生书辛稼轩诗句——"天教有象皆楷写，世已无书可校雠"，及《汉孟孝琚碑跋》书影等。此书总字数987千字。该书《出版说明》指出："本书收入作者自20世纪30年代至90年代的著述，共一百篇，内容涉及语言文字学、考古学、文献学、版本目录学、文学、民俗学、书法等领域。""本书内容反映了作者在学术上'求诚求实'的严肃态度，展示了他富有开创性的实证研究和理性探索的成绩，包含大量具有原创性，前展性的真知灼见。"为编集该书，王世民、王曾瑜[①]、史树青、朱凤瀚、吕一芳、安守仁、李零、李解民、吴荣曾、吴九龙、何令修、汪桂海、林小安、林永匡、胡振宇、孙关根、张永山、陈平、陈抗、陈祖武、程毅中、裘锡圭、赵平安、赵超、刘源、刘宗汉、刘乐贤、谢桂华、罗琨、顾青、关惠珍等曾参与文稿的整理工作。该书自出版后，受到各方面的欢迎，旋即销售一空。中外读者纷纷要求再版。

4月23日，《光明日报》刊出《张政烺文史论集》出版座谈会在京举行。内容："4月23日，中国社会科学院历史研究所与中华书局在中国社会科学院学术报告厅联合举办了《张政烺文史论集》出版座谈会。学术界德高望重的何兹全、任继愈先生和张政烺先生夫人傅学苓先生，以及首都文史界的专家学者等共90余人出席会议。""何兹全、任继愈先生及其他专家学者先后发言，介绍了张政烺先生的道德文章，对张先生渊博深厚的学识，乐于助人、提携后进的高尚人品给予了极高评价。与会专家学者一致认为《张政烺文史论集》的出版是学术界的一件幸事，必将有力

---

① 王曾瑜（1939— ），著名宋史学家。上海人。1962年毕业后来中国科学院历史所（1977年改属中国社会科学院）工作。曾任所学术委员、中国宋史研究会会长等职务；研究员、博士生导师。中国社会科学院授予荣誉学部委员。独著《宋朝兵制初探》（获奖）《金朝军制》《宋朝阶级结构》（获奖）《荒淫无道宋高宗》《尽忠报国——岳飞新传》《岳飞和南宋前期政治与军事研究》；合著《辽宋西夏金社会生活史》等；古籍整理有《鄂国金佗稡编·续编校注》《名公书判清明集》（合作）等；出版论文选集《凝意斋集》《锱铢编》《涓埃编》；发表论文、译文、杂文等近200篇；参加《中国大百科全书·中国历史卷·辽宋西夏金》部分和《中国历史大辞典·宋史卷》的编写；出版历史小说系列《靖康奇耻》《河洛悲歌》《忠贯天日》等6种。

地推动中国古代史、古文字学、考古学、版本目录学、通俗小说等学科的发展。"

4月29日,《中国新闻出版报》刊出(记者刘蓓蓓)中华书局"求全存真"推《张政烺文史论集》。内容：…报讯近日,中华书局"现代史学名家系列著作"增加新成员,我国史学界著名学者张政烺先生著述——《张政烺文史论集》出版。

约7、8月,中国社会科学院历史研究所和中华书局联合举办的《张政烺文史论集》出版座谈会,大家都说,张先生是个忠厚诚笃、襟怀坦荡、淡泊名利的人。这是普普通通的评价,也是很高很高的评价。很多人都说,先生腹笥深厚,肚子里的学问,还有很多没有写出来,写出来的东西恐怕不到十分之一,他把时间都花在帮助别人了。对张先生的无私助人,大家都很感激,但对他本人,是极大困扰。

10月,中国社会科学院历史研究所编《求真务实五十载——历史所同仁述往》由中国社会科学出版社出版。该书刊出多幅有张先生参与的学术活动照,还登载了陈智超、王曾瑜、张永山等人撰写的张政烺先生为人为学皆称楷模的文章。

10月,张显成著《简帛文献学通论》由中华书局出版。该书第464页称张政烺先生是近几十年出现的有代表性的简帛研究专家之一。

是年,张政烺先生病重,自知不能再视事治学了,就把《图谱》工作托付给他的弟子兼朋友王曾瑜。王教授在其学生关树东先生的协助下很快就组织起一支由中国社会科学院历史所、考古所、北京大学和兰州大学组成的新班子,即成立新的编委会,常务编委除关树东外,还有张永山、罗琨、陈绍棣、栾成显、黄正建、邬文玲。编委由任会斌、赵凯、陈奕玲、陈凌、沈冬梅、梁建国、李锡厚、党宝海、刘晓、韦祖辉、安守仁组成。在湖南省新闻出版广电局尹飞舟先生和湖南人民出版社谢清风、李声笑、龙昌黄、张宇霖先生的鼎力相助下，在所内外专家的关照、指导下，使《图谱》起死回生。

是年，张先生把他的全部藏书捐赠给他的母校北京大学文博学院，该院特设张政烺先生库。

是年，中国社会科学院历史研究所樊克政[①]研究员的专著《龚自珍年谱考略》，作为中国社会科学院历史研究所专刊甲种之二，由商务印书馆出版。作者在《后记》中说："我在撰写此书的过程中，曾得到王元化先生与本所张政烺先生的教益。"

2005年（乙酉）　　　　94岁

元旦，赖长扬、孙晓代表《"二十四史"新注》作者去协和医院看望张政烺先生。当时张先生已经病重，还顽强支撑着病体，关切地问："书怎么样了？"当得知书正在编著中时，先生微笑地点了点头。这使赖、孙二位深受感动。

1月28日，张政烺先生病危，中国社会科学院党组副书记、副院长李慎明前往北京协和医院探望。张先生住院和病重期间，来探望他的人很多，其中有何兹全、任继愈、王仲殊、吴荣曾、徐苹芳、黄展岳、林甘泉、朱大渭、王曾瑜、王世民、王震中、李伯谦、刘一曼、朱凤瀚、李零等著名学者。

1月29日，张政烺先生仙逝，享年93岁。学术界失去了一位通古博今、谦和育人、真诚求实的长者和大师——著名历史学家、

---

① 樊克政（1942— ），知名历史学家，研究员。山西沁水人。1963年毕业于西北大学历史系，进入中国科学院历史所（1977年改属中国社会科学院）工作。主要从事清代思想文化史研究，兼及书院史研究等。独著有《龚自珍生平与诗文新探》《中国书院史》《学校史话》《书院史话》《龚自珍年谱考略》（获奖）；合著有《中国近代哲学史》《中国思想史纲》（获奖）《宋明理学史》（获奖），并参加撰写《中国历史大辞典·思想史卷》《清代人物传稿》（获奖）等；论文有《黄震对程朱理学的继承与修正》《陆陇其理学思想初探》《关于龚自珍生平事迹中的几个问题》《读魏源〈与胡蕴之书〉》《有关宣南诗社问题的几点质疑》《清初周召的无神论思想》《鸦片战争时期的无神论思想家周树槐》等。

考古学家、古文献学家、古文字学家。

2月2日，张政烺先生遗体告别仪式在北京八宝山革命公墓举行，中国社会科学院党组成员、副院长江蓝生代表院领导前往送行，并向其家属表示亲切慰问。[①] 张先生的学生、同事、同乡也从全国各地赶来，冒着寒冷，为先生送行，人数多达近千人，其中有任继愈、李学勤、裘锡圭、李伯谦、王曾瑜、朱凤瀚、王震中、李零等学界名人，祝愿先生一路走好。

中国社会科学院历史研究所给每个前来吊唁的人发了《张政烺先生简历》。其中称张先生是"著名历史学家、考古学家、古文献学家、古文字学家"。指出他自20世纪30年代起，"在科研、教学、古籍整理等许多领域辛勤耕耘了60余年，在中国古代史、考古学、古文字学、古器物学、版本目录学、通俗小说等诸多学术领域都进行了具有开拓性的研究，解决了许多疑难问题，并承担过出土文献整理、二十四史点校等重大学术任务，培养了一大批科研人才，为中国学术的发展做出了卓越贡献，在国内外产生了重大影响"。认为他"学识渊博，治学严谨，执著进取，为人正直，待人诚恳，乐于助人，生活简朴，道德文章，有口皆碑。他的逝世是中国学术界的一个重大损失"。

3月29日，张政烺先生的骨灰葬于北京福田公墓，墓前有哲嗣和众弟子为其树立的石碑，碑上镌刻七个大字："张政烺先生之墓"。并刻有张先生的座右铭："真诚求实是为人为学之本"。这是他对自己一生的要求，将陪伴他到永远。2010年12月22日傅学苓先生因病去世，2011年4月1日其骨灰与张先生的骨灰合葬于此，并举行了隆重肃穆的合葬仪式。参加合葬仪式的有张长寿、李伯谦、王曾瑜、何龄修、杨讷、刘宗汉、朱凤瀚、李零、李解民、吕宗力、刘桓、陈绍棣等数十人。

---

① 《中国社会科学院编年简史》，第549页。

谱　后

2007 年

5月,《中国社会科学院编年简史》(1977—2007)由社会科学文献出版社出版。该书529页,称赞先生60多年来,"在中国古代史、考古学、古文字学、古器物学、版本目录学、通俗小说等诸多学术领域进行了具有开拓性的研究,解决了许多疑难问题,并承担过出土文献整理、二十四史点校等重大学术任务,培养了一大批科研人才,为中国学术的发展作出了卓越的贡献,在国内外产生了重大影响"。

10月,由文物出版社出版的《中国考古学年鉴》2006"本年(2005)逝世的考古学家"专栏刊出了张永山的"张政烺"一文。该文概述了先生一生在学术上的高深造诣,认为先生德才兼备,学问渊博,学风严谨,是"我国著名史学家、古文字学家、考古学家和版本目录学家"。

2008 年

4月,张政烺著、李零与其研究生(徐刚、苏晓威、韩巍、王艺、曹菁菁、田天、孙莹莹)整理的《马王堆帛书·周易经传校读》,由中华书局出版。任继愈先生署签。前有傅学苓师母的《序》和李零先生的《整理说明》。目录分"帛书照片"和"帛书《周易》经传校读"两部分。

李零在整理说明中说"《易》是年代最古老的经典之一。孔子所传的《易》是《周易》。《周易》赖儒学一脉单传,影响巨大。《周易》的古本,有马王堆汉墓出土的西汉帛书本,双古堆汉墓出土的西汉竹简本,上海博物馆收藏的战国竹简本,但马王堆帛书《周易》是最初发现的版本。其中经的部分,张先生最初也叫《周易》,后改题为《六十四卦》;传的部分,他整理过,但未发表。他只写过《马王堆帛书〈周易·系辞〉校读》。这次发表的材料,是马王堆《周易》经传的全部释文(并附有帛书的照片),但是个未完成稿,他的研究工作被迫中断"。李零"把整理张先生遗稿当作一门课来上。既是教学生,也是教自己。以张先生的遗稿为教材,边讨论,边整理。他并阐述了他学习张先生易学思想的四点感想"。

(一)"《周易》,上有源,下有流,光就《周易》论《周易》,看不清。《周易》的源是什么?是数字卦,最初是十位数的'数字卦',后来是两位数的'数字卦',所谓'三易',皆属后一种,它们都不是源,只是流。不但《周易》以外,还有《连山》《归藏》,《周易》之上,也有商周'数字卦',我们必须'跳出《周易》看《周易》'。"

(二)"《周易》是讲占卜的书,从数术分类的角度讲,本应归入卜筮类的筮占类。筮占和龟卜,都是从商代就已出现,春秋时期仍流行,战国以前,地位最突出。读《左传》《国语》,我们可以了解到,当时的占卜,列国通行,主要是两种,一是龟卜,二是筮占。这两种占卜地位最高,超过其他种类。日者之术,后来居上,取代卜筮的地位,是到了战国秦汉时期。"

(三)"古代占卜,本来是各自独立发展,放到一起用,往往会相互撞车。战国秦汉,数术发展的大趋势,各个占卜门类交叉影响,开始趋同,追求体系的整合。阴阳五行学说就是适应这种需要而产生。阴阳五行说,本来是依托于天文历算和日者之术,逐渐扩散到所有分支。《易传》就是把卜筮之术与日者之术打通的一种尝试。马王堆本按卦序排列,双古堆本每卦下附日书类的占语,正是反映这一趋势。它们的结合,是新老技术的结合。"

(四)"阴阳五行说是古代数术之学的通用理论,与它互为表里的方技之学,还有所谓兵阴阳,也都使用这个理论。它像经络血脉密布于这类学问的各个分支,但本身没有经典。《易传》的出现在一定程度上弥补了这一缺憾。它是援日者之术,沟通卜筮与其他数术,从而完成了古代占卜理论的重心转移,使古老的占卜之术获得了新的生命,因而具有了宇宙论和自然哲学的意义。"

最后指出,"张先生的手稿,对所有研究中国古代易学的读者,都是有益的参考"。

2010 年

3月,张政烺著、朱凤瀚及其博士生(韩巍、刘源、陈絜、何景成)整理的《张政烺批注两周金文辞大系考释》(上、中、下)由中华书局出版。书前为中华书局编辑部的出版说明。目录分图版部分和批注整理部分。

朱凤瀚先生著文认为:张先生选择《考释》做批注,自然是由于其有超出同类著作的优越性,也与张先生对郭老所做研究的高度重视有关。张先生所做批注延续了数十年的时间。指出《批注》的学术价值主要有以下七点。

(一)"批注对《考释》中一些字释与词语的解释表示了不同意见,所云多择取文献与金文之力证,并务求铭文上下文义相协与语法关系之顺畅,故较《考释》之说更为平允,更符合铭文本意。"

(二)"在批注中,张先生亦曾就郭老《考释》中未涉及的一些字词加以考释,这方面的工作自然于正确释读铭文有极大的裨益。"

（三）"张先生批注中对部分铭文的释读有与诸家不同的新视角，并提出了与众不同的新见解。读这类批注，会启发我们广开思路，更深入地去品味两周金文的真谛与意义。可以说勤于独立思考，不简单随从成说，对旧说多经严密审视，思维活跃而富求新意识，是体现在张先生上述批注中的一种治学精神。"

（四）"关注铭文中由特定词汇与语句构成的句型，才能更准确地对铭文进行释读，更深刻地体会铭文内涵，是张先生在批注中几次论及的。而在近年来对西周金文进行考释时，这一重要的句型问题确已有被忽视的表现。张先生在这方面则是相当强调的。"

（五）"张先生还在批注中就两周金文中涉及的一些史学问题，表达了自己的见解，其中有的是相当重要的观点。特别是铭文的史料价值并非皆是很明朗直观的，而张先生善于从看似平凡、一般的铭文词语中挖掘、钩沉出重要的史学信息。所以如此，当缘于张先生习惯以一名史学家而不单是古文字学家的眼光来审视材料。"

（六）"张先生在批注中，于考释两周铭文时，常恰当地引用同铭文语法关系相类、词语相近的文献资料与之相印证，故使铭文中许多疑难字句得以读通。以文献与金文相印证，虽是诸家考释金文时通常都会采用的方法，但张先生对多种文献、多种史料的广征博引、信手拈来的那种熟悉程度，皆展现了他极深厚的文献功底与超人的记忆力，令人感佩。"

（七）"张先生还在部分批注中表达了他对中国古文字学特别是古文字发展史以及两周列国文化的关系等若干重要问题的深湛见解，而这些见解，在张先生以往发表的论著中还很少见，故尤为珍贵。"

"张先生还有一段批语，也非常重要，其文曰：'秦之统一文字是用两种功夫：一是推行小篆，将宗周文字保存于秦者，删去繁复，化为约易，作成小篆，传之东方，迁就东方人也，凡高文典册用之，诏令金石刻辞，李斯主其事。一是整齐六国诡易之书，使之画一，作成隶书及章草，通行天下，日常符书用之，程邈主其事。在统一政府下自有此一种要求，且为改进审定而非创作，故其事易举，而民不烦也。'这是张先生对秦统一文字之方法与途径所作的概括，也是对秦系文字来源及所谓隶变等文字学上重要问题研究的极有价值的独到见解。"[1]

7月2日，深圳晚报发表黄宗英《张政烺先生》一文。内容：1936年，北大文学院院长胡适先生在文学史课堂上讲授"晚世章回小说"，当讲到《封神演义》时，胡先生告诉同学，此书作者究属何人始终不明，若有同学知道，希望能告诉他。当时并未在课堂上的史学系学生张政烺，在听了同学转述后，写了一封长信给胡先生，信中正确回答了这一问题，得到胡适先生的认可和赞赏。

8月，张永山编《张政烺先生学行录》由中华书局出版。该书前有彩版十一。其中包括张先生在寓所庭园、研究相机、思考中等摄影和六幅书法作品（书张守中的篆书；书林秀的行书七言诗；（宋）苏东坡《赠刘景文》；书张永山的行书（元）吕仲实七言诗；书北大某教授的行书"书以气为主"；及篆书"自强不息"等）。该书分"学问与人生""学习与思考"两部分。收录了宁可、吴荣曾、高明、裘锡圭、王曾瑜、罗琨、张永山、李零、胡珠生、周清澍、卢兆荫、肖良琼、郑振香、黄克、杨大业、何令修、陈智超、王恩田、刘一曼、吕宗力、刘宗汉、周双林、孙言诚、刘桓、梁子明、安守仁、赵超、徐宝贵、刘源、程毅中、白化文、汪桂海的文章，凡三十多万字。

12月，《张政烺论易丛稿》，李零整理，中华书局出版。前有

---

[1] 朱凤瀚：《读张政烺批注〈两周金文辞大系考释〉》，《书品》2011年第四辑。

李零的前言，后有相关附录。

2011年

1月13日，《中国社会科学报》刊载了许树安的文章，题目是《一生沉浸在作学问之中——缅怀恩师张政烺先生》。全文分以下四部分，即：名副其实的恩师；严谨的治学精神；令人敬佩的渊博学识；揭开"奇字之谜"。

4月15日，中国社会科学院历史研究所、中华书局在历史所会议室，纪念张政烺先生诞辰99周年。出席会议的有历史所"中国历史文物图谱"课题组全体人员、部分退休同志、张先生的家属及好友、张先生的学生。会议由罗琨主持。历史所副所长王震中、中华书局副总编辑顾青先后讲话。大家踊跃发言，缅怀先生的人品学问、道德文章、高风亮节。陈绍棣深情回忆了张先生在为学作人上对他的谆谆教诲，并向张先生家属无偿捐献了他珍藏半个世纪之久的张先生编著的《先秦史讲义》，受到与会者的欢迎。

7月，受张政烺先生生前委托，由王曾瑜研究员主持的《中国古代历史图谱》，经中国社会科学院院务会议批准，被列为中国社会科学院2005年度重大A类课题（编号0500000225）。

9月，经湖南人民出版社申报，《中国古代历史图谱》被列为国家"十二五"重大出版资助项目。

10月，张政烺先生任顾问的《"二十四史"今注》已有一半以上成稿，暂定由巴蜀书社出版。

11月，《中国古代历史图谱》结项。经过多年紧张工作，这部总计11卷14册、文字说明240万字、图片8000余幅的历史文物图谱终于完成。将由湖南人民出版社和文物出版社联合出版。中国社会科学院历史研究所所长卜宪群、副所长王震中参加了《中国古代历史图谱》结项报告会。

是年，陈绍棣《为人治学，皆称楷模——纪念尊师张政烺先生》载于《简帛研究》二〇一一。该文分以下六部分：一、难忘的恩师；二、博大精深的学识；三、严谨扎实的学风；四、提携后学，培养人才；五、为人忠厚低调；六、教子清正廉洁。

2012 年

3月12日，社科新书月载《张政烺文史论集》，共收录张政烺先生20世纪30—90年代的学术论文100篇，涉及中国古代史、古文字学、考古学、版本目录学、通俗小说等多个领域。

3月19日，《中国社会科学报》"专版"刊出伊风《中华书局百年历程》，文中说张政烺先生等是"一代代学人"之一，他们与中华书局"结下了深厚的学术情谊"。"中华书局仰重于这些学术名家而提升了自身的学术品位和品牌价值"，同时，这些"学者的研究成果也因中华书局的精校细刊而得以更广泛的传播"。又说张先生参与点校的"二十四史"是"毛泽东主席指示，周恩来总理亲自安排，由中华书局组织全国百余位文史专家，历时20年完成的新中国最伟大的古籍整理工程。其出版问世之后，成为海内外学术界最权威的通行版本，享有'国史'标准本的美誉"。还说在点校本"二十四史"已有成果的基础上，中华书局重新启动"二十四史"修订工程。"从2001年起，部分修订组开始提交初稿，进入编辑审读阶段。预计2012年开始分批出版，2015年左右完成全部出版工作。这次修订将体现21世纪中国古籍整理研究的最高水准。"同时在"学者谈中华书局"栏刊出北京大学历史系教授田余庆先生的书面发言。其中说，中华书局"出大套书的非常多，但是其中一个有誉无毁的，就是'二十四史'标点"。

4月，《张政烺文集》5卷本由中华书局出版。分别是《甲骨金文与商周史研究》《文史丛考》《论易丛稿》《古史讲义》《苑峰杂著》。这是先生生命的余波，也是社会对他的认可。

《甲骨金文与商周史研究》，收录张先生运用甲骨金文研究商周历史的论文及书信共36篇。《文史丛考》收录张先生关于古代文史方面的论文、随笔、书信共34篇。《论易丛稿》"以李零先生所编《张政烺论易丛稿》为基础，为保持《张政烺文集》的体例统一，故略去了李零先生的前言和相关附录"。《古义讲义》共收录张先生授课讲义六种，包括《先秦史讲义》（两种）①、《中国考古学史讲义》《中国古代的礼器和日用物》《中国古代的书籍》和《清代〈四库全书〉的编纂》。《苑峰杂著》收录张先生"自述纪念文章、序跋、书评、书信、讲话以及其他一些文字"。总之，这套文集是迄今为止收文最全的张政烺作品集。

在修订重编《张政烺文集》的工作中，张先生的哲嗣张极井先生在百忙中给予了出版单位中华书局全力支持和配合，并撰写了《回忆父亲二三事——代〈张政烺文集〉编后记》；林小安、朱凤瀚、李零、顾青、张继海先生出力最多。王世民、裘锡圭、胡振宇、陈绍棣、郑振香、高至喜、向仍旦、刘玉才等先生提供了新材料，北京大学历史系、中文系的部分博士生参加了审校工作。

4月13日，中国社会科学院历史研究所举行了纪念张政烺先生百年诞辰大会。该会由历史所主办，秦汉魏晋南北朝研究室协办。参加会议的来宾有北京大学教授吴荣曾、朱凤瀚、李零、刘桓；中国社会科学院考古所研究员、荣誉学部委员张长寿、中华书局编审刘宗汉、李解民；北京语言大学教授许树安、齐鲁书社总编辑孙言诚、香港科技大学教授吕宗力。中国社会科学院学部委员林甘泉、陈祖武，荣誉学部委员的代表何龄修、王曾瑜出席了会议。会议由历史所党委书记刘荣军主持。所长卜宪群致辞、秦汉魏晋南北朝研究室主任杨振红介绍张先生生平。北大历史系

---

① 王世民先生提供了1952年的《先秦史讲义》，陈绍棣提供了1959年的《先秦史讲义》。

吴荣曾、历史所栾成显、齐鲁书社孙言诚先后发言。副所长王震中做了总结发言。大家一致认为，张政烺先生是中国著名的历史学家、考古学家、古文字与古文献学家、版本目录学家。他的学识博大精深，学风严谨扎实，文章篇篇都是精品。他乐于助人，提携后学，是学术界的雷锋。在当今学风滑坡的情形下，表彰和学习张先生，很有现实意义。

4月14日（星期六）上午，纪念张政烺先生百年诞辰暨《张政烺文集》出版座谈会在北京西苑饭店召开。

会议由中华书局主办。出席会议的有中国社会科学院历史所、考古所、国家博物馆、故宫博物院、北京大学、南开大学、吉林大学、齐鲁书社等单位的代表，他们多是张先生的学生或再传学生。上午9时，主持人徐俊（中华书局总编辑）宣布会议开始，开场发言。9时10分—9时15分播放张政烺先生纪念光碟（5分钟），9时15分主题发言（每人15分钟）。发言的有：吴荣曾（北京大学历史系教授，张先生在北大历史系的老同事、助手）、李零（北京大学中文系教授，张先生在中国社会科学院指导的研究生）、吴振武（中国古文字研究会会长，学者代表）、丁伟志（中国社会科学院原副院长，张先生在中国社会科学院的原领导）、严文明（北京大学文博学院教授，张先生在北大时的学生）、张忠培（中国考古学会会长，张先生在北大的学生）、张继海（中华书局编审，介绍文集编辑出版情况）、张极井（家属代表，发言，答谢）。10时30分—12时自由发言。发言人有罗琨、陈绍棣、陈智超、王曾瑜、郑克晟、傅同钦、郭平英、刘宗汉等。大家一致认为，张先生的著作都是精品力作，是原创。他的学风严谨扎实。在当前学风浮躁，重复劳动层出不穷，低劣著述泛滥，乃至剽窃时有发生的情况下，表彰张先生，为学界树立学习的榜样，对于端正时下的学风，薪火相传，弘扬中华学术，建设有中国特色的社会主义新文化，有极为重要的积极意义。下午13时30分坐车去福田公墓祭扫、献花。15时乘车返回西苑饭店，活动结束。

4月16日，《中国社会科学报》刊出何明昕《学界纪念张政烺先生诞辰百年》。

4月18日，《新京报》刊出记者张弘的新京报讯：《学界纪念张政烺诞辰百年》。

4月25日，《光明日报》第7版"理论·史学"刊出《张政烺先生百年诞辰纪念会举行》。

《中华读书报》2012年5月9日，第7版"人物"缅怀张政烺先生。

  今年是著名历史学家张政烺教授诞辰一百周年，五卷本《张政烺文集》由中华书局出版。张政烺，字苑峰，1912年4月15日生于山东省荣成县崖头镇，2005年1月29日在北京逝世。张政烺在商周甲骨文、青铜器铭文的考释及与先秦史研究的密切结合上造诣深湛，在《周易》的起源与早期历史的研究上有开创之功。张政烺先生还是古文献整理专家，不仅承担了中华书局"二十四史"点校工程中的《金史》，还参加了马王堆出土帛书文献等的整理。张政烺极为博学，在古文字学（包括音韵学）、古器物学以及文献学、版本目录学、古代小说和书画艺术等领域都有很高造诣。张政烺先生不但学问渊博，而且道德高尚，人所共钦。本报谨此刊发裘锡圭、李零、吴荣曾、吴振武等四位先生缅怀张先生的文章，以为对张先生百年诞辰的纪念。

其中裘文的题目是《"以学术为天下公器"的学者精神——缅怀张政烺先生》，摘要：张政烺先生是我见过的最纯粹的学者。张先生不但朴实无华、和蔼可亲，而且最具有"以学术为天下公器"的真正学者精神。李零文的题目是《成人一愿，胜造七级浮屠——我的老师和我的老师梦》；吴荣曾文的题目是《石头瓦块在他手里都是学问》；吴振武文的题目是《"不是专家"的张政烺先生》。

7月2日，陈绍棣《学林巨擘张政烺》一文载于《中国社会科学报》，该文认为："以牛的勤恳、踏实的精神，为两个文明建设做出贡献。"这是著名史学家张政烺对社科工作者的勉励，也是他学术生涯的写照。他博大精深的学识、惊人的记忆力、严谨扎实的学风，令人敬佩；对学生尽心尽力的教诲，以及他乐于助人、提携后学的精神，令人难以忘怀。

9月24日，《北京日报》刊出李零《大学者张政烺和我的老师梦》，该文云：今年是张政烺先生的百年诞辰。张先生学问大，不用我来评价。我只是张先生晚年的一个学生，很多前辈师长比我更了解先生，不用我来多嘴。作为他的学生，我只想讲点当学生的体会。

2013年3月5日，《云南经济日报》刊出黄懿陆《张政烺与云南易学》一文，文中云：张政烺先生学问很深，名气很大，凡是研究易学的学者没有不知道他的。因为他发现了符号卦易的基础来自数字易卦。他的学术范围涉及的内容从甲骨文、金文到宋明时期的文史专题。

2015年

2月5日，《太原晚报》刊出侯坤《张政烺的真性情鉴宝》一文。指出张政烺先生是我国著名历史学家，曾在北大、清华等知名学府任教，并出任文化部国家文物委员会委员。张政烺精通考古学，对古文字学、古器物学都非常有研究。

3月，张世林主编的想念大师丛书系列之六——《想念张政烺》，由新世界出版社出版。该书前有图版六幅。其中有1965年张先生在永安里寓所，老不废书，1964年与夏鼐先生等在呼和浩特昭君墓前，1965年参加郭沫若率领的中国科学院参观团于太原晋祠门前，1982年9月参加美国夏威夷举行的商文化国际讨论会与夏鼐、胡厚宣、宿白、周鸿翔、高去寻、张光直、马承源、郑振香、安金槐、王贵民、林沄等学者的合影和张先生手迹。又该书《前言》中说：除季羡林先生外，"我又想到了学术界其他一些已故的老先生，因为工作的关系，我同他们有过这样、那样的联系，他们的道德和文章曾深深感染过我和许多人，我也曾得到过他们的帮助和教诲，我也很想念他们"。如张政烺……出版《想念张政烺》等书，是为了使广大读者"不止是对这些大师的道德文章有所了解，还会从大师们身上学会做人和做事，从而为传承中华文明和建设中国文化做出自己的贡献，亦能为社会导向和出版导向稍加纠正"。这当是该书要旨之所在了。

该书共收入28篇文章，其作者分别是林小安、张极井、林甘泉、宁可、吴荣曾、周清澍、高明、张传玺、黄展岳、肖良琼、邓福秋、郑克晟、傅同钦、张忠培、何龄修、王恩田、陈智超、王曾瑜、罗琨、陈绍棣、栾成显、师勤、孙言诚、崔文印、诸葛计、葛志毅、胡振宇。共16万字。

其封面上印有该书介绍："二〇一二年是著名国学大师张政烺先生的百年诞辰。为了纪念，特约请先生的家人、友好与弟子撰文予以缅怀、介绍。每位撰稿人怀着诚挚的感情，以亲历亲闻，从不同的角度，将先生治学著述、育人传薪、处世交游及日常生活之散珠碎玉、吉光片羽，采撷拈取，连缀成篇，并配以先生的小传、照片、题字、书信、手迹及作者与先生的合影等图片，为广大读者全面了解和认识一代学术大师提供了一部真实、可信的读本。"

封底印有林甘泉、周清澍、黄展岳的文章提要。

林甘泉先生回忆：张政烺先生的道德文章，在历史所乃至史学界有口皆碑。他学问广博精深，又乐于教导后学。青年同志有问题向他请教，都能够得到他的指点教导。有一个时期所内外找他的人实在太多了，他给人解答问题还要查找材料，花的时间实在太多。我曾经不止一次劝他不要有求必应，他只是微笑点点头，结果还是来者不拒。

周清澍先生指出：在考古和文字学方面，古代史学者最多因业务需要浅尝即止。张先生本身就是杰出的考古学家和文字学家，他在老北大，一直讲授古器物和古文字两门选修课。一九五二年北大承办文物工作人员训练班，张先生担任课程最多，尤其是他开创性地主讲考古学史，引入西方近代考古和铭刻学的新观念，将我国传统的金石学提高到新的高度。

黄展岳先生介绍：20世纪70年代"文化大革命"中，《考古》刚复刊，当时满城汉墓发掘的资料尚未整理，便要求把墓中包括其中两件错金银铜壶上的鸟虫书等珍贵遗物一齐从速发表。但鸟虫书无人认识，不能没有释文就发表。复刊编辑们想起张先生精于辨识古代奇文怪字，急请他释读。张先生认真观察后，很快写出释文，由《考古》发表。事后，先生感觉尚有欠缺，再经揣摩推敲，确定释文不误，但句读有微疵，于是又写了补释发表，以成完璧。

7月7日，《光明日报》发表新世界出版社张世林先生的编辑手记《一个纯正的学者——〈想念张政烺〉编后》。该文以不同层面、不同视角的多个事例，证明"张政烺先生是当之无愧的真正国学大师。"该文特别强调张先生是一个淡泊名利的纯正学者。文中说："除了学术界以外，知道先生大名的人会有多少呢？其实先生根本就不在乎这样的问题。因为他是一个纯正的学者！他一生心心念念的是他的学问！他用自己一生辛勤的钻研的众多学术领域里取得了丰硕的成果，从而得到了许多学人的尊重。"

7月11日，许礼平在《文汇报》发表《活字典张政烺》一文。该文勾勒了张先生的一生，概述了张先生的人品、学问。称先生"和蔼可亲,是位忠厚长者"。"幼在家塾读古书,养成博闻强记的能力。"20 世纪 30 年代考证出《封神演义》的作者是明代扬州府的陆西星,为胡适先生排难解围。胡后来介绍张予傅斯年,1936 年张毕业,即被罗致入史语所,负责史语所的图书搜购和管理,善以有限的经费采购必须的书。"现今史语所的研究人员评论:当年张所挑选的书对他们科研工作有用的都有,没用的都没有。""抗战间,张负责押运十多万册中西图书入川,使全所人员入川到李庄后,即可开展科研工作。""1946 年张回北大母校任教,1954 年参与筹建中国科学院历史所,1960 年离开北大调中华书局当副总编,但没到任,一直在历史所任研究员直至终老。"该文说张先生从不说假话,这在假话套话充斥的年代,尤其"文化大革命"时期,绝非等闲事。他的座右铭是:"真诚求实是为人为学之本。"张切实执行,从不弄虚作假,不拉帮结派,实实在在,又乐于助人。张在学术上善于采用新材料,研究新问题,而又从不吝啬地将材料,或想法拱手送人。张公治古文字,善于"探挖甲骨文、金文及其他形式的出土文献隐含的真实史料,与传世文献相互发明,探索中国古代社会的历史面貌"。"张公博览群书而又记忆力惊人,史语所的藏书都看遍,主要的还能背诵。解放后马克思的书看了不少,也下过工夫。""张公学养深厚,胸襟宏大,博古通今,学风严谨扎实。他研究方面极广,其学术成就主要在商周史、考古学、古文字、汉简、碑刻、古器物学、版本目录学、通俗小说等。张公惜墨如金,文章不多,但厚积薄发,篇篇掷地有声。他的著述都具有开拓性、原创性,能解决疑难问题。所以胡适之、傅斯年、郭沫若诸公对张评价甚高。以博学见称的郭沫若说张'这个人学问真好,比我看过的书还多'。因此有活字典、小王国维、先秦史泰斗之称。""张公教学上贡献也很大,他历年在北大、清华、社科院开设课程,培养出大批科研人才,如邹衡、俞伟超、张忠培、高明、徐苹芳、林沄、李零、陈绍棣等名家,桃李满门。"该文还披露了一些鲜为人知的事,说"国府迁台,有计划分批自北平撤退专家教授。张被排在第一批,可见备受重视,上头已安排机票给张,起飞时张躲起来玩失踪,上头发觉张未走,再编排在第二三批中,结果张还是留在北平。但史语所迁台的图书都是张选定的。90年代两岸沟通了,史语所念旧,拟请张赴台,上头或有所顾虑,不让去,而安排张应日本之邀访日"。

是年,西北大学历史学院讲师张峰的《张政烺的学术道路与治史风格》刊于《中国史研究》2015年第2期。文中说:"张政烺(1912—2005)是我国现当代著名的史学家。他在中国古代史、古文字学、考古学、古典文献学、版本目录学、通俗小说史等多个学术领域均有重要创获。中华书局相继出版的《张政烺文史论集》《马王堆帛书〈周易〉经传校读》《张政烺批注〈两周金文辞大系考释〉》《张政烺文集》等论著,是其一生治学的精华所在,反映了他20世纪30—90年代的著述成就,集中体现了他治学领域之广阔、见解之深刻、成就之巨大。"他的考证文章,尤其是在古文字方面所做的考释与训诂,看似研究一些具体的小问题,实则能够以小见大,寓含着探索中国古代社会历史面貌的用意。新中国成立后,他自觉接受唯物史观,自觉地将理论指导、历史考证与社会发展进程相结合,从而推动其历史研究达到新的境界。张氏毕生治学精益求精,不断探索学术的未知领域,始终把创新作为学术研究的灵魂与目标,而对后学的提携则不遗余力。他的学术业绩与治史精神,是留给后人的一笔宝贵遗产。

2016 年

3月25日,历史所陈绍棣诗《"牛"与"土地公公"——张政烺先生的为人为学》,载于《中国社会科学报》2016年3月25日,该诗艺术概括张先生的治学精神如牛,而在学问上助人为乐似土地公公,旨在纪念张先生诞辰104周年,以表对他的深切怀念之情。

12月19日，刁勇《张政烺：从图书管理员到中国古代史学大家》载于《中国社会科学报》2016年12月19日。该文分"图书室的好馆员"和"版本目录学名家"两部分。前者有三个标题，依次是1."出色的选书员"；2."学者型的取书手"；3."艰辛运书建奇功"。该文认为：张政烺是我国著名的历史学家、考古学家、古文字学家和版本目录学家。他博闻强记，被学界赞誉为"活字典"和"精密的计算机"；可是，他这惊人的本领，却是20世纪30年代在"中央"研究院历史语言研究所图书室，就任图书管理员时酝积和练就的。张政烺通过在史语所图书室的数年工作，勤奋钻研成为出色的选书员、熟知馆藏的"取书手"、提供各种疑难解答的"活字典"，刻苦自学成为精通古书源流、文史掌故的版本目录学专家的实例。

12月，张政烺先生主编的《中国古代历史图谱》（11卷17册）由湖南人民出版社出版。一部具体、形象反映中国古代历史的巨著终于问世了。该书《前言》说："本书以图片为主，配以适量的文字。本书每卷内容分为政治制度、经济发展、科学技术、宗教信仰、文化艺术等，利用丰富的文物、古遗址、古建筑、古籍、古图画等，尽可能为以图说史、以图证史提供准确的物质文化史料，尽可能多角度地反映一个朝代的历史面貌。此书突出中国古代教、科、文成就，以表述中华古文明的灿烂辉煌，及长期在世界上居于领先地位的史实。为了确保全书质量，特别聘请不少专家审稿，贯穿于整个工作过程。目前中国加强对外文化交流，本书是一部对外宣传和传播中华文明的绝好教材。在中国，包括大陆和台湾，此前也出过类似的图说中国史，但本书从规模、从论述内容之深入细致，到图片网罗之广泛，无疑大为超越，而后来居上。"前言准确地概括了该书的内容、特色和价值。

2017 年

5月17日，《中国社会科学报》发表陈绍棣《献给中国社会科学院40华诞的厚礼——〈中国古代历史图谱〉出版感言》一文。该文指出：《中国古代历史图谱》（以下简称《图谱》）是一部十分厚重的书，同时也是中国社会科学院历史研究所献上的一份厚礼。《图谱》先后被列为中国社会科学院2005年度重大A类课题和国家"十二五"重大出版资助项目。《图谱》特色主要有如下几个方面。一是规模宏大，内容丰富。二是重点突出，结构新颖。三是文物与历史紧密结合，学术品位高。"我国是世界四大文明古国之一，地上地下的历史文物极其丰富。然而迄今为止，并无一部质量较好的古代历史图谱问世，这是一个不小的缺憾。《图谱》一书无论成书规模、图片数量，还是论述之深入细致，均超过以往。全书依据张政烺制定的框架和体例，继承中国古代左图右史的传统，以文图对照、以图为主的形式，解说中国古代历史，形象地阐明社会发展规律，并借此进行历史唯物主义和爱国主义教育，提高民族自尊心和自信心。"

6月24日，由湖南人民出版社和中国社会科学院历史研究所主办的《图谱》出版座谈会在中国社会科学院举办。来自中国社会科学院、北京大学、清华大学、中国人民大学、故宫博物院、文物出版社以及本书各卷作者共50余人参加了座谈会。其中包括李伯谦、朱诚如、朱凤瀚、李零、齐东方、陈高华、陈祖武、王震中、史金波、王曾瑜、余新华等著名专家学者与本书主编张政烺家属代表中信集团的张极井先生。中国社会科学院副院长李培林出席座谈会并讲话，向《图谱》的出版表示祝贺。湖南人民出版社社长谢清风、中国社会科学院历史研究所所长卜宪群先后致辞，介绍了本书的撰著和出版过程。会议高度评价了《图谱》的学术价值和学术特色，深情怀念张政烺对《图谱》的贡献。6月

26日、7月7日的《中国社会科学报》、6月7日、7月11日的《中国文物报》均有报道。

7月11日,《中国文物报》文博出版传媒周刊发表了中国社会科学院历史所研究员黄正建和陈绍棣评价《图谱》的文章。黄文题目是《〈中国古代历史图谱〉的编纂过程及其特色》。全文分三大部分,即:坎坷艰辛的编纂历程;高度的标准和要求;丰富的特色和价值。后一部分深刻分析了《图谱》迟迟不能完成的重要原因,即"一套大型图书的编纂前后持续了60年,究竟难在哪里?除了政治运动的干扰,以及人员流动、图片版权问题不易解决等原因外,从专业角度说,最主要的难点在于作者必须具备历史和考古两方面的知识,并系统掌握所涉及断代的全部历史资料和文物资料。"他还指出该书是用历史知识赋予文物以生命,又用充满生命的文物让历史变得丰富形象。从编纂学的角度看,本书有以下主要特色:本书具有通贯性和全面性;本书以图片为主,图片大而清晰,这也是张先生定下的;本书具有严谨的科学性;用文物展示了中国这个多民族统一国家的形成过程。用文物展示了中国古代丰富多彩、高水平的物质文明、精神文明和制度文明。陈文的题目是张政烺先生对《图谱》的贡献。该文认为张政烺先生对《图谱》大致有以下三方面的贡献:一,拟就了《图谱》的编写提纲;二,广泛搜集资料;三,拟定了《图谱》的结构与体例。

9月初,《文汇报》首席记者单颖文女士迢迢千里,从上海来北京中国社会科学院历史研究所,采访了《中国古代历史图谱》课题组的主要成员。不久,她在《文汇学人》第309期2017年9月8日星期五上发表了两篇文章。一篇题为《一部书和它的60年——〈中国古代历史图谱〉编纂始末》,其内容题要说:《中国古代历史图谱》是一部写历史的书,它的编纂过程亦是一段历史。从1958年由历史学家张政烺先生立项,至今年6月湖南人民出版社出版全书 17 册,《图谱》的编写时间长达一个甲子,先后参与者近百人。那么,它究竟是一部怎样的书?60 年间又经历了怎样的起起落落?为此,本报采访了多位"图谱"项目相关人员,年龄跨度从"30 后"至"80 后"。共分 11 个标题,即:名家荟萃的立项;《图谱》之图从何来;令人痛心的第一次"下马";二度"上马";轰动的撤项;"绝不能再'下马'";"不完全是付出";"最大的文件夹";"前辈的教育";众人拾柴;结语。另一篇题为《〈中国古代历史图谱〉是什么书》。该篇内容提要称:《中国古代历史图谱》被誉为"纸上的纪录片",是中国第一部以历史朝代为顺序,围绕各个朝代的政治、经济、制度、军事、教育、科技、文化、风俗、宗教、少数民族、中外关系等,用文物阐述我国历史的、卷数最多的鸿篇巨帙。这套 12 卷 17 册的大部头,共计使用文物图片 9654 张,用文物展示了中国古代丰富多彩、高水平的物质文明、精神文明和制度文明。

那么,这部前前后后编纂长达 60 年的书,与市面上现有的大量"图说中国历史"书相比,有什么不同?书中图片的选择标准是什么?在主编张政烺先生拟定的大纲基础上,近 10 年编写的《图谱》有哪些突破?记者就上述问题采访了项目发起人与《图谱》编写者。

以下分 5 个问题展开。问题一:与其他"图说中国历史"类书籍相比,《图谱》在编纂方面有什么不同?答:第一,《图谱》将图片作为主角,用文物图片讲述历史。第二,《图谱》的内容具有通贯性和全面性。第三,《图谱》具有严谨的科学性。问题二:用文物图片为主角表现历史,有哪些难点?答:最主要的难点在于作者必须具备历史和考古两方面知识,并系统掌握所涉断代的全部历史资料和文物资料。又,"不可能每个重要史实都能找到相应的、合适的图片表现。"问题三:《图谱》是由 17 位作者共同编写的集体项目,编写者从成千上万张图中最终遴选出约 400 张图片编入一册书。那么，在选图方面有哪些统一标准？答："历史价值第一，艺术价值第二"。问题四：《图谱》从1958年立项到2007年第一版问世，过去近60年。本次出版的《图谱》主要由2004年"上马"后重组的编写班子完成，与主编张政烺先生之前拟定的编写计划相比，内容上有哪些突破？答：大体上是按张先生的规范、框架、思想编写的。突破之处主要有三点：突破之一是注意到了制度；突破之二是在内容上增加了社会生活史的比重。突破之三是对新材料的大量吸收运用，以及对时下主流学术观点和热点的关注。问题五：《图谱》的读者是哪些人？答：老少皆宜。除了专业人士，"喜欢历史的普通读者也会喜欢读这部书"。

11月22日，午后两点，北京大学人文社会科学研究院在北京大学静园二院208室举办张政烺先生纪念座谈会。主持人先后是北京大学人文社会科学研究院院长、北京大学历史学系教授邓小南、北京大学中文系教授、北京大学人文社会科学研究院学术委员会主席李零。出席会议的有北京大学副校长王博、北京大学历史学系主任张帆、历史系教授马克垚、北京大学考古文博学院学术委员会主任孙华、文博学院教授严文明、中华书局总经理徐俊、中国社会科学院历史研究所所长卜宪群、历史研究所研究员王曾瑜、故宫博物院研究员林小安、张政烺先生哲嗣张极人、张极井等约一百五十人左右。王博、张帆、孙华、徐俊、卜宪群先后致词。严文明、马克垚、王曾瑜、林小安依次作主题发言。发言的有中华书局编辑崔文印、刘宗汉，中国社会科学院历史研究所研究员陈绍棣、齐文心、肖良琼、常玉芝、胡振宇、黄正建，北京市文物研究所研究员陈平，中国社会科学院考古研究所研究员赵超，逯钦立先生哲嗣逯弘捷以及中信集团、张政烺先生哲嗣张极井等。大家对张先生的人品、学问给予了高度评价，一致认为他是大学者，尤为古文字学界的泰斗，在多个学术领域都有开创性研究，解决了许多疑难问题，而且学风严谨，乐于助人，提携后学，在为人为学上都是我们学习的榜样，值得我们永远怀念。

此外，在北京大学静园二院地下一层有展览。展览时间从2017年11月22日起，到12月22日止，其间整整一个月。展览由档案材料、书籍、书信、手稿和像片等组成。档案材料、书籍和书信共分十三个展柜。即：（一）第一展柜。张政烺先生档案材料；（二）第二展柜。张政烺先生档案材料；（三）第三展柜。张政烺先生藏中文古籍；（四）第四展柜。张政烺先生藏中文古籍；（五）第五展柜。张政烺先生藏中文古籍；（六）第六展柜。张政烺先生藏中文平装书；（七）第七展柜。张政烺先生藏中文平装书；（八）第八展柜。张政烺先生藏中文平装书；（九）第九展柜。张政烺先生藏中文平装书；（十）第十展柜。张政烺先生藏外文平装书；（十一）第十一展柜。张政烺先生著作手稿；（十二）第十二展柜。张政烺先生往来书信；（十三）第十三展柜。张政烺先生著作手稿。像片包括先生故乡的摄影、先生的题字留影、先生肖像、先生与家人、友人、学生、中外学者合影等。影像分四部分，即：A-1东海苑风、A-2书房；B.桃李不言；C.独上高楼；D.同学少年。以上均有文字说明。国际著名学者、张生先的弟子李零教授不仅提出召开纪念张政烺先生的座谈会和举办有关展览，而且亲笔撰写了展览的前言、张政烺先生的生平和结语。

由于该展览内容丰富充实，加以张先生声誉好、学生多，因此来参观者络绎不绝，有北大师生，还有校外的弟子、再传弟子，及社会上仰慕者、外国学者。有的在参观后在留言簿上还写下留言，诸如："高山仰止，彪炳后人""中华文化功臣""胶东之光""华夏文化之功臣""高山仰止，学界泰斗""景行行远""明析细故，包举万流""学问越大，人越朴实""尊敬""仰止""师恩永记""先生之风，山高水长"……等等。足见先生在学者心目中地位之高、在学界影响之大。文汇学人等四家媒体对座谈会和展览的成功与轰动作了报导。为表彰张先生的为人为学及其业绩，北京大学决定出版专书。

2017年12月20日，由中国社会科学院历史研究所主办、中国史研究动态编辑部编辑的《中国史研究动态》第6期出版。该期辟有专栏笔谈《中国古代历史图谱》的编纂和意义。

编者按云：《中国古代历史图谱》（以下简称《图谱》）是已故史学家张政烺先生自1958年开始负责的重大集体项目。由于种种原因，其编纂出版几经起落，遭遇停顿。2016年12月，在多方共同努力下《图谱》经由湖南人民出版社出版。《图谱》共12卷17册，180余万字，由张政烺先生主编，是一部以丰富的物质文化资料展示中国悠久历史文化，阐述中华文明史和中国统一多民族国家形成史的鸿篇巨制。2017年6月24日，湖南人民出版社与中国社会科学院历史研究所在北京举办了座谈会，与会学者对《图谱》的编纂与出版进行了高度评价。本刊刊出这组笔谈，深切缅怀张政烺先生，并纪念张先生的学术贡献。

以下有五篇文章组成。一，卜宪群《基础学科建设需要恒久的耐心：在〈中国古代历史图谱〉出版座谈会上的致辞》；二，谢清风《湖南人民出版社与〈中国古代历史图谱〉》；三，陈绍棣《"宝剑锋从磨砺出梅花香自苦寒来"：〈中国古代历史图谱〉编著中呈现的感动》（分三个标题：一，筚路蓝缕，开拓进取；二，直面困难曲折，壮心锲而不舍；三，后继有人，众志成城）；四，罗琨《我参与的〈中国古代历史图谱〉工作》；五，本刊编辑部《〈中国古代历史图谱〉座谈会纪要》（分三个标题：一，张政烺等先生与《中国古代历史图谱》；二，《中国古代历史图谱》的学术价值和意义；三，关于《中国古代历史图谱》的完善及展望）。

12月27日，中国社会科学院发布26项创新工程重大成果，《图谱》是基础性研究成果之一。

2018年

11月，《图谱》荣获第五届郭沫若中国历史学奖三等奖。

附　　录

（一）谱主著作目录

1. 专著

《马王堆帛书·周易经传校读》（张政烺著、李零等整理），中华书局2008年版。

《张政烺批注两周金文辞大系考释》（张政烺著、朱凤瀚等整理），上、中、下，中华书局2010年版。

2. 论文集

《张政烺文史论集》，张政烺著，中华书局2004年版。

3. 论文

（1）甲骨金文与商周史研究

《㪅字说》，《六同别录》上册1945年1月。《中央研究院历史语言研究所集刊》第十三本，商务印书馆1948年版。

《关于〈"㪅"字说〉》，《学史丛刊》创刊号，1944年12月。

《释甲骨文"俄"、"隶"、"蕴"三字》，《中国语文》1965年第4期。

《殷墟甲骨文"羨"字说》，《甲骨探史录》，生活·读书·新知三联书店1982年版。

《殷契叕田解》，《甲骨文与殷商史》，上海古籍出版社1983年版。

《释"戈"》，《古文字研究》第六辑，中华书局1981年版。

《殷契"苜"字说》，《古文字研究》第十辑，中华书局1983年版。

《古代中国的十进制氏族组织》，《历史教学》第二卷第三、四、六期，1951年9至12月。

《甲骨文"肖"与"肖田"》，《历史研究》1978年第3期。

《关于"肖田"问题——答张雪明同志》，《武汉大学学报》（哲学社会科学版）1979年第1期。

《卜辞裒田及其相关诸问题》，《考古学报》1973年第1期。

《致裘锡圭讨论殷墟卜辞"族"与"众人"性质问题的信》，1973年9月18日。

《释甲骨文"尊田"及"土田"》，《中国历史文献研究集刊》第三集，岳麓书社1983年版。

《帚好略说》，《考古》1983年第6期。

《〈帚好略说〉补记》，《考古》1983年第8期。

《关于殷代卜龟之来源》，《学史丛刊》创刊号，1944年12月。

《卪其卣的真伪问题》，《出土文献研究》第三辑，中华书局1998年版。

《武王克殷之年》，《洛阳考古四十年》，科学出版社1996年版。

《利簋释文》，《考古》1978年第1期。

《何尊铭文解释补遗》，《文物》1976年第1期。

《矢王簋盖跋——评王国维"古诸侯称王说"》，《古文字研究》第十三辑，中华书局1986年版。

《伯唐父鼎、孟员鼎甗铭文释文》，《考古》1989年第6期。

《王臣簋释文》，《四川大学学报丛刊》第十辑《古文字研究论文集》，1982年。

《周厉王胡簋释文》，《古文字研究》第三辑，中华书局1980年版。

《哀成叔鼎释文》，《古文字研究》第五辑，中华书局1981年版。

《"十又二公"及其相关问题》，《纪念顾颉刚学术论文集》，巴蜀书社1990年版。

《庚壶释文》，《出土文献研究》，文物出版社1985年版。

《说庚壶的"大"字》，《文史》第三十六辑，中华书局1992年版。

《中山王礜壶及鼎铭考释》，《古文字研究》第一辑，中华书局1979年版。

《中山国胤嗣玙盗壶释文》，《古文字研究》第一辑，中华书局1979年版。

《邵王之諻鼎及簋铭考证》，《中央研究院历史语言研究所集刊》第八本第三分，商务印书馆1939年版。

《"平陵陈得立事岁"陶考证》，《史学论丛》第二册，国立北京大学潜社1935年版。

《"士田十万"新解》，《文史》第二十九辑，中华书局1988年版。

《上古时代的中朝友好关系》，张政烺、余逊、宿白、商鸿逵、金毓黻、杨翼骧《五千年中朝友好关系》，开明书店1951年版。

（2）文史丛考

《猎碣考释初稿》，《史学论丛》第一期，北京大学潜社1934年版。

《关于泰山刻石的谈话》，《文化泰山》，泰安市新闻出版局1996年版。

《秦律葆子释文》，《文史》第九辑，中华书局1980年版。

《秦律集人音义》，《云梦秦简研究》，中华书局1981年版。

《汉代的铁官徒》，《历史教学》1951第1期。

《王杖十简补释》，《考古》1961年第5期，原署名"礼堂"。

《春秋事语解题》，《文物》1977年第1期。

《汉孟孝琚碑跋》，《石璋如院士百岁祝寿论文集——考古·历史·文化》，宋文薰、李亦园、张光直主编，台北南天书局2002年版。

《汉故郎中赵菿残碑跋》，《史学集刊》第4期，1944年8月。

《释"胡书之碣"》，《光明日报》1962年11月21日《史学》250号，原署名"苑峰"。

《满城汉墓出土的错金银鸟虫书铜壶》，《考古》1972年第5期，原名"肖蕴"。

《满城汉墓出土错金银鸟虫书铜壶（甲）释文》，《中华文史论丛》1979年第三辑，上海古籍出版社。

《跋唐蕃会盟碑》，《文物》1959年第7期。

《说文燕召公史篇名丑解》，《六同别录》上，1945年1月。《中央研究院历史语言研究所集刊》第十三本，商务印书馆1948年版。

《〈说文解字序〉引〈尉律〉解》，《中央研究院历史语言研究所集刊》第十七本，商务印书馆1948年版。

《六书古义》，《中央研究院历史语言研究所集刊》第十七本，商务印书馆1948年版。

《王逸集牙签考证》，《六同别录》下册，1945年。《中国科学院历史语言研究所集刊》第十四本，商务印书馆1949年版。

《玉皇姓张考》，《责善半月刊》第一卷第8期，1940年6月。

《关于〈玉皇姓张考〉的通信》，《责善半月刊》第一卷第12期，1940年8月。

《宋故四川安抚制置副使知重庆府彭大雅事辑》，《国学季刊》，第六卷第四号，北京大学，1946年。

《敦煌写本〈杂钞〉跋》，《周叔弢先生六十生日纪念论文集》，1950年7月。

《讲史与咏史诗》，《中央研究院历史语言研究所集刊》第十本，商务印书馆1948年版。

《宋江考》，《历史教学》1953年1月号。

《一枝花话》，《中央研究院历史语言研究所集刊》第二十本下册，商务印书馆1949年版。

《〈问答录〉与"说参请"》，《中央研究院历史语言研究所集刊》第十七本，商务印书馆1948年版。

《读"相台书塾刊正九经三传沿革例"》，《中国与日本文化研究》第一集，中国大百科全书出版社1991年版。

《岳飞"还我河山"拓本辨伪》，《余嘉锡先生纪念论文集》，湖南教育出版社1989年版。

《〈封神演义〉的作者》，《独立评论》第二〇九号，1937年7月。

《封神演义漫谈》，《世界宗教研究》1982年第4期。

《"十二寡妇征西"及其相关问题——〈柳如是别传〉下册题记》，《纪念陈寅恪先生诞辰百年学术论文集》，1989年12月。

《四百六十凤皇斋读书记——读〈林居漫录〉》，《史学》第一期，北京大学史学系一九三六级级友会史学社，1935年1月。

《会文山房与韩小窗》，《社会科学战线》1982年第2期。

（3）论易

《试释周初青铜器铭文中的易卦》，《考古学报》1980年第4期。

《殷墟甲骨文字中所见的一种筮卦》，《文史》第二十四辑，中华书局1985年版。

《易辨——近几年根据考古材料探讨〈周易〉的综述》,《中国哲学》第十四辑,人民出版社 1988 年版。

《帛书六十四卦跋》,《文物》1984 年第 3 期。

《马王堆帛书〈周易·系辞〉校读》,《道家文化研究》第三辑,上海古籍出版社 1993 年版。

《在长沙马王堆汉墓帛书座谈会上的发言》,《文物》1974 年第 9 期。

4. 讲义

《先秦史讲义》(1952 年讲授)。

《中国考古学史讲义》(1953 年讲授,绪论和第四、五单元系王世民整理)。

《西周史》(1956 年为中国戏剧家协会戏剧演员讲授)。

《先秦史讲义》(1959 年讲授)。

《中国古代的礼器和日用物》(20 世纪 60 年代讲授,向仍旦整理)。

《中国古代的书籍》(1978 年讲授)。

《清代〈四库全书〉的编纂》(1979 年讲授,陈祖武记录,作者修改整理)。

5. 杂著

《我在史语所的十年》(张政烺口述,张永山整理),《新学术之路》,台北"中央"研究院历史语言研究所,1998 年 10 月。

《我与古文字学》(张政烺口述,朱凤瀚整理),《学林春秋》,中华书局 1998 年版。

《郭沫若同志对金文研究的贡献》,《考古》1983 年第 1 期。

《忠厚诚笃 诲人不倦——悼郑天挺先生》(张政烺谈,林永匡整理),《中国史研究》1982 年第 2 期。

《斯人离世去　业绩在人间——悼念尹达同志》（与杨向奎合写），《历史研究》1983年第5期。

《〈商周古文字类纂〉后记》，《商周古文字类纂》，文物出版社1991年版。

《唐兰〈古文字学导论（增订本）〉出版附记》，《古文字学导论（增订本）》，齐鲁书社1981年版。

《〈唐兰先生金文论集〉序》，《唐兰先生金文论集》，紫禁城出版社1995年版。

《评〈中国文字之原始及其构造〉》，《天津益世报·读书周刊》1935年11月28日。

《〈殷契新释〉序》，《殷契新释》，河北教育出版社1989年版。

《读〈古陶文舂录〉》，《天津益世报·读书周刊》，1937年3月11日。

《〈春秋后语辑考〉序》，《春秋后语辑考》，齐鲁书社1993年版。

《〈西域史地文物丛考〉序》，《西域史地文物丛考》，文物出版社1990年版。

《〈中国古代职官大辞典〉前言》，《中国古代职官大辞典》，河南人民出版社1990年版。

《〈临海水土异物志辑校〉序》，《临海水土异物志辑校》，农业出版社1981年版。

《关于伪皇族案及〈长沙古物闻见记〉》，《责善半月刊》第二卷第八期，1941年7月。

《关于江苏仪徵胥浦西汉墓出土的《先令券书》的通信》，1986年1月4日。

《关于今注本〈金史〉工作问题的通信》，《〈今注本廿四史〉工作通讯》第七期，1996年1月26日。

《关于标点本〈金史〉的简单说明》，《书品》1997年第4期。

《〈文史〉出版三十辑感言》，《书品》1988年第3期。

《关于古籍今注今译》，《传统文化与现代化》1995年第4期。

《在中国书法家协会组织的古文字学家座谈会上的发言》，《学界名家书法谈》，荣宝斋出版社1994年版。

《在"汉字、书法、美学、传统文化"座谈会上的书面发言》，《书法通讯》1994年第3期。

《关于"张楚"问题的一封信》，《文史哲》1979年第6期。

致胡厚宣的四封书信，胡振宇整理并提供。

《在晋文化研究会上的发言》，《晋文化研究座谈会纪要》，1985年11月。

《在湖南省博物馆的学术报告》，高至喜整理，1963年1月7日。

《中国大百科全书》语言文字卷条目。

《〈中国历史图谱资料目录（封建社会部分）〉草稿》，1959年3月7日。

《方志目录》一册（1936—1946年）。

6. 古籍整理

点校《资治通鉴》（与人合作），中华书局1956年版。

点校《金史》，中华书局1975年版。

7. 出土文献整理

《马王堆汉墓帛书》（壹），与裘锡圭等合作整理，文物出版社1974年版。

《云梦睡虎地秦墓竹简》（与人合作整理）线装本，文物出版社1977年版；平装本，文物出版社1978年版。

《云梦秦简》（中、英文对照），与日知（林志纯）合著，东北师范大学出版社 1994 年版。

8. 主编

《东北古史资料汇编》（内部参考资料）（上、中、下），中华书局 1964 年版。

《中国大百科全书·考古卷》"商周考古"编，中国大百科全书出版社 1986 年版。

《中国历代名著全译丛书·经史百家杂钞全译》，贵州人民出版社 1999 年版。

《中国古代历史图谱》（11 卷，17 册），湖南人民出版社 2017 年版。

《〈二十四史〉今注》将由巴蜀书社出版。

9. 著作手稿

《说文古文疏证》手稿，民国廿三秋订。

《说苑》手稿，民国三十年春日。

《中国历史文物图集》手稿：战国初稿一册、战国秦草稿一册、秦初稿一册。

《奭字说·说文燕召公史篇名丑解》，张政烺撰。《六同别录》上，《中央研究院历史语言研究所集刊外编》第三种，1945 年。

（二）谱主佚文

1. 张先生致郑天挺先生信

1940 年，郑天挺先生以所作《附国之地望与对音》就商于张苑峰先生，九月十二日，收到张的复信，全文如下：

毅生先生函丈：

承示大文，敬读三过，获益实多。辞义周密，不能更赞一词。附国吐蕃，隋唐异称，容有部族消长、种姓更代之事。要之附国之当为发羌，当在康藏，今后自可无疑义矣。兹谨将原稿奉还。日前曾托恭三兄转上新印方志目壹册，想已送呈。

尚乞

诲正！耑肃，敬请

道安！

学生张政烺敬上①

2. 张先生致胡珠生信

1949年1月，北大史学系胡珠生先生受四院学生会之托，前往张先生家，恳求举办一次学术讲座。2月5日张先生邮发给他一函：

珠生同学：

别后，因为患流行性感冒，头痛咳嗽，所以老没给您信，很抱歉。关于学术演讲的题目我想了一个是：关于"说话"。这是一个中国小说史上的问题，听说要有中文系的同学听讲，所以我决定了这个题目。关于这个问题，十年来我很费心研究过一番，不过题目太大了，一时不容易说得清楚。现在各图书馆都不出借书，也增添许多困难。

现在这个时代太伟大了，有许多应当知道、应当学习的事情都摆在我们眼前，我想不会有人高兴听这样陈旧沉闷的东西。所以，如果同学们同意，将这次演讲取消也好。如不取消，时间即定在本星期六下午二至四时，请来一电话！

---

① 郑天挺：《郑天挺西南联大日记》，第312页。

(5.1825)

问好。

弟张政烺上

由于军事形势的急遽变化,解放军已进抵北平城外,学生会发动同学护校,这次演讲也就未能举办①。

3. 张先生讲"古文献"

张先生1952年在北大历史系考古专业所讲"古文献"讲义(郑振香先生据课堂笔记整理)。

张政烺先生讲古文献是从甲骨文开始,列举代表性著作,金文、石刻文字也分别作介绍,列举了一些书目。在此仅选择数例,可参考。

宋代薛尚功《历代钟鼎款识法帖》,此书有简单释文,有很多重要材料。

清代《攈古录》,收录资料较全,在他之前的都收入。吴大澂《愙斋集古录》,商务印书馆印刷。孙诒让《古籀拾遗》《古籀余论》,所作释文,水平最高,此书在我们学校(北大)刻的,版在我校。

罗振玉《三代吉金文存》,材料方面,收铜器拓片最多,找此书一般材料就够了;《殷文存》,最早的是殷文丁、帝乙、帝辛时代的,多是殷代的,也有周代的。《续殷文存》,有个别的是战国的。

郭沫若《中国古代社会研究》,是用铭文说明周代社会,之后出版《殷周铜器铭文研究》《金文丛考》《两周金文辞大

---

① 胡珠生:《师恩难忘——回忆张政烺师三事》,张永山编《张政烺先生学行录》,中华书局2012年版。

系图录与考释》（1957年重印出版），是分西周、东周组起来印的。在此以前都是乱的，宋代以时代排，但多错误。清代则以文字的多少排序。

石刻方面：郭沫若《石鼓文研究》，秦国的，共十个，体裁与《诗经》相似，约为战国初期的，现存故宫。

秦始皇有很多石刻。

文献资料。张先生讲古文献，讲《尚书》最详细，对不同时代做了阐述，在此我据1953年，在大学三年级时的笔记略作转述。

《尚书》，尚者上也，即上古之书。很早之意，古人简称作"书"。春秋时已存在，……至少春秋初年已有，孔子学派儒家，所学习的经典即此。墨子也引用书经，孔子本人引的不多，他的学生都读。墨子年代约公元前500—前400年，讲晋、齐、吴、越、天下强国，不提秦国，这一时期的情况。《国语》也常引《尚书》，《左传》也常见。此二书的时代也在公元前五世纪左右。孟子引书经很多。

今古文问题。秦始皇焚书，在其焚前有人藏书，所烧掉的主要是诗、书、各国历史，汉初要学很困难，山东有伏生，在秦时作博士，是念《尚书》的。到后来派人到他家，派的是河南人，他所记的是《今文尚书》。《尚书》的讲法，记作《尚书大传》，原书失传，今本系清代辑本，也很重要，和伏生学习的是今文学派，后来发现壁中书，是《古文尚书》。"古文"也仅古到战国，当时学习是师授，《今文尚书》立为学官，在政治上得势，古文不得势，因此有今古文之争，《今文尚书》只有二十八篇，后来又发现《泰誓》，应叫《大誓》，后来又发现比二十八篇多，其他没有师授故读不开。《今文尚书》今可见的最早的本子是《熹平石经》（东汉末年），是标准本，现在部分得以保存。

曹魏《正始石经》是《古文尚书》，《古文尚书》逐渐得势。于此可见《古文尚书》也有今文所刻。《熹平石经》是否有《泰誓》记不清，但多出的一些，不在太学，也没刻在石碑上，故篇数一致。今文用隶书，《古文尚书》用三种文字，古文、篆字（为标准字）、隶字。西晋时永嘉之乱。东晋梅赜，得《尚书》献给当时政府，这一部《尚书》较熹平、正始为多，有五十八篇，即现在所见的本子，有《孔安国传》，此书是有问题的，多出很多篇，自宋至清，学者考证认为伪造。二十八篇是真的，《泰誓》也是伪造的，《孔安国传》也是伪的，孔安国没作什么书。此本在敦煌保存许多，几乎可拼全。日本也保存很多，隶古定的可见完整本，在唐代改成楷字，即"开成石经"，现仍保存于西安。

《墨子》《左传》所引（尚书）不完全同，大体相同。

唐初修《五经正义》是用梅本，之后成定本。

清代阎若璩作《古文尚书疏正》；孙星衍辑郑玄、马融注，作《尚书今古文注疏》，一般都用此本，因为他辑了很多注录。

王先谦《尚书孔传考正》也很有用。

《尚书》二十八篇的史料价值也不同，《周诰》价值最高。《盘庚》篇价值很大，可能经宋人（指宋国），虽非商代作品，价值仍很大。

张先生当时所讲《尚书》主要内容大致如上述，内容翔实，对初学者很有用。先生对其他古籍也作了简要讲解。

《春秋》：《春秋》一向认为孔子所作。孟子是如此讲的，是鲁国的编年史，自鲁隐公至鲁哀公14年，记事到公元前479年。此书流传下来，有残缺，但没有改动。有很高的史料价值。孔子哪年生，哪年死也记进去了。经别人抄书抄进去的。此书太简单，如"初税亩"只有几个字。汉初有公羊商写在纸上，即《公羊传》、穀梁赤也是到汉代写成书，叫《穀梁传》。都是讲孔子如何写，是解释春秋，公羊当时先得势，弱点是只解释字句，不讲历史事实。专讲微言大义，历史知识贫乏。

汉代后来出现《左传》，最早可能是《左氏春秋》是古文学派，在汉代有古文本子。作者问题，传统的说法是左丘明，汉代人就如此说，《史记》中讲左丘明，是否可信很难说，左丘明与孔子同时，见于《论语·公冶长》："左丘明耻之，丘亦耻之。"从孔子的语气看左丘明不会比孔子小，不会给他的《春秋》作传。

张先生对《尚书》《左传》讲解比较详细，特别是《尚书》，对其他先秦古籍如《国语》《战国策》《世本》《竹书纪年》《路史》以及《周礼》等均有简要讲述。如《世本》，主要讲古代世系五帝、三王，与氏姓分不开，《史记》很重视此书，世系多根据此书，唐人改作《系本》，唐以后失传，清人有辑本，中有帝系篇，引得有本纪，知此书有本纪，本纪由此来，世家也由此书来。《居篇》讲帝都、《作篇》讲创造发明，先秦诸子讲到很多人的创造发明多来自此，时代约为公元前220年，讲到燕王喜，秦始皇灭六国前很短的时间完成的。

除上述经史方面的重要古籍之外，先生对诸子百家也分别作了简要阐述，这可使同学们对各家著作的基本内容有所了解。是对学生负责精神的体现。①

4. 张先生批（回答）张传玺来信

1960年春，为编写《北京史·商周时期的北京》，北大历史

---

① 郑振香：《缅怀良师张政烺先生》，张世林主编《想念张政烺》，新世界出版社2015年版。

系张传玺先生将几个难以解决的问题写信问张先生，张先生对他的信边看边在上面写回答意见。其所批（回答）如下：

1. 关于甲骨文"𦊆"是否应释为"晏"，即古"燕国"问题。

张批："甲骨文这个字不是'燕'字，更非'燕国'、可以不必理会。"

2. 关于召公铜器的出处问题。

张批：《山东全文集存·先秦编》（曾毅公编，1940）卷下三至八叶：乾隆末年，寿张梁山下出土铜器：

艅尊：商器，中有"惟王来征人方"等字。现在历史博物馆。

太保鼎一：现在天津历史博物馆。

太保鼎二、三、四：此四器皆有"太保"字。（作者名𢑥）

太保鼎五：有"用作召白父辛宝尊彝"等字。（作者名䯄）

太史友甗："太史友作召公宝尊彝"。

太保彝一：铭同太保鼎二、三、四，作者为𢑥。

太保彝二：有"太保"字，作者看不清，当仍是𢑥。

（这二件不详出土地点）①

5. 张先生讲中国相扑源流

1973年4月，张先生给到我国访问演出的日本相扑代表团讲中国相扑历史，诸葛计先生略加整理，冠名《中国相扑源流史料》。局部如下：

---

① 张传玺：《久旱喜逢及时雨——回忆在张政烺先生的教导下》，张世林主编《想念张政烺》，新世界出版社2015年版。

例一：原文：

秦汉间说，蚩尤氏耳鬓如剑戟，头有角，与轩辕斗，以角觚人，人不能向。今冀州有乐，名《蚩尤戏》，其民两两三三头戴牛角而相觚。汉人造角觚，盖其遗制也。（摘自《述异记》卷上）。

抄者按："《述异记》是梁代任昉作。这条材料说明角觚起源很古，远在原始社会末期的传说时代。流行于民间，现在的山西、河北一带，叫作《蚩尤戏》。汉代的角觚就是从它继承来的。"

例二，原文：

春秋之后，灭弱吞小，并为战国，稍增讲武之礼，以为戏乐，用相夸视。而秦更名"角觚"，先王之礼没于淫乐中矣。（摘自《汉书》卷二十三《刑法志》。）

抄者按：《汉书》是一世纪班固作，这里讲战国时秦国军队中讲"角觚"，是一种讲武之礼，也就是军队里的游戏。

例三，原文：《论上元令妇人相扑状》（嘉祐七年正月二十八日上）：

右臣闻今月十八日圣驾御宣德门，召诸色艺人各进技艺，赐予银绢，内有妇人相扑者，亦被赏赉者。臣愚窃以宣德门者，国家之象魏，所以垂宪度、布号令也。今上有天子之尊，下有万民之众，后妃侍旁，命妇纵观，而使妇人裸戏于前，殆非所以隆礼法、示四方也。陛下圣德温恭，动尊仪典，而所司巧佞妄献奇技，以污渎聪明，窃恐取讥四远。愚臣区区实所重惜。若旧例所有，伏望陛下因以斥去，仍诏有司严加禁约。今后妇人不得于街市以此聚众为戏。若今次上元始预百戏之列，即乞取勘管句臣僚，因何致在籍中。或有臣僚援引奏闻因此宣召者，并重行谴责，庶使巧佞之臣有所戒惧，不敢导上为非礼

也。(摘自《司马文正公传家集》卷廿三,《章奏》六)

抄者按:这是北宋司马光在一〇六二年写给皇帝的一个文件,反映当时有妇人相扑。①

6. 张先生致历史所领导并转社科院长信

历史所领导并院长

一九五九年六月,我受历史所领导委托,组织历史所图谱组和几个兄弟单位人员,编辑图文并茂的《西藏——祖国领土不可分割的一部分》(以下简称《西藏》)图册,回击分裂主义分子妄图把西藏分裂出去的图谋。为此,我们先派八人赴藏调查有关文物和文字资料,而后在内地收集中央与西藏关系的文物和文字资料,几乎将京津两地的图书馆、相关大学、研究所、西藏驻京办事机构、雍和宫、黄寺、新华社、人民画报、民族画报等单位的中外文资料和图片一并收齐。依据所收资料,我拟定编辑体例和图片说明要领,图谱人员分头撰写,最后由我定稿。这部图册共收有关西藏文物图片600余幅,文字说明15万余字。图册始自唐与土蕃的亲密关系——唐太宗与松赞干布至一九五一年五月二十三日中央人民政府和西藏地方政府在北京签订《关于和平解放西藏办法的协议》,宣告西藏和平解放时止。书稿完成后,由历史所领导送中央民委刘春处审订。后传出"刘春说《西藏》图册编得好,资料翔实"。就我的知识而言,这部图册当时确实是资料最齐全的,虽然不敢说没有遗漏,但至今尚未见到超过《西藏》图册内容的图集问世。本来编辑这部图册是要通过图文并茂的形式为现实政治斗争服务,不知为何刘春处没有发

---

① 诸葛计:《陪同张政烺先生给日本客人讲学记》,张世林主编《想念张政烺》,新世界出版社2015年版。

回刊印。今天我们所面临的国内外形势有了很大变化，但国内外一小撮反动分子仍想把西藏从祖国大家庭中分割出去。所以我恳请所、院领导帮助将我主持编辑的《西藏》图册从民委追回，由领导审订后，交有关出版社出版，起到它应起的社会政治作用。①

  致

  礼

张政烺 上
1977 年（约）

7. 张先生对罗琨文章的书面意见

1978 年，历史所罗琨写了一篇《论历组卜辞的年代》，请张先生审阅。阅后，先生写出如下的书面意见：

> 这篇文章写得很好，我很佩服，只是觉得结尾（24—28 页四、关于殷墟五号墓的年代）太简单了，有点不满足，建议 1. 充实内容，或 2. 把这个尾巴去掉，只讲武文卜辞（题目可改）。
>
> 我希望这篇文章能很快发表出来。

张政烺 廿一日②

8. 张政烺致邓广铭函（北京大学邓小南教授提供）

恭三兄：

  劳榦先生长子延煊（小名壮）现在美国俄亥俄州立大学

---

① 此信由张永山代笔。
② 罗琨：《古文字与古史研究的引路人——怀念张政烺先生之二》，张世林主编《想念张政烺》，新世界出版社 2015 年版。

任教，暑假回国参观，本月十七日到北京。俄校和北京广播学院有交换计划，延煊到京即住广播学院，时间为三周。广播学院对他的学业不懂，和北京史学界向无联系，不能为他安排点学术活动，劳有个疏远的亲戚找到我，让我给张罗一下。我首先想到北大是否可以举行报告会、座谈会？如果去参观总会有人接待吧？我对学校的情况和通行接待办法也不熟悉，故作此问。电话难打，希望墨示。

附简历一纸。

敬礼

张政烺　（约一九八〇年代初）六月九日①

9. 张先生致罗琨、张永山信

1983年，张先生连续发表《妇好略说》《〈妇好略说〉补记》，刊出之前张先生要罗琨、张永山提意见。其中《补记》校样由别人带来，附信如下：

罗琨、永山同志：

出医院后，写了一篇短文（约二千字），未留草稿，现已排出，今将校样送请一阅。你们看能否站住脚？请提批评意见，越尖锐越好！因为我还有半天的修改时间，愿作最后的努力也。

敬礼

张政烺　廿九日②

---

① 此函由北大人文社会科学研究院院长邓小南教授提供。
② 罗琨：《古文字与古史研究的引路人——怀念张政烺先生之二》，张世林主编《想念张政烺》，新世界出版社2015年版。

10. 张先生致陈智超信

1983年，乐焕姑父的弟弟乐炘先生要陈智超集乐焕姑父的遗文，准备出版文集。陈智超首先想到的就是苑峰师。当年5月20日，他就此给我一信，全文如下：

智超同志：

傅乐焕遗文又找到几篇：

广平淀续考《六同别录》下册，1945（年）约4000字

宋辽聘使表稿 史语所集刊第十四本，1948（年）约60000字

青宫译语笺证，上海大公报文史周刊19，20期，1947（年）3、5、12 约11000字

关于宋辽高梁河之战，天津益世报读书周刊42期，1936（年）4、2

北宋的用将，同上90期，1937（年）3、11

出版事尚未落实，容后奉告

敬礼

张政烺　五月十日

信一开头就说"傅乐焕遗文又找到几篇"，可见在此之前他已经提供过一批文章的目录。这次找到的五篇，有两篇是抗战前发表的，当时乐焕姑父还未毕业或刚毕业。两篇发表在抗战胜利之后。特别需要提出的是《广平淀续考》这一篇，收入《六同别录》下册，作为历史语言研究所集刊外编第三种，1945年1月在四川南溪李庄油印发行。[①]

---

① 陈智超：《再忆苑峰师——用手迹说话》，张世林主编《想念张政烺》，新世界出版社2015年版。

11. 张先生致朱凤瀚信

1983 年 9 月 13 日

张先生在审阅朱凤瀚先生呈送他的《记中村不折旧藏的一片甲骨刻辞》一文后，认为资料很好，提出将推荐给中华书局《古文字研究》刊载，并对此片刻辞释读中的一个问题发表了看法。张先生的信全文如下。

凤瀚同志：

大文读过了，材料很好。我的意见，"𠂤"应当是一个字，不得分成两行，不知尊意如何？此文是否还有修正处？如果不再修改，便当试为介绍发表。

寄上拙文《妇好略说补记》，我对历组卜辞的意见大抵如此。请你提意见，越尖锐越好！以便于我修正。

敬礼

张政烺

1983. 9. 13 ①

12. 张先生为李伯谦题诗

1985 年冬日，于山西省垣曲古商城为李伯谦先生题五言诗一首：

虞夏和商周，
陶石与青铜。
蹋编山河原，

---

① 朱凤瀚：《记中村不折旧藏的一片甲骨刻辞》"附录"，《揖芬集》，社会科学文献出版社 2002 年版，第 220 页。

考古乐融融。①

13. 张先生致张传玺信

1985年12月24日,北大历史系张传玺先生收到张政烺先生来信,全文如下:

传玺同志:

很久未见,你好。

我最近写的东西,牵涉到龙山文化和商殷文化的关系问题。想起了1957年(应是1959年秋)你从山东带来一件玉器,经我介绍,找历史博物馆沈从文先生出让了。现在我想使用这件材料。提出几点,请你回复我!

1. 这件玉器是否两城镇出土?或其他龙山文化遗址出土?如果不是,对我便无用了。

2. 这件玉器大约有多大?大约是什么形状?我记得是个琮。你在纸上大略一画即可,我会看明白。

3. 这件玉器是归了历史博物馆,或是沈从文个人?我想去看看原件。你把年月时期告诉我!②

14. 张先生赠陈智超自书

关于《题大金得胜陀颂》诗

《张政烺文集》没有收录诗作,而陈智超手头就有苑峰师赠予的自书诗《题大金得胜陀颂》,全文如下:

武元回马地,大定立丰碑。

---

① 张世林主编:《想念张政烺》彩版六,新世界出版社2015年版。
② 张传玺:《久旱喜逢及时雨——回忆在张政烺先生的教导下》,张世林主编《想念张政烺》,新世界出版社2015年版。

得胜颂声作，女真文字垂。
书丹辨点画，论史贯燻篗。
高会黄龙府，同歌八百稘。
一九八五年夏题大金得胜陀颂
智超同志两正　张政烺

《大金得胜陀颂》碑是研究女真文字的重要文物。立碑八百年之后，1985年8月13日至15日，在此碑所在的扶馀县召开了学术研讨会。从大会的报道来看，苑峰师没有参加这次研讨会，但这首诗应是为此次纪念活动而作的。他这首五言律诗高度概括了历史，书法笔力浑厚，书如其人。①

15. 张先生著《中国敦煌吐鲁番学著述资料目录索引续编·序言》

　　一个世纪以来，敦煌和吐鲁番地区相继发现魏晋南北朝隋唐至北宋初期（约三世纪至十世纪）的文献资料，数量极大，分散各地。国内外学者积极从事研究，已形成专门学问。敦煌学、吐鲁番学的著述和发表的新资料甚多，由于涉及的学术问题广泛，书刊所属的门类纷繁，检寻一篇文章或者观察一类专题研究的进展，都非容易。往者，师勤同志曾与卢善焕同志合作，就中文和有中译本的专著及单篇文章编辑成《中国敦煌吐鲁番学著述资料目录索引（1909—1984）》，学者使用满意。近几年，师勤同志继续努力搜集，补充约五十条，又编辑1985—1989年间约二千六七百条，一并编作《中国敦煌吐鲁番学著述资料目录索引续编》，体例方面大体依旧，惟将台港条目合编不单独列出。稿中原有1990年上半年

---

① 陈智超：《再忆苑峰师——用手迹说话》，张世林主编《想念张政烺》，新世界出版社2015年版。

的数百条，采纳我的建议划入九十年代，俟五年后另成1990—1994年的一册。师勤同志工作向来踏实，编辑此书驾轻就熟，益见精审缜密，学者使用当更为方便也。

张政烺
1990.9.24①

16. 张先生对《访问记》的补充

1992年1月14日和2月8日两个晚上，历史研究所陈智超先生采访了张政烺，《访问记》发表在《中国史研究》该年第4期上。还有两段内容原来张没有讲到，因此陈也没有记录。张特地补写了两段。

> 第一段是参加清华考试的情况。
>
> 当时清华在旧国会（今新华社）举行考试。第一场是党义（超按：访问记发表前，他又看了一次校样，改为"国民党党义"）。第二场是国文，题目是"梦游清华园记"和对子"孙行者"。同寓的陈君作国文，只写游清华园，想在最后点出是梦。时间到了，梦字没出现，收卷了，非常恼丧（超按：看校样时，他改"恼"为"懊"），所以下午我们就不考了。我对对子对的是"胡适之"，当时听说答胡适之者有三人，我识其一人，（超按：他告诉我是周祖谟），另一人不知是谁（超按：他后来告诉我，《访问记》发表后，有人从天津写信给他，说自己就是第三人）。标准答案是"祖冲之"。祖、孙相对，平仄皆合。胡字不合平仄，字义也不对。近十年来，人民日报、北京晚报几次提到这件事，想不到一件小事竟流传了七十年。

---

① 师勤：《回忆中的几个之最——纪念张政烺先生》，张世林主编《想念张政烺》，新世界出版社2015年版。

第二段是关于北大新生分系情况。

当时北大报考只分院，不分系。开学时入系有一些条件，必须国文、英文加起来够 120 分才能入国文系。我的国文七十多分，英文只得 24 分（只有一个题目，把《杜子春传》译成英文），不够资格，遂入了史学系。[①]

17. 张先生对陈绍棣《图谱》工作的鉴定

1994 年 7 月，张先生给受组织委派，作为秘书，协助他作《图谱》工作的陈绍棣作鉴定，鉴定中说：

> 陈绍棣同志在 1987 年前后的两三年间，曾受历史所组织上的委派，担任《中国历史文物图集》课题组的秘书，协助我和李学勤同志工作。我和学勤同志都很忙，所以许多具体事务都是由陈绍棣同志承担的。从召集开会、作记录到论证课题申请社科基金；从向所领导汇报工作到联系出版社，他都任劳任怨，不厌其烦。此外，他还就如何编好此书，提了不少好的建议。
>
> 尤其他编的《图集》战国部分，内容丰富，反映了最新的考古成果；字句流畅，富有文采。在当时是作得好的。又，每一个专题都有小序，这是一个创新，也是《图集》的特色之一。

18. 张先生对郭沫若先生《奴隶制时代》（新文艺出版社 1952 年版）的批语

一共六处：

第 7 页两处，在郭沫若引《殷契粹编》1221 片"己巳、

[①] 陈智超：《再忆苑峰师——用手迹说话》，张世林主编《想念张政烺》，新世界出版社 2015 年版。

王即（锄）……"下有钢笔所写"杨树达释掘矿"；在引《殷契粹编》1222 片"王令多……"下有钢笔所写"多羌，此是俘虏作生产奴隶。"

第 8 页，在郭沫若说"周代农事诗中无牛耕痕迹"、周武王灭殷之后"也还未言用牛耕"上端，有钢笔字眉批"周易周礼亦无"。

第 9 页，在郭沫若节录《智鼎》第三段铭文上端有钢笔所写"季氏世脩（修）其勤"六字。

最有意思的是一处在第 53 页上端，用红墨水写下一组西汉京城及京畿的户、口数字，并相加计算：

```
长安        户 80800        口 246200
京兆尹         195702           682468 ⎫
左冯翊         235101           917822 ⎬ 2436360
右扶风         216377           836070 ⎭
               647180
```

这是对应于郭沫若《附论西汉不是奴隶社会》一题关于"西汉是有大量的奴隶存在"，但"已经不是奴隶社会了"的结论，查考西汉京城及京畿的户、口之数进行的统计。

19. 张先生未完成的学术草稿

张先生去世后，李零先生受师母傅学苓先生命，负责整理业师张先生研究马王堆帛书《周易》经传的手稿。发现在一个笔记本中还夹有张先生的草稿两种：

（1）关于殷墟五号墓（即妇好墓）的意见。

按：从内容看，是对《帚好略说》一文的补充说明，未写完（四纸）。①

---

① 李零：《张政烺先生的读易笔记和参考书》，张永山编《张政烺先生学行录》，中华书局 2010 年版。

(2) 关于河图、洛书的讨论，标有"保存"字样（两纸）①。

（三）百年印象——谱主在学者心目中
（依姓氏笔划为序）

卜宪群（中国社会科学院历史研究所所长）
"张先生的著作篇篇都是精品。"

——在中国社会科学院历史研究所
纪念张先生诞辰 100 周年大会上的讲话

于省吾（吉林大学教授）

吴振武教授转述于省吾先生生前说："他一生只遇到两个博闻强识、过目不忘的人，其中一位就是张先生（另一位是东北师大已故历史学家陈连庆先生）。"

《中华读书报》2012 年 5 月 15 日

张忠培先生转述于省吾先生生前说："我接触的学者较多，其中就包括于省吾。于省吾先生是我的前辈，接触多且深入，我们之间无所不谈。我们的谈话，经常涉及一些古文字家，他对罗、王之后的治古文字学者，都有过评论，均指出过他们的缺点与弱点，唯独对张政烺先生没提过一个'不'字。提到张政烺，不仅是怀着赞赏的心情，同时也以敬佩的口气，赞扬他治学之严谨周到，学问之深、之博，说自己凡到北京，必定去拜访苑峰。"

张忠培：《为天地立心，真实求实的学者——记张政烺先生二三事》，
张世林主编《想念张政烺》，新世界出版社 2015 年版。

---

① 谢保成：《问学苑峰先生的往事》，中国社会科学院历史研究所编《求真务实六十载——历史研究所同仁述往》，中国社会科学出版社 2014 年版。

马克垚（北京大学历史学系教授）

今天应邀参加张政烺先生的纪念会，不胜惶恐。张先生的学问博大精深，人所共知。对我而言，还有些艰深。因为我毕业留校工作后，奉命搞世界史，师从齐思和先生做世界中古史的教学与研究，张先生的古史我有许多不懂的地方。但张先生是我尊敬的老师，而且在许多方面受益于他。今天就只能谈一些零碎小事，说说自己的感受。

我是1952年考入北京大学历史系学习的。那时我们的教学计划，大致上是按照苏联的模式设立的，两门通史（中国通史、世界通史）是主要内容。给我们上课的老师都是大家，是名师，一年级的先秦史就由张政烺先生讲授，记得他穿一件深色棉布长袍，上面似乎还有一些油渍，围着的围巾是一头系在脖子上，余下的则垂在胸前，一种不修边幅的样子。他上课讲话不多，时常背过身去在黑板上写字，密密麻麻的写了一大片，我们也就跟着奋力抄写，时间就这么过去不少。他的讲课给我印象不深，我曾经说起过，那时的通史课，都是老师们开始学习历史唯物主义编写的新内容，不是他们的看家本领。今天从《张政烺文集》的《古史讲义》中重新学习他1952年给我们讲课的内容，感到十分亲切，也感到当时自己年幼无知，实际上对那么丰富、还有些艰深的课文是不能完全了解的。我记起当时对张先生讲的"姓与氏"这一小目就搞不清楚，今天看了仍然不甚明白，因为它涉及宗法制等问题。

使我受益的，是在四年级时选修了张先生的"殷周制度研究"的选修课，可以说这门课，还有我选的汪篯先生的"均田制研究"，将我引进了学问之门。张先生一开始给我们讲史料，大概考虑到我们的接受能力，他对金文、甲骨文史料并未展开多讲，主要介绍的还是文献资料，《尚书》、《诗经》、《周礼》、《左传》等，这已经使我大开眼界。这些书有的自己也翻过，囫囵吞枣，半懂不懂，现在经张先生一讲，才知道有那么多的学问，一本古籍，要读懂是十分不容易的。古籍的介绍，张先生大概就用了差不多半个学期，然后转入正题。他讲的制度，根据当时唯物主义的认识，是从奴隶制度讲起的，但和他在基础课上讲的大为不同。同一个张先生，在基础课上讲殷代是奴隶社会，现在他举了大量甲骨文上的证据，说明殷代不是奴隶社会，说明殷代的"众"不是奴隶。我记得他微笑着反驳郭沫若的说法，郭说"众"是奴隶的证明是甲骨文中的"众"字是日下三人形，所以"众"就是在太阳下从事农业劳动的奴隶。他说，现在我们的农民也是在太阳下面劳动，能说他们是奴隶吗？那时史学界正在讨论奴隶制和封建制在中国历史上的分界，涉及社会分期问题。系主任翦伯赞发表了"论两汉官私奴婢问题"的论文，他是主张汉代不是奴隶社会的。人民大学的王思治等同志写论文说汉代是奴隶社会，我也想写一篇文章，参加讨论。但我找了汪篯先生指导我的写作，因为感到张先生的先秦部分离汉代比较远，所以没有找他。张先生讲课的提纲和我的笔记，我都没有保留下来，十分可惜。我没有保留笔记、讲义的习惯，往往随手散失，过后就找不着了。

毕业后我留在系里做世界中古史的教学，和张先生的联系就少了。但是，从我们做学生时起，张先生的许多奇闻轶事就在我们同学间流传，说他博闻多识，上下古今，几乎无所不知，无论问他什么问题，都能马上回答。如果一下不知道，他就用两个手指头敲他的大脑袋，敲几下答案就出来了。可惜我没有问题，没有去问过张先生。倒是记得有一次和他一起去参观定陵。那时定陵开挖好不久，还没有公开展览。我们系是先去看的。我记得我们教师都坐在一辆大卡车上，张先生也和我们一样。不同的是他胸前挂着一架照相机，在卡车上上下自如，健步如飞。那时有照相机可是十分时髦的事，这和我原来的他老夫子像大不相同。也就是那次在路上，我和他谈起学习外语的事，我因为学习外语相当费劲，所以向他讨教。张先生和我说，他在史语所时，也跟着一个"德国鬼子"学过德语，"没有学会，都忘了"。

后来张先生调离北大，我就和张先生没有多少接触了。只是对他的学问依然注意学习，因为要写土地所有制的文章，曾经念过他关于殷周土地制的考释文章，以及"宋江三十六人考"等。

改革开放以后，我和张先生又有了一些接触。文革中，因为编写《简明世界史》，查找资料，知道了上世纪六十、七十年代，国际上讨论亚细亚生产方式的情况。亚细亚生产方式原来是禁区，苏联大百科全书第一版就没有这个词条。现在的大讨论提出了许多我们以前不敢说、不敢想的问题，连五种生产方式也是可以怀疑、讨论的了，所以感到很有启发意义，就写了一篇介绍文章。当时并没有机会发表。打倒四人帮后，我系资料室将它印出来，广为散发，说是要表明我们和"梁效"不同，我们历史系在"四人帮"统治下还是做学问的。我将资料也寄了一份给张先生。后来商务印书馆召开了一个会，说是要大家提供一些买书的目录、学术动态等，我参加了，会上遇见张先生，他依然精神很好，关注学术界和北大历史系的情况。他还特别向会议提示，说让我多讲讲，其实这个问题因为我系的资料散发很多，已经是旧闻，没有什么新意了。张广达兄这方面知识甚为渊博，在会上他提供了许多我们不知道的信息。

1992年，我系召开建系90周年庆祝会，那时何芳川担任系主任，他活动能力很强，会议开的十分热闹，到会者500余人，张先生也来了。会后大家还一同到大饭厅吃饭（那时百周年纪念讲堂还没有盖起来）。据后来田余庆说，张先生一见他，就说历史系没有90年，他对定系的开始为1902年大概不太同意，又可见先生的博学多识。在会后去历史系参观的路上，我和张先生同行，谈起了奴隶制的问题，因为我曾经写过一篇罗马和汉代奴隶制比较研究的文章，发表在《历史研究》上。这时发现有台湾学者说我推断汉代奴隶有五百万是"匪夷所思",我就向张先生请教。他说汉代的奴隶是不少。但中国历史上奴隶最多的朝代是明朝。我可着实吃了一惊,从来没有想过明朝的奴隶最多,这个问题真正值得研究。当时我就想起,似乎有人写过一本书,称"晚明奴变"。以后我对奴隶制度没有再进行过研究,明朝的奴隶多少也没有放在心上,没有跟着张先生的提示研究下去。而且"晚明奴变"这本书在网上也查不到,可能是我记错了。

张先生的学问、人品,是我们后人学习的榜样。今天我们纪念他,就是要发扬他的为人为学之道,在当下的学术环境中树立正气,对抗各种歪风邪气。我系还有许多我们敬仰的老先生,如向达、邵循正、齐思和、杨人楩先生等,他们和张先生一样,都是一代宗师。希望文研院联合历史系,在适当的时候举行他们的纪念活动,以发扬光大他们的学术,展示他们的品格,传承我们历史系的传统。

《深切怀念张政烺先生》,张政烺先生诞辰
105 周年纪念座谈会,2017 年 11 月 22 日

邓广铭(北京大学历史系教授)

吴荣曾先生转述邓广铭先生的话说:"张先生是三教九流,什么都懂。"又说:"石头瓦块这些东西,到张先生手里都会变成学问,从破砖烂瓦里,他都能够研究出很多名堂来。"

《中华读书报》2012 年 5 月 15 日

宁可先生转述邓广铭先生的话说:"'文化大革命'以后,邓广铭先生几次谈起张先生的去处,总是说,可惜北大把张先生放走了,上古史没有人上了。"

宁可:《回忆张政烺先生》,张世林主编《想念张政烺》,
新世界出版社 2015 年版。

邓可因（邓广铭长女）

"我还写过一篇《世事沧桑话东厂》，因我家曾在东厂胡同一号大院住过十八年，对那里很有感情。写此文，也得到爸爸的赞许和帮助。他还建议我去请教也曾在那里住过多年的张政烺先生。听说张先生已搬到永安南里，我到那里拜访了他，听他滔滔不绝地讲述了东厂大院的沿革。他手上不拿任何材料，却讲得井井有条，使人感到他的记忆力真好，头脑真清楚。他同爸爸在上世纪30年代就是北大史学系的同班同学，后来又共事多年。爸爸挺佩服他，说他'真有才学'。"

邓可因：《永念不忘的亲情——怀念爸爸邓广铭》，
张世林主编《想念邓广铭》，2012年。

邓可蕴（邓广铭次女）

"1946年从重庆回到北平，我们住东厂胡同一号北大宿舍。院内住有胡适、傅斯年、梁思永、汤用彤、张政烺这几家。除张先生是爸的同学外，其他都是爸的师长。"

"我自幼淘气、调皮，刚到北平就爬墙、上房、打枣，曾惊动了房内的张政烺先生。他出房门站在院内，抬头见是我，只说：'娃娃，打枣可别摔着。'当天晚上爸爸责怪我不该太玩闹，影响张先生用功，'他可是一个大有学问的人，……不然傅先生和胡先生干吗让他做教授让你爸做副教授哇，他的专长无人企及！……'"

"北大搬城外，他俩又同住海淀蓝旗营北大一公寓。一天我从大学回家，爸说：'你张叔叔要搬到城里去了，我刚从他家回来，你快去送送他，快开车了，张政烺的（山东）荣成口音几十年不变，讲课学生听不懂，要去历史所专做研究工作……'我看得出爸爸情绪有点低沉，大概是难舍同窗，惋惜这位他佩服的人不能在北大任教吧。此后我不断地听爸爸讲起张先生的境遇和变化，由北京到西安又到北京，从未间断对他的牵挂。直到

1997年深秋病重住院，仍叫我去永安南里代他看望张先生。"

邓可蕴：《爸爸没走》，张世林编《想念邓广铭》，
新世界出版社2012年版。

邓福秋（北京财贸学院研究员）

"政烺师学问好，又平易近人，没有一点架子。我们对他敬而爱之，没有畏惧之心，所以1958年敢贴他的大字报。"

"政烺师没有掉进极左思潮的旋涡，正是他专心学术、淡泊名利的本能的表现。"

"政烺师虽然没有逃出知识分子的厄运，却能寿高九三，进入古稀之年后，还以自己深厚的学术功底，为马王堆帛书和银雀山汉简的整理，作出了无可替代的贡献；'文化大革命'结束后，还发表了不少涉及史学、经学、文字学、版本学等多方面具有卓越见解经得起考验的著作，为后人留下了宝贵的学术遗产。历史将永远记住他。"

邓福秋：《怀念张政烺师》，张世林主编《想念张政烺》，
新世界出版社2015年版。

尹达（中国科学院哲学社会科学部委员）

尹达先生曾对笔者说："你的老师张苑峰是中国的一流学者，对古文字、中国古代史、青铜器、版本目录学等领域都有很深的研究。他识古文字能力很强。"又说："某单位有位治古文字兼治铜器的老先生爱与张先生聊天。张先生口无遮拦，什么都说，甚至把自己对新材料的新见解也都和盘托出。那位老先生便把张先生的研究成果写成文章发表。张先生知道后，毫不介意。"

王曾瑜（中国社会科学院荣誉学部委员）

"张政烺先生是著名的历史学家、考古学家、古文字学家、版本目录学家。……张先生读史不分断代，能以深厚的学力，对绵长的古代文史作贯通的研究。但为他人做嫁衣裳,花费了他大量宝贵的时间和精力,内行人登门求教者络绎不绝,先生不问亲疏,不惮烦劳,最大限度地满足求教者之需求,从不在学问上留一手。"

"由于健康等原因,他的平生学问仅有一小部分付梓,汇编成这部文集。尽管如此,内行人读《张政烺文史论集》,仍不难估价其学术分量的厚重。"

王曾瑜:《博大精深　正风楷模》,
张永山编《张政烺先生学行录》

"张政烺先生的《读〈相台书塾刊正九经三传沿革例〉》是一篇研讨版本目录源流和有关岳飞后裔的重要论文。此文显示了他当时已十分深厚的学力。若非谙熟经学史、版本目录学和饱览自唐宋以降的历朝的浩繁典籍,决难有此力作。拜读张政烺先生此文,真有一种另见天地、豁然贯通之感。"

王曾瑜:《张政烺先生学术传记》(部分),
张永山编《张政烺先生学行录》。

"陈寅恪先生是上世纪前半叶无可争议的史学大师",张先生"如与陈寅恪先生相比较,就博览群书而论,治史不分断代而言,只怕是难分轩轾。但张政烺先生没有外语能力,而就考古、古文字学等而论,又胜过陈寅恪先生。"

"我读张政烺先生的《中国考古学史讲义》,特别有相见恨晚之感。""此份讲义无疑是厚积薄发的典型,没有深厚的贯通中国各断代古史的学力,肯定是写不出来的。""讲义中断言,刘敞和欧阳修是宋代新经学的开创者,同时也就是宋代金石学的开创者。""对今人研究宋学有指导意义。"

"常玉芝先生1966年毕业于北京大学,与张先生没有什么往来。有一次向张先生请教一个问题,不料几天后,张先生这么一个大学者,竟亲自到办公室找她,给她答复,使她感动和感激不已,铭感难忘。"

> 王曾瑜:《张政烺师杂忆》,张世林主编《想念张政烺》。

据孟祥才回忆,"文化大革命"初期,批判翦伯赞先生的"让步政策"时,张先生却表示,地主阶级的让步政策是存在的。"我们知道张先生是在翦先生任北大历史系主任时,被调离北大的,而在这关键时刻,张先生不计个人的恩怨,而肯定翦先生提出的'让步政策',其坚持真理的胸怀,是多么令人可敬。"

> 王曾瑜:《历史学家茶座》第13期。

王曾瑜(中国社会科学院历史研究所研究员)

今天大家发言肯定很踊跃,为节省时间,我只说三点。

一,张师的学问,齐文心师姐感叹说:"张先生,神人也!"我深有同感。我们都不会赞成将张先生的学问神化,这反而是不敬,张先生生前也绝对不会赞成将他的学问神化。但是,他读书如此之多,中华传统历史文化的知识面如此之广,记忆力如此之强,又怎么能做到的?对我们真是成了谜团。大凡做学问到了一定火候,学生事实上是会掂量老师的学问。人们常用"半瓶醋"形容学问不行。但我认真掂量张先生的学问,对比自己,在张先生渊博的学识面前,如果说自己只有四分之一瓶醋,无疑是过高地抬举了自己。

实例很多,只举一例。他在《岳飞"还我河山"拓本辨伪》中说:"我曾见过古往今来著录石刻文字的书无数,和碑帖铺打交道已五十年,所见拓本成千上万,内中曾见伪造的岳飞书《前后出师表》的各地刻本。但是没有岳飞'还我河山'四字的拓本。可以肯定地说,'还我河山'石刻二十世纪以前不曾有过。"[①] 江浙一带的俗话说,满饭好吃,满话难说。但如此底气十足的满话,

---

① 《张政烺文史论集》,中华书局2004年版,第740页。

我当然决无资格说，而张先生却是信手写来，举重若轻。只是有了张师的精湛考证，我才有了肯定所谓岳飞"还我河山"是伪作的底气。

二，一个人的学问当然不可能百分之百地形成文字，流传后世。但我们这些后辈，都以张先生的大部份学问未能形成文字，而深以为憾。先生的许多宝贵时间和精力，是不惮烦劳地为他人作嫁衣裳。凡是求教于他的，不问亲疏，决不会自己留一手，而是金针度人。在学问上受教受益于张先生者，确是多得不计其数，即使是他本人，也决不会做统计，更何况是我们。

三，母校的校训是爱国、民主和科学。中国古代就是专制，民主最早由孙中山先生提出，这是民族意识的一大提高，到"五四"新文化运动时，北京大学补充了科学，这是又一大提高。记得我在母校读书时，对校训反而十分模糊，直到经历了惨酷的全民族浩劫，才真正体会到，校训是对中华民族的伟大贡献。母校的校训更是属于伟大而多灾多难的中华民族，烛照着民族进步和发展之途。母校的校训应是每个北大人立身行事的底线。

爱国是指爱祖国，而不是国家。按马克思主义的规范，国家无非是阶级统治的机器，国家一词当然不具有神圣性。孙中山先生领导反清，颠覆一个国家，却是为了拯救祖国。民主的反背是专制，科学的反背则是伪科学和愚昧。张先生的科学精神特别突出，即使在严酷的政治环境下，他在学问上也决不说违心话，更不用说附会了。明白人都知道，伪科学的情况如何，有时想来，还真为那些炮制者的时间和精力，聪明和才智感觉惋惜。但是，"看风使舵，见利忘义，曲学阿世"十二字，在张先生的辞典里肯定是绝对没有的。

古人将道德文章联成一体，是很有道理的。我们在学问上决然赶不上张先生，但在道德上却应当永远以张先生为楷模。

《张政烺先生诞辰 105 周年纪念座谈会发言》

王恩田（山东省博物馆研究员）

"张政烺先生，字苑峰（1912—2005），是享誉海内外的著名史学家、古文字学家和考古学家。张先生知识渊博，学贯古今，在史学、文学、哲学等各个领域都有突出建树，是名副其实的国学大师。"

《唯物史观与战国奴隶社会说——评张政烺先生古史分期观》，
张世林主编《想念张政烺》，新世界出版社 2015 年版。

王毓铨（中国社会科学院历史研究所研究员）

"王毓铨先生在他写的《籍·贯·籍贯》一文中，讲了这样一件事：'汉字没有贯，贯常见于唐宋文献，但不明其义，也不明其所自始。曾就教于老同学张政烺先生，不数日即选自《魏书》至《金史》各史书用贯之数例示我。'据王曾瑜讲，张先生共举了《魏书·卢仝传》、《隋书·食货志》、《宋史·高宗纪》和《金史·曹望之传》四条史料，并写了按语：'古者仕宦有品级，百姓有户等，编名入册，各有次第，不得逾越，如以绳贯之，故称为贯也。'在张先生的襄助下，王先生写出了那篇高水平的文章，解决了一个人们经常弄错的大问题。"

王毓铨：《籍·贯·籍贯》，《文史知识》1988 年第 2 期；
王曾瑜：《我所认识的张政烺师》，《尽心集——
张政烺先生八十庆寿论文集》，中国社会科学出版社 1996 年版。
又载张永山编《张政烺先生学行录》。

王震中（中国社会科学院学部委员）

"张政烺先生也很强调多读书。他要求自己的学生，无论研究什么，都要把古代的有关文献和前人的研究成果，统统读过才能知道前人探讨过哪些问题，哪些问题是怎么解决的，还有哪些材料应该开发、运用，有什么问题需要深入研究。他希望聪明有才智的年轻人，不要急于抓着一个题目就去做，而首先应该踏踏实实地读书，读懂书。""回想起当年张先生所说的话，我觉得张先生教的学习方法虽然需要花费时间，但它却能打下坚实稳固的基础，在甲骨文的学习上不应该走什么所谓的捷径。在这一点上，张政烺先生与我的另一位老师伊藤道治先生乃至贝冢茂树先生都有相通之处。"

王震中：《缅怀尹达先生》，中国社会科学院历史研究所编
《求真务实五十载》，中国社会科学出版社 2004 年版。

卢兆荫（中国社会科学院考古研究所研究员）

"张先生博闻强记，学识渊博，不仅是历史学家、考古学家、文献学家，而且也是古文字学家。""在与他接触交往中，获益匪浅。我在学术上也曾得到张先生的帮助和指导。"他"淡泊名利，平易近人"，其"道德文章更是值得我们永远学习和景仰。"

"张先生对中国古代史和中国古典文学都有很高的造诣。我在探讨关于梅妃以及《梅妃传》有关问题的过程中，曾多次向张先生请教，得到他多方面的支持和帮助；并在他的鼓励下，最终写成《梅妃其人辨》一文，发表于中华书局出版的《学林漫录》第九集。"

田昌五（中国社会科学院历史研究所研究员、山东大学教授）

田昌五先生曾对笔者说："张先生晚年的文章，愈写愈好。"

田余庆（北大历史系教授）

孙言诚转述田余庆先生曾经风趣地说："张先生的脑袋是台精密的计算机，谁也说不清里面储存着多少信息。"

孙言诚：《我的导师张政烺》，张永山编《张政烺先生学行录》

宁可（首都师范大学教授）

"1947 年秋天，我从北大先修班升入史学系一年级。第一学期是上古—先秦史，张政烺先生讲授。……历时稍久，特别是到课下整理乱糟糟的笔记和他随口提到的专题论文时，就慨叹他讲课内容的丰富和涉及知识的广博。那里不仅有学科前沿的种种新成就，也有他自己独到的精辟而又新颖的见解。他老说'讲不清楚'的地方，正好是史学界争议之所在，也许就是他没有搞清楚，或者还有待去研究，难于遽下断言的地方。这样，我们在最短的时间里接受到最大量的信息，又何须在意张先生那点口才和讲课方法。没过多久发现，同学们对此已经有所领会，每到上课都悄悄地把自己的扶臂课椅前移，对着侧身黑板的张先生围成一个半圆，好来仔细聆听他那低声而紧促的话语。我那时好在课间去教员休息室问老师问题。张先生是有问必答，而且往往是问一答十，能收举一反三之效。多年以后，上世纪八十年代一次会议的间隙中，我向他请教我正在探讨的一个问题，他立刻侃侃而谈了不下十分钟，回去后凭记忆记下来的古籍和史文达二十几条之多。"

宁可：《回忆张政烺先生》，张世林主编《想念张政烺》。

石璋如（台湾"中央研究院"院士）

张政烺先生"10年（1936—1946）间，曾任图书馆管理员、助理研究员、副研究员"，"读的书有历史典籍，各家文集、笔记、天文历算、农业、气象、方志、古代戏曲、小说、俗文学、传统小说、甲骨、金文、碑刻、陶文、玺印、封泥、古文字、古器物图录、各家论著等等。这些书当然都是在史语所的图书馆中读的，同时也可以表示出史语所图书馆藏书的丰富了。"

石璋如：《与张政烺先生谈对日抗战期间史语所的图书馆》，
《揖芬集——张政烺先生九十华诞纪念文集》，
社会科学文献出版社2002年版，第15—19页。

刘乃和（北京师范大学教授）

张守常先生转述，标点"二十四史"时，张先生分工是

《金史》，其他各史也都由各该史的专家分管。刘乃和先生说过："谁有了问题，都找张政烺，他若当时解决不了，过几天也能给你解决。"

张守常：《记业师张苑峰先生》，《揖芬集》，
社会科学文献出版社2002年版

许树安教授转述，刘乃和教授曾经对他说："你的老师真了不起！当年在中华书局标点二十四史，选题的时候，大家都躲开《金史》，最后《金史》的标点自然就落到随和的张政烺头上。而且别人标点其他史书遇到问题时也去找他，他总会给予解决。"

许树安：《一生沉浸在做学问之中——缅怀恩师张政烺先生》，
《中国社会科学报》，2011年1月13日。

刘一曼（中国社会科学院考古所研究员）

"他（指张政烺先生——引者）渊博的知识，超强的记忆力，给我们这些刚进入大学的学生留下了极深刻的印象。他对古代文献，烂熟于胸，不假思索，脱口而出。对考古资料，也非常熟悉，引用自如。每讲一个问题，将古文献与考古资料相结合，罗列丰富的资料，获得了同学们的尊重和信服。"

"夏鼐所长对张先生很尊重，有关甲骨文、金文的一些稿子多请张先生审定，一些重大学术问题也常倾听他的意见。"

"《屯南》的整理工作于1976年正式上马，1983年春结束，在这七年多的时间里，我与郭振禄代表甲骨组，曾多次到张先生家登门请益，聆听他的指教，我和我们甲骨组的全体成员受益匪浅。"

刘一曼：《难忘的教诲——忆张政烺先生》，
张永山编《张政烺先生学行录》。

刘宗汉（中华书局编审）

"张政烺先生博学精思，一生留下将近一百万字的学术文章。

他在中国古代史、古文字学、考古学、古文献版本目录学，乃至中国古代通俗小说等领域，钩沉索隐、发凡探微，做出了引人注目的突出贡献，其学术成就可谓'仰之弥高，钻之弥坚'。"

刘宗汉、周双林：《张政烺先生在解破数字卦中的贡献及给我们的启示》，
张永山编《张政烺先生学行录》。

"大体说来，先生除传统学术修养极其丰厚外，在史学思想上明显受到三种影响：

一是梁启超等人的新史学思想。19世纪末20世纪初，梁启超等人提倡新史学，批评旧史学是'君史'，提倡'民史'。'五四'时，旧史书更被视为'帝王家谱'。张先生受此影响，论文多注重社会民俗的研究，很少涉及军国大事。据吴荣曾先生说，先生教导有志于先秦史的学生，读清孙诒让的《周礼正义》。《周礼》与《尚书》、《诗经》、《左传》等先秦典籍不同，更多地记录了先秦的社会结构和社会风俗。先生的教导反映了他注重社会研究的倾向。先生在对《图谱目录》的批注，表现出的对社会生活的关注，显然与先生受新史学思想的影响，注重'民史'，注重社会有关。

二是王国维的二重证据法。《图谱》的构思就是以地下证地上的二重证据法的产物，先生受王国维的影响，明白如画，不烦多赘。

三是马克思主义唯物史观。对比张先生建国前后的论文，就不难发现，新中国成立前的论文尽管也以研究社会为主，但却没有什么中心，而新中国成立后的论文，显然是以先秦、两汉社会性质、阶级成分的研究为重点。这自然是接受了马克思主义唯物史观的结果。20世纪50年代，古史分期的讨论曾在史学界风行一时，……先生主张魏晋封建说。但由于后来战国封建说被立为官学，主张魏晋封建说的被视为异端……这样，先生在《图谱目录》批注中所表达的对战国封建说的否定，就非常可贵。"

"先生史学贯通古今，除了对古史分期的魏晋封建说和侧重社会研究外，对整个中国历史，一定尚有自己精到的见解。"

刘宗汉：《〈中国历史图谱资料目录（草稿）·封建社会部分〉
批注蠡测》，张永山编《张政烺先生学行录》，
中华书局2010年版。

刘雨（故宫博物院研究员）

刘雨先生曾对笔者说："张先生的文章虽然多数篇幅不长，但一看就知道功力深厚。"

任继愈（国家图书馆馆长）

李零转述任继愈先生说："张先生的道德文章值得我们永远学习，但他留下的东西，跟他的学问相比，数量太小，这点你们不要学（大意）。"

李零：《赶紧读书——读〈张政烺文史论集〉》，
《书品》2005年第一辑。

朱大渭（中国社会科学荣誉学部委员）

我在进入历史所后，"杨向奎、张政烺、王毓铨、熊德基等先生，或给予授课，或热情指点论文。实际上，他们是我在职的老师，得其奖掖策励，释疑解惑，使我受益殊深。"

朱大渭：《六朝史论·后记》，中华书局1989年版。

朱凤瀚（北京大学历史系教授）

约1995年，朱凤瀚先生对湖南人民出版社龙昌黄编辑说："张政烺先生对我有恩。"这"恩"，很可能是指在学术上对他的指导或帮助。

许树安（北京语言大学教授）

许树安先生曾对笔者说："有一年中华书局组织讨论张文虎点校的《史记》，张先生提的意见最多。"

"回想 1964 年我始攻读古代官制研究生，幸得先生谆谆指教，感激之情涌自内心。先生要求甚严，命我通读《周礼》，并逐篇写出详细心得笔记，悉由先生精心批阅。若干年后，我渐悟出先生当年用心之深：不仅为我研读古代文献打下扎实基础，且令我体认到实实在在做学问的道理。"

许树安：《汉代司隶校尉考》，《揖芬集》，
社会科学文献出版社 2002 年版。

齐文心（中国社会科学院历史研究所研究员）

齐文心先生在 2018 年对笔者说：她学生时代和在职期间，经常到张先生家，向张先生请教很多问题，张先生对她热心指导，帮助很大，对张先生的师德、师表，她很钦佩，也深受感动。在向张先生请教时，有时她不同意张先生的见解，张先生一点也不生气，秉持在真理面前人人平等的态度，表现了学术大家宽广的胸怀和海纳百川的气度。

安守仁（兰州大学副教授）

"张政烺先生为史学名家，不论甲骨、金文，还是简牍、封泥，或古器物、钱币、玺印、兵符、镜鉴、瓦当、玉器，乃至古遗址、遗物，无不通晓；至于版本、目录则有问必答。先生既懂拓印，又善篆刻；更喜照相又能印放。《图谱》主编非先生莫属。"

安守仁：《关于〈中国古代历史文物图集〉前期工作的回忆》，
张永山编《张政烺先生学行录》。

汪桂海（中国国家图书馆研究院副院长、国家图书馆善本部

研究员)

"张政烺先生是传统文史研究领域成就卓著的学者。他博览群籍，好学深思，对每一个问题的讨论，都能穷尽史料，考证缜密。他治学范围广泛，在考古、历史、古文字、古文献，以及小说史等领域都有杰出贡献，在学术界享有盛誉，为许多后来者所景仰。"

汪桂海：《浅谈张政烺先生的版本目录学研究》，
张永山编《张政烺先生学行录》。

张守常（北京师范大学教授）

张先生讲中国上古史，"古代的农牧业生产，稻粱黍稷，马牛羊、鸡犬豕，衣食住行，以及三皇五帝的传说与实际，可以考见的制度、信仰等等，引据文献，结合考古所得材料，旁征博引，讲得既丰富，又有说服力"。

"他不仅是读古代史书，从古代一直到近代的，他也是通读的。"

"张先生不只读史书，他阅读的面很广，比如戏曲小说，他读的也很多。"

张守常：《记业师张苑峰先生》，《揖芬集》，
社会科学文献出版社 2002 年版。

张中行（人民教育出版社编辑、特约评审）

肖良琼先生转述张中行先生的话说："与张先生同期的北大同学就读中文系的张中行先生听说张先生病了，不能继续搞研究工作了。就说有了这么多研究成果也足够了，尽力了。"

肖良琼：《纪念好老师张政烺先生》，张永山编
《张政烺先生学行录》，中华书局 2010 年版。

张传玺（北京大学历史系教授）

"我为张先生两度辅导由他主讲的基础课"先秦史"，一度是在1957年秋、冬，一度是在1959年秋、冬，共两个学期。张先生讲课，四个环节齐备。一、印发讲义；二、课堂讲授。我要随堂听讲；三、两次考古参观。我要参与组织工作；四、课堂讨论，我要组织并主持讨论。对我来说，这是个向张先生系统地学习'先秦史'的好机会。"

"张先生是一位治学严谨、不尚空谈、箭不虚发、言必有据的学者，学生们对听他的意见，期望值很高。"

"对张先生的讲课，有人有微词。如说缺少马列主义指导，'史群排列'等等。这些微词并不符合实际。在极左思潮泛滥的当年，这样的情况是很难避免的。"

张传玺：《久旱喜逢及时雨——回忆在张政烺先生的教导下》，
张世林主编《想念张政烺》，新世界出版社2015年版。

张崇根（国家民委原副司长、研究员）

张崇根先生曾对笔者说："现在再也找不到像张先生那样认真作学问的人了。"

张守中（河北省文物研究所研究员、书法家）

梁子明先生转述张守中先生说："张先生很少参加书展，也不喜欢在大庭广众之前示范和表演，其功力不在启功之下。"

梁子明：《奇才老者——张政烺先生》，张永山编
《张政烺先生学行录》。

张永山（中国社会科学院历史所研究员）

"先生积累了有关各种古书及其版本的十分渊博的知识，成为通古博今的史学家。例如在指导张泽咸时曾说，唐代司马贞的《史记》索隐含有遗漏，其内容可在《史记汇注考证》中找到；

又说康熙年间刻本《太平御览》丢失的宋刻本《太平御览》有关条文，光绪年间刻本《太平御览》又补上了，可以参照阅读。"

"我经常向先生讨教。在与先生交谈中，留给我最深刻的印象是，他的知识面非常宽，虽然是以研究先秦和两汉史学名冠学术界，但他除熟读儒家经典和相关史书外，还对诸子百家著作、二十四史、古典小说、小学著述、各地风俗札记、甲骨文、金文、碑刻，乃至版本目录学都了如指掌。他在许多领域都留有名篇佳作。"

"先生对有意义的科研成果，从不拒绝耗时费力的义务审稿，记得在《小屯南地甲骨》和《释文》出版前，我几次有事到先生家去，都看到先生在伏案审读书稿，并同我讨论书中有关'伐归'的甲骨片。20世纪70年代以后，每年先生花费在所内外和全国各地申请提职称论著和报表的时间前后有两三个月之多，再加上不自觉的来访者无休止的闲扯题外话，占用的时间也很可观，挤掉了先生宝贵的思考问题和写作的时间。对于前者先生乐于助推，认真看申请者的论著。"

"现在刊行的《文史论集》反映出来的学问不及先生学问的十分之一。原因之一是先生热心于培育新人和为他人作嫁衣花费的时间太多。很多人都劝先生减少接待来访者，或让傅师母挡驾。但先生不同意这种做法，曾郑重对师母说：'我一个人再有学问，写出来的文章再多，也不如让更多的人走上治学之路好。会做学问的人多了，中国的学术发展就能正常繁荣起来。这不好吗？'先生的想法和实际做法就是他几十年对治学之道和为人师表的感悟，从不为有人干扰他平静的写作环境而苦恼或发出怨声。"

"有的人慕名不远千里而来，求教的考古问题并不大，先生也一一作答，指出应查什么书，怎样做出解释，等等。这种来访者不胜枚举，都是高兴而来满意而去。如果提出的问题不能当面作答，先生就会立即查书并一起讨论解决途径，若当时没能找到需要的材料，先生便记下问题约定时间再来，自己却要花费更多的工夫翻阅图书，直到找着确切可靠的文献资料，才放下心来干自己的事。……外面就有人把先生比作'土地公公'，有求必应。足见先生没有旧知识分子那种'知识里手'习气，而是把帮助他人在学术上的进步看作自己义不容辞的责任。"

"发现人才和培养人才是先生的一大快事。据说十年动乱时期，先生在单位是批判对象，却悄悄做了一件助人在学业上成长的大事。有一位不愿打派仗的青年在学校借不到书读，跑到先生家去读书，先生到单位上班，实际上是去挨批判，把青年锁在家里读书，这在疯狂年代是冒风险的事。该青年后来在学术上取得丰硕成果，先生功不可没。拨乱反正之后，高校开始评职称，先生又带头呼吁这位青年是'文科陈景润'，应登报宣传。果然先生和其他老先生的愿望实现了，该青年成为某高校第一批晋升的教授。"

张永山：《真诚求实是为人为学之本——我所认识的张政烺先生》，
中国社会科学院老专家协会编《学问人生〔下〕
——中国社会科学院名家谈》，高等教育出版社2007年版。

"横跨多个学科学术领域的优秀科研成果，展示先生的文化底蕴深厚，是众所周知的，丰富多彩的业余爱好知道的就不多了，更显示出他多才多艺的人生，诸如书法、篆刻、摄影等方面的作品也是技艺超群的。闲暇还喜欢看京戏和昆曲。"

"先生一生醉心于学术研究，学界遇到难解之题，往往寄希望于先生，先生确实为学界和后辈解决了不少学术上的难题，国内外学者无不交口称赞。"

《张政烺先生学行录·前言》，中华书局2010年版。

"先生对晚辈学业上微小的进步，都给予充分肯定。……我与先生谈到有的同志通过周祭卜辞祀谱的排定，找到帝辛时代卜辞的线索。先生非常高兴，询问可靠程度如何，如果能成立的话，那将是重要的发现。类似的事例很多，所内外的同志均有，文章有新见解也好，无新发明也罢，只要材料扎实，有可取之处，先生都热情支持和勉励，有时甚至帮助查找材料补充论据，或推荐发表。这种奖掖后辈的师长作风，有口皆碑，这也许就是不同时期，不同地域的学生见面谈到先生时，无不倾吐发自内心尊敬的原因之一吧。"

"上世纪七八十年代，先生负责或参加许多重大的科研项目，诸如标点二十四史的《金史》，整理出版新发现的竹简帛书，主编《中国古代历史文物图集》等大型图书工作。先生把大部分精力和时间投入这些工作中，以致一再放弃自己的研究计划。即使如此，先生仍满腔热情地为所内外的同志仔细审阅大部头文稿，如考古所的《小屯南地甲骨释文》，唐兰的《西周铜器铭文分代史征》等。这期间，结合《甲骨文合集》的出版，我设想编辑出版相应的论文集，得到先生的大力支持，曾风趣地说需要有这样的'好事者'，才有利于学术发展。先后两本论文集的稿子都是先生帮助审阅的，几乎对每篇文章都提出修改意见，从卜辞的选用和释读，到文章结构与观点的协调，乃至段落划分和标点符号的准确与否，都一一提出中肯的意见。如有一篇长文章，光划分几小节还不能很好地让读者抓住中心，应该再加上小标题，突出每小节的重点，才好表现出从不同的角度阐述观点和得出结论的必然性。先生还为论文集题签和帮助联系出版社，最后先生连主编名义都未要，甘当人梯，为年轻一代创造成长的机会。《甲骨探史录》和《甲骨文与殷商史》能够较快地问世，是与先生多方面的支持和帮助密不可分的。"

张永山：《传道、授业、解惑——忆张政烺师》，
张永山编《张政烺先生学行录》，中华书局2010年版。

张忠培（吉林大学教授、故宫博物院原院长）

"先生授课，凡提出论点，必先摆出大量论据，凡摆出的论据，又必逐一分析，论出其可靠性和具有的典型性，再在此基础上导出论点，即他的认识。这种授课，是归纳式的授课，是研究式的授课，不仅传授了知识，更是对学生发现问题、分析问题与解决问题的训练。"

"在1983年，我和陈雍确认夏家店下层文化为有易氏遗存时，最早引出我做出这一设想的，还是先生授课时给我留下的关于王亥、有易和河伯的印象，使我沿着这点记忆去求证而产生的认识。"

"我感悟先生学问之博，是通过读先生的《宋江考》和《秦汉刑徒的考古资料》这两篇著述才得到的领会。……在我心目中，张政烺先生是一位精通文献、古文字及商周文物的先秦史专家，看了他著述这样两文，便感悟他治学之博。后来，我又读了他的《汉代的铁官徒》及《王杖十简补释》，才领会他治秦汉史之深。"

张忠培：《为天地立心，真诚求实的学者——
记张政烺先生二三事》，张世林编《想念张政烺》。

张极井（中信集团　张政烺先生哲嗣）

父亲经常教导我工作要勤奋，待人要厚道。

在纪念张政烺先生诞辰105周年座谈会上的发言。

邹衡（北京大学文博学院教授）

"我在北大史学系一共听了张先生三门课，除了先秦史，还有古器物和古文字学两门。听张先生的课，我感到很有兴趣。不管讲到那儿，总有一大堆材料，哪怕一个小问题，他也旁征博引，听讲的人都觉得他学识太渊博了。有时候，碰到记不清时，他就轻轻敲敲脑袋，很快又接着讲下去。他的记忆力是惊人的，古代文献就不用说了，有时引证到考古材料，他不加思索，就能举出某某杂志哪年哪期，甚至说出页码。张先生很喜爱购书，每逢星期日，他总要到书店逛逛，或带回几本书。他的兴趣很广，无论文史，甚至杂谈，都在他搜集之列。他自幼又爱书法，写得一手好字，为我国著名书法家之一。"

"张先生平常寡言，但一谈到学术问题，总是滔滔不绝，引人入胜，使听者受到教益。有时涉及他尊敬的长者，他总是那样谦逊，毕恭毕敬地一味赞扬。张先生曾师从唐兰，他每次提到唐兰，总是以老师称呼，从不直呼其名，直到他自己已经老年仍然如此。对稍有成就的青年，他总是夸奖，处处表现为一种道德高尚的文人。"

"由于他平易近人，拜访或书信求教的人很多，他是来者不拒，有问必答。特别是给人家看文章，他总是仔细阅读，认真修改，有的文章甚至全篇另写，实际上已成了张先生自己写的文章，但他从不落下自己的名字。因此，很多时光就这样耽误了。这种舍己为人、助人为乐的学术道德，恐怕古今少有。"

"张先生不轻易写文章，每写一篇，总有独特的见解，超出一般水准。讲课时，多引用别人的创见，偶亦流露自己的发明。"

"的确，张先生这样的专家，全国能有几个？当时北大的名教授不一定都讲课很好，而讲课较好的讲师、助教，肚子里未必有多少学问！当时系里有不少青年教师都喜欢找张先生聊天，往往就在这样的聊天中，却得到很多的学问。张先生调离北大，怎不令人叹惜啊！"

邹衡：《我的老师张政烺先生》，《揖芬集》。

张忠培先生转述邹衡先生对张先生的崇敬："邹衡先生是治商周考古学专家，一提到张政烺先生，便肃然起敬，说他就哪些问题，曾去请教张先生，也是一位从未对张先生言过'不'字的学者。"

张忠培：《为天地立心，真诚求实的学者——记张政烺先生二、三事》，张世林主编《想念张政烺》。

李零（北京大学中文系教授）

"我佩服先生的学问，更佩服先生的为人。张先生不善言辞，常让我想起司马迁讲李将军的话，'悛悛如鄙人，口不能道辞'。他也是'桃李不言，下自成蹊'，立身正，自然赢得大家爱戴。高明先生说，古文字学家喜欢互相贬低，包括很多前辈，你们不要学，要说人品高尚，还是张先生。作为他的学生，我很自豪——他的为人比学问更让我自豪。"

"先生的文集，可以折射其为人，特点是博大精深，包容极广。……文集的最后两篇，《我在史语所的十年》和《我与古文字学》，是先生的自述，可当阅读全书的提纲。先生自己说，治古文字，他主要致力于四个方面，甲骨文、西周金文、东周金文和商周数字卦（用古文字材料治《周易》）。还有个方面，是他对竹简帛书的研究。70年代，先生在红楼参加马王堆帛书和银雀山汉简的整理工作，四本大书出版，与有力焉。虽然那是集体工作（不署个人名），先生不愿提起，但作为古文字研究的重要侧面，我们不能忽略。"

"中国大陆，1949年以前的古文字学家，先生是硕果仅存。读先生的文集，有一点我想强调，他这一辈子，既做历史研究，也做古文献研究，还时刻注意考古学的最新发展，喜欢到处看文物，做调查研究，古文字研究是得益于熟读古书，历史研究是取证于考古发现，四个方面融会贯通，其实是一门学问。学者有境界高下，下者是跟着材料走，跟着学科走，上者是跟着问题走，跟着兴趣走。张先生是属于后一种。对他来说，古文字也好，古文献和考古也好，都是手段，不是目的，最终还是服务于历史研究。他是绍继罗王之学的传统，也是绍继史语所的传统。先生是一位古文字学家，但不仅是一位古文字学家，他更主要还是历史学家。"

"我记得，刚上研究生，先生教我们读书，参考书是两本，吕思勉的《先秦史》和马骕《绎史》。吕思勉博通经史，马骕钞撮群书。我猜，他是希望我们在进入各种专题之前，先要对材料范围有个大致了解，登临绝顶，一览群山，或如王国维'三境界'说的第一界，'独上高楼，望尽天涯路'。他本人是于书无所不窥，掌故烂熟于胸，我们做不到。"

"先生脾气好，随和，美国汉学家呼为'大娃娃'。但对自己信从的观点，不管别人怎么看，他绝不随波逐流，既不与人争辩，也不强加于人。"

"他的具体研究，特别是古文字研究，都是围绕着他时刻思考的史学问题。比如，大家称道《古代中国的十进制氏族组织》，以及他讨论卜辞所见农事制度的一系列文章，这些文章，当然是用古文字说话，但同时也是史学研究。其他文章，也多半如此。"

"张先生用古文字材料研究《周易》，从材料上讲，包括商代和西周的甲骨文和金文，也包括战国楚简、马王堆帛书和双古堆汉简，还有敦煌卷子和传世文献，所有材料是围绕解决一个学术界的老大难问题，即宋人早已接触，近人反复讨论，长期以来困惑不解，我叫'奇字之谜'的问题。"

"张先生全面搜集材料，系统讨论这个问题，在《考古学报》1980年4期上发表文章，就是收入本书的《试释周初青铜器铭文中的易卦》。这篇文章是'当仁不让于师'，它不仅对唐兰先生的考证是一大突破，而且是一次彻底解决。虽然，先生也承认，他在讨论，有些地方仍不免是假说，后来的学者，在材料上有补充，细节上有修正（我在《中国方术正考》一书中对此有所总结，可参看），但今天看来，他的基本结论还是经受了考验，至今颠扑不破。大家都同意，这是石破天惊的开创之作，不容忽略的经典之作。凡是读过这篇文章的人，都对先生的智慧非常佩服。比如美国的甲骨学家吉德炜教授，他在《我和张政烺先生的五次会面》一文中说，他从1969年写博士论文起，一直对这些数学符号大伤脑筋，及见张先生文，才惊奇地发现，张先生把它讲了个'水落石出'（见《揖芬集》，第25—26页）。"

"张先生晚年有三件事想做，但一直没完成，一件是编《中国历史图谱》，一件是西周铜器和西周历法的研究，一件是马王堆帛书《周易》经传的研究。这三件事，第一件，历史所已重新启动，但先生已无法指导；第二件，将是永久遗憾，因为到目前为止，都找不到先生留下的东西；第三件，张先生希望能参考后来的考古发现（如上博楚简《周易》），把它整理出来，和他的其他论易之作，合为一编。这最后一方面，还可以弥补，他箧中仍有存稿，今后可以整理发表。"

"张先生一辈子都在读书。一直到很晚，他仍坚持外出买书，小书包总是套在脖子上，挂在胸前。"

"先生腹笥深厚，肚子里的学问，还有很多没有写出来，写出来的东西恐怕不到十分之一。"

李零：《赶紧读书——读〈张政烺文史论集〉》，
《书品》2005年第一辑。

"我的老师，天高任鸟飞，后面没有风筝线。他是不问不教，但有问必答。他自己惜墨如金，但鼓励我多读勤写早出成果。比如我的第一本学术著作，《长沙子弹库战国楚帛书研究》，就是由张先生推荐并题写书名，于1985年在中华书局出版。张先生是很多老师的老师。我对张先生最最佩服的一点，说实话，是他没有门户之见，不传衣钵，不立山头，不拉队伍。学问越大，人越谦虚。人越谦虚，越能容人。桃李无言，下自成蹊。大家都愿意当他的学生。"

"他是个古风犹存的老师，他更像舞雩台下和学生散步、阙里宅中和学生聊天的夫子，授受是在不经意之间。他的宽厚诚笃和寝馈于学是个浑然一体的人格。他是用他的为人教育我们。"

"一个好老师，口才当然重要，但基础的基础是肚里有货。培养学者,尤其如此。"

"学者本色在于学:热爱学习,善于学习。不是一时半会儿,而是一辈子,永远在学,永远在问,永远在做学问。"

"张先生正是这样的学者,他是我们大家的好老师。"

《中华读书报》,2012年5月9日

他"终其一生,乡音不改,为人木讷寡言,不与人争,不与人辩,但从不随波逐流,只要自己觉得对,决不轻言放弃,柔中有刚。"

他"对史语所图书馆(今傅斯年图书馆)的建设和保护有大功,在他的回忆中,押解史语所图书入川是他最自豪的事情。"

他"当过十四年教授,为北大培养过许多优秀学生。"

"张先生因在北京大学讲授'魏晋封建论',不符合当时政治的正确性,被迫从北京大学调出"。

"当时,很多从事古籍整理和外文翻译的专家都属于'有政治问题'的人,这种遭遇让他深陷痛苦。1963年2月5日被任命为中华书局副总编,然而,他却从未到任。"

"1966年以来,他才成为中国科学院历史研究所的专职研究员。"

"他酷爱摄影,他曾赌气说,他想到乡下开照像馆。"

他"研究领域主要是中国古代史,对考古、古文字、古文献等各种史料都很熟悉。在中国历史学界、考古学界和古文字学界享有很高的声誉。傅斯年、郭沫若、夏鼐都很赞赏他的学问。"

"他上过北大,从马衡、唐兰学,深受清代金石学和罗王之学的影响;进过史语所,也继承了史语所用考古、古文字研究历史语言的传统。"

"他特别重视古文字研究。罗王之学的传人,唐兰先生那一辈是第一代,他和陈梦家、胡厚宣是第二代,他在古文字学界是公认的泰斗级人物。"

"他接受了马克思主义历史学，注重社会史、民族史和世界文化的比较研究。"

"在史学观点上，他一直坚持'魏晋封建论'，从未动摇。"

"1936年，同顾颉刚等四十余人，创办禹贡学会"。

"1952年，任第一届考古工作人员训练班教师，编《中国考古学史讲义》。"

"1958年，组建《图谱》课题组，任该书主编和课题组组长。"

"1971年参与二十四史点校工作，负责《金史》"。

"1974年年初，参与国家文物局成立的银雀山汉简整理小组和马王堆帛书整理小组。"

"1978年10月15日，以余英时为团长的美国'汉代研究代表团'访华。十八日，出席该团与云梦秦简、马王堆帛书和银雀山汉简整理者的全天讨论"。

"2004年，将全部藏书捐赠母校考古文博学院，设'张政烺文库'。"

李零：《张政烺先生生平简介》（有删节——引者），
《张政烺先生学行展》（拟由中华书局出版）

前 言

张政烺，一个生于海阔天空之地的人，一个温柔敦厚、襟怀坦荡、学识极为渊博的人。他是北京大学的学生，也是北京大学的老师，是北京大学很多老师的老师，我们大家的老师。他一辈子老老实实做人，一辈子勤勤恳恳做学问。他的墓碑上刻着他手书的座右铭："真诚求实是为人为学之本"。他这一辈子，没有官职，没有头衔，没有门户，也没有子弟兵，但桃李无言，下自成蹊，却赢得了北大师生和学界所有人的爱戴。什么叫老师？这是最好的答案。57年前，张先生离开北京大学，成为一生之痛。今天，我们接他回家。

生平简介

1912年，张政烺生于山东荣成，终其一生，乡音不改，为人木讷寡言，不与人争，不与人辩，但从不随波逐流，只要自己觉得对，决不轻言放弃，柔中有刚。

1936年，他从北京大学史学系毕业后，在前中央研究院历史语言研究所工作过十年，对史语所图书馆（今傅斯年图书馆）的建设和保护有大功。在他的回忆中，押解史语所图书入川是他最自豪的事情。1946年，他从重庆回到母校，在北大史学系任教，当过十四年教授，为北大培养过许多优秀学生，然而北大却是他的伤心之地。1960年，张先生因在北京大学讲授"魏晋封建论"，不符合当时的政治正确性，被迫从北京大学调出，把组织关系转到中华书局。当时，很多从事古籍整理和外文翻译的专家都属于"有政治问题"的人，这种遭遇让他深陷痛苦。1963年2月5日，张先生被任命为中华书局副总编，然而他却从未到任，而是躲在他长期兼职的中国科学院历史研究所（中国科学院历史一所和考古所建所之初，他就是这两个所的学术委员）。他酷爱摄影。他曾赌气说，他想到乡下开照相馆。1966年以来，他才成为中国科学院历史研究所的专职研究员。

张先生的研究领域主要是中国古代史，对考古、古文字、古文献等各种史料都很熟悉。在中国历史学界、考古学界和古文字学界享有很高声誉。傅斯年、郭沫若、夏鼐等前辈都很赞赏他的学问。他上过北大，从马衡、唐兰学，深受清代金石学和罗王之学的影响；进过史语所，也继承了史语所用考古、古文字研究历史语言的传统。解放后，他接受了马克思主义历史学，注重社会史、民族史和世界文化的比较研究。在史学观点上，他一直坚持"魏晋封建论"，从未动摇。他特别重视古文字研究。"罗王之学"的传人，唐兰先生那一辈是第一代，他和陈梦家先生、胡厚宣先生是第二代。他在古文字学界是公认的泰斗级人物。张先生无官无职，不声不响，但却爱惜人才，奖掖后进。如裘锡圭先生就是经他推荐，脱颖而出，成为古文字学界的领军人物。

结　语

张先生离我们而去，他给我们留下了什么？这里展出的遗著、文稿，只是他学术梦想的一鳞半爪，后学难以窥其堂奥。他有三个遗愿：第一，编一部《中国历史图谱》；第二，编一部商周铜器铭文的考释之作；第三，把他在红楼整理组整理的马王堆帛书《周易》经传整理发表。这三件事，只有第三件事，留下遗稿。张先生的著作，涉猎广泛，其最大贡献，国际国内学术界公认的贡献，是他对商周"数字卦"的研究。尽管有人诋毁这一研究，但古人云："人虽欲自绝，其何伤于日月乎？"（《论语·子张》）最新发表的清华楚简《筮法》、《别卦》再次证明，还是张先生站得高，看得远，说得对。

李零《张政烺先生学行展展板文学》

李学勤（清华大学出土文献研究与保护中心教授）

孙言诚转述：李学勤先生曾愤愤地对他说："有些人太不像话，自己不查书，鸡毛蒜皮的问题也问张先生，耽误先生的宝贵时间。"

李学勤曾对笔者说："张先生见多识广，博闻强记。他是学界前辈，应尊重他。"

李希凡（中国艺术研究院常务副院长）

"在这篇文章（指《宋江考》——引者）中，作者是想探索宋江的真实历史"，"论证这个农民起义军领袖并未参加宋代统治者扑灭方腊的战争"，"是有益的，而且也收到相当的效果。""无论在史料上或《水浒》发展的脉络上，作者都提供了一些可贵的资料。"

李希凡：《略谈〈水浒〉评价问题——读张政烺先生的〈宋江考〉》，
《李希凡文集》第一卷，中国出版集团东方出版中心2014年版。

何兹全（北京师范大学历史学院教授）

1989年，何兹全先生对王曾瑜先生说："别看我们拿老同学（指张先生——引者）取乐，他可真有学问。"

王曾瑜：《我所认识的张政烺师》，张永山编《张政烺先生学行录》。

杨升南（中国社会科学院历史所研究员）

杨升南曾对笔者说："张先生老年以后的文章越写越好。"

杨向奎（山东大学教授，中国社会科学院研究员）

"在国学古典方面的底子最厚的人是我的老友张政烺。"

杨向奎先生1999年4月2日致吴锐先生信。

杨希枚（台湾"中央研究院"史语所研究员、中国社会科学院历史所研究员）

1981年，杨希枚先生对来访的陈绍棣说：你的研究生导师张政烺先生"是中国第一流学者，古文献、古文字、古器物全都精通，知识面广，学问扎实，对学生授业解惑，毫无保留，不像有的先生对学生还留一手，他的确是个好人啊！"

陈绍棣：《我们永远记着他——忆杨希枚先生》，
中国社会科学院历史研究所编《求真务实五十载
——历史研究所同仁述往》，中国社会科学出版社2004年版。

肖良琼（中国社会科学院历史所研究员）

张先生认为"'科研是国家的公事，资料是国家的公器'。交给他的任务，他都认真完成。有关单位的新资料，他不抢先发表争发明权"。

"书法、篆刻和摄影，是张先生的业余爱好。……张先生对前来求墨宝者，来者不拒。"

"早年张先生从事过篆刻，胡厚宣先生有一枚图章就是上大学时由张先生刻制的，长期使用至今。"

"平易近人，乐于助人，服从领导分配的张先生，在所里组织的集体联欢活动中，往往充当义务摄影员。"

肖良琼：《纪念好老师张政烺先生》，
张永山编《张政烺先生学行录》

"表面上他是一个纯粹的学者，内心却怀着为国为民的一腔热情，他曾有如下的自白：'各类古籍从不同的角度帮助我们了解过去，展望未来。史书则更直接、更系统地记载我们这个五千年的文明古国是怎样不断战胜各种艰难险阻，而在这广袤的土地上屹立至今的。读史书使我们了解世世代代祖先的经历，从中辨识我国传统文化的精华与糟粕，认识我们的长处与短处，认识过去的得失及其因果，认识到应如何团结奋进、自强不息、建设社会主义精神文明、发展科学技术、以面对世界。'（《关于古籍今注今译》，《传统文化与现代化》1995年第4期）引得似乎长了一些，张先生确实语重心长。"

肖良琼：《张政烺先生百年冥寿随想》，
张世林主编《想念张政烺》。

宋镇豪（中国社会科学院学部委员）、刘源（中国社会科学院历史研究所研究员）

张政烺先生自幼临摹石鼓文，有扎实深厚的学术根底，他在北大读书时即已发表《猎碣考释初稿》等古文字研究领域的名篇。他在历史语言研究所工作期间，发表的甲骨文章虽不多，但其结论让学者信服，其中《奭字说》一文读奭为仇（意为匹、配）就是代表作。张先生甲骨学殷商史方面的文章，大部分是任历史所研究员后撰写发表的。张先生的古文字研究，并不局限于甲骨文字的零星考释训读；他的历史研究，也不专作殷商史方面的论文。他常说自己不是甲骨文专家，实际上治学博洽通贯，左右逢源。张先生的甲骨学研究的特点是着眼于历史研究和重大问题，将殷商史放在中国上古史的大框架、大背景中进行考察探索；他的文章以微见著，在甲骨文字考释方面极为精审，能参照金文、陶文、简帛、玺印、碑刻等种类文字材料，互相印证，讲清楚文字的形义音及其变化情况。张先生甲骨学方面的成就主要可概括如下：

一是认为商代还保存着十进制氏族组织，殷墟卜辞中的"众"或"众人"就是氏族成员，是农业生产承担者和主要的兵源。张先生对众身份的这个说法是从第一手材料中得出，为探讨殷商社会形态提供了宝贵思路，得到越来越多学者的认可和支持。

二是对殷代农业的研究。张先生研究当时的社会形态与生产模式，自然涉及殷墟卜辞中众人从事农业生产的材料，考释了其中几个有关土田耕作的重要文字。他释读𡇒为褱，训为刨土，参照古记载说𡇒田即开荒，造新田；释𡴘为肖，读为趙，义为除草，肖田即耕休田；释𡴘为尊，尊田即起田垄；读𡴘田为土田，指以土圭度田。张先生认为褱田与度田有关，尊田在几年后进行，讲清楚了殷代农业从开荒到治理耕田的过程。这一系列将甲骨文考释与经济史研究完美结合的文章，进一步阐述了张先生对商周社会形态的见解，也成为甲骨学殷商史领域的经典之作。

三是主张甲骨文人名'异代同名'。……

四是考释甲骨文难字。……

五是认出甲骨文中的易卦符号。……

张政烺先生知识渊博，对各类古文字材料和古书都很熟，又有深厚的音韵和训诂功底，故考释甲骨文字、探究商史并不局限于殷墟卜辞,能够广征博引,撷取金文、陶文、简帛、玺印等地下材料及历代典籍中的相关材料来说明问题,又能前后贯通,以宏大的历史眼光做精审的考据,所以他的甲骨学文章质量很高,至今仍得到古文字、先秦史学界的赞誉,成为历史所甲骨学史上的一座丰碑。"

宋镇豪、刘源:《历史研究所甲骨学六十年》,
中国社会科学院历史研究所编《求真务实六十载——
历史研究所同仁述往》,中国社会科学出版社2014年版。

吴荣曾(北京大学历史系教授)

"张政烺先生是海内外著名的历史学家,更为先秦史方面的史界泰斗。"

——《尽心集》扉页,中国社会科学出版社1996年版。

"先秦史的研究者,最好能兼通文献典籍和地下出土史料,而先生不仅是兼通,还应该是精通。先生学识渊博,除先秦古籍之外,对唐宋或明清的许多著述也相当熟悉,这使得他对中国古籍能有整体的认识,从而对先秦古籍的理解更加深刻。这两点在一般人中都是很难做到的事。"

吴荣曾:《张政烺先生与古史研究》,《揖芬集》,
社会科学文献出版社2002年版。

"论文集中所收的古史论文都是有分量的力作。无论是在几十年前或现在这些文章所产生的影响不小,并受到广大读者的赞誉。先生治学有以下一些特点:

一、先生不仅博览群书,而且读书极细。研究工作既有广度,也有深度。先生因治古史而必须钻研经书,而经书素称难读。先生颇学清人朴学的路数,先求识字,即要通训诂、声韵之学。先生这方面功力很深。对卜辞或金文的考释,也多所发明。先生能在学术上创获甚多，当归功于其功底之深厚。

二、先生长于考据，但治学亦并不局限于此。如在宏观方面也有突出之表现。约从40年代开始，先生受到郭沫若古代社会研究的影响，对先秦社会经济到政治下了不少功夫。解放后又接受了马、恩的方法、观点。1951年发表的《中国古代十进制氏族组织》一文，正是先生对先秦历史用宏观和微观相结合观察而获得的重大成果。

三、充分利用民族学方面的材料作为佐证，这是先生常用的方法。古代距今遥远，加之史料的奇缺，因而当时情况若隐若现，渺茫难测。在此状况之下，比较史学将会对研究有很大的帮助作用。先生主张依靠诸如欧洲的古希腊、古罗马，或是中世纪日耳曼人的历史，对于说明中国的古史，大有好处。

先生对有些具体的历史事实，也利用民族史上的实例来加以验证。如讲商、周时畬田时，就引用不少唐宋人记录下来当时南方少数民族中尚存在的畬田制。这对释读中原古代的畬田制会产生很强的说服力。

四、王国维曾主张治史当重视'两重证据'，傅斯年则提倡治史'要以上穷碧落下黄泉的精神去发现新史料'。先生尝言年轻时对王、傅最为服膺。曾云'深挖甲骨文、金文及其他形式的出土文献隐含的真实史料，与传世文献相互发明，探索中国古代社会的历史面貌，成为我研究上古史始终遵循的一条原则'。商周史研究无论是宏观或是微观的文章，毫不例外地要利用不少卜辞或金文的材料。其实在秦汉史的文章中也如此。

今天我们重读先生不少有关古史的论著，深深感到文章的论点和见解在当时都属于高水平的作品。都能经得起时间的考验，即用今天的眼光来衡量，先生在古史研究中所透露出的许多卓识和睿智，如今仍在闪闪的发光！"

吴荣曾：《读〈张政烺文史论集〉（史学篇）》，
原刊《书品》2005年第一辑。

"解放后张先生对马恩理论的研究一向是很用心的。恩格斯的《家庭、私有制和国家的起源》一书，他下过不少功夫。1960年左右，中科院刘潇然的马克思《前资本生产形态》一书作为内部发行印了出来，先生对此如获至宝，那时我上他家，他把他仅有一本送给了我，书面上还题字留念。马克思致查苏里奇的信札，讨论了有关农村公社的问题，先生也对此很有兴趣。在1956、1957时，他对于西周社会形态，认为是农村公社类型，比奴隶、封建社会都要原始一些。他既不同意西周封建说，也不同意战国封建说，他以生产力和生产关系相适应为基础，以西周的农业生产工具，大多数都是木制或石制的，因而西周社会的生产关系不可能达到封建社会的标准。"

"张先生对西周封建及战国封建的坚决反对，是因为先生一贯以生产力和生产关系一定要适应为原理，……经过先生多年来不懈努力，战国秦汉奴隶社会之说，终于得到了群众的理解和相信，它不再被看作是一种异端歪说了。"

"对儒学有很深的理解，也是张先生能胜过别人的重要优势。"

"西周封建论或战国封建论所以站不住脚，原因在于运用的史料不够过硬。张先生所以常立于不败之地，……就是因为先生所用的史料不同一般。张先生对中国历史有很深的理解，就因为他用的史料都不是轻而易举得来的，中国史的史料如涉及上古书的，都应该是经书范畴的。张先生对中国经学的发展有很深的认识。例如他从五十年代起，指导学术专攻的对象是《周礼》。"

"张先生不仅相信《周礼》，而且对汉代的注家也表示信任。他认为古人在学问传授方面都不能离开师法，汉人的知识，一般来源于春秋战国的师说，他们离古较近，因而保存了不少的旧说，其中值得依赖的内容还是不少的。因而他对东汉的郑玄、郑众等的注释，都十分的重视。"

"他不仅对汉儒的意见十分看重,而且对后世的儒家人物也表示很大的信任,如他认为朱熹的《四书集注》里有不少好的意见。……他认为朱读书多而且很细心。例如朱对《诗》的解释,对深入理解古史都是有用的。"

"张先生对清代学者也持重视和崇敬的态度,他对孙诒让很佩服,他认为《周礼正义》是对周制作了详细的整理和分析。因而他一贯主张要学先秦古史,孙氏的著述是最好的门径指南。他对于其他清代学者也表示出极大的尊敬和推崇。他很同意清人所主张的读书法,先应从识字开始,就是要在训诂、音韵这方面入手。这方面如没有基础,要很好读通古书是很难的。"

"清人所作的古书诠释很多,他对《仪礼》方面以吴廷华的《仪礼章句》为好。《礼记》方面以朱彬的《礼记训纂》为好。"

"当时旧书店里凡清朝皇帝御纂之类的经书很多,我问他这类书如何?他说名为康熙、乾隆编纂者。实际上都是别人作的,皇帝仅是挂名。他说这些都是请很有学问的人,如邵晋涵等人来完成的。他的这些认识,……对别人有很大借鉴意义。"

"他对于流传至今的有些史料,也作了特别的解释。如《左传·定公四年》记周封齐殷民几族时所举的几族。如长勺氏、尾勺氏等。有人以为他们是从事手工业的匠人。殊不知当时好以动物或器物为徽号,实际上都是周的大贵族,决非手工作事的工人。又如《左传》中曾述及晋国的赵鞅。'遂赋晋国一鼓铁铸刑鼎。'有人以为晋向人民赋取'一鼓铁',铸成一只带刑法条文的铁鼎。他说'遂赋晋国'是一回事,铸刑鼎又是一回事。'一鼓铁'的铁字是锺的误字。意思是统一度量衡之意。在今《孔子家语》中有'一鼓锺'的话,可以为证。《韩非子》中有'中牟之人,弃其田畇,卖其宅圃'的话,有人举此以为这是战国时田地能买卖的证据,但若细看,书中只说'弃其田耘',田是公家的,可以放弃而不种,没说要卖。'卖其宅圃',卖掉的仅是宅地和宅边地，这在当时是许可的。但文中未讲卖掉田地的事，……先生读书很细心，决不随便下结论，因而别人很难抓住他的把柄。"

吴荣曾：《张政烺先生对古史的贡献》，
张世林主编《想念张政烺》。

"本来我年幼的时候对文学很喜欢，所以当时考虑，将来是不是学隋唐史，但是自从听了张政烺先生课以后，完全改变了。我过去没有听过先秦史内容有那么精彩的，觉得我这辈子就学先秦史了，从那时到现在，一直也没动摇过。"

"张先生才智过人，他的记忆力非常好，也可以说是过目不忘，你问他一个材料，他可以知道在什么书里面，有的甚至在多少卷里面他都能记起。张先生说，我们搞历史研究的，对天文这些东西比较害怕，因为不懂，张先生对这些比较熟悉，这是别人不具备的条件。"

"张先生最了不起的地方就是一生苦读，因为他没有什么嗜好，不抽烟不喝酒，其它的都很少，除了我知道他喜欢看戏，这是他唯一的嗜好了。看京戏，甚至看地方戏，他在中央研究院的时候，因为那个时候是抗战时期，白天也没事，但是你上班还得去上，所以他每天干什么呢？就在他的办公室里，在书架旁边拿书看。所以在李庄那几年他读了相当多的书，他后来的饱学，跟这个经历是很有关系的。"

"他看的书里面很多是丛书，里面什么内容都有，所以张先生的知识领域非常广阔。"

"张先生对学术问题的态度非常公开，就是中国古人说的，文章是天下之公器，不能随便垄断。"

"我们历史系有两个学生，一个是俞伟超，他根据张先生的观点展开写成一本书，就是关于东汉'僤'的。我还有一个同学在《光明日报》写过一篇文章，就是关于中国七言诗起源的问题，实际上这也是来自张先生的启发。张先生非常开明，对学生把自己的东西拿出来发表从不生气，因为这些年轻学生都是根据自己的琢磨研究再来发表的，认为不应该由自己来垄断。"

"张先生真的是博闻强记。他知道的东西太多，书读的太多。张先生是继承了清朝人的传统，讲历史都是通的。他讲课的时候，往往会蹦出一句话来，说这个在辽代怎么样，清朝是怎么样的，满洲人是怎么样的，可见他对其它史都非常熟。"

《中华读书报》2012 年 5 月 9 日

"我老师张政烺先生指导过不少先秦史的学生，其中也包括外国留学生。张先生都要求熟读基本史料、文献，而从来不要求学生先去接触地下出土材料。张先生自己在甲骨、金文方面有极高的造诣，但他并不要学生一上来就去学金文、甲骨文，只是等到文献基础已打好，再去利用地下出土材料，这才符合两重证据法的要求。张先生照着王国维、傅斯年的路子治先秦古史。邓先生是从老北大这个学术环境中走过来的，他们对古史如何治法因受诸前辈的影响，才能说出如此在行的话来。"

吴荣曾：《邓广铭先生——师道之楷模》，
张世林主编《想念邓广铭》，新世界出版社 2012 年版。

吴荣曾先生曾对笔者说：北大放走张政烺先生和裘锡圭先生都是失策，因为他们皆有大学问。

陈垣（原北京师范大学校长、中国科学院历史所二所所长）

张守常先生转述陈垣先生说过："干我们这一行的，有几个读书的？大都是查书的？大都是查书。"张先生就是"几个读书的"之一。

张守常：《记业师张苑峰先生》，
《揖粉集》，社会科学文献出版社 2002 年版。

陈绍棣（中国社会科学院历史研究所研究员）

"惜墨如今，是张先生严谨学风的一个重要方面。他常说，文章写清楚明白，让人看得懂就行了，何必写那么长。既节省别人的时间，也节省纸张。多么善良的愿望，多么美好的心灵！"

陈绍棣：《为人治学，皆称楷模——纪念尊师张政烺先生》，
卜宪群、扬振红主编《简帛研究》二〇一一，
广西师范大学出版社 2013 年版。

先生是一位百科全书式的大学者。他有时还把自己的研究成果（如周灭商的时间、汉代屯田的性质）告诉我。

陈绍棣在纪念张政烺先生诞辰 105 周年座谈会上的发言

张先生常赞赏因勤奋而有重大学术贡献的同辈著名学者。他曾对笔者说：旧石器考古大家贾兰坡先生原来只是个账房先生（会计），自学成才；语言学大师王力先生因学习苏州方言有两个夫人，经济负担重，故常深夜笔耕不辍，著作等身。意在激励我以学界前辈为榜样，发奋图强，早出成绩。

林甘泉（中国社会科学学部委员）

"张先生在史学界素来有'小王国维'的美誉，以实证功力见长。"但刚出版的《张政烺文史论集》，却为我们展现了他用马克思主义理论指导历史研究所作的努力。"张先生是主张从史料的实证入手的，但他从不排斥马克思主义社会经济形态理论对历史研究的指导意义。"

林甘泉《五十年的回忆和思考》，中国社会科学院历史研究所编
《求真务实五十载》，中国社会科学出版社 2004 年版。

林甘泉先生说："我虽非张先生弟子，但在历史研究所工作，多年追随先生左右，得蒙教诲，获益良多。"

"张政烺先生的道德文章，在历史所乃至史学界有口皆碑。他学问广博精深，又乐于教导后学。"

"读《张政烺文史论集》是一种巨大的学术享受，从中可以得到许多知识和启发。"

林甘泉：《深切怀念张政烺先生》，张世林主编《想念张政烺》。

周一良（北京大学历史系教授）

周一良先生认为张政烺先生和邵循正先生"脑筋敏锐，善于深思"，是他"特感敬佩"的同事。周先生与张先生初出大学时曾在中央研究院史语所共事，回忆有次学术讨论中，甚至所长傅斯年先生也要向他征询意见，说："你是最 critical 的，你对这问题怎么看？"

周一良：《毕竟是书生》，北京文艺出版社，
北京十月文艺出版社 1998 年版。

周祖谟（北京大学中文系教授）

肖良琼先生说："对于图书目录版本，张先生造诣之深，有一小例可说明。余嘉锡先生是史学名家，以精于考证古代文献著称，由他的女婿周祖谟先生及其女儿余淑宜女士整理出版的他的遗著《世说新语笺疏》中专门引了张先生对《文章叙录》一书的说明。指出《文章叙录》，是《三国志·注》及《世说新语注》中对荀勖《新撰文章家集叙》一书的简称，并考证此书源流，补充了余先生书的疏漏。"（见《世说新语笺疏》，余嘉锡撰，周祖谟、余淑宜整理，中华书局 1983 年 8 月第一版，第 19 页。）

肖良琼：《纪念好老师张政烺先生》，
张永山编《张政烺先生学行录》。

周清澍（内蒙古大学教授）

周清澍先生认为："张先生在北大历史系任教，既是先秦、秦汉史权威，又熟悉宋以后各代历史。今历史系多分历史、考古二途，而他是两专业兼精的通才，这是他过人之处。如果在中文系，他在古文字学，继王国维之后，能将传统小学与考古发现相结合，比观堂先生经眼多得多的实物资料，又能用史学家的眼光探索文字源流，确胜于从书本到书本研究文字、训诂的学者。他对通俗小说的研究卓有成就，在中国文学史界，早已占有一席之地。如果在哲学系，中国哲学史的基本文献，经史百家之书，其熟稔程度能及他的恐怕不多。何况他还曾亲自整理过马王堆帛书、银雀山汉简等战国、秦汉的原典，并与世传典籍作过比较研究。因此，在人文科学的各个领域，他通晓'国学'的多个方面，又能吸取近代学者所长，确是当代当之无愧的国学大师。"

"苑峰先生在史学、考古学、文字学等多方面的成就，并非单纯的烦琐考据、文字识读和古物鉴别而已。他在建国之初，就能主动学习和运用历史唯物主义研究古代中国的十进制氏族组织，论证殷周的氏族社会，农村公社。'文化大革命'刚结束，他发表有关'衷田'、'肖田'等论文，考查殷代的开垦、耕种技术和农事活动，说明农民的身份和新的农村公社，进一步论证殷代的社会性质。秦汉刑徒和汉代铁官徒的研究，论证刑徒在周、秦是奴隶身份，汉代虽罪刑逐渐减缓，仍是奴隶社会。他的研究，从生产力的发展论证生产关系，在此基础上再分析由此产生的社会结构、阶级关系的变化，这难道不是唯物史观吗？"

周清澍：《张政烺先生教学和育人》，
张永山编《张政烺先生学行录》，中华书局 2010 年版。

"苑峰师五十年代初的研究，不论赞成与否，必须承认，这都是他积极学习马列的表现，是运用新观点进行研究的尝试。铁官徒的文章，被翦伯赞先生著文扫了一下，《宋江考》因批判俞平伯先生的《红楼梦研究》也遭到连累。"

周清澍：《缅怀苑峰师》，张世林主编《想念张政烺》，
新世界出版社 2015 年版。

罗琨（中国社会科学院历史研究所研究员）

"先生总告诉我们，治学要严谨，其一，如《妇好略说》所说'考古材料的发现从来都带偶然性，今日所见的甲骨绝非全部。研究上古史，在文字记载断烂不全的情况下，我们只能征其有，不能断其无'，这是交谈中，先生也常强调的。其二，手要勤，但文章不要急于发表，先生自己一篇文章就往往放置多年，千锤百炼，不断完善，'敏而好学，不耻下问'，这是先生不求'著作等身'，却有更大学术贡献的根本原因。"

"张永山在组织两本集子文稿的过程中，除了自己感觉到确拿不准的问题，常去就教于先生外，稿子也都请先生帮助审读，在两本集子的《编后记》中，他只能简单地讲先生'对该书提出过许多宝贵的修改意见'，实际上先生对研究室一些年轻人的文章从卜辞选用的释读，到文章结构和观点的协调，乃至段落划分和标点符号，都提出过中肯意见。此外还积极帮助联系出版社，给《甲骨文与殷商史》题签，为开辟这一进行学术交流、推动青年一代成长的园地，付出很多心血。"

罗琨：《古文字与古史研究的引路人——怀念张政烺先生之二》，
张世林主编《想念张政烺》，新世界出版社 2015 年版。

罗志田（北京大学、四川大学教授）

"同在 1952 年，张政烺在《历史教学》2 卷 2、4、6 期上发表了《古代中国的十进制氏族组织》一文，根据甲骨卜辞与金文资料，对商周时期的氏族组织进行了深入研究，提出了当时氏族组织与军事组织和农业生产组织是一体的见解，一般认为对于认识商周社会结构有重要的推进。这大概也是从学习'社会发展史'

受到的启发，正因其先有古文字方面的丰厚积累，才能产生这样相得益彰的成效。"

罗志田：《转变与延续：60年来的中国史学》，
《北大视野：新中国60年学术流变记》

范文澜（原中国科学院近代史研究所所长）

"据李锡厚先生来信说一件事如下。范文澜先生修订通史简编第一编，依靠王崇武先生。当时王崇武先生刚从英国回来，根本不懂考古学和上古史。他到北大找张政烺先生，说范老听说张政烺先生在一本'简编'上有批注，要看看，张政烺先生一听范老要看，只好拿给这位老同学。王崇武先生回去后，将张政烺先生的批注过录到自己那本'简编'上，然后告诉范老说'我发现的问题都注在上面了。'范看后对王崇武先生赞赏有加。后王崇武先生病逝，邓广铭先生去参加追悼会，范老对王崇武先生的离去极为痛惜，说'王崇武走了，第一编的修改怎么办？'他始终也不知道王崇武先生的背后还有张政烺先生。"

王曾瑜：《张政烺师杂忆》，张世林主编《想念张政烺》。

孟祥才（山东大学历史系教授）

王曾瑜先生转述孟祥才教授的话说："在历史所，尽管遭遇了众所周知的特殊环境，而唯一一个没有学会说违心之言的，是张政烺先生。他还举了一个事例，在'文化大革命'初期，批判让步政策已经造成很大的政治声势和压力，但张先生在讨论时，还是坚持说，让步政策怎能说没有呢？就是有嘛，孙达人的说法不符合事实。"

王曾瑜：《张政烺师杂忆》，张世林主编《想念张政烺》。

胡厚宣（中国社会科学院历史研究所二级研究员）

胡先生曾对笔者言："张先生对自己文章的质量要求很高；一次去台湾开会，竟然没有带文章。他就是这样宁缺毋滥，决不滥等充数。"

郝本性（原河南省文物考古研究所所长）

郝本性先生曾对笔者说："我不论问张先生什么问题，他都解答，可有人有问不答。"

赵超（中国社会科学院考古研究所研究员）

"苑峰先生是我最尊敬、最崇拜的当代学者。每当倾听他的谈话，拜读他的著作时，心中都会浮起'仰之弥高，钻之弥坚，瞻之在前，忽焉在后'的感慨。这不仅是由于先生博闻强记，知识渊博当世罕匹，具有丰厚的学术底蕴；也不仅是由于先生思想敏锐，目光独到，永远保持学术的前瞻性；更是由于先生具有中国优秀知识分子典型的道德情操，人品高尚，胸怀博大，堪称一代师表。"

"苑峰师博学广阔，上自商周甲骨金文，下至明清小说戏曲，都有过广泛的涉猎与研究。但是他用力最勤的还是古文字学与先秦历史的研究。"

"学界尽知，先生从不轻易发表论著。他对一个要研究的问题，往往要反复思考、研究，广泛寻找有关资料证据，甚至长达十余年不下结论，直至确乎无疑才付诸学界，多成振聋发聩之响。……这些论著中研究之深邃，论据之广博，思虑之严密，观点之新颖，均无人可望其项背，……对学术界具有指导性的重要意义。"

"《猎碣考释初稿》是先生大学时期的作品，论述重点仍在古文字铭文的考释上面，所采用的方法属于传统的乾嘉考据学与《说文》学，这也正是当时中国古文字学界主要采用的学术方法。……在《猎碣考释初稿》中对《说文解字》中存在的问题与前人考证的不足之处多所匡正，提出了很多独到的见解。这篇考释中，先生熟练地运用了古文字学的传统考释方法，显示出他在古文字学的三个组成部分——形体、音韵、训诂各学科中都打下了深厚坚实的功底，已经具有广博的学术造诣。所以，先生以后撰写的一系列金石题跋考释文章都能在这种深厚的学术功底上做到举重若轻，游刃有余。"

"运用辩证观点全面剖析研究对象，考虑问题细致入微，从不人云亦云，是先生学术研究中的一大特点。"

"20世纪初，西方现代考古学等新的学术思想传入中国，影响了中国社会科学的研究与发展。王国维的'二重证据法'便是研究方法上一个明显的发展变化。先生的论著中也明显地反映了这一学术演进。从最初的学术研究开始，先生就留意实证，不仅广泛运用以往所有的各方面古代铭刻资料与文献资料，还能注意利用考古资料，结合考古实践。在石鼓文的考证中，他不仅熟练地引用了大量文献例证（有些还是前人从未使用过的），而且使用了甲骨文、金文、汉碑等大量古文字资料，甚至使用了敦煌写本中的文字资料。"

"《中国考古学史讲义》，……最令人折服的就是先生将金石学的产生、发展与古代思想学术的变迁历史联系起来，深入分析有关的时代背景。从经学、史学、艺术谱录之学等方面的新趋向分析出宋代金石学的开创是'一代学术上的风气，决不是一件偶然的事情'。近代以来，曾有过很多学者讨论宋代金石学的产生原因，但就我所见，还没有一个人能从这么广阔的学术背景上来予以分析。"

"先生对传统金石的批语也直刺膝理。他认为以往的金石家'所注意仅在人名、地名之考证，无关宏旨，但到清的金石学家也未能超出这个范围'、'收获微细'，由此反映出先生注重用金石材料来解决历史研究中深层问题的高超见解。正如吴荣曾先生所言：'先生对宏观史学也很重视'，他利用刑徒砖等古代铭刻资料对秦汉刑徒、汉代的铁官徒所作的研究就是他这种主张的具体实践。通过有关刑徒的铭刻资料，先生深入考察了古代的奴隶社会，得出'汉光武是大地主出身，看见了王莽失败的原因，意识到封建主义在适合生产力上的必要，即位之后就接二连三地释放奴隶。从此奴隶制度开始衰落，封建主义逐渐抬头，到魏晋时中国便步入了封建社会'的结论。从而为先生主张的魏晋封建论增加论据，在曾经是中国历史学界最重要的研究课题——古代社会分期上坚持了自己的学说。"

赵超《厚积薄发，开风气之先——读张政烺先生的石刻论著》，
《书品》2005年第一辑。

席泽宗（中国科学院院士）

"中国科学院院士席泽宗先生在庆祝历史所成立40周年大会的演讲中，提到历史所时只提了两个人，其中一个就是张政烺先生（另一个是侯外庐先生）。他说张先生与同时代的史学大家相比，虽然著述不太多，但他作学问特别认真，总是反复推敲，甚至字斟句酌。"

陈绍棣：《为人治学，皆称楷模——纪念尊师张政烺先生》，
卜宪群、杨振红主编《简帛研究》二〇一一。
广西师范大学出版社2013年版。

高明（北京大学文博学院教授）

"我就是听了先生讲的先秦史迷恋上商周考古学和古文字学。而且成为我终身追求的事业和研究工作。"

"张先生不仅学识渊博精深，品德更为诚挚高尚。做为学者能像张先生那样道德文章俱优，德与才兼备的人，实在是不多，也可以讲太少太少。"

高明：《"启蒙"和"交卷"——缅怀苑峰先生》，
张世林主编《想念张政烺》，新世界出版社2015年。

钱锺书（原中国社会科学院副院长、中国科学院哲学社会科学部委员）

张世林先生转述栾贵明先生的话说："有一次钱锺书先生读了张先生的一篇文章，马上写了一封四五页纸的信，让他送给张先生。信没有封口，栾看了，是钱先生称赞张先生的话。"

张世林：《编辑手记》，《光明日报》2015 年 7 月。

栾成显（中国社会科学院历史所研究员、安徽大学博士生导师）

栾成显说："张先生背后誉人，可有人背后毁人。"

在中国社会科学院历史研究所
纪念张先生诞辰 100 周年大会上的发言

顾颉刚（中国社会科学院历史所一级研究员）

"张政烺先生学问极为广博，即在小说史研究上亦有很高的成就。如所发表的《〈封神演义〉的作者》（《独立评论》209 号）、《讲史与咏史诗》（《历史语言研究所集刊》第十本），其见解均精确不易。"

顾颉刚：《当代中国史学》下编第四章第一节第 115 页，
上海古籍出版社 2006 年版。

"他（顾颉刚先生）曾亲口对我说，在开唐兰先生的追悼会时，他特意叫刘起釪先生去参加，并说曾一再嘱告刘起釪先生要多向于思泊、张苑峰（政烺）先生请教。所以要向古文字学家于思泊、张苑峰先生请教，就是要掌握出土文献中的大量史料。"

"顾颉刚先生还多次向我提出要张苑峰师为《当代社会科学家传》撰稿，我向苑峰师转达了顾颉刚先生的美意。苑峰师说：'我没这么厚的脸皮，让后人去写。'我也把苑峰师的想法告诉了顾先生，顾先生说：'为了给后生学子指示治学门径，还是应该写。'"

林小安：《"欲罢不能"——深切怀念顾颉刚先生》，

载王煦华编《顾颉刚先生学行录》，

中华书局2006年版。

黄展岳（中国社会科学院考古所研究员）

"张先生生前沉默寡言，不评论时政、不臧否他人，不谈个人、家庭，一心做学问。傅先生说他是"茶壶里煮饺子"，满肚子学问倒（说）不出来。"

《张政烺文史论集》的出版，"这是历史、考古、古文字学界的幸事。是张先生遗留下来的一笔巨大的精神财富，它将引导我们后辈学者继续前行。"

黄展岳：《怀念张政烺先生》，张世林主编《想念张政烺》。

梁子明（山西省考古研究所摄影师）

"久闻张先生大名。只知是位前辈，博古通今，为人品高，平易近人。真正的面对面相识，还是在一九八五年的山西省考古研究所侯马工作站第一次晋文化座谈会时，经苏秉琦先生介绍才开始的。虽然和张先生接触甚少，但他却给人留下极为深刻的印象。……也算是我幸运，结识了这么一位称得上奇才的老者。"

梁子明：《奇才老者——张政烺先生》，

张永山编《张政烺先生学行录》。

常玉芝（中国社会科学院历史所研究员）

常玉芝曾对笔者说："某甲骨学家的名声很大。但我向张先生请教后，方知张先生比他的学问好。"

逯弘捷（逯钦立先生哲嗣）

张政烺先生从新石器时代到清朝都通。杨联陞先生最佩服张先生。

在纪念张政烺先生诞辰 105 周年座谈会上的发言。

裘锡圭（北京大学中文系教授、复旦大学教授）

"我在复旦的时候，读过张先生的《古代中国的十进制氏族组织》等文章，认为张先生使用古书和古文字史料的水平在古史学者中是最高的，对他十分钦佩。……张先生不善交际，但是对年轻后辈十分热情。后辈们向他请教学术上的问题，他总是毫无保留地加以指点，有时第二天还会主动从家里带来有关书籍让他们参考。……他很自然地成了我时常去问疑求教的老师。"

裘锡圭：《我和古文字研究》，《裘锡圭学术文集·杂著卷》，
复旦大学出版社 2012 年版。

"在当代文史学家中，张政烺先生渊博举世无匹。这是大家公认的。不过张先生治学的重点还是很明确的，那就是古史学和古文字学。学术界一般认为张先生主要是一位古史学家。其实，张先生在古文字学上的造诣和贡献，绝不在他的古史学之下。"

"张先生写得最多的，乃是古文字学方面的文章，而且质量非常高。"

裘锡圭：《张政烺先生与古文字学》，《裘锡圭学术文集·杂著卷》，
复旦大学出版社 2012 年版。

"张政烺先生是我见过的最纯粹的学者。张先生不但朴实无华、和蔼可亲，而且最具有'以学术为天下公器'的真正学者精神。"

"先生以学问渊博著称，时常有人当面或书面向先生请教各种学术问题或多少与学术有些关联的问题。公家（如先生任职的社科院历史所）也不时将他们收到的咨询与学术有关的问题的来信交给先生，请先生答复。先生对大家提出的问题无不竭诚作答。如果提问题请教的是熟悉的年轻后辈，先生谆谆诱导的恳切态度更是令人感动。有时候,先生头天回答了本单位一位年轻人的提问,第二天上班还要从家里带来有关书籍,让提问的人参考,而提问的人并没有提出过这样的要求。"

"我曾多次向先生请教,获益极多。这里只举了一个比较容易说清楚的例子。我本是学先秦史的,从1956年年底到1960年,作为复旦大学历史系研究生,随导师胡厚宣先生在历史所先秦史组学习。头两年,我跟另两位年轻人合用的办公室正挨着张先生的办公室,接触机会较多。有一次我向先生请问学先秦史应该注意之点。先生告诉我,对于了解先秦的社会、历史,最重要的古书是《左传》和《周礼》,想学好先秦史,一定要好好读这两部书。这一教导对我非常重要,让我一生受用。惭愧的是,我虽然经常用这两部书,但并没有真正读透这两部书。"

"请先生看稿子的人也非常多,固然多数是学生、朋友,但也有不少本来并不怎么熟悉的人。有些稿子也是公家交给先生,请先生审阅的。先生对让他看的稿子也都持认真的态度,提出他感到应该提的意见。"

"先生还时常主动为人提供研究问题或写文章所需要的资料。我就曾两次受益。"

"先生接待来访者,回复来信,看送来的稿子,花费了大量时间,严重影响了他自己的研究工作和写作。熟悉先生的后辈们都为此感到可惜,有时也直接向先生说出这种想法,要先生多考虑一些自己的工作。先生却仍然我行我素。显然,先生是把他为别人所做的那些事,看作一个学者应尽的义务的。"

"先生渊博的学问,我们固然望尘莫及;先生的真正的学者精神,我们更是高山仰止,自愧弗如。"

《中华读书报》2012年5月9日。

裘锡圭先生说:"在研究工作中,重视地下发现的古文字资料与流传文献的相互印证。研究文字时,比较注意从语言的角度看问题。……在研究先秦、秦汉史的方法上，受张政烺先生的影响最深。"

《裘锡圭自选集》，河南教育出版社 1994 年版，第 236—237 页。

傅斯年（中央研究院史语所所长）

"他（指张先生——引者）博闻强识"，是"小王国维"。

"张苑峰先生（政烺）送古籍入川，慨然愿为我抄之（指《性命古训辨证》，携稿西行，在停宜昌屡睹空袭为我抄成，至可感矣。故上卷前月寄商务印书馆，一段心事遂了，此皆苑峰、骥尘之惠我无疆也。"

傅斯年：《性命古训辨证·序》

谢国桢（中国社会科学院历史研究所研究员）

谢（国桢）曾对笔者说："张先生看过许多明清笔记小说。"

谢桂华（中国社会科学院历史研究所研究员）

"张先生不仅博览群书，具有精湛的文献根底，而且非常重视甲骨文、金文、石鼓文、陶文、简帛、碑刻等各种新出土文献，并将两者紧密结合起来，融为一体，娴熟地运用于古代历史的研究之中。尤其值得一提的是，他独辟蹊径，利用甲骨文、金文和简帛等考古资料，研究易卦的起源，取得划时代的惊人发现。特别是他撰写的《试释周初青铜器铭文中的易卦》一文，根据《易系辞》所载八卦揲蓍法原理，破解了困惑学界数十年的青铜器铭文和甲骨片上出现的一行三个或六个数目字的问题，确认它们是一种古老的数占法八卦符号，而不是所谓"已经遗失的中国古文字"或者"奇字。"这一重要发现，在海内外学术界引起巨大反响，从而开创了易学研究的崭新局面。"

谢桂华：《栉风沐雨　成熟斐然——50 年来历史所简帛研究回顾》，

中国社会科学院历史研究所编《求真务实五十载》，
中国社会科学出版社2004年版。

童书业（山东大学教授）

"现代人所作历史研究文字，大都经不起复案，一复便不是这回事。其经得起复案者，只五人：先生（指顾颉刚——引者）、吕诚之、陈寅恪、杨宽、张政烺也。然吕先生有时只凭记忆，因以致误。陈先生集材，大抵只凭主要部分而忽其余，如正史中，只从《志》中搜集制度材料，而忘记《列传》中尚有许多零星材料，先生亦然，不能将细微材料搜罗净尽，以是结论有不正确者。杨宽所作，钜细无遗矣，而结论却下得粗。其无病者，仅张政烺一人而已。"

童教英在《我的父亲童书业》一书中，
曾经引用顾颉刚先生一篇日记，1958年1月12日补记，
1957年中秋节丕绳（童书业）云：

蔡美彪（中国社会科学院荣誉学部委员）

周清澍先生转述："蔡美彪先生认为社科院有两个学问最渊博的学者，一个是文学所的钱锺书，另一个就是历史所的张政烺。"

周清澍：《张政烺先生教学和育人》，
张永山编《张政烺先生学行录》。

樊克政（中国社会科学院历史研究所研究员）

樊克政先生曾对笔者说："'文化大革命'前历史所看书最多的是张先生。"

"我在撰写此书（指《龚自珍年谱考略》——引者）的过程中，曾得到王元化先生与本所张政烺先生的教益。"

樊克政：《龚自珍年谱考略》"后记"，
商务印书馆2004年版。

中国社会科学院历史研究所清史研究室

"何（令修）先生自幼聪颖，又求学名师，得商鸿逵、许大龄、邓广铭、张政烺等先生指导，治学广博，慎思择要，考证见长，卓然一家。"

《何令修先生生平》（未刊稿）2018年3月。

台湾史语所人员

"抗战时期，那么多图书资料从南京转移长沙，又运到四川南溪李庄，最后又转至昆明，如果没有组织工作才能，能做到吗？这部分图书资料，张先生离开史语所后，被运往台湾，至今在该所任职人员，还认为张先生遵照傅斯年的指示置办的图书资料对于研究工作极为有用，选择精当。历史语言研究所的研究范围，不限于历史，还包括田野考古、古人类学、民族学、现代语言学和语音学等，要在这么多学科中做到采购的资料对研究工作有用，而又不重复，不缺漏，需要多么广博和深厚的学识才能做到呢？张先生做到了。"

肖良琼：《纪念好老师张政烺先生》，
张永山编《张政烺先生学行录》。

台湾"中央研究院"某院士

中国古文字学会会长、吉林大学副校长吴振武教授转述90年代中期台湾"中央研究院"史语所某院士的话说："我们可以在全世界选院士，唯独不能在大陆选，如果可以的话，张政烺先生就应该是。"

《中华读书报》2012年5月9日

主要参考文献

一 张政烺的著作（见本书五附录（一）谱主著作目录）

二 档案、纪念文集、影像集

1. 中国社会科学院档案库所藏张政烺档案。
2. 吴荣曾主编：《尽心集——张政烺先生八十庆寿论文集》，中国社会科学出版社1996年版。
3. 《仰止集——纪念邓广铭先生》，河北教育出版社1999年版。
4. 宿白主编：《苏秉琦先生纪念集》，科学出版社2000年版。
5. 张政烺先生九十华诞纪念文集编委会：《揖芬集》，社会科学文献出版社2002年版。
6. 中国社会科学院历史研究所编：《求真务实五十载——历史研究所同仁述往》，中国社会科学出版社2004年版。
7. 中国社会科学院语言研究所、《丁声树先生百年诞辰纪念文集》编辑组编：《学问人生 大家风范——丁声树百年诞辰纪念文集》，商务印书馆2009年版。
8. 中国社会科学院考古研究所编：《夏鼐先生纪念文集——纪念夏鼐先生诞辰一百周年》，科学出版社2009年版。
9. 张永山编：《张政烺先生学行录》，中华书局2010年版。
10. 《考古学家夏鼐影像集》编辑组：《考古学家夏鼐影像集》，中国社会科学出版社2011年版。

11. 张世林主编：《想念邓广铭》，新世界出版社2012年版。
12. 中国社会科学院历史研究所编：《求真务实六十载——历史研究所同仁述往》，中国社会科学出版社2014年版。
13. 张世林主编：《想念张政烺》，新世界出版社2015年版。
14. 北京大学校刊编辑部编：《百年校庆特刊》，1998年3月。

三 年谱、文集、日记、大事记

1. 顾潮编著：《顾颉刚年谱》，中国社会科学出版社1993年版。
2. 洛阳市文物工作队编（主编叶万松）：《洛阳考古四十年——一九九二年洛阳考古学术研讨会论文集》，科学出版社1996年版。
3. 石璋如：《胡厚宣先生与侯家庄1004大墓发掘》，中国社会科学院甲骨学殷商史研究中心编辑组编（主编张永山，副主编胡振宇）：《胡厚宣先生文集》，科学出版社1998年版。
4. 顾颉刚：《顾颉刚日记》，台北：联经出版事业股份有限公司2007年版。
5. 郑嗣仁：《郑天挺教授大事记》，载封越健、孙卫国编《郑天挺先生学行录》，中华书局2009年出版。
6. 夏鼐著、王世民等整理：《夏鼐日记》，华东师范大学出版社2011年版。
7. 《裘锡圭学术文集》，复旦大学出版社2012年版。
8. 王贵民：《寒峰阁古史古文字论集》，社会科学文献出版社2015年版。
9. 郑天挺：《郑天挺西南联大日记》，中华书局2018年版。

四 论文、人物传记、专著

1. 吉林大学古文字研究室编：《古文字研究》（第一辑），中华书局1979年版。
2. 王毓铨：《籍·贯·籍贯》，《文史知识》1988年第2期。

3. 杨向奎：《东望渤澥　云海茫茫——纪念孙以悌先生》，《文史哲》1997 年第 5 期。
4. 赵俪生：《明史专家王崇武逝世 40 周年祭》，《齐鲁学刊》1997 年第 2 期。
5. 王震中：《张政烺》，载中国社会科学院研究生院教务处编：《名师荟萃——中国社会科学院研究生院博士生导师简介（一）》，中国经济出版社 1998 年版。
6. 焦润明：《傅斯年传》，人民出版社 2002 年版。
7. 张永山：《真诚求实是为人为学之本——我所认识的张政烺先生》，中国社会科学院老专家协会编：《学问人生（下）——中国社会科学院名家谈》，高等教育出版社 2007 年版。
8. 孙言诚：《我的导师张政烺》，《文史哲》2007 年第 6 期。
9. 罗志田：《转变与延续：60 年来的中国史学》，《北大视野：新中国 60 年学术流变记》，北京大学出版社 2009 年版。
10. 中国社会科学院院史研究室：《中国社会科学院编年简史（1977—2007）》，社会科学文献出版社 2010 年版。
11. 周一良：《天地一书生》，北京大学出版社 2010 年版。
12. 北京大学档案馆校史馆：《北京大学图史（1898—2008）》，北京大学出版社 2010 年版。
13. 许树安：《一生沉浸在作学问之中——缅怀张政烺先生》，《中国社会科学报》2011 年 1 月 13 日。
14. 臧知非：《究历史规律，通古今之变——田昌五先生学述》，《文史哲》2011 年第 5 期。
15. 陈绍棣：《学林巨擘张政烺》，《中国社会科学报》2012 年 7 月 2 日。
16. 李零：《大学者张政烺和我的老师梦》，《北京日报》2012 年 9 月 24 日。
17. 陈绍棣：《为人治学，皆称楷模——纪念尊师张政烺先生》，

《简帛研究》二〇一一，广西师范大学出版社 2012 年版。
18. 赵辉主编：《记忆》，北京大学出版社 2012 年版。
19. 《石璋如先生口述历史》，九州出版社 2013 年版。
20. 王学典主编：《20 世纪中国史学编年》（上、下册），商务印书馆 2014 年版。
21. 张峰：《张政烺的学术道路与治史风格》，《中国史研究》2015 年第 2 期。
22. 王巍：《着眼中外交流　潜心学术研究——王仲殊先生的考古人生》，《中国社会科学报》2015 年 10 月 15 日。
23. 刁勇：《张政烺：从图书管理员到中国古代史学大家》，《中国社会科学报》2016 年 12 月 19 日。
24. 刁勇：《从图书馆起步进入学术殿堂》，《中国社会科学报》2017 年 2 月 27 日。
25. 汤惠生：《夏鼐、苏秉琦考古学不同取向辨析》，《中国社会科学》2017 年第 6 期。
26. 齐浣心：《不能忘却的纪念——古籍整理出版规划小组成立六十年载记》，《中华读书报》2018 年 1 月 17 日。

五　通讯、普及读物、诗、书评

1. 《人民教育》记者骏征：《锲而不舍，金石可镂——记北京大学中文系古典文献专业副教授裘锡圭》，《光明日报》1978 年 6 月 29 日。
2. 《白话〈资治通鉴〉》，中华书局 1997 年版。
3. 《中华文明史话丛书》，中国大百科全书出版社 2000 年版。
4. 《学界纪念张政烺先生诞辰百年》，《中国社会科学报》2012 年 4 月 16 日。
5. 王洪波：《文史学界纪念张政烺先生百年诞辰》，《中华读书报》2012 年 4 月 25 日。

6. 《缅怀张政烺先生》,《中华读书报》2012 年 5 月 19 日。

7. 陈绍棣:《"牛"与"土地公公"》,《中国社会科学报》2016 年 3 月 25 日。

8. 陈绍棣:《献给中国社会科学院 40 华诞的厚礼——〈中国古代历史图谱〉出版感言》,《中国社会科学报》2017 年 5 月 17 日。

9. 《以图说史 以图证史〈中国古代历史图谱〉出版座谈会举行》,《中国社会科学报》2017 年 6 月 26 日。

10. 《〈中国古代历史图谱〉出版座谈会在京举办》,《中国文物报》2017 年 6 月 27 日。

11. 《〈中国古代历史图谱〉出版座谈会在京举行,用文物资料展示中国悠久历史》,《中国社会科学报》2017 年 7 月 7 日。

12. 黄正建:《〈中国古代历史图谱〉的编纂过程及其特色》,《中国文物报》2017 年 7 月 11 日。

13. 陈绍棣:《张政烺先生对〈中国古代历史图谱〉的贡献》,《中国文物报》2017 年 7 月 11 日。

14. 陈绍棣:《宝剑锋从磨砺出,梅花香自苦寒来——〈中国古代历史图谱〉编著中呈现的感动》,《中国史研究动态》2017 年第 6 期。

15. 《中国社会科学院创新工程 2017 年度重大成果发布会》,《中国社会科学报》"专版" 2018 年 1 月 4 日。

16. 陈绍棣:《近六十年不懈的执着追求——〈中国古代历史图谱〉编著中的那些人和事》,《理论与现实》,中国社会科学出版社 2018 年版。

六 杂类

1. 《北京大学当代学者墨迹选》,1992 年。

2. 《张政烺先生谈治史》,《史学史研究》1994 年第 1 期。

3. 《那时我们正年轻——北京大学历史系友回忆录》,现代教育出版社 2007 年 4 月版。

4. 张世林：《周一良先生的最后一本书》，《中华读书报》2001 年 1 月 23 日。

5. 伊风：《中华书局百年历程》，《中国社会科学报》2012 年 3 月 19 日。

6. 张晓唯：《延续中华文脉的李庄》，《书屋》2012 年第 8 期。

7. 黄懿陆：《张政烺与云南易学》，《云南经济日报》2013 年 3 月 5 日。

8. 侯坤：《张政烺的真性情鉴定》，《太原晚报》2015 年 2 月 5 日。

9. 张世林：《编辑手记》，《光明日报》2015 年 7 月 7 日。

10. 许礼平：《活字典张政烺》，《文汇报》2015 年 7 月 11 日。

11. 《2015 年逝去的背影》，《中国社会科学报》2015 年 12 月 28 日。

12. 翦伯赞：《我与尹达的关系》，油印稿。

七　资料汇编、书目、工具书

1. 北京大学考古系编：《北京大学考古系五十年（1952—2002）》，未刊稿。

2. 《中国社会科学院历史研究所（1954—2004）》，未刊稿。

3. 《中国社会科学院历史研究所科研成果目录（1954—2004）》，未刊稿。

4. 《文物出版社图书总目》（1957—1987）。

5. 国家计量总局、中国历史博物馆、故宫博物院主编：《中国古代度量衡图集》，文物出版社 1981 年版。

6. 《中国大百科全书·考古学卷》，中国大百科全书出版社 1986 年版。

7. 《中国古代职官大辞典》，河南人民出版社 1990 年版。

8. 《古籍整理出版情况简报》总第 451 期。

9. 《中国大百科全书·文物博物馆》，中国大百科全书出版社

1993年版。

10. 《中国历史大辞典·秦汉史》，上海辞书出版社1996年版。

11. 张永山：《张政烺》，《中国考古学年鉴（2006）》，文物出版社2007年版。

12. 北京大学考古文博学院商周组：《邹衡》，《中国考古学年鉴（2006）》，文物出版社2007年版。

13. 《中国大百科全书·中国历史卷》，中国大百科全书出版社1992年版。

14. 《中国大百科全书·民族卷》，中国大百科全书出版社1986年版。

15. 《中国大百科全书·考古卷》，中国大百科全书出版社1986年版。

16. 《中国大百科全书·中国文学卷》，中国大百科全书出版社1986年版。

17. 《中国大百科全书·语言文字卷》，中国大百科全书出版社1988年版。

18. 《中国大百科全书·哲学卷》，中国大百科全书出版社1987年版。

19. 王巍总主编《中国考古学大辞典》，上海辞书出版社2014年版。

20. 夏征农、陈至立主编：《辞海·第六版插图本》，上海辞书出版社2009年版。

21. 夏征农主编：《大辞海·中国古代史卷》，上海辞书出版社2005年版。

台北"中央研究院"史语所张政烺先生档案资料

编号：元121-A
题名："张政烺（张苑峰）"（"元121"卷宗目次）
日期：缺
数量：2
附注：复写本又一份

编号：元121-1
题名：张政烺致函傅孟真
摘由：函送论文教正
日期：1936/04/28
数量：2

编号：元121-2
题名：张政烺致函傅孟真
摘由：历代名臣奏议送交商务印书馆另何义门手批校唐音丁籤签采购事，请裁夺
日期：1937/06/05
数量：3

编号：元 193-11

题名：复"吴兴县立民众教育馆"函

摘由：本所张政烺君将此古砖拓本作一简略说明

日期：1936/10/03

数量：1

附注：附：张政烺君说明一件（晒印本）

编号：元 304-4

题名：张政烺、那廉君致函傅斯年

摘由：函告前往藏书楼交涉情况

日期：1937/04/21

数量：3

附注：附信封

编号：元 498-6-29

题名：李济、傅斯年电徐中舒

摘由：午约理事会建筑会在京同人聚商对一切均表同意款即滙张政烺带工人明晨赴沪

日期：1936/11/28

数量：1

附注：附译电

编号：昆 7-122

题名：傅斯年致张政烺那廉君函

摘由：书单之重复者，乞即检出，原车带回借给北大文科研究所并开一清单，并对版本选择指示，又丛书集成卖给北大一部

日期：□/09/15

数量：1

附注：附：书单三纸

编号：昆 14-72
题名：张政烺致傅斯年函
摘由：函达拟托杨时逢先生代买石印本金石萃编一部，书价滙水邮费俟清算后照缴
日期：□/07/12
数量：1

编号：昆 15-49
题名：傅斯年致那廉君张政烺徐禄函
摘由：函达图书馆中应办事请向梁先生请示
日期：1940/03/08
数量：1

编号：昆 16-6-2
题名：傅斯年致张政烺那廉君傅乐焕函
摘由：函达图书室装箱，恐不能待我返，兹写一程序，乞斟酌，行不通处乞向梁先生请示
日期：缺
数量：1

编号：杂 23-10-29
题名：本所三十二年度第八次所务会议纪录
日期：1942/12/11
数量：1
附注："附：张政烺全汉升李光涛等著作介绍，抄本一份及附件信封一纸"

编号：杂 23 - 10 - 32
题名：本所函总办事处
摘由：函达关于本所助理研究员升副研究员一案，用投票方法决定之，其结果得票最多之前四人为全汉升张政烺高去（寻）董同和四君，敬乞转呈院长于明年院务会议时将此四君提出讨论
日期：1942/12/18
数量：1
附注：31 厤字第 1218.1 号　　　附：投票结果一份

编号：杂 33 - 4
题名：张政烺胜利勋章一只
日期：缺
数量：1

编号：杂 35 - 37
题名：张政烺借书券
摘由：借《群碧楼善本书目》
日期：缺
数量：1

编号：杂 35 - 38
题名：张政烺借书券
摘由：借《寒瘦山房鬻存善本书目》
日期：缺
数量：1

编号：杂 35 - 39
题名：张政烺借书券

摘由：借《金文编》

日期：缺

数量：1

编号：杂36-3-7

题名：张政烺函傅斯年

摘由：函达1. 盘龙寺碑十四张已收到 2. 汉代画像壹包是否吾师嘱购之品抑盖章入藏，乞论知 3. 各书局预约前由渝寄来，今将商务印书馆之各书送上 4. 歙县志大埔县志暂存乡间

日期：□/□/27

数量：3

编号：杂36-3-8

题名：张政烺函那廉君

摘由：函达1. 拓片奉到 2. 各预约书收到情形

日期：□/□/29

数量：2

编号：杂36-9-13

题名：余逊函胡厚宣张政烺

摘由：函达嘱代取十通事，据商务分馆告谓书已取去，未知何故，敬乞示知便再交涉，苑峰兄命代购龟甲兽骨文字暨殷墟书契后编之函弟并未收到，又厚宣兄命向来薰阁探听书价已嘱其开一价单来

日期：□/07/17

数量：3

编号：杂36-9-14

题名：余逊函张政烺

摘由：函达关于十通 A112A114 预约情形，又来薰阁书价单已开，如寄款购书时可择邮局滙费较廉

日期：□/07/23

数量：3

编号：杂 36 – 11 – 1

题名：重复县志未登记者书单

日期：缺

数量：2

附注："民 28 年 6 月张政烺查，29 年 2 月 1 日那廉君覆查暂装入 196 号箱中"

编号：杂 36 – 44 – 5

题名：张政烺函傅斯年

摘由：函达史记之讳字及版本

日期：□/06/20

数量：2

编号：杂 36 – 45 – 2

题名：张政烺函那廉君

摘由：函达南京交通部王开节先生出让袁胥台先生集可以为研究所买下，请找一位先生当面接洽

日期：1948/03/08

数量：2

附注：仅存末二叶

编号：杂 36 – 45 – 7

题名：那廉君函张政烺

摘由：函达已购得廿四史一部与王开节先交换胥台集一部，至购廿四史之垫款，敬请迳交陈骥

尘先生入账

日期：1948/04/08

数量：2

编号：杂36-51-6

题名：张政烺函那廉君

摘由：函达到北京大学教书后乃保留研究费之事，敬乞转达，又此次运京书籍，会后如何安排？

日期：1946/10/31

数量：2

编号：杂36-51-8

题名：那廉君函张政烺

摘由：函覆关于吾兄保留本所研究费及处理由北平运来之书籍及铜器等事

日期：1946/11/07

数量：2

编号：杂36-69-1

题名：张政烺函那廉君

摘由：函达1. 关于开成石经事 2. 清理此间新购书事 3. 周天健之职业问题

日期：□/03/19

数量：2

编号：杂 36 - 69 - 2

题名：张政烺函王志维

摘由：函达未见过开成石经，但不能断其必无，还是查查看

数量：2

编号：杂 36 - 69 - 2

题名：张政烺函王志维

摘由：函达未见过开成石经，但不能断其必无，还是查查看

日期：□/03/19

数量：1

编号：杂 36 - 69 - 14

题名：张政烺函那廉君

摘由：函达 1.（道藏辑要）已告书铺找明板 2. 蒙文通先生辑成玄英老子义疏，本所已有之否 3.［秦祖（祖应作诅——引者）楚文］曾为研究所买一本，望能有好纸印者

日期：□/06/20

数量：1

编号：杂 36 - 69 - 23

题名：张政烺函傅斯年

摘由：函达修绠堂书店送来李木斋家旧藏燉煌画两张，今将照片寄呈台阅，如研究所有意收买，请即电示

日期：□/08/31

数量：1

编号：杂 36 - 69 - 32

题名：张政烺函傅斯年

摘由：函达今春用教育款所买之书籍法帖

数量：1

编号：李 8-6-15

题名：傅斯年函张天泽

摘由：函请将张政烺君之《说文燕召公史篇名丑解》自十一本一分稿抽出，补入陈寅恪先生之《魏书司马叡傅江东民族条释及推论》一事，迄未承惠示，又李方桂先生之一篇英文论文，请将中国际音标用英文字母倒传代替，亦未蒙示复，再敝所集刊十一本一分请饬工赶速排印，俾于一月底前印出

日期：1943/01/06

数量：1

附注：32 厡字第 106.1 号　　附：抄本二份

编号：李 8-6-20

题名：张天泽函傅斯年

摘由：函达 1. 贵所集刊第十一本一分已再催促赶工，然最速恐于二月底始可出书　2. 张政烺君之说文燕士史篇石魏解及潘悫君之山东滕县下黄村宋代墓葬调查记已抽出退还　3. 李方桂先生之文已排就送校　4. 陈寅恪先生之魏书司马叡传江东民族条释证及推论已交印发排为第一篇　5. 云五先生尚在昆明　6. 关于复函事

日期：1943/01/19

数量：4

附注：渝编字第 1452 号

编号：李 8-11-8

题名：本所函李荫农

摘由：函复本所所藏居延汉简系照像影印之复本，现无法印刷，抗战结束后当继续完成此事，又本所前发掘之第一至十二期龟甲已印好，但未收到样书，第十三期龟甲现由董作宾屈万里整理，董君所著（殷历谱）本年即可出版，至金文考证方面，现由张政烺担任，论文散见本所集刊中

日期：1945/03/19

数量：2

附注：34 厤字第 319.3 号

编号：李 9-1-13

题名：重庆市图书杂志审查处致本院收执审查证一纸

摘由：兹据中央研究院呈送张政烺等著历史语言研究所集刊第十本第一分，业经审查完竣，准予付印，此证

日期：1942/12/23

数量：1

附注：世图字第 3477 号

编号：李 10-15-1

题名：推十书经理处函张政烺

摘由：函达推十书刊成印售者现不全备，所存以工本过高照原价暂加十倍，如欲购买希即汇款当自按目寄书

日期：□/11/27

数量：1

编号：李 10-15-3

题名：推十书经理处函张政烺

摘由：函达兹开列将现存各书及加价后共洋若干，请即汇款，当照目发书，至寄费请酌量兑来，有馀则退不足则照补

日期：1942/03/06

数量：1

编号：李 14 - 1（卷宗）

题名：张政烺、夏鼐、全汉升（有关印刷事另存）

编号：李 14 - 1 - 1

题名：张政烺函董作宾

摘由：函达顷传闻政府将有抽调适龄公务员入伍一事，职因病乞俯鉴下情，准与暂缓参加抽签办法，使可用心治疗，如必须经过指定医院之文件证明，仍希示知

日期：1943/12/23

数量：4

编号：李 15 - 5 - 3 - 4

题名：傅斯年函张政烺

摘由：函达执事终不肯撤回其荒谬之要求（即游必走，如不使游走，则你走），此等态度断不可长，如执事后日接管图书室，我只能认为取消此要求矣，兹进此最后之忠告，望善思之

日期：□/03/04

数量：2

编号：李 15 - 5 - 3 - 5

题名：本所函张政烺

摘由：函复执事请求准予辞去子弟小学教员一事，自应照准，希查照

日期：1945/03/04

数量：1

编号：李15-5-3-6
题名：张政烺函傅斯年
摘由：函达迟至今日未接管别存书库之由，然不久当著手，届日当会同原任图书管理员游戒微君及佐理人员王志维君将别存书库之金石拓本图书器物彻底清点，移交经过是否须要详细呈报，仍视所方意见办理，至于个人去留问题，非片言可断，然亦岂敢妄作非分要求，因蒙殷问，谨此布陈
日期：1945/03/05
数量：2

编号：李15-5-3-7
题名：王志维陈槃张政烺游戒微那廉君共约暂封善本书物办法
摘由：兹因游戒微先生极待赴渝，所有善本书库金石拓片及册页，不克清点，经商定存入一室加锁，俟游先生返后，再行点交，此室钥匙托交陈槃先生保管，查看时须由署名人会同办理，此法业经署名人完全同意，并陈明所长，准予照办
日期：1945/03/09
数量：1

编号：李15-5-3-8
题名：张政烺函傅斯年
摘由：函达别存书库书籍部份接收已毕，皆逐部点过，册数无误，拓本因封存暂时未点，然发现过去数月续有盗失之事，由本所购自善斋之石刻拓本之遗失，可说明原管理员有连续盗窃之行为
日期：1945/03/10
数量：1

编号：李 15-5-3-14

题名：张政烺函傅斯年

摘由：函达离北平已九年矣，能飞往探视极所心喜，移交事当从尊意办理，果派何人代管，尚希早日作决定

日期：□/09/03

数量：1

编号：李 15-5-3-15

题名：傅斯年函游戒微

摘由：函达一切照前约之办法，您以旧有名义专作研究，部分之管理事项可不担任，一切均交张政烺先生接收，移交之事，乞速办

日期：1945/09/18

数量：1

编号：李 15-5-3-25

题名：张政烺函傅斯年

摘由：函达前命编日本所藏中国古书古物目录，今草之撰就寄上，现计划急速离此，因屈某公然肆虐，当众凌辱，其人心术行品之劣，真出人意外也，习事九年所遇所见无不命人心灰冷，而近年保全别存书库一事费无穷心力，坐使连续盗窃一无效果

日期：□/10/14

数量：2

编号：李 18-11-2

题名：本所函独立出版社

摘由：函复以贵社熊海平劳章二同志住在敝所抄写文稿，嘱就近督道等因，顷已托敝所副研究员张政烺君负责督促并指导之，

希查照

  日期：1944/08/25

  数量：1

  附注：33麻字第825.1号

  编号：李18-18-10

  题名：本所函合众轮船公司

  摘由：函达本所图书室主任张政烺奉派赴渝转平接收北京人文科学研究所，拟搭贵公司长虹轮，并派员前来，敬祈惠予发售房舱舖位一个

  日期：1945/11/29

  数量：1

  附注：34麻字第1129.2号

  编号：李19-8

  题名：本所函中中交农四行联合办事处昆明分处

  摘由：函送本所张政烺君所填汇济家属赡养费至上海之申请书二份，希查核

  日期：1940/05/04

  数量：1

  附注：滇历29字第504.1号

  编号：李19-10

  题名：本所函总办事处驻滇办事处

  摘由：函送岑仲勉杨时逢张政烺三君汇款申请书共六纸，即请备具公函，代为送往中中交农四行联合办事处昆明分处，并请该处准予照汇

  日期：1940/05/20

数量：1

附注：滇历 29 字第 520.1 号

编号：李 19-17

题名：本所函总办事处驻滇办事处

摘由：函送本所杨时逢张政烺岑仲勉三君七月份家属赡养费申请书，希查收，又送来六月份申请书三份，业已照收

日期：1940/06/22

数量：1

附注：滇历 29 字第 622.1 号

编号：李 25-3-14

题名：研究员应聘书/张政烺

摘由：应聘为本所副研究员

日期：1943/01/□

数量：1

编号：李 25-4-3

题名：研究员应聘书/张政烺

摘由：应聘为本所副研究员

日期：1944/01/01

数量：1

编号：李 25-5-16

题名：研究员应聘书/张政烺

摘由：应聘为本所专任副研究员

日期：1945/01/01

数量：1

编号：李46-2-12
题名：本所证明书
摘由：兹有本所副研究员张政烺因公由李庄经宜宾泸县前往重庆，在重庆公毕后仍循原路返回李庄，希沿途军警关卡查照放行
日期：1943/06/24
数量：1
附注：证字第111号

编号：李56-3-18
题名：本所文书室函张政烺
摘由：函达顷接总办事处函开关于教职员及工役食米，拟依据需要发给实物，兹规定表式，即请尽速查填寄处
日期：1943/03/01
数量：1
附注：后附张政烺回条

编号：考1-3-24
题名：名片/张政烺
日期：缺
数量：1

编号：考12-8-10
题名：张政烺函高去寻
摘由：函达 1.论钩之施于革带 2.三代吉金文存确已入滇 3.所询陶器事 4.关于此间近发之一古墓
日期：1938/05/19
数量：4

编号：京 23-10-19

题名：本所函总办事处

摘由：函达傅所长李主任副研究员张政烺及专任研究员梁思永又出纳管理员萧纶徽眷属等人生补费基本数及加成数拟请准予按南京标准核发并请转函李庄本所办理

日期：1946/07/13

数量：1

附注：中汇字第 27 号

编号：京 25-2-3

题名：本所函北平图书史料整理处

摘由：函送梁思永张政烺陈寅恪三先生胜利勋章证书，请分别转发，又关于程曦君日用必需品一事，已函请总办事处转函行政院令饬北平公教人员日用必需品审核配售委员会照办

日期：1948/05/22

数量：1

附注：37 历字第 522.4 号　附：证书清单一纸

编号：京 25-2-5

题名：北平图书史料整理处来函

摘由：函复已转发梁思永张政烺陈寅恪三先生胜利勋章证明书各一件，并将附单签字盖章寄上

日期：1948/06/03

数量：1

附注：附：领证书人签章清单一纸

编号：京 28-8（卷宗）

题名：张政烺

编号：京28-8-1

题名：张政烺函傅斯年

摘由：函达拟应北京大学之聘，谨向研究所请假一年，唯研究费拟请仍从研究所方面报领

日期：1946/10/31

数量：1

编号：京28-8-2

题名：本所函总办事处

摘由：函达本所副研究员张政烺君近应北京大学之聘为教授，本所已准其请假一年，惟其研究费一项仍由本所为之报领，敬祈转呈院长总干事核准

日期：1946/11/05

数量：1

附注：35历字第1105.1号　附：抄本一份（35历字第1106.1号）（1946.11.06）

编号：京28-8-3a

题名：总办事处来函

摘由：函复张政烺之研究费可否由北大报领如在北大报领有困难自可仍在本院列支

日期：1946/11/20

数量：1

附注：京总字第1120.4号（函摘）

编号：京28-8-3b

题名：总办事处来函

摘由：函复张政烺之研究费可否由北大报领如在北大报领有

困难自可仍在本院列支

　　日期：1946/11/20

　　数量：1

　　附注：京总字第1120.4号（函）

　　编号：京28-8-4

　　题名：那廉君函张政烺

　　摘由：函抄总办事处35处总字第1120.4号函，此事孟真先生意请兄向北大负责人一商，如仍有困难，祈即示知，当再与总处商洽

　　日期：1946/11/22

　　数量：1

　　附注：35历字第1122.2号　附：抄总办事处来函一纸

　　编号：京28-8-5

　　题名：张政烺函那廉君

　　摘由：函达研究费事，今知不行，适中下怀，现在想法催促北大方面从速报部，请求审查，惟须研究所方面之服务证明，统祈费神帮忙，作好寄下

　　日期：1946/11/26

　　数量：2

　　编号：京28-8-6

　　题名：那廉君函张政烺

　　摘由：函送服务证明书乙件，如不合用，乞即见示，以便另写寄上

　　日期：1946/12/06

　　数量：1

附注：35 历字第 1206.1 号

编号：京 28 - 47（卷宗）
题名：张政烺请发服务证明书事

编号：京 28 - 47 - 1
题名：张政烺函那廉君
摘由：函达 1. 前寄服务证明书年月不合，请重写速寄　2. 请寄史语所抗战期间之刊物及省吾先生要买集刊等书　3. 请问所长前买柯家拓片如何处理　4. 六同别录两册请寄下
日期：缺
数量：3

编号：京 28 - 47 - 2
题名：本所服务证明书
摘由：证明张政烺君在所服务情形
日期：1946/01/□
数量：1

人名索引

二画

丁山 35，38，50

丁则良 67

丁伟志 211，219，260

丁名楠 60，105，129，211

丁声树（梧梓） 13，15，22，28，30，38，102，103，106，124，147，161，176，217

丁树奇 106，122

丁晓先 55

丁骕 183

卜宪群 257，259，268，271，273，300，340，347

刁勇 15，267

三画

于光远 100，130，134，140，244

于省吾（思泊） 8，69，70，76，77，83，99，112，141，143，177，202，203，205，300

于豪亮 123，131，134，176

于鹤年 112

土谷夫人（译音，美国学者） 177

万国鼎 66

万贯 165

万家保 156

万斯年 40，63，69，100

山口光朔（译音，日本人） 129

山本悌二郎（译音，日本收藏家） 153

川芳郎（译音，日本人） 169

卫聚贤 30

马大猷 40

人名索引

马元材　61，65

马文昭　34

马幼垣　180

马克思·罗越（译音，美国人）　156

马学良　22，225，244

马承源　128，151，156，158，160，263

马贡　179

马钟勤　171

马洪　204

马培初　151

马勤桓　181

马雍　78，87，123，128，130，145，192，208

马赞芳（美籍华人）　154

马衡（叔平）　4，5，16，61，189，327，329

四画

王力　68，340

王士杰　198，199

王子野　174

王艺　252

王文娟　93

王文清　88

王引之　81

王书林　181

王玉哲（维商）　215，239

王玉笙　76

王世民　128，133，146，162，169，218，223，248，250，259，279

王世襄　189

王戎笙　145

王吉民　66

王光玮　32，33

王则诚　26

王廷芳　204

王仲荦　46，67，119

王仲殊　43，129，139，142，161-163，168，185，188，193，204-206，210，250

王汝弼　35

王宇信　126，199

王安国（译音，美国学者）　159

王寿铭　79

王克林　74，169，209，218

王连陞　215

王利器（藏用）　22

王佐才　47

王伯彦　32

王冶秋　65，91，120，139，183

王灿如　32

王忍之　230，239－241

王若水　40

王杰　112

王叔岷　22，225

王国华　201

王国维（静安）　14，32，34，38，173，175，197，247，265，275，314，325，335，339，340，342，346，352

王国樱　225

王明　22，85

王忠　106

王峥山　32

王育伊　8，9，11，29，30

王承礼　141

王承祒　55，57，58，61

王绍曾　244

王春瑜　216

王树民　5，111

王贵民　104，144，166，177，178，182，244，263

王钟翰（君墨）　122

王重民（有三）　58，125

王修　56，141

王首道　139

王炳玉　76

王恒杰　214

王振铎（天木）　9，53，65，128，141，143，176，185，193，204，205

王真　112

王栻　67

王晓云　129

王晓秋　225

王恩田　70，113，119，222，256，263，310

王铃　176

王爱云　60

王敦书　215

王祥第　205

王培真　137

王晨　183

王崇武（之屏）　12，19，23，56－61，68，73，344

王博　271

王曾瑜　34，52，166，238，246，248－251，256，257，259，260，263，268，271，306，307，308，310，331，344，414

王湘（元一）　223

王献之　157

王献唐　23，26，65，69，148，201

王煦华　222，349

人名索引

王静如　30，32，102，124，220

王锺麒（伯祥）　91，97，98，102

王毓铨　12，56，63，69，74，79，81，82，84，88，92，94，96，100，104，110，115，116，119，122，143，145，155，168，210，216，220，247，310，315

王震中　170，201，202，210，212，241，250，251，257，260，268，310，311，414

王德鉴　98、99

王巍　43，245

井上靖　120

韦祖辉　249

木哈塔巴尔　186

巨东梅　120

戈宝权　244

冈崎敬（译音，日本学者）　129

贝聿铭（华侨）　153，182

牛继斌　88，92

毛泽东（润之）　56，72，96，104，116-118，127，130，132，258

毛瑞（译音，美国学者）　152

毛準（子水）　34，40

仇鳌（奕山）　91

乌恩岳斯图　223

卞之琳　124，244

文征明　157

文彭　157

方克立　233

方国瑜　106，193

方昌杰　129

方诗铭　38

方闻（美籍华人）　151，155-157

方腾（译音，美国学者）　152，182

尹飞舟　249

尹巨　67

尹达　51，53，56，58，59，61-63，66，69，71，72，77-79，81，82，84，85，88，91-94，97，99，100，102，105，107，110，116，134，142，143，149，162，165，167，170，184，185，188，191，192，194，202，204，223，236，280，306，311

孔子　74，82，100，147，165，194，253，285-287，337

孔衍　214

孔繁予　37

巴纳（译音，外国学者）　156，159，180

巴格利（译音，美国学者）　151

邓力群　130，186，204

邓小平　104，125，133

邓小南　271，291，292

邓广铭（恭三）　8，12，30，34，37，40，50，56－61，68，72，77，78，82，87，97，106，112，143，145，149，167，168，176，219，225，247，291，304－306，339，344，354

邓之诚　91

邓以蛰　91

邓世昌　167

邓可因　40，305

邓可蕴　34，40，305，306

邓自燊　87

邓拓　69，77，83，105，106，114

邓经沅　122

邓球柏　211

邓福秋　69，78，87，211，212，222，263，306

五画

艾思奇　58

左景权　184，193

石西民　184

石兴邦　72，140，162，205，217

石璋如　19，20，23，24，138，232，277，312

石磊　205，206

龙昌黄　250，315

东方　16，22，30，64，102，152，160，179，183，196，197，236，256，331

卡利（译音，美国学者）　152

卢汉　97

卢兆荫　119，145，256，311

卢其勋　98

卢钟锋　129

卢振华　35，67

叶万松　229

叶玉华　73，78，79，84

叶至善　91

叶企孙　106

叶绍钧（圣陶）　55，57，77，91，167

叶蠖生　60

田天 252

田夫 100

田汝康 67

田余庆 58, 67, 68, 174, 222, 246, 258, 303, 311

田昌五 55, 72, 73, 78, 79, 84, 96, 100, 102, 104, 106, 107, 110, 143, 145, 311

田洪都 8

田恬 158

田珏 165

田家英 107

史金波 268

史念海（筱苏） 11, 111, 141

史树青 127, 128, 131, 148, 223, 248

丘立本 129

丘光明 129

丘隆 128

白天 56, 59, 104, 106, 107, 338

白云翔 223

白化文 193, 256

白寿彝 30, 56, 58, 60, 61, 64, 77–79, 82, 84, 97, 105, 107, 119, 122, 125, 131, 143, 145, 149, 162, 167, 194, 239, 245

白求恩 133

白春礼 147

白钢 246

白淑英 69

包尔汉 105, 146

冯乃超 194

冯友兰（芝生） 59, 77, 92, 117

冯世五 30, 32

冯汉骥 38, 65

冯先铭 185

冯伯平 9

冯承钧 39, 110

冯锺芸 225

冯家昇（伯平） 60, 64, 68, 98, 102, 106, 107, 111

冯邕 153

冯淑兰（沅君） 11, 67

宁可 41, 71, 105, 196, 256, 263, 304, 311, 312

司马光 112, 221, 238, 247, 290

司礼义（译音，美国学者） 179, 180

尼基弗洛夫（译音，前苏联学

者）58
弗兰克林（译音，美国学者）156
皮名举 67
皮保德（译音，美国学者）152，154

六画

匡亚明 235
邢西彬 163
吉德炜（中文名，美国学者）156，158－160，168，177－181，200，325
西里尔·史密斯 156
成仿吾 194
迈耶斯（译音，美国学者）156
毕加索（译音，外国画家）180
毕嘉珍 154，155，157
师勤 133，210，263，296，297
曲英杰 165
吕一芳 248
吕仲实 256
吕叔湘 68，84，91，102，104，106，124，130，168，240

吕宗力 137，171，194，217，232，251，256，259
吕荧 58
吕思勉（诚之）39，325
吕济民 204
吕振羽 60，61，97－98，149，161
吕浦 84
朱士嘉 60，174
朱大昀 104
朱大渭 250，315，414
朱凤瀚 197，215，219，243，246，248，250，251，254，256，259，274，279，294，315
朱龙华 181
朱启钤 91
朱杰勤 67
朱诚如 268
朱绍侯 199
朱家济 27
朱家源 88，92，102，104，114，133
朱骏声 81
朱彬 81，337
朱敬文（美籍华人）154
朱锦昌 246
朱德 104

人名索引

朱德熙 123，128，148，204
乔迪（译音，美国学者） 158
任三颐 222
任会斌 249
任继愈 22，124，146，192，220，225，240，244，248，250－252，315
华元 206
华国锋 127
华孤桐 201
华绍英 67
华盛顿（译音，美国政治家） 23，155，157，177，181，182
伊风 258
伊藤道治（译音，日本学者） 180，181，311
向仍旦 259，279
向达（觉明） 19，22，27，37，42，44，49，53，55，56，58，60，64，91，97，304
全汉升 364，365，372
邬文玲 249，414
刘一曼 138，139，172，185，203，250，256，313
刘乃和 97，100，312，313

刘大年 59，61，63，78，82，102，105，149，184，187，204，210，219，240，244
刘大杰 67
刘大钧 213
刘开渠 65，91
刘少奇 104，105，107
刘斗魁 101
刘玉才 109，259
刘节 67，83
刘乐贤 248
刘加乾 205
刘西尧 134
刘庆柱 240，245
刘安民 78
刘导生 61，79，97，100，101，103，105
刘观民 209
刘肖然 244
刘伯承 104
刘启林 219
刘国钧 61
刘季平 174
刘念和 22
刘泽华 215
刘宗汉 89，90，163，225，248，251，256，259，260，271，313－315

刘春　86，290

刘持生　67

刘荣军　259

刘胡兰　113

刘厚泽　32

刘厚祜　79

刘厚滋　30，32

刘盼遂　35，78

刘钧仁　112

刘起釪　112，116，145，165，199，239，348

刘桂五　61，105，106

刘桓　137，164，211，213，220，251，256，259

刘晓　249

刘浩然　78，79，84，100，102，104

刘海年　134

刘潇然　94，336

刘朝阳　39

刘森淼　201

刘復（半农）　32，44

刘翔　134，146

刘蓓蓓　249

刘源　132，137，144，175，206，248，254，256，332，334，414

齐文心　110，169，185，195，199，221，271，308，316，414

齐东方　268

齐思和（致中）　30，56，57，59-61，77，78，91，105，112，148，301，304

齐燕铭　77，78，91

关山复　61

关树东　249

关惠珍　248

米文平　164，166

江伊莉（中文名，美国学者）　159

江泽民　242

江流　219，230，240

江蓝生　251

池田温（译音，日本学者）　169

汝信　219

汤一介　233

汤用彤　30，34，40，305

汤余惠　172，202

汤冠英　129

汤锡予　42

安可行　201

安守仁　85，210，248，249，256，316

安志敏　42，83，129，141-

143，185，192，193，204，210，217

安金槐 162，178，182，198，263

许广平 91

许礼平 172，264

许师谦 92，99，99

许进雄 180

许树安 108，222，257，259，313，316

许顺湛 198

许倬云 156，184，193，230

许维遹（骏斋） 3

许道龄 8，31，32

许慎 28，173，218

许嘉璐 242

那廉君 15，363，364，366-369，373，380，381

阮宜奎 79

孙人和 78

孙以悌 5，6，12

孙平化 129

孙立群 215

孙华 271

孙进己 110

孙言诚 126，137，148，165-166，215，219，256，259，260，263，311，330

孙贯文 123，140

孙思白 239

孙科 179，180

孙莹莹 252

孙晓 250

孙海波 32

孙楷第 32

孙毓棠 37，56，100，110，114-116，119，122，143，167，207

孙穗英 179，180

阳翰笙 194

阴法鲁 49，56，61，64，69，76，79-82，84，86，88，89，91，92，109，119，122

牟安世 82，143，145

牟润孙 149

七画

玛吉·比克福德（译音，美国人） 157

赤塚忠（译音，日本人） 179

芮逸夫 23

严一萍 183

严中平 124，176

严文明 222，223，225，260，

271

严耕望 23

严敦杰 106，197

劳顿（译音，美籍华人） 157

劳榦（一贞） 13，23，35，39，155，156，291

苏东坡 39，256

苏秉琦 30，32，53，83，88，91，106，118，142，150，162，163，185，188，193，204，205，208－210，217，219，223，240，349

苏金声 67

苏治光 87

苏晓威 252

苏继庼 30

苏曼殊 201

苏源明 196

杜心源 140

杜正胜 180，223

杜国庠 41，61，77，96

杜勒斯（译音，美国人） 158

杜婉言 216

巫宝三 85，244

巫鸿 128

李一氓 170，174，175，194

李士敏 100，102，104，110

李飞生 32

李方桂（美籍华人） 23，178－179，181，370

李玉 225

李平心 112

李乐元 29

李尔重 141

李有恒 141

李师师 103

李光谟 223

李光璧 11，43，52，54

李先念 104

李传荣 246

李延增 32

李亦园 20，71，277

李江 196

李汝宽 183，184

李址麟（朝鲜人） 81，87，109

李孝定 22，156

李声笑 249

李克强 241

李伯谦 203，209，222，223，246，250，251，268，294

李泖 67

李初梨 194

李侃 187，188

李征　131

李学勤　76，102，104，123，125，127，128，130，131，133，134，137，143，145，146，148，161，167，168，198，200，202，203，210，220，223，233，239，245，251，298，330

李经浩　184

李埏　56，67

李荣芳　32

李荫棠　79，88

李树桐　79

李思齐（美国人）　160

李俨　69，97

李济（济之）　27，34，35，42，60，144，223，363

李济深　79

李祖荫　97，98

李祖德　166

李铁映　241-243，245，246

李浩　178，179

李培林　268

李渔　165

李斯　256

李棪　9

李辉柄　141

李富春　104

李瑞环　241

李零　146，164，166，221，238，245，246，248，250-253，256，257，259-262，265，268，271，272，274，299，315，324，326，328，330，414

李锡厚　249，344

李解民　222，248，251，259

李新　211

李原　88

李慎明　250

李锷　149

李镜池　35

李麟玉　91

杨人楩　37，40，42，60，61，63，68，105，121，304

杨大业　218，256

杨子华　153

杨东莼　105-106

杨宁史　41

杨永直　105

杨邦福　174

杨再兴　108

杨光礼　107

杨廷宾　223

杨钟健　91

杨向奎（拱辰）　5，6，8，

9，12，30，33，34，56，67-69，73，74，78，79，81，82，96，97，99，100，102，104，106，107，115，116，143，145，166，170，186，188，192，210，219，220，240，244，245，247，280，315，331

杨讷　251

杨志玖　38，67

杨克　168

杨时逢　23，364，375，376

杨秀峰　68

杨伯峻　122，123，132，234

杨希枚　168，171，177，220，229，230，331

杨辛　241

杨述　61

杨畅斋　200

杨明照　67

杨季康　244

杨育彬　209

杨泓　189

杨宝成　130，199

杨宗亿　32

杨荣国　82，134

杨品良　78

杨俊民　32

杨陞南　200

杨振亚　139

杨振红　259，347，414

杨益　167

杨宽（宽正）　66，105，128，353

杨象乾　32

杨联陞（美籍华人）　152，186，349

杨敬之　31，32

杨遇夫　50

杨锡璋　178，180，182

杨翼骧　40，42，276

连劭名　213

肖良琼　165，199，241，256，263，271，317，331，332，341，354

吴一尘　88

吴九龙　122，123，248

吴于廑　187

吴子臧　9，11

吴丰培（玉年）　30，32

吴文津　182

吴文藻　97

吴玉章　19，106

吴世昌（子臧）　102，112，124，176，192

吴吉昌　113

吴有训　101
吴同（美籍华人）　152，153，182
吴廷华　81，337
吴仲超　91，139
吴阶平　188
吴应寿　46
吴良镛　185
吴泽　77，105，107，194
吴宜俊　56，60，66，78
吴荣曾　51，52，61，72，76，88，94，125，147，215，221，222，226，245，246，248，250，256，259－263，304，314，334，335，338，339，346，414
吴树平　122
吴振武　200－203，260－262，300，354
吴振禄　209
吴恩裕　87
吴晗（辰伯）　59，77，97，105
吴鼎昌　18
吴锐　246，331
吴震　126
岑仲勉　17，22，375，376
邱汉生　56

何干之　64
何令修　8，248，256，354
何乐夫　65
何兆武　145，155
何其芳　59，77，102
何英芳　122
何明昕　261
何秉孟　245
何兹全　46，56，57，83，217，219，244，248，250，331
何炳棣　206
何清谷　92
何景成　254
何慕文　183
佟佩华　246
佟柱臣　162
余英时　134，328
余冠英　85，102，240
余逊（让之）　31，32，37，40，42，276，366，367
余爱德　79
余绳武　129，211
余新华　268
余震　124
谷苞　105
谷霁光　9，105，107
邹衡　42，53，55，130，

136，141，169，192，209，223，224，246，265，322，323

饭岛武次（译音，日本学者） 192

应永深 104

辛树帜 112

辛德勇 245

汪华 9

汪桂海 62，248，256，316，317

汪敬虞 240

汪德昭 112

汪篯 42，66，68，77，110，114，301，302

沙比提 141

沙英 60

沈之瑜 141

沈从文 87，91，97，210，215，295

沈冬梅 249

沈建华 179

沈钧儒 79

沈莹 161

沈兼士 32，33

沈雁冰（茅盾） 43，51

沈静芷 59

怀特（译音，美国人） 182

怀德纳（译音，美国人） 153，154

宋云彬 97

宋仁敬 107

宋文薰 20，277

宋江 52，53，103，222，303，330

宋家钰 104

宋镇豪 137，199，332，334

启功 51，122，185，193，220，221，241，247，318

张一纯 47

张万仓 225，414

张广立 190

张天翼 58

张云飞 60，69，102，104，110

张友渔 61，84，101，149，150，167，168，188，204－206

张长寿 146，148，150，151，156，158，160，161，195，197，201，223，251，259

张公量 8，9

张文彬 239，246

张文裕 112

张文颖 158

张心石 190

人名索引 397

张书生 82
张正明 223
张世林 34, 41, 53, 69, 71 - 76, 93, 99, 118, 123, 126, 136, 212, 215, 244, 262, 264, 287, 288, 290 - 293, 295 - 298, 300, 304 - 306, 308, 310, 312, 318, 322, 323, 332, 338, 339, 341, 343, 344, 347 - 349
张世禄 67
张立 26, 122
张永山 7, 8, 20, 36, 52, 53, 70, 80, 98, 119, 126, 129, 132, 139, 144, 145, 161, 163, 165, 166, 172, 175, 190 - 191, 193, 198, 203, 206, 216, 224, 226, 229, 242, 245, 246, 248, 249, 252, 256, 279, 284, 291, 292, 299, 307, 310, 311, 313, 314, 315 - 318, 320, 321, 331, 332, 341 - 343, 349, 353, 354
张弘 261
张圣奘 65
张芝联 68
张光远 179

张光直（美籍华人、学者） 20, 150 - 157, 161, 176 - 182, 190, 238, 263, 277
张光珮 129
张帆 271
张岂之 187
张传玺 42, 73 - 76, 86, 263, 287, 288, 295, 318
张行成 196
张兆汉 81, 92
张宇霖 250
张守中 208, 256, 318
张守常 35, 36, 40, 41, 43, 45, 52, 93, 246, 247, 312, 313, 317, 339
张极人 52, 55, 134, 271
张极井 30, 52, 63, 115, 203, 216, 218, 221, 259, 260, 263, 268, 271, 322, 414
张极壮 7
张极舜 2
张忱石 122
张玮英 8
张若达 64, 69, 78, 81, 88, 92, 96
张茂鹏 112
张忠培 136, 141, 162, 169,

218，223，260，263，265，
300，321－323
张和平　129
张秉权　156，179，181
张岱年　187，194，233
张泽咸　110，222，238，318
张宗扬　238
张荣芳　114，115，120，121，414
张柏　239
张树模　1
张树德　188
张廼芝　35
张显成　249
张显清　116
张星烺（亮丞）　30，32
张香山　129
张俊采（瑞三）　2
张彦煌　209
张峰　266
张奚若　91
张效彬　34，35
张继海　259，260
张雪明　140，275
张崇根　161，318
张鸿翔　32
张维华　11
张萱　153

张雁深（天护）　84
张奠亚　32
张蓉初　40，60
张颔　136
张聪东　180
张震旦　29
张稼夫　105
张德钧　56，60，63，66，69，73，78，79，81，84，88，92，96，100，102，104，106，112，114，116
张德俊　92
张遵骝　60，84
张兢雄　221
陆西星　12，265
陆志韦　60，84，102，104
陆侃如　11，67
陆峻岭　110
陆慰利　78
陈乃乾　77，78
陈士楷　79
陈元晖　124
陈友业　79
陈公柔　146，189
陈玉龙　241
陈正飞　61
陈可畏　69
陈平　146，147，210，248，

271

陈乐素 61，81，82，97，100

陈半丁 91

陈汉平 146，209，213

陈永贵 113

陈乔 83，141，148

陈仲子 201

陈仲安 122

陈守实 67

陈抗 248

陈连庆 202，300

陈伯达 70，78，92，119

陈应祺 133

陈启能 186

陈直 65，156

陈述（玉书） 13，60，61，68，85，119，122

陈国强 141

陈明达 98

陈受颐 4，5，40

陈绍棣 108，116，126，133，161，176，203，207，214，220，223，233，249，251，257-260，262，263，265，266，268，269，271，273，298，331，340，347

陈垣（援庵） 33，38，55，56，61，77，82，91，97，100，114，162，207，210，247，339

陈奎元 240

陈奕玲 249

陈祖武 245，246，248，259，268，279

陈振裕 162

陈凌 249

陈高华 268

陈容 153

陈梦家 53，60，65，69，70，76，115，327，329

陈雪屏 34

陈寅恪 14，17，19，38，40，77，117，216，247，278，307，353，370，378

陈絜 254

陈智超 1，207，223，247，249，256，260，263，293，289，295-298

陈滋德 141

陈鹏（万里） 91

陈槃（槃庵） 13，14，23，35，224，232，373

陈毅 104

陈翰笙 64，68，146，149，244

邵玉芬 78

邵循正　37，57，61，68，69，77，78，93，98，105，304，341

纳忠　67

八画

奉宽（鲍仲严）　33

武寅　240

范文澜（仲沄）　46，49，51，53，56，57，59，63，64，77，82，97，102，105，106，117，344

范毓周　199

林乃燊　71，169

林小安　123，137，184，209，224，248，259，263，271，349

林巳奈夫（译音，日本学者）　155，156

林甘泉　82，100，105，134，143，145，168，187，210，220，246，250，259，263，340，341

林永匡　248，279

林地　182

林则徐　1，188

林仲易　91

林寿晋　183

林志纯（日知）　150，203，233，281

林里夫　244

林秀　256

林沄　177，178，182，263，265

林英　82，143

林肯（译音，美国政治家）　157，158，182

林修德　125，130

林剑华　111，112

林惠祥　65

林德（译音，美国人）　154

林耀华　97，106

杰佛逊（译音，美国政治家）　157，182

欧阳道达　92

欧阳缨　59

尚钺　46，47，58，59，61，66，69，106，172，185

尚爱松　60，61

易谋远　69

罗大冈　112

罗世烈　87

罗尔纲　119，167，210

罗志甫　61

罗伯特（译音，美国学者）　158

罗希咸　26

罗泰（美国学者）　182

罗振玉（叔蕴）　16，43，224，284

罗继祖　202

罗常培　14，17，68，77

罗琨　104，120，129，136，191，198，222，224，229，239，241，248，249，256，257，260，263，273，291，292，343，414

罗覃（中文名，美国学者）　157，158，182

罗锦堂（美籍华人）　179，181

罗福颐　69，70，123，128

凯恩（译音，外国学者）　159，179

季羡林　30，64，146，174，196，244，263

季镇淮　174

竺可桢　14，66，101

岳飞　26，199，200，203，207，248，278，307-309

岳肖峡　188

佩罗特（译音，美国学者）　157

金光平　79，88，92

金兆梓（子敦）　77

金克木　12

金灿然　59，61，64，77，97，100，106

金岳霖　102，124

金维诺　142，197

金景芳　147，198，199，202，225，239

金毓黻（静庵）　60，77，276

金樱（美籍华人）　152

周一良　13，14，37，39，51，56-61，64，68，69，79，87，97，105，181，187，217，219，224，225，232，247，341

周云青　77，78

周予同　77，105，107

周双林　163，256，314

周世荣　123

周永珍　65，169，189，199

周扬　68，82，106，134，194

周自强　87

周谷城　67，69，77，105，149，174，188

周林　170，174，196

周法高　155，156，159，160

周建人　68

周绍良　169，189，197

周星　170

周炳琳（枚孙）　34，40

周祖谟（燕孙）　13，14，31，33，174，297，341

周振甫　119，122

周恩来　43，92，104，118，258

周培源　155，168

周清澍（润生）　36，53，54，256，263，264，342，343，353

周鸿翔（美籍华人）　159，177，179－181，183，263

周新民　102

周殿福　32

庞朴　211，233

庞继震　92

郑乃武　189

郑天挺　19，21，27，31，33－35，37，40，42，51，67，68，105，107，149，174，279，282，283

郑文　35

郑必坚　241

郑光　224

郑华炽　34

郑孝燮　185

郑克晟　52，66，74－75，238，260，263

郑杰祥　214

郑昌淦　166，245

郑振香　62，178－180，182，198，199，223，256，259，263，284，287

郑振铎（西谛）　43，51，53，65，68，77，204

郑笑梅　218

郑奠　60，85，101

郑骞　32

郑德坤　154

郑鹤声　67

单士元　92，185

单颖文　269

河部利夫（译音，日本学者）　129

帚好　172，190－192，275，292，299

屈万里　23，38，371

屈志仁　182

屈伯刚　35

孟世凯　87，199

孟昭行　129

孟森（心史）　4，5，32

封耀昭　78，79

九画

赵万里（斐云） 26，31，32，37，77，91，97

赵卫邦 32

赵丰田 32

赵元任 18

赵平安 248

赵生琛 163

赵令扬 149，181

赵幼文 73，78，79，88，92，96，100，102，104，109，110，114，116

赵芝荃 189，199

赵贞信 35

赵光贤 32

赵自强（美籍华人） 204

赵全嘏 65

赵守俨 118，119，122，169

赵如兰（美籍华人） 152

赵纪彬 61，107，112

赵伯雄 215

赵君励 97

赵孟頫 157

赵思训 85，86

赵复三 177，206

赵俪生 12，54，239，247

赵健 78，87

赵超 7，20，84，248，256，271，345，347，414

赵斐云 40

赵紫阳 175

赵景深 67

赵锋 168

赵善桐 163

郝本性 200，209，345

荣孟源 61，174

胡一雅 103

胡夫（译音，埃及人） 153

胡文津 152

胡乔木 125，130，134，140，149，186

胡仲达 40

胡华 92，105

胡庆钧 22

胡如雷 123

胡厚宣（福林） 5，11，16，28，38，45，47，55，56，63，65，67，68，73，78，79，81－85，87，88，91，92，94，96－98，100－104，106，107，110，111，114－116，127，134，135，140－143，145，150，167－169，177，179，181－184，192，198，199，202，203，205，

206，210，220，221，223，232，233，235，247，263，281，327，330，332，344，351，366

胡昭 100

胡适（适之） 4，5，8，11，12，29，30，33，34，38，40，41，58，59，61，71，99，198，256，265，297，305

胡珠生 256，283，284

胡振宇 223，248，259，263，271，281

胡绳 58，61，63，187，210，230，240，241，244，246

胡绳武 120

胡道静 174

胡谦盈 189

胡愈之 91

胡嘉 78，81，84，87，88，92，96

胡耀邦 165，186

柯昌泗（燕舲） 52

柯棣华 133

柳一安 124

柳如是 17，216，278

郦家驹 79，81，82，96，97，100，102，104，105，107，115，143，170

冒怀辛 92

钟力生 198

钟凤年 35

钟柏生 180

秋浦 106

段玉裁 202

段伯宇 176

侯仁之 8，30，32，33，112，167

侯方岳 106，149

侯外庐 41，56，58，60，61，63，78，79，81，82，88，96，97，100，102，105-107，110，143，149，184，210，213，236，247，347

侯均初 236

侯坤 262

侯蒙 103

俞大绂 34

俞大缜 176

俞平伯 85，102，342

俞旦初 56

俞伟超 128，141，148，162，166，223，225，245，246，265，338

饶宗颐 179-181

饶毓泰　34
施全　199
施汝为　112
姜克夫　105，106
姜言忠　85，86
姜君辰　61，100，101
姜联成　181
姜椿芳　188，205
姜斐德（译音，美国人）　151，154
洪家义　136，200
洛伊丝·卡兹（译音，美国人）　154
恽逸群　59
宦乡　134
费正清（译音，美国学者）　154
费孝通　9，97
费克里（译音，埃及学者）　55
费钦生　151
费慰梅（译音，美国人）　152，153
姚从吾（士鳌）　4，11，19，30
姚孝遂　172，202
姚绍华（企虞）　30，77，78
姚晋綮　32

姚家积　79，81，82，88，96，100，102，104，106
姚鼎新　79
贺昌群　56，57，59-61，65，73，77，79，81，82，84，85，88，92，93，96，97，100-107，115，116，122
贺麟　102
骆耕漠　244

十画

秦桧　199
秦德君　97，98
班大为（译音，美国学者）　158
载涛　97，98
袁良义　40，53，61
袁鸿寿　73
耿淡如　67
聂绀弩　58
聂荣臻　104
聂崇岐（筱珊）　56，57，59，77，78，84
莫奈（译音，外国画家）　180
荷芸　108
桂琼英　73，78，79，87，

117

贾兰坡　150，185，188，204，219，340

贾芝　167，244

贾敬颜　131

夏志和　93

夏含夷（中文名，美国学者）　159，160，177，181－183，200

夏衍　194

夏康农　102，103，106

夏鼐　26，27，44，47，49－53，55，56，60，61，65，73，77，78，84，98，104－106，108－110，112－114，118，120，123，124，126－131，133，139－146，148－152，155，156，158，160－163，166－169，173－179，181－188，192，193，195，197－199，201，203－207，262，263，313，327，329，372

顾文璧　225

顾廷龙（起潜）　9，35，247

顾洪　165

顾青　248，257，259

顾哲（中文名，波兰学者）　62

顾铁符　123，125－127，142，148，162，185，193，204

顾颉刚　5，7－9，11－13，15，29－32，35，36，38，39，42，47，55－61，63－71，73，77－79，81－88，91－93，96－104，106，107，109－111，114－116，119，122，125，134，145，149，163，165－167，193，194，230，276，328，348，349，353

顾懋森　128

党宝海　249

钱宝琮（琢如）　97，101，106

钱锺书　112，176，348，353

钱穆（宾四）　4，5，38，176

倪德卫（中文名，美国学者）　156，158－160，179，180

徐元邦　190，218

徐中舒　6，16，38，67－70，77，105，107，137，198，221，363

徐文珊　9

徐光冀　223

徐刚 252

徐华民 99

徐伯昕 167

徐苹芳 161，168，169，190，198，205，223，250，265

徐宝贵 7，256

徐宗元 32

徐俊 260，271

徐炳昶（旭生） 53，59，77，84，91，101，103，106，112，113

徐调孚 57，59，78

徐梵澄 244

徐森玉 42，65，69，77

徐锡台 136，218

殷玮璋 176，178，183，185，223

殷孟伦 67

翁独健 30，56，64，68，77－79，82，88，91，96，97，100，102，105，106，119，122，143，146，149，167，211

翁善珍 108

凌纯声 23

栾成显 108，249，260，263，348

栾保群 137，217

栾植新 9，30，32

高天升 197

高木欣 192

高去寻 5，8，15，23，42，178－181，192，263，377

高东陆 218

高乐子（译音，美国人） 160

高有德 182

高至喜 162，178，182，259，281

高全朴 92，96，97，100

高名凯 68

高冲天 29

高志辛 78，79，88，92，104，109

高岚 223

高嶋谦一（译音，日本学者） 180－181

高君箴 65

高明 70，168，169，222，238，256，263，265，324，347

高恒 134

高崇文 246

高履芳 97

郭平英 260

郭守信 110

郭劳为　120

郭沫若　7，10，12，15，36，38，41－43，51，56，57，61，62，65，68，69，72，79，82，87，99，101，106，107，111，112，132，134，135，168，173，184，193－195，211，214，223，236，244，263，265，273，279，284，285，298，299，302，327，329，335

郭宝钧　51，53，60，66，70，83，84，91，106，119

郭绍虞　9

郭德维　162

郭豫才（覃怀）　8，38

席泽宗　176，240，347

唐长孺　46，56，69，82，105，107，119，122，123，192，198

唐兰（兰庵）　5，39，64，65，69，83，86，91，97，98，106，107，121－123，127，128，130，139，143，146，164，210，236，237，280，321，323，325，327，329，348

唐弢　124

唐棣华　102

浦江清　68

浦熙修　61，91

海伦（译音，美国学者）　158

容庚（希白）　8，41，60，69，70，76，83，186

容媛　8

容肇祖（元胎）　56，57，59，88，102

诸祖耿　35

诸葛计　120，263，288，290

陶大镛　176

陶正刚　209

陶松云　60

陶孟和　51，91

桑悦　207

骏征　132，133

十一画

黄雲眉　105

黄文宗　155

黄文弼（仲良）　53，60，85，91，102，103，106，116，195

黄心川　129

黄正建　249，269，271

黄世仲　207

黄仲良　106

黄克　256

黄侃　112

黄炎培　79

黄宗英　256

黄绍湘　211

黄洛峰　124

黄烈　61，73，78，82，143，145，195

黄展岳　141，162，242，250，263，264，349

黄盛璋　128，148，168

黄淬伯　67

黄景略　209，218

黄嵩龄　68

黄锡全　202

萧一山　33

萧风　78，81，93

萧正文　139

萧正谊　32

萧项平　100，112

萧海　122

萨空了　103

梅益　140，141，146，148，149，168

梅福根　141

曹定云　138

曹绍孔　67，87

曹绍濂　67

曹继秀　190

曹菁菁　252

曹葆华　124

曹锦炎　172

龚自珍　220，250，353

常书鸿　91，141，143，185，193

常玉芝　271，307，349

常任侠　16，197

常绍温　69，84，88，92，96

崔文印　122，263，271

康生　100

康光鉴　35

章士钊　78，91

章泽　141

商传　194

商志醰　229

商承祚（锡永）　16，65，69，70，122，128，141，143

商鸿逵　32，194，276，354

阎文儒　77

阎立本　90，153

阎清　128

梁子明　208，256，318，349

梁方仲　67，83

梁启超　16，198，314

梁建国　249

梁思永　5，16，30，43，53，305，378

梁思成　27

梁鸿志　153

梁寒冰　105，140，143，145，146，149，167，168，187

宿白（季庚）　36，77，78，139，141，142，149，173，175，177，183-185，190，193，204，217，219，223，263，276

逯弘捷　271，349

逯钦立　22，271，349

十二画

彭适凡　141

彭珮云　242

彭镜秋　97

斯蒂芬·威廉姆斯（译音，美国学者）　152

葛志毅　147，263

葛震　105

董同和　23，365

董作宾（彦堂）　6，22-24，107，138，371，372

董纯才　55

董其昌　240

蒋礼鸿　35

蒋永宁　182

蒋松岩　170

蒋孟引　67

蒋梦麟（孟邻）　3

蒋赞初　162

韩丁（美籍华人）　154

韩自强　213，239，246

韩寿萱　40，51，85，91，97，98

韩国磐　56

韩振华　67

韩晓春（小窗）　103

韩倞（美籍华人）　154

韩毓升　78，87

韩儒林　64，67，82，105，107，141，186

韩巍　252，254

森木达雄（译音，日本学者）　129

嵇文甫　104

程西筠　100，105-107

程金造　35

程喜霖　114

程毅中　248，256

程遬　256

傅申（译音，美国人）　156-158，182

傅乐焕　8，12-15，47，50，

52，60，61，64，68，77，97，106，114，118，293，364

傅汉斯（美国学者） 134

傅成镛 9，11

傅同钦 52，238，260，263

傅衣凌 88

傅吾康 32

傅学苓 1，3，99，100，111，133，160，169，192，193，213，230，236，238，242，247，248，251，252，299

傅承义 112

傅振伦（维本） 33

傅维本 65

傅维鳞 107

傅斯年（孟真） 4，5，11，13-16，19，21-24，27，29，30，33，34，36，38，46，57，60，118，186，242，265，305，327，329，335，339，341，352，354，355，363，364，366，367，369，370，372-374，379，380

傅璇琮 169

傅懋勣 84，102，124，192，216

储皖峰 11

舒之梅 125

舒振邦 78，87

舒璋（美国人） 157

鲁思（译音，美国学者） 158

童书业（丕绳） 8，38，68，111，116，117，353

曾幼荷（华侨） 180

曾次亮 66，77，78

曾昭和 177

曾昭燏 65

曾宪通 123

曾素莲 93

温思罗普（译音，美国收藏家） 152，154，182

游寿 200

谢无量 78

谢友兰 88，92，102，114

谢雨春 129

谢兴尧 61

谢辰生 204

谢国桢（刚主） 32，37，56，79，81，82，84，88，92，96，100，102，104，110，114-116，177，194，352

谢保成 194，214，230-232，

236，237，300
谢济　104
谢桂华　220，222，238，246，
　248，352
谢家　110
谢珽造　61
谢清风　249，268，273
谢维扬　202
谢循通　66
谢瑞华（美国人）　160
谢端琚　189，223

十三画

靳文翰　67
蓝永蔚　132
蒙文通　4，5，56，67，68，
　105，107，117，369
蒙季甫　35
裘锡圭　7，11，28，73，78，
　87，115，121，123，128，
　130，132，133，137，175，
　177，180，194，198，199，
　222，226，245－248，251，
　256，259，261，275，281，
　330，339，350－352
赖长扬　194，230，237，250
赖家度　131
赖斯纳（译音）　153

雷三世　158
雷从云　225
雷洁琼　8，167
雷海宗　37，101
雷焕章　180
雷锋　112，260
鲍正鹄　174
鲍育万　31
溥西园　153

十四画

塞安　201
赫治清　104
蔡元培（子民）　2，14，19，
　36，49
蔡尚思　105，107，239
蔡季襄　164
蔡美彪　57，61，211，217，
　353
蔡望之　32
蔡斯（译音，美国学者）
　156，157
樋口隆康（译音，日本学者）
　155，156
裴文中　32，51，53，94，97，
　139，141，142，182，204
裴明相　162
管东贵　232

管燮初 106
廖井丹 204
廖承志 129
端方 151
漆侠 34, 42, 219
赛克勒（译音，美国学者）
  154, 212
谭权龙 247
谭仲池 246
谭其骧（季尤） 7, 38, 56, 59, 60, 64, 68, 69, 105, 107, 111, 149, 174, 187
谭菊绸 29
谭惠中 46, 47, 52, 66, 78, 79, 86
熊德基 56, 78, 82, 84, 88, 96, 97, 99, 100, 102 - 104, 106, 107, 110, 143, 168, 315
缪越 67

十五画

樊克政 250, 353, 414
樊宏 76
黎澍 102, 105, 107, 140, 149, 211
滕固 16
翦伯赞 41, 42, 49, 53, 60, 61, 64, 65, 68, 69, 77 - 79, 82, 84, 87, 91 - 93, 99, 105, 117, 215, 302, 308, 342
潘实君 16
潘重规 38
潘梓年 61, 68, 77, 82, 101

十六画

冀叔英 244
穆舜英 126

十七画

戴志强 198
戴星舟 183
戴逸 61, 105, 184, 187

十八画

魏兆祥 32
魏连科 122
魏明经 69, 81, 84, 88, 92, 96, 102, 104, 116
魏建功 68
魏重庆 32
魏资重 32
藤枝晃 184, 193
瞿同祖 97, 134, 244

后　　记

张政烺先生一生，经历多彩，著述宏富，又常为人作嫁衣裳。可作年谱的材料甚丰。可惜他没留下日记，其夫人和故旧又多故去，给走访调查、搜集材料带来许多困难。笔者走访了一些他的学生，又查阅了有关他的书报刊物，收获不少，但仍有不少空白，且材料详略不同，具有片面性。只好从实际出发，做一侧重学术的简谱。待条件成熟，再修订增补。

本年谱在申报和编写中得到吴荣曾、樊克政、王曾瑜、齐文心、罗琨、张万仓、朱大渭、王震中、杨振红、张荣芳、李零、赵超、刘源、邬文玲、孟繁之、袁立泽、张欣、杨威威等先生，以及中国社会科学院历史研究所人事处、老干处、考古研究所科研处、阅览室诸同志的帮助。

张先生的哲嗣、中信集团的张极井先生在百忙中审阅了全稿，并提出宝贵意见。

中国社会科学院老干部局对离退休老同志关怀备至，积极支持老同志在学术园地上笔耕不辍，收获硕果。

中国社会科学出版社大力支持出版学术资料、专著、论文集、工具书和译著等，在繁荣中国哲学社会科学的事业中做出了巨大的贡献。

责任编辑宋燕鹏副主任率先垂范，认真、细心审稿，为保证出版质量而尽力。

中国社科院语言所贾采珠先生参与了书稿一校。

打字员李平同志驾轻就熟,打字快且少误。

对上述单位和领导、个人,在此一并表示由衷的感谢。